아시아
인권
공동체를
찾아서

EMERGING
REGIONAL
HUMAN RIGHTS
SYSTEMS
IN ASIA

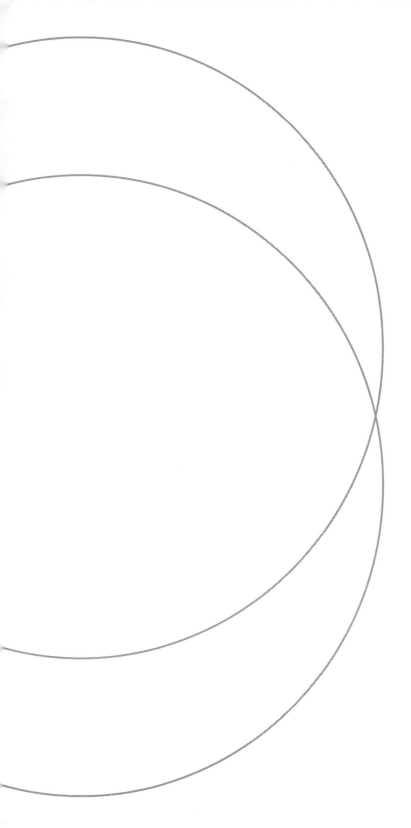

아시아
인권
공동체를
찾아서

EMERGING

REGIONAL

HUMAN RIGHTS

SYSTEMS

IN ASIA

**지역 인권체제의
발전과 전망**

백태웅 지음

이충훈 옮김

창비

한국어판 서문

    내가 이 책을 기획하기 시작한 것은 기약 없는 감옥살이를 하다 김대중 대통령의 특별사면으로 독방에서 출감한 후, 미국 인디애나주 싸우스벤드의 노트러담대학교 로스쿨로 유학을 떠나와 국제인권법을 공부하기 시작한 1999년경이었습니다. 당시만 해도 미국 사회는 아시아 사회에 인권의 패러다임을 적용할 수 있는가에 대해 상당히 회의적이었습니다. 싱가포르 리 콴유 총리가 제기한 '아시아적 가치' 논쟁처럼 인권 자체를 정면으로 부정하는 입장이 널리 알려지면서 논란이 벌어진 때문이기도 했습니다. 실제로 아시아의 인권체제는 다른 지역에 비해서 뒤처져 있습니다. 특히 지역 인권기구의 설립이라는 측면에서 더욱 그렇습니다.

    유럽에는 유럽연합, 유럽평의회, 유럽안보협력기구 등 중층적인 지역공동체 기구가 존재하고, 그 아래에 유럽인권재판소, 유럽사법재판소 등 인권과 관련된 지역체제가 구성되어 있습니다. 미주 지역에도 미주기구 산하에 미주인권위원회, 미주인권법원이 있습니다. 아프리카조차도 아프리카공동체 산하에 아프리카 인권위원회와 인권법원이 있습니다. 그렇지만 아시아에는 아시아 전역을 포괄하는 지역공동체가 여전히 존재하지 않을 뿐만 아니라, 인권을 다루는 지역 인권기구나 인권법원도 아직은 존재하지 않는 상황입니다.

그러나 아시아 지역에서도 분명 변화가 일어나고 있습니다. 아시아 지역에서 통합이 어느정도 이루어졌으며 앞으로 아시아가 어디로 나아갈 것인지를 말할 수 있으려면, 지난 30년간의 변화들을 정확하게 이해하고 그 방향과 진행 정도를 제대로 분석해야 할 것입니다. 이 점에서 현재까지 이 지역 내에서 진행된 변화를 살펴보고 궁극적으로 지역 내에서 인권체제를 만드는 것이 가능한지에 대해서 짚어보는 것은 매우 시의적절하고 필요한 일이라고 하겠습니다.

이 점에서 나는 창비사가 케임브리지대학교 출판부에서 출판한 나의 책을 한국어로 번역 출판하자고 제안했을 때 흔쾌히 수락했습니다. 그리고 지난 몇년에 걸쳐서 지루한 번역과 교열 작업을 기다려준 데 심심한 감사를 드리지 않을 수 없습니다.

이 책은 현재 아시아에서 진행되고 있는 아시아의 지역통합이라는 저류를 염두에 두고 아시아의 인권체제를 규범, 기구, 이행이라는 세 측면으로 나누어 분석함으로써, 현재의 상황을 조명하고 앞으로의 변화를 위한 노력을 어떤 방향으로 경주해야 할 것인지도 함께 생각해보는 작업의 일환입니다.

이 책이 케임브리지에서 출판된 이후 탈냉전의 새로운 세계질서는 느리지만 새로운 방향을 향해서 나아가고 있고, 아시아의 국제정치 상황도 크게 변화하고 있습니다. 동남아시아 지역의 경우 아세안은 이제 동남아시아 지역을 아우르는 정치·안보·경제·사회·문화 공동체의 창설을 선언했습니다. 동아시아 전체에 걸쳐서 진행된 동아시아정상회의는 동남아시아 10개국에 한국·중국·일본·호주·뉴질랜드를 포함하고 나아가 미국과 러시아가 가입하여 18개국 정상이 매년 회의를 개최하고 있으며, 머지않아 사무국을 설치함으로써 상설조직으로 발전할 가능성을 보이고 있습니다.

지금 동아시아가 직면하고 있는 도전은 만만치 않습니다. 냉전체제가 붕괴된 뒤 새로운 대안 체제의 부재 속에서 중국이 부상하고 러시아가 우크라이나에 개입하는 등 미국·중국·러시아가 과거 미국과 소련의 냉전적 대결구도를 대치하는 새로운 관계를 만들어내기 시작했고, 이는 동아시아 지역에 새로운 긴장을 불러일으키고 있습니다. 미국의 경우 한국·일본과의 군사동맹, 호주와의 동맹을 근간으로 북한과 중국을 압박하는 모양새이고, 동남아시아에서도 미국과 베트남·필리핀·태국이 연계하여 남중국해에서 중국의 영향력 확대를 차단하는 데 주력하고 있습니다. 이에 따라 아시아 각국에서는 민족주의 경향이 과거 어느 때보다 강화되고 군사적 긴장이 고조되어 국지적 충돌의 가능성조차 나타나고 있습니다. 과거 김대중 정부가 추진한 북한에 대한 햇볕정책은 이미 실효성을 상실했고, 북한은 단계적 핵실험과 미사일 개발을 진행하여 핵 보유국가가 되기 위한 길을 가는 중이며 핵과 경제발전 병진노선을 내세워 주변국과의 긴장을 불러일으키고 있습니다. 한편 한국은 주변 상황의 변화에 걸맞은 새로운 대응방안을 마련하고 국제관계를 주도하기보다는 주변국의 입장을 해석하고 추수하는 데 급급합니다. 과거 이룩해낸 민주주의와 인권보장체제를 제대로 지켜내지 못한 상황에서 국내적으로는 표현의 자유와 민주주의 절차에 대한 심각한 위협이 제기되고 있으며, 국제적으로는 한때 가능하다고 생각되었던 아시아의 인권과 민주주의를 주도하는 리더로서의 역할도 거의 포기하고 있습니다.

실제로 한반도가 아시아 전체에서 차지하는 위상을 감안할 때, 한국 정부가 인권과 민주주의의 협력을 위한 역할에 주도적으로 나서는 것은 매우 중요합니다. 정치적·경제적 이익이라는 점에서도 그러할 뿐만 아니라 궁극적으로는 한반도의 평화적 통일 역시 주변국과의 긴밀한 협력관계가 구축되고 그들의 동의를 얻어낼 때에만 가능할 것이기 때문입니다. 통일문제는 이미 남북한 당사자의 문제를 넘어선 지역적 문제가 되었습니다. 따라서 한반도 주변의 지역구도를 다시 설정하고 지역 내에서 새로운 지정학적 관계를 만들어내는 데 한국이 주도적 역할을 할 때에만 통일이 가능하다는 점을 유념해야 하겠습니다.

이 책은 인권을 중심으로 아시아의 과거와 현재를 돌아보고 아시아 인권체제의 미래를 그려보는 데 초점을 두고 있습니다. 하지만 이에 그치지 않고 세계 속에서 아시아 지역의 역할이 중대한 문제로 새롭게 부상한 이 시대에 한국이 무엇을 해야 할 것인가를 함께 생각해보자는 제안이기도 합니다. 그와 관련하여 독자 여러분의 많은 조언과 의견을 듣고, 함께 배우며, 다음 단계를 논의하기 위한 기초로 삼고 싶습니다. 감사합니다.

2017년 봄
미국 하와이대학교 로스쿨 연구실에서
백태웅

차례

한국어판 서문 _005

기구명·협약명 _012

제1장
서론

015

제2장
분석틀:
아시아의 인권체제

029

2.1 이 장의 목적 _031

2.2 아시아 _034

2.3 인권에 대한 시스템 접근법 _055

2.4 아시아적 맥락에서의 인권 _073

2.5 결론 _078

제3장

아시아에서의 인권규범

081

3.1 서론 _083

3.2 동아시아에서 인권규범의 분석틀 _086

3.3 동아시아의 국내법 체계 속에서 국제법의 위상 _100

3.4 동아시아에서의 국제 인권규범 _112

3.5 국내법 체계에서의 헌법적 권리 _133

3.6 아시아 혹은 아시아-태평양에서 발전하고 있는

　　지역 인권규범들 _169

3.7 결론 _182

제4장

아시아에서 새롭게 등장하고 있는
인권기구들

185

4.1 서론 _187

4.2 유럽, 미주, 아프리카의 경험 _190

4.3 전세계적 인권기구와 아시아 _202

4.4 아시아 혹은 아시아-태평양의 지역기구들 _213

4.5 아시아에서 소지역 제도들의 발전 _232

4.6 성장하는 일국 내의 인권기구 _249

4.7 NGO의 주도적 역할 _251

4.8 인권기구 설립을 위한 전략 _257

4.9 결론 _265

제5장

아시아에서
인권의 실제적 보장   **269**

5.1 서론 _271

5.2 아시아의 이행 메커니즘 _275

5.3 아시아에서 인권체제상의 도전들 _301

5.4 동아시아에서의 인권이행을 위한 협력적 접근 _314

5.5 결론 _337

제6장

결론   **339**

주 _347

참고문헌 _456

옮긴이의 말 _486

찾아보기 _489

기구명·협약명(가나다 순)

강제실종협약: 강제실종으로부터 모든 사람을 보호하기 위한 국제협약(International Convention for the Protection of All Persons from Enforced Disappearance, CED)

고문방지협약: 고문, 또는 잔혹하거나 비인간적이거나 굴욕적인 처우 또는 형벌의 방지에 관한 협약(Convention against Torture and Other Cruel, Inhuman or Degrading Treatment or Punishment, CAT)

국가인권기구 국제조정위원회(International Coordinating Committee of National Institutions for the Promotion and Protection of Human Rights, ICC)

국제노동기구(International Labor Organization, ILO)

국제사법재판소(International Court of Justice, ICJ)

국제형사재판소(International Criminal Court, ICC)

남아시아지역협력연합(South Asian Association for Regional Cooperation, SAARC)

동아시아정상회의(East Asian Summits, EAS)

동아시아포럼(East Asia Forum, EAF)

미주기구(Organization of American States, OAS)

미주인권재판소(Inter-American Court of Human Rights, IAC)

사회권규약: 경제적·사회적·문화적 권리에 관한 국제규약(International Covenant on Economic, Social and Cultural Rights, ICESCR)

세계인권선언(Universal Declaration of Human Rights, UDHR)

아동권리협약: 아동의 권리에 관한 협약(Convention on the Rights of the Child, CRC)

아세안: 동남아시아국가연합(Association of Southeast Asian Nations, ASEAN)

아세안 정부간 인권위원회(ASEAN Intergovernmental Commission on Human Rights, AICHR)

아세안지역포럼(ASEAN Regional Forum, ARF)

아세안+3(ASEAN Plus Three, APT)

아시아-유럽 정상회의(Asia-Europe Meeting, ASEM)

아시아인권위원회(Asian Human Rights Commission, AHRC)

아태경제협력체: 아시아-태평양 경제협력체(Asia-Pacific Economic Cooperation, APEC)

아태국가인권기구포럼: 아시아-태평양 국가인권기구포럼(Asia-Pacific Forum of National Human Rights Institutions, APF)

아태국가인권기구포럼 법률가자문위: 아시아-태평양 국가인권기구포럼 법률가 자문위원회(Advisory Council of Jurists of APF, ACJ)

아프리카연합(African Union, AU)

여성차별철폐협약: 여성에 대한 모든 종류의 차별 철폐에 관한 협약(Convention on the Elimination of All Forms of Discrimination against Women, CEDAW)

유럽사법재판소(Court of Justice of the European Communities, ECJ)

유럽인권재판소(European Court of Human Rights, ECHR)

유엔 아태경제사회위원회: 유엔 아시아–태평양 경제사회위원회(UN Economic and Social Commission for Asia and the Pacific, UNESCAP)

유엔경제사회이사회(UN Economic and Social Council, ECOSOC)

유엔인권위원회(UN Commission on Human Rights, UNCHR)

유엔인권이사회(UN Human Rights Council, UNHRC)

유엔인권최고대표사무소(UN Office of High Commissioner for Human Rights, OHCHR)

이주노동자협약: 모든 이주노동자와 그 가족의 권리 보장에 관한 국제협약(International Convention on the Protection of the Rights of All Migrant Workers and Members of their Families, CMW)

인종차별철폐협약: 모든 형태의 인종 차별 철폐에 관한 국제협약(International Convention on the Elimination of All Forms of Racial Discrimination, CERD)

자유권규약: 시민적·정치적 권리에 관한 국제규약(International Covenant on Civil and Political Rights, ICCPR)

자유권규약위원회(Human Rights Committee, HRC)

장애인권리협약: 장애인의 권리에 관한 협약(Convention on the Rights of Persons with Disabilities, CRPD)

제1선택의정서: 시민적·정치적 권리에 관한 국제규약 제1선택의정서(Optional Protocol to the International Covenant on Civil and Political Rights, OPT1)

제2선택의정서: 사형제도 폐지를 목적으로 하는 시민적·정치적 권리에 관한 국제규약 제2선택의정서(Second Optional Protocol to the International Covenant on Civil and Political Rights, aiming at the abolition of the death penalty, OPT2)

태평양제도포럼(Pacific Islands Forum, PIF)

일러두기

1. 이 책은 2012년 케임브리지대학교 출판부에서 출간된 *EMERGING REGIONAL HUMAN RIGHTS SYSTEMS IN ASIA*의 한국어 번역본을 저자가 수정·보완한 것이다.

2. 외래어 고유명사 표기는 국립국어원 표기 원칙을 바탕으로 현지 발음에 가깝게 표기했다.

제1장
서론

EMERGING

REGIONAL

HUMAN RIGHTS

SYSTEMS

IN ASIA

아시아에도 지역 전체를 아우르는 인권규범과 인권기구, 이행체제가 존재하는가?[1] 아시아는 세계에서 유일하게 지역 전체를 포괄하는 인권재판소나 인권위원회[2]가 없는 곳이다. 따라서 아시아 지역에서의 인권보호 메커니즘이 취약하다고 단숨에 평가절하하기 쉽다. 그러나 '아시아에는 지역 전체를 아우르는 인권체제가 존재하지 않는다'고 한마디로 앞의 질문을 일축해버리는 것은 너무 성급하다. 왜냐하면 최근 아시아 지역에서 진행되고 있는 변화와 발전의 내용을 면밀하게 살펴보면, 아시아에서도 잠재적인 인권체제가 성장하고 있음을 확인할 수 있기 때문이다.

유럽, 미주, 아프리카에서 발전한 지역 인권체제들은 각국 내 사법제도와 유엔 기구 같은 세계 차원의 인권기구들을 보완하는 역할을 해왔다.[3] 유럽에서는 '인권과 기본적 자유 보호를 위한 유럽협약'(European Convention for the Protection of Human Rights and Fundamental Freedom, 이하 유럽인권협약)[4]에 따라 유럽인권재판소(European Court of Human Rights, ECHR)가 1959년 설립되어 수십년에 걸쳐 운용되고 있다. 미주 대륙에서는 미주기구(Organization of American States, OAS)헌장[5]에 따라 1959년에 미주인권위원회(Inter-American Commission on

Human Rights, IACHR)가 창설되어 활동하고 있으며, 1979년에는 미주인권협약(American Convention on Human Rights, 1978)[6]에 따라 미주인권재판소(Inter-American Court of Human Rights, IAC)가 설립되어 인권문제를 다루고 있다. 아프리카에서도 아프리카통일기구(Organization of African Unity, OAU)가 1986년에 채택한 '인간 및 인민의 권리에 관한 아프리카헌장'(African Charter on Human and People's Rights)[7]에 따라 '인간 및 인민의 권리에 관한 아프리카위원회'(African Commission on Human and People's Rights, 이하 아프리카인권위원회)를 설립하였고, 2004년에는 '인간 및 인민의 권리에 관한 아프리카재판소'(African Court on Human and People's Rights, 이하 아프리카인권재판소)가 출범하여 활동하고 있다.[8]

이처럼 괄목할 만한 활동성과를 보여온 유럽과 미주 지역 기구들의 영향을 받아 다른 곳에서도 지역 인권체제가 확대되고 있다. 특히 지역 인권체제가 가장 잘 발전한 유럽의 경우를 보면, 유럽인권재판소가 형성, 발전시켜온 법이론과 법적 논거는 유럽 국가들에서뿐만 아니라 세계의 다른 지역들에서도 영향력 있는 법원(法源)으로 간주되고 있으며,[9] 유럽인권재판소 활동의 근간인 유럽인권협약은 여러 유럽 국가 내에서 이미 국내법과 다름없는 영향력을 갖고 있다.[10] 미주 지역에서도 미주인권재판소는 시간이 갈수록 더욱 중요한 인권보호 메커니즘으로 기능하고 있다.[11] 아프리카 국가들 역시 아프리카연합(African Union, AU) 회원국의 협력을 기반으로 아프리카인권재판소를 설립, 발전시키고 있으며, 아프리카 대륙 전반에 걸쳐 영향력을 갖는 중요한 인권보호 기구로 발전시키기 위해 힘쓰고 있다. 이러한 유럽과 미주, 아프리카 기구들의 경험을 살펴보면, 지역 인권체제가 국제연합(United Nations, UN, 이하 유엔) 등 전세계를 포괄하는 인권기구들의 한계를 넘어 지역 내에서 더욱 높은 인권기준을 보장하고, 보다 효율적으로 인권을 촉진하고 보호하는 기구로서 역할을 하고 있음을 알 수 있다.[12] 이웃 국가들이 협력하여 설립하는 지역 인권체제는 일국 내에서 벌어지는 인권침해나 인권경시에 대한 해결방도를 찾는 데 있어서 유엔 기구보다 문제에 더욱 유연하게 접근하되, 보다 높은 수준의 규범적 보호장치를 제공해준다.[13] 이처럼 유럽과 미주 인권체제의 성공적인 경험 덕택에,[14] 아시아 지역에서도 비정부기구(NGO)뿐만 아니라, 일부 정부 당국자나 기관 역시 아시아의 지역 인권체제를 건설함으로써 그런 성과를 달성할 수 있다는 견해를 공유해가고 있다.[15]

아시아에서는 지난 수십년에 걸쳐 경제협력과 안보협력을 중심으로 지역주의(regionalism)라고 할 수 있는 지역통합 움직임이 형성, 강화되어왔다.[16] 이런 맥락에서 유엔과 유엔인권최고대표사무소(Office of High Commissioner for Human Rights, OHCHR)[17]는 아시아의 지역통합에 상응하는 지역적 인권 메커니즘을 구축하기 위해 여러 차원으로 노력을 기울여왔다. 마찬가지로 아시아의 NGO들과 국내외 단체들 또한 아시아 지역에서, 혹은 그보다 낮은 차원인 소지역 단위에서 인권기구들을 설립하기 위해 지속적으로 노력해왔다. 이런 노력에 힘입어 최근에 다수의 아시아 정부들의 태도에 중대한 변화가 일어나고 있으며, 동남아시아국가연합(Association of Southeast Asian Nations, ASEAN, 이하 아세안)을 중심으로 마침내 아세안 정부간 인권위원회(ASEAN Intergovernmental Commission on Human Rights, AICHR)의 설립이라는 의미있고 긍정적인 발전을 이루어내기에 이르렀다.[18]

아시아에서 지역기구를 설립하는 일과 관련하여, 최근까지도 낙관적인 전망보다는 비관적인 견해가 압도적으로 많았다. 그 이유는 많은 아시아 국가들의 잠재력이 취약하며 그 국가들이 인권협력에 적대적인 태도를 취해왔기 때문이다. 휴먼 라이츠 워치(Human Rights Watch) 아시아 파트의 전직 국장은, 지역적 수준이든 그 하위의 소지역적 수준 이든 아시아 지역에 인권보호 메커니즘이 조만간 만들어질 가능성은 크지 않다고 단언하고, 그 이유로 "국가간 경쟁관계, 국제적 기준의 보편적 수용의 부재, 아시아에 여전히 광범위하게 남아 있는 권위주의적 국가들" 등을 들기도 했다.[19]

그러나 이런 비관론은 아시아에서의 인권 규범과 제도의 발전 덕택에 지역적 협력에 대한 낙관적인 견해에 점차 그 자리를 내주게 되었다.[20] 지난 수십년에 걸쳐 아시아에서도 지역적 차원, 소지역적 차원, 일국 단위에 이르기까지 인권협력을 위한 다양한 활동과 계획이 진전되어왔다. 물론 아시아에서 인권체제의 발전은 아직까지 물이 절반 정도 차 있는 물컵 같은 상황이다. 몇몇 긍정적인 요소들이 그 컵을 채우고 있지만 나머지 절반은 비어 있고, 따라서 여전히 그 이상의 발전이 필요하다.

이 책은 동아시아 국가들을 중심으로 최근 수십년간 이 지역에서 일어난 여러 중요한 변화들을 다루고 있다.[21] 이 책의 주된 주장은 하나의 대상으로부터 각각의 구성요소를 분리하여 분석하고 다시 통합하여 이해하는 시스템적 접근법으로 분석할 때,[22] 아시아 지역에도 인권체제의 구성요소인 인권규범, 인권기구, 인권이행의 양태가 지속적으로 발전하고 있으며, 실제적인 지역 인권체제가 그 모습을 드러내고 있다는 점을 파악할 수 있다는 것이다. 물론 이것이 아시아 지역 인권체제가 충분히 제대로 기능하고 있다거나 인권체제로서 인권을 보장하는 역할을 만족스럽게 해내고 있다는 뜻은 아니다. 다만 아시아에서도 눈에 보이는 것 이상으로 많은 인권체제의 발전이 내적으로 진행되고 있다는 점을 인식하는 것이 중요하며, 그런 징후가 어디에서 나타나고 있는지를 정확히 파악하고 그 인권체제를 더욱 고양, 발전시킬 기회를 놓치지 않으려면 현재 진행되고 있는 여러 변화들을 주의 깊게 분석해야 한다는 것이다.

동아시아에서 새로운 지역 인권체제가 등장하고 있다는 징후는 인권 규범의 형성, 인권기구의 발전, 인권이행의 진전과정 모두에서 확인할 수 있다. 우선 인권규범의 형성에 대해 간단히 살펴보자. 몇몇 권위주의적 정권들이 자기 잇속만 챙기기 위해 내놓는 주장과는 반대로, 아시아 사회들은 현대의 국제적 인권운동이 출현하기 훨씬 전인 19세기 중반부터 이미 시민적 규범이나 헌법적 규범을 그들의 국내법 체계에 통합하기 시작했다. 다시 말하면, 많은 아시아 국가들에 있어 인권이라는 규범은 완전히 새로운 개념이 아니었다. 근대를 거치면서 아시아 각국도 그들의 국내법 체계 속에서 다양한 양식으로 국제 인권규범을 받아들일 수 있는 발판을 마련해왔던 것이다. 그렇다고 해서 대부분의 아시아 국가들에 제대로 된 인권규범이 자리 잡았다거나 시행되고 있다는 뜻은 아니다. 여기서 강조하고자 하는 바는 많은 아시아 국가들에서 아직 부족하기는 하지만 기본적인 인권과 관련한 법이 형성되고 나름대로 작동하기 시작했다는 사실이다. 가령 국제 인권조약과 관련해서 살펴보면, 동아시아 23개국[23] 모두 최소한 다음 두개의 기본적 인권조약,[24] 즉 '아동의 권리에 관한 협약'(Convention on the Rights of the Child, CRC, 이하 아동권리협약)[25]과 '여성에 대한 모든 종류의 차별 철폐에 관한 협약'(Convention on the Elimination of All Forms of Discrimination against Women, CEDAW, 이하 여성차별철폐협약)[26]을 비준했다. 또한 동아시아 국가들 중 거의 4분의 3에 해당하는 나라가 '시민적·정치적 권리에 관한 국제규약'(International Covenant on Civil and Political Rights, ICCPR, 이하 자유권규약)[27]과 '경제적·사회적·문화적 권리에 관한 국제규약'(International Covenant on Economic, Social, and Cultural Rights, ICESCR, 이하 사회권규약)[28] 모두를 비준했다.[29] 아직 지역 차원의 인권헌장을 채택하는 단계에까지 이르지는 못했지만, 이런 국제 인권조약들을 서명, 비준했다는 사실은 아시아 지역 인권협력을 이루기 위한 규범적 기반이 적어도 부분적으로는 존재한다는 점을 보여준다.

둘째, 기구의 설립과정에서도 긍정적인 발전이 이루어졌다. 여러 인권문제들과 관련하여 국제적인 인권협력을 증진하기 위해 각양각색의 정부간 회담이나 워크숍이 지역이나 소지역 차원에서 개최되었다. 현재 유엔이 후원하는 아시아-태평양 정부간 워크숍, 아시아-태평양 국가인권기구포럼(Asia-Pacific Forum of National Human Rights Institutions, APF, 이하 아태국가인권기구포럼), 동남아시아를 비롯한 소지역 차원의 연합, 전세계적 또는 지역적 NGO의 노력 등 다양한 수준에서 인권대화가 진행되고 있으며, 많은 아시아 국가들이 이에 참여하고 있다.[30]

유엔이 후원하는 '아시아-태평양 지역에서의 인권 증진과 보호를 위한 지역협력 워크숍'(Workshop on Regional Arrangements for the Promotion and Protection of Human Rights in the Asian and Pacific Region)[31]은 아시아-태평양 지역에서 지역 전체를 포괄하는 인권협력과 기구 설립을 모색하는 데 많은 도움을 주었다. 1990년대 후반부터는 아시아 인권기구 추진과 관련한 전략적 원칙에 약간의 수정이 이루어져, 1996년 2월 26~28일 카트만두에서 열린 제4차 워크숍에서는 참가국들이 향후 인권협력에서 '단계적 접근법'을 취하기로 결정했다.[32] 즉 참가국 대표들이 지역 차원의 여러 인권협력 사안 중에서 몇몇 특정 분야에 노력을 집중하는 데 동의한 것이다. 아시아-태평양 지역에 공식적인 인권기구를 설립하기 위한 구체적인 방안을 논의하는 것은 아직 시기상조라고 판단하고,[33] 협력에 있어서 좀더 점진적인 접근이 필요하다는 결론을 내린 것이다.[34] 당시 유엔인권최고대표였던 메리 로빈슨(Mary Robinson)도 이러한 입장을 지지했고, 1998년 테헤란에서 열린 제6차 워크숍에서 이러한 원칙이 재차 강조되었다. 그에 따라 '한걸음, 또 한 걸음, 벽돌을 쌓는 방식의 접근'이라는 이름하에 "지역 내 여러 정부들 간의 광범위한 협의를 통해 점진적으로 지역기구를 설립하는 방안을 모색하는 것"이 아시아-태평양 인권 워크숍의 공식 입장이 되었다.[35]

2002년에 개최된 제10차 워크숍에서도 "인권의 증진과 보호를 위한 지역협력을 향상시키기 위해 서로를 포괄하고 한걸음 한걸음, 벽돌을 쌓는 방식의 접근"이 재차 천명되었다.[36] 이런 접근에 입각하여, 아시아-태평양에서 전지역을 통괄하는 인권기구의 설립과 집행에 어려움이 있다는 점을 인정하는 가운데 한시적으로 제한된 일정한 영역에서의 인권협력에 초점을 두는 입장이 견지되어왔다.[37] 이는 인권 증진의 과정에서 원칙을 수정한 타협임이 분명하다. 하지만 그러한 타협조치를 전적으로 실패라고 간주해서는 안된다. 1998년 테헤란 워크숍에서는 이 원칙에 근거하여 (1) 국가 단위의 인권 집행계획 수립과 인권 보호 역량 증진, (2) 인권교육 활성화, (3) 국가인권기구의 설립, (4) 개발권과 경제적·사회적·문화적 권리의 실현이라는 네가지 사안을 중점 목표로 삼는 '네개의 부분 접근법'(Four Pillar Approach)을 채택하고, 그 실현에 힘을 집중함으로써 실질적으로 아시아 지역에서 인권 증진과 협력을 촉진하는 데 기여했다.[38] 매년 30개국 이상의 아시아 국가에서 파견한 대표들이 모여서 다양한 쟁점 영역들에 관해 토론하면서 인권규범의 보편성을 재확인하였으며, 테헤란 워크숍에서 채택한 행동강령(Programme of Action) 덕분에 국제 인권규약의 비준이 확대되었고, 인권 관련 국제회의와 워크숍이 크게 증가하였다.

소지역 차원에서도 아세안 국가들은 2007년 11월 20일 아세안헌장을 채택하여 1990년대 이래로 진행되어온 오랜 논의들을 구체화하는 아세안 인권기구를 설립하기로 합의하고, 모든 회원국이 아세안헌장을 비준하여 2008년 12월 15일 발효되었다.[39] 이에 따라 2009년에 마침내 아세안 정부간 인권위원회가 설립되어, 동남아시아에서 인권협력의 향상뿐만 아니라 보다 광범위한 아시아 전지역 차원의 협력을 촉진하는 역할을 하고 있다.[40] 비록 아시아가 아직까지는 지역 차원의 인권재판소나 인권위원회 형태의 항구적인 인권기구를 마련하지는 못했지만, 그러한 발전을 통해 인권협력을 위한 다양하고 중층적인 활동이 축적되면서 지역체제의 토대가 마련되고 있음을 알 수 있다.

셋째, 인권의 이행과정에서도 유엔기구와 국가의 경계를 초월한 초국적 네트워크, 그리고 각국 내의 인권 관련 주체들이 각각 과거보다는 더욱 강력한 힘을 발휘하여 인권 향상을 위해 노력을 기울이고 있다. 여러 권리의 완전한 실현을 방해하는 많은 장애요인 때문에 속도가 매우 더디기는 하지만 여전히 변화는 이루어지는 중이다.

이상과 같이 규범, 기구, 이행 등의 분야에서 진전이 있었다는 점과 여러 장애요인들이 아직도 작용하고 있다는 점을 동시에 염두에 두면서, 이 책은 현재 실행되고 있는 인권규범을 올바르게 이해하고, 인권기구 설립을 위한 노력의 유효성을 제대로 평가하며, 나아가 아시아 지역에서 인권의 이행과정을 점검하고자 한다. 그동안 이루어진 성과를 객관적으로 파악하고, 동시에 새롭게 떠오르는 인권체제의 문제점과 약점도 함께 드러내고자 한다. 이러한 비판적 검토를 통해 새로운 체제를 좀더 의미있고 제대로 작동하는 실체로 만드는 데 도움이 될 수 있을 것이다. 현 체제에 대한 적절한 평가는 아시아 지역에서의 미래 협력을 위한 몇가지 전략적 원칙들을 도출해줄 것이다.

이 책은 여섯개 장으로 이루어져 있다. 서론에 이어 제2장에서는 이

연구에서 사용한 분석틀과 개념적, 방법론적 문제들을 논할 것이다. 우선 아시아라는 용어 자체를 둘러싼 개념적 문제들을 다루는 것에서 시작하고자 한다. 사실 아시아에 관한 공통적인 정의는 존재하지 않는다. 하지만 우리는 세계가 몇개의 지역으로 구성되어 있다는 점에 일반적으로 동의하고 있다. 세계의 일부분이 아시아 혹은 아시아-태평양 지역이라고 불리고 있고, 그 하위에 몇개의 소지역이 모여 하나의 지역을 구성한다고 보기도 한다. 그러나 지역의 지리적 경계가 정치적으로 형성된 개념과 반드시 일치하는 것은 아니다. 이러한 점에서 아시아는 지역적 정체성이 완전하게 확립되지 않은 지역이다. 아시아는 정형화되지 않고 유동적이며, 많은 상이한 가능성들이 공존한다. 이 책은 동아시아 23개국에 주된 초점을 맞추어 아시아 인권체제의 현단계와 미래에 관해 분석하고 탐구하는 것을 목적으로 한다. 앞으로 서아시아와 중앙아시아를 포함하는 추가 연구가 이를 보충할 수 있을 것이다.

다음으로 방법론과 관련하여, 이 책이 기반을 두고 있는 시스템 접근법[41]은 다양한 인권 메커니즘의 상호의존적이고 복잡한 요소들을 분석하는 데 강조점을 두고 있다. 이 책은 이러한 방법론적 틀 안에서 전세계·지역·일국 수준에서 상호작용하는 규범·기구·이행과정을 분석한 다음, 그러한 요소들이 총체로 모여 새로이 떠오르고 있는 아시아의 인권체제를 형성한다고 파악한다.

마지막으로 인권 개념의 발전과 관련하여, 아시아는 항상 인권 개념을 발전시키는 데 주체로서 참여해왔다는 점을 강조할 것이다. 인권이라는 개념이 아시아에 전적으로 낯선 것은 아니며, 아시아 국가들도 종교와 학문, 사회체계를 통해 인간의 존엄성을 존중하는 그 나름대로의 방식을 가지고 있었다. 아시아에서 인권 개념이 특수성을 갖는다는 점에 대해서는 조심스럽게 주의를 기울여야겠지만, 역사적으로 다른 지역들의 초기 단계와 비교해보면 아시아 지역에서 인권 개념의 존재와 그 중요성을 부인할 하등의 이유가 없다. 이런 논의들을 통해, 이 장에서는 아시아에서 등장하고 있는 인권체제를 분석하기 위한 방법론을 제시할 것이다.

제3장에서는 규범에 초점을 맞춘다. 우선 규범의 수용과 교환의 과정에서 작용하는 여과과정에 초점을 맞춤으로써 아시아의 인권규범을 분석하기 위한 틀을 제시할 것이다. 또한 국내법 체계에서 국제법이 어떻게 취급되는지, 그리고 국제인권법 규범의 국내법상의 현재 지위에 관해서도 검토할 것이다. 마지막으로 아시아 지역에서 인권규범의 발전과 법의 지배를 평가하기 위해 국제규범, 국내규범, 지역 차원의 규범을 분석할 것이다.

제4장에서는 기구의 발전에 초점을 맞춘다. 우선 다른 지역에서 인권기구를 설립하고 발전시켜온 경험을 살펴볼 것이다. 그리고 아시아에서 지역 차원이나 소지역 차원의 협력과 최근의 발전사항들을 검토하고, 이를 바탕으로 이 지역에서 인권기구들을 강화하기 위한 전략적 원칙들에 대해 논할 것이다.

제5장은 아시아에서의 인권이행의 현 상태를 다룬다. 현재 인권의 이행에 사용되는 국제적·국내적 이행 메커니즘을 검토하고, 이와 함께 동아시아에서 인권의 이행을 저해하는 난점들도 논의할 것이다. 이에 입각해 인권이행에서 협력적 차원을 이해하는 것이 중요하다는 점을 강조하고, 이 지역의 지역 인권체제가 인권보호에 기여한다는 결론을 내릴 것이다.

말레이시아의 전 총리 압둘라 아마드 바다위(Abdullah Ahmad Badawi)에 따르면 아세안+3(ASEAN Plus Three, APT), 즉 아세안 10개국과 한국·중국·일본을 합친 인구가 20억명에 이른다고 한다.[42] 인도, 호주, 뉴질랜드, 그리고 아세안+3 회원국을 포함하는 동아시아정상회의(East Asian Summits, EAS)에 속하는 16개 국가의 총인구는 전세계 인구의 49퍼센트를 차지하고 있다.[43] 여기에 미국과 러시아가 새로이 정식 회원국으로 참가하면서 이제 동아시아정상회의가 포괄하는 지역은 가히 세계에서 가장 커다란 부분이라고 할 수 있다. 이처럼 성장, 발전하는 아시아 지역에서 인권운동이 성장하기 시작한 것은 상대적으로 최근의 일이다. 하지만 아시아 지역에서도 인권이라는 개념은 이미 일반적으로 이해되고 있는 것보다 훨씬 큰 영향을 미치고 있다. 지구화가 가속화되고 세계 정치와 경제 활동에서 아시아에 더욱더 중요한 역할이 부과되고 있는 이때, 아시아의 인권은 이와 동일하게 중요한 의미를 갖는다. 이 책에서 필자는 동아시아 23개국을 포괄하는 분석에 기반하여, 인권의 발전이 정치적·경제적 지구화 과정에서 근본적 구성요소여야 하고, 아시아도 그 과정에서 결코 예외가 아니며 또 아니어야 한다는 점을 강조할 것이다.

제2장

분석틀:
아시아의
인권체제

EMERGING

REGIONAL

HUMAN RIGHTS

SYSTEMS

IN ASIA

2.1 이 장의 목적

현재 아시아에 출현하고 있는 인권체제를 제대로 이해하기 위해서는 우선 몇가지 기초적인 개념을 제대로 검토할 필요가 있다. 특히 다음의 세가지 물음에 대해 먼저 생각해보지 않으면 안된다. 이는 (1) 우리가 한 지역을 아시아 혹은 아시아-태평양이라고 부를 때 실제로 그것은 무엇을 지칭하는가? (2) 시스템을 강조하는 분석방법론, 즉 시스템 접근법(systems approach)의 방법론적 함의는 무엇인가? (3) 고유한 인권규범상의 특수성을 아시아에 어떻게 담아낼 것인가? 등이다. 아시아 지역 인권체제를 이해하는 데 있어서 이 세가지 물음에 대한 답은 필수적이며 서로 밀접하게 연결되어 있다. 제2장에서는 이 질문들을 하나씩 차례대로 검토함으로써 이 책의 분석틀을 세우고 방법론적 기초를 마련하려 한다.

첫째, 이 책에서 다루는 '아시아'는 아직 명확하게 정의되지 않은 채 남아 있는 유동적이고 변화하는 지역이자, 지리적으로나 정치적으로 그 경계가 확정되지 않은 지정학적 개념이다. 아시아라는 용어의 역사적 함의와 현재 사용되고 있는 용례를 보면, 우리가 이 지역에 대해 통상적으로 갖고 있던 전통적 인식은 해체되어야 하며 아시아를 규정하는 좀더 유연한 관점을 세워나가지 않으면 안된다는 것을 알게 된다. 이 책에서 아시아란 그 경계가 정확하게 구획되고 구체적으로 지정된 영역이라기보다는 특정 조건에서 실무적 필요에 따라 만들어진 조작적 개념이며, 현대 사람들이 세계를 분류하는 방식과 대체로 일치하긴 하지만 항상 들어맞지는 않을 수도 있는 지정학적 용어를 지칭한다. 사람들이 '아시아'라는 용어를 이해하고 사용할 때, 그것을 '아시아-태평양'이나 '동아시아'라는 개념과 지리적 경계의 측면에서 명확히 구별하는 것은 아니다. 아시아라는 용어는 동북아시아, 동남아시아, 남아시아, 서아시아, 중앙아시아, 호주, 뉴질랜드, 태평양제도 국가들까지 포함할 수 있는 엄청나게 광범위한 지역을 포괄하지만, 때로는 아시아의 일부를 구성하는 소지역을 지칭하기 위해 사용되기도 한다. 오늘날 아시아 지역이 과거보다 더욱 중대한 의미를 갖게 된 것은 사실이나, 앞에서 살펴본 바와 같이 그 개념은 상당히 느슨하게 사용되어왔으며 필자 역시 그러한 아시아 개념을 엄밀하게 재규정하거나 그 사용방식을 바꾸자고 주장하는 것은 아니다. 오히려 이 책은 아시아를 개방적인 개념으로 파악하고, 아시아 국가들이 채택해온 '열린 지역주의'라는 새로운 접근방식에 입각하여 그 정치적·경제적·문화적 정체성을 발전시켜가는 것을 긍정적으로 평가한다.[1]

둘째, 이 책이 채택하고 있는 시스템 접근법은 아시아에서 인권을 증진하고 보호하기 위해 등장한 지역 인권체제가 어떠한 성격의 것인지, 그리고 그 가능성은 어떠한지를 가늠할 수 있게 해주는 방법론이다. 잘 알려져 있다시피 아시아 지역에서는 인권에 대한 보편주의적 접근에 대항하여 문화상대주의나 '아시아적 가치'에 관한 논의들이 제기되어 왔다. 여러 국제관계 학파들, 가령 현실주의(realism)나 신현실주의, 자

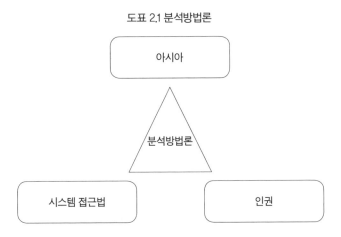

도표 2.1 분석방법론

유주의적 제도주의(liberal institutionalism) 등의 국제관계 학파들의 입장도 아시아에서의 인권 분석에 어느정도 시사점을 갖고 있는 것이 사실이다. 그러나 이런 분석틀을 통해 아시아에서 진행되는 역동적 변화 과정이나 실제 일어나고 있는 변화의 내용을 충분히 반영하기에는 한계가 있다. 시스템 분석은 공학과 경영정보 시스템, 컴퓨터 프로그래밍 같은 분야들에서 발전한 학문적 방법론으로서 현실의 복잡성을 최대한 담아내는 유용한 도구로 사용되어왔다.[2] 또한 린 로푸키(Lynn M. LoPucki)에 의해 법의 영역에도 응용됨으로써 그 방법론에 있어서 새로운 지평을 열었다.[3] 요컨대 시스템 접근법은 새로이 출현하고 있는 인권 메커니즘의 상호연결된 요소들을 검토하여 그 복잡한 본질을 이해하는 데 도움을 주는 방법론이다. 이 책은 특히 인권체제의 본질적 구성요소인 규범, 기구, 이행 등 세가지 측면에 초점을 맞추어 인권체제를 분석한다.

셋째, 이 책에서는 인권을 "모든 인간 존재가 인간의 존엄성에 기반을 둔 권리들을 향유할 자격이 있다는 믿음에 근거하여 국제사회가 채택한 일련의 규범과 가치"로 정의한다.[4] 인간의 존엄성이라는 개념은 동양과 서양 모두에서 오랫동안 존재해왔지만, 대부분의 국제인권법은 제2차 세계대전 이후에야 비로소 성문화되었다. 국제인권법의 등장이 가능했던 이유는 국제사회가 인권조약이나 여타 형태의 성문화된 규범을 공식적으로 채택했기 때문이다.[5] 그러나 국제인권법이 성문화되었다고 해서 그것에 관한 해석이 동일한 것은 아니며, 그 이행을 보장하는 것도 아니다. 각 국가와 지역에서 인권 규범과 제도, 이행의 양태는 서로 상이하며 심지어 한 국가 안에서조차도 규범의 국내적 의미는 동일하지 않을 수 있다. 국제 인권규범은 일국 내의 시민적·헌법적 권리와 많은 면에서 그 특성을 공유하지만, 각 국가에서 인권규범을 국내규범으로 포괄해내는 과정에는 중요한 차이들이 존재한다. 이렇듯 국내화된 인권의 철학적, 역사적 토대를 검토하는 것은 우리가 인권, 시민권, 입헌적 권리의 발전에서 아시아의 특수성을 이해하는 데 큰 도움이 된다.

다음에서는 아시아의 특수성을 충분히 고려하면서, 이처럼 조직적이고 유기적인 아시아 인권체제에 대한 분석방법론을 상세히 논의하여 아시아에서 출현하고 있는 인권체제의 분석을 위한 도구를 마련하고자 한다.

2.2 아시아

2.2.1 아시아의 왜곡된 이미지

아시아는 한마디로 정의하기가 매우 어려운 지역이다. 일반적으로 지역이라고 하면 다른 이웃 지역과 구분되는 역사적, 정치적 혹은 문화적 응집성을 지닌 인접한 국가들의 그룹을 말한다. 그러나 아시아 지역을 정의하는 데 있어서는 서로 얽힌 역사와 지리적 광대함, 다양성이나 이질성 같은 여러 난점이 있다. 전통적으로 지역 구분은 지형에 근거해 왔으나 구체적으로 들여다보면 문제가 그리 간단하지 않다. 가령 아시아와 유럽 간의 지리적 경계는 분명한 것이 아니다. 지리학자들은 보통 우랄 산맥을 중심으로 유럽과 아시아의 경계를 나눈다. 이런 구획에 따르면 물리적 지형이라는 면에서 러시아 영토의 대부분은 아시아에 속한다. 그러나 이는 러시아가 아시아에 속하지 않는다고 생각하는 일반인들의 인식과 들어맞지 않는다. 또한 아시아는 보편적 정체성이 결핍되어 있다. 이 지역 전체를 아우르는 하나의 공통적 요소를 지정하는 것이 거의 불가능할 정도로 민족, 문화, 언어, 역사적 배경이 너무나도 다양하다.

'아시아'라는 단어 자체는 그리스어 Asu[6]에서 유래하는데, 이는 아시리아의 동쪽(east of Assyria)[7]을 의미했고 그리스의 동쪽을 가리키는 말이었다. 다시 말해서 아시아는 확정적이고 구체적인 어떤 지역을 의미한 것이 아니었다. 흔히 사용되는 용어인 '동방'(Orient)[8]은 라틴어인 oriens에서 유래하는데, 이는 태양이 뜨는 장소를 의미한다.[9] 반대로 '서방'(Occident)은 해가 지는 장소를 가리킨다.[10] 냉전기 동안 공통적으로 사용된 또다른 용어로 '극동'(Far East)이라는 말이 있는데, 이 말은 이미 세계의 중심이 유럽이라는 인식을 분명하게 보여준다. 동아시아는 단지 유럽으로부터 가장 먼 곳에 위치한 지역으로 이해되었던 것이다.

방향을 지칭하는 용어를 따서 아시아 지역의 이름을 지었다는 것은 꽤 흥미로운 일이다. 실제로, 전지구적 관점에서 볼 때 아시아가 유럽의 동쪽에 위치해 있다고 할 수만은 없다. 중국, 일본, 한국 등 동아시아가 북미의 **동쪽**에 있는 것도 아니다. 미국에서 이 지역까지 거리가 가장 짧은 비행노선은 북서쪽 하늘을 직접 넘어가는 노선일 것이다. 아시아를 정의하는 방식이 이처럼 주관적이고 선입관에 사로잡혀 있다는 사실은 한 지역에 대한 정의가 객관적인 지리학적 개념이 아니라 인위적으로 창안되거나 만들어진 것이라는 점을 보여주는 좋은 예다.[11]

사람들이 세계를 자기중심적으로 이해하는 것은 매우 흔히 볼 수 있는 일이다. 아시아와 서양제국은 각각 상이한 세계지도, 즉 대서양 중심의 세계지도와 태평양 중심의 세계지도를 사용하여 흥미로운 대조를 보여준다. 대서양 중심의 지도는 유럽과 러시아의 일부를 가운데 놓고 아시아를 동쪽에 표기한다. 반면에 아시아 국가에서 공통적으로 사용되는 태평양 중심의 지도는 태평양과 대부분의 아시아 국가가 한가운데에 자리한다.[12] 마찬가지로 14세기에 만들어진 중국의 세계지도는 중국(中國), 즉 여러 국가들의 가운데 나라로서 중국대륙을 세계의 중심에 놓고 있다.

지역을 구분하기 위해 고려할 수 있는 요인은 매우 여러가지다.[13] 아시아의 맥락에서 보면 지리적 근접성, 역사적 전통, 문화적 유산, 경제적·정치적 상호연관성 등이 지역정체성을 결정하는 데 관련이 있다고 할 수 있다. 아시아는 하나의 지역으로 규정하기에는 너무 광대해서 소지역으로 나누어 접근하는 방식이 흔히 사용되어왔다. 즉 동북아시아, 동남아시아, 남아시아, 서남아시아, 서아시아(중동), 중앙아시아 및 북아시아 등으로 나누기도 한다. 이러한 소지역 중 일부에서는 소지역 내의 정부간 조직들을 발전시켜왔다. 동남아시아에서는 아세안이, 그리고 남아시아에서는 남아시아지역협력연합(South Asian Association for Regional Cooperation, SAARC) 등이 발전해왔다. 동북아시아,[14] 서아시아,[15] 태평양제도[16]에서도 소지역기구를 확립하려는 노력들이 존재한다.

유엔에서 지역 분류와 관련하여 통상적으로 사용되는 용례 역시 지역을 구분하는 보편적인 기준이 없다는 점을 다시 한번 확인해준다. 유엔 기구들은 통상적으로 다섯개의 지역 분류를 사용한다. 즉 (1) 아프리카, (2) 아시아, (3) 동유럽, (4) 중남미, (5) 서유럽과 기타 국가들이 그것이다.[17] 그러나 모든 유엔 기구가 이런 분류를 따르는 것은 아니다.[18]

예를 들어, 유엔의 경제사회이사회(Economic and Social Council, ECOSOC) 산하에 설립된 경제적·사회적 협력을 위한 다섯개의 지역 경제사회위원회(Economic and Social Commission)는 이와 상이한 분류를 사용하며, (1) 유럽, (2) 아시아 및 태평양, (3) 라틴아메리카와 카리브해 연안, (4) 아프리카, (5) 서아시아(Western Asia)로 구성되어 있다.[19] 여기서 유엔 아시아-태평양 경제사회위원회(UN Economic and Social Commission for Asia and the Pacific, UNESCAP, 이하 유엔 아태경제사회위원회)는 아시아 전지역과 피지에 이르는 태평양제도 국가 모두를 포괄하여 '아시아-태평양' 지역으로 보고 있다.[20] 세계 인구의 절반이 이 지역에 살고 있는 셈이다.[21] 왜 이처럼 광범위한 영역을 하나의 지역으로 묶어야 했는가? 그 이유는 아마도 이 지역에 속한 국가들이 다른 지역에 반드시 소속되어야 할 특별한 이유가 없었기 때문이라고 할 수 있다. 이와는 대조적으로 유럽 국가들이 대단히 큰 경제적 이해관계를 가지고 있는 중동 지역의 국가들[22]은 독자적으로 서아시아경제사회위원회(UN Economic and Social Commission for Western Asia, UN-ESCWA)라는 지역 그룹을 형성하였으며,[23] 미국과 캐나다는 유럽에 위치하고 있지 않지만 유럽경제사회위원회(UN European Economic and Social Committee, UNEESC)에 가입하는 데 아무런 문제도 없었다.

한편 유엔인권최고대표사무소[24]는 또다른 지역 분류방식을 사용한다. 즉 세계를 (1) 아시아-태평양, (2) 아랍 지역, (3) 유럽, 북미와 중앙아시아, (4) 아프리카, (5) 중남미와 카리브해 연안으로 나누어 접근하고 있다. 이 분류에 따라 아랍 국가들은 집단적으로 아랍인권헌장(Arab Charter on Human Rights)을 채택하였고,[25] 이 효력은 2008년 3월에 발생했다.[26]

이처럼 유엔기구들은 각 기구의 필요와 이해관계에 따라 상이한 지역 분류를 사용하고 있다. 게다가 비유엔 국제기구들이 사용하고 있는 지역 분류를 살펴보면 그 양상은 더욱 복잡해진다. 예컨대 주로 경제적인 주제에 초점을 맞추고 있는 아태경제협력체(Asia Pacific Economic Cooperation, APEC, 이하 아태경제협력체)[27]는 '아시아-태평양'이라는 용어를 사용하여 중국과 미국, 캐나다, 멕시코 및 칠레 등 21개 국가를 아시아-태평양 경제체제에 포함시킨다. 그들은 중국과 긴장관계에 있는 대만과 홍콩까지도 회원국으로 수용하기 위해서 각각의 나라들을 '경제국'(economies)이라고 부르고 있다.[28] 현재 인도, 스리랑카, 파키스탄은 아태경제협력체 회원국이 아닌 반면,[29] 북미의 미국과 캐나다뿐만 아니라 남미의 태평양 연안 국가인 칠레와 페루는 이 조직에 포함되어 있다. 아태국가인권기구포럼[30]은 몽골로부터 시작해 아시아 전체를 거쳐 태평양제도에 이르는 지역과 일부 서아시아까지를 포함하는 개념으로 아시아-태평양 지역을 바라보고 있다.[31]

한편 아세안+3[32] 정상회의는 2005년 인도, 호주, 뉴질랜드 정상을 포함시켜 아시아-태평양 16개국 국가수반들로 구성된 새로운 지역회의인 동아시아정상회의를 출범시켰다.[33] 준비과정에서 일본이 인도와 호주, 뉴질랜드의 참가를 강력히 압박하였고,[34] 중국의 반대에도 불구하고 결국 세 국가가 가입할 수 있었다.[35] 게다가 2011년에는 러시아와 미국까지도 회원국으로 가입함에 따라 동아시아의 범위는 획기적으로 확대되었다.

이상에서 살펴본 바와 같이, 지역을 정의하는 데 있어서 모두가 동의할 수 있는 일관된 원칙이 정립되어 있는 것은 아니다. 에드워드 싸이드(Edward Said)가 그의 책 『오리엔탈리즘』에서 탁월하게 표현한 바 있듯이, 아시아라는 개념은 아시아나 아시아-태평양 지역이라는 물리적 실재가 아니라, 서구 사회의 이미지와 인식에 의거해 만들어진 것이라 할 수 있다.[36] '아시아'라는 용어의 출현과 발전은 인위적인 과정이었으며, 이 과정은 유럽중심적 관점의 영향 속에서 진행되어온 것이었다.[37]

2.2.2 지역 분류의 정치적 함의

왜 지역 구분과 지역에 대한 이름 붙이기가 그처럼 중요한가? 그 이유는 폴 에번스(Paul Evans)의 표현대로 "정의하거나 이름을 붙이는 행위는 곧 정복하는 행위"이기 때문이다.[38] 식민주의 시기 동안 대부분의 아시아 국가들이 서구 국가들에 의해 분할이나 침탈을 경험했다. 그리고 이 시기에 동남아시아 지역은 '먼 인디아'(Farther India) 혹은 '인도-차이나'(Indo-China)라고 불렸다. 왜냐하면 이 지역이 인도와 중국 사이에 위치했기 때문이다.[39] 이 지역이 자신의 적절한 명칭을 갖지 못하게 된 이유는 서구 열강이 인도와 중국에 주된 관심을 두고 있었기 때문이다. 루이스(Martin W. Lewis)는 동남아시아라는 개념에는 그 자신의 "고유하고 독특한 성격"이 결여되어 있으며, 지리학적인 의미의 지역 구분이라는 근본적인 원칙이 통하지 않는다고 주장한다.[40] 그에 따르면 동남아시아는 "잔여적이고 인위적인 개념"이며 외부 세력에 의해 구성된 것이다.[41] 이 주장은 전체 아시아 지역으로 확장하여 적용해도 여전히 타당하다. 왜냐하면 아시아 자체가 오랫동안 세계 속에서 잉여로 남아 있던 지역이기 때문이다. 아시아에서는 하나의 공통적인 문화적 특성을 지역적 정체성으로 제기하는 것이 불가능하다. 인도에서 발원한 불교, 중국의 유교 및 도교, 힌두교, 시크교, 이슬람교 등이 이 지역에 중첩적 영향력을 행사하고 있기 때문이다. 오히려 아시아는 다른 지역들과 대치되는 존재로서 의미를 갖는 개념이었다고 할 수 있다.

종속이론은 기존의 주류 이론들과는 달리 세계를 중심부와 주변부의 이분법[42]이나 세계체제론[43]을 통해 바라본다. 종속이론의 관점에서 세계는 정치적 맥락에 따라 나뉘고, 아시아·아프리카·중남미는 하나의 그룹에 속한다. 종속이론가들은 이들이 제3세계라는 점에서 공통의 요소가 있다고 판단한다. 그들은 문화적·지리적 요소도 고려하지만, 한 사회를 다른 사회와 구분 짓는 보다 중요한 요소를 경제적 관계와 국제적 맥락에서 찾는다.

이름 붙이기의 힘을 강조한 폴 에번스는 동일한 맥락에서 동아시아와 동남아시아 간의 점증하는 상호연계를 강조하며 이 두 지역을 결합해 '동부아시아'(Eastern Asia)라는 용어를 사용할 것을 제안한다.[44] 자신이 정의한 동아시아가 동북아시아의 정의와 유사하기 때문에,[45] 동북아시아와 동남아시아를 포함하는 '동부아시아'라는 다소 광범위한 개념을 내놓은 것이다. 남아시아 국가들도 점차 동남아시아뿐만 아니라 동북아시아와 밀접히 관계를 맺어가고 있다는 점을 감안하면 '동부아시아'를 강조하는 그의 논리적 근거는 그다지 강력해 보이지 않는다. 그럼에도 불구하고 관습적으로 사용되는 지리적 용어들에 사로잡히지 않고 한 지역을 재정의하려는 그의 노력은 긍정적으로 평가할 수 있다. 또한 에번스는 태평양이 아시아 대륙과 미주 대륙을 나누는 장애가 아니라 두 대륙을 연결하는 매개로 기능할 수 있다는 시각에 입각하여 아시

아-태평양을 미국과 캐나다를 포함하는 지역으로 파악할 것을 제안하기도 한다.[46]

이처럼 지역의 경계를 고려하는 데 있어서 유연성과 창조성을 갖는 것은 유익하다. 왜냐하면 이는 우리가 통상적으로 사용하는 개념들의 기저에 놓여 있는 편견을 극복하는 데 도움이 되기 때문이다. 아시아는 완벽하게 정의된 지리적 개념이 아니라, 동북아시아·동남아시아·남아시아 같은 몇개의 소지역들로 구성된 하나의 지역을 지칭하는 데 활용할 수 있는 수단이다. 일부 소지역은 서로 중첩되기도 한다.[47] 아시아의 전반적인 지역적 정체성은 여전히 진화하고 있고, 궁극적으로는 아시아 인민들 스스로 아시아를 어떻게 정의해야 하는지 결정하게 될 것이다.[48]

2.2.3 아시아는 통합될 수 있는가

아시아의 지역통합 가능성을 논할 때, 우리는 아시아가 세계질서를 좌지우지했던 역사적 경험이 있다는 것을 망각하곤 한다. 중국이 자신을 세계의 중심(中華)이라고 생각했던 과거나 알렉산드로스 대왕의 정복, 몽골제국의 번성, 오스만튀르크의 경험에 이르기까지 세계가 아시아의 힘을 느꼈던 사례들이 적지 않다. 반면 현대의 아시아는 그 역사를 통틀어 가장 파편화되어 있다. 그러나 21세기 초반에 들어와 아시아 국가들간의 협력이 점증하고 있고, 이는 다시금 그들이 세계 속에서 더 큰 역할을 하게 될 것을 예고하는 것처럼 보인다.

우리는 아시아 국가들 사이에 원래부터 이질성이 많이 존재한다는 것을 알고 있지만, 동시에 그 국가들에 공통된 요소들이 있다는 점도 알고 있다. 많은 아시아 국가들이 (1) 소지역 수준에서는 종교적인 측면에서 유사한 면이 있다는 점, (2) 대부분의 아시아가 식민주의 혹은 반(半)식민주의를 경험했다는 점, (3) 제2차 세계대전, 한국전쟁, 베트남전쟁 등 지역이 연루된 전쟁의 경험을 직간접적으로 공유한다는 점, 마지막으로 (4) 신생 독립국가나 새로운 국가 수립 이후 민주주의와 법의 지배가 정착하는 과정에서 유사한 정치적 경험을 공유한다는 점에서 공통된 요소들을 찾을 수 있다.

또한 지구화가 가속화됨에 따라 지역주의 역시 함께 진행되고 있다는 점을 지적해야 한다.[49] 즉 지구화가 아시아 국가들이 하나의 지역그룹으로 모이도록 추동하고 있다는 것이다. 세계경제가 급속하게 통합되어감에 따라 아시아가 다른 지역과 경쟁하며 공존하기 위해 하나의 그룹을 형성하는 것이 불가피해지고 있다. 지구화가 촉발하는 이러한 지역주의의 흐름 속에서 아시아가 갖는 중요성은 더욱 크다. 제2차 세계대전 이후 오랜 기간에 걸쳐 미국이 세계 경제와 정치질서에서 주도적인 역할을 해오던 냉전시대가 소련의 붕괴로 끝이 나면서, 급격하게 팽창하는 국제무역, 생산, 투자에서 동양과 서양, 남반구와 북반구 등의 지역적 구분이 세계 속에서 차지하는 함의는 근본적으로 변해왔다.[50] 오늘날의 세계에서 유럽은 더이상 세계의 중심으로 간주되지 않는 반면에 1990년대 이후 국제사회에서 차지하는 아시아의 역할은 갈수록 중요해지고 있다. 아시아는 국제사회에서 집합적 통일체로서의 새로운 정체성을 발전시켜가는 중이다.

세계 속의 다른 나라들이 이미 일정한 지역그룹으로 구성되어 지역 차원으로 활동하고 있는 지금, 아시아 또한 국제적인 공간에서 경쟁하기 위해 하나의 지역그룹으로 활동하는 것이 불가피하다. 이 과정에서 아시아 국가들은 경제 영역뿐만 아니라 정치적 영역에서도 중요한 지역으로 성장할 커다란 잠재력을 갖고 있다는 점을 보여주고 있다. 이제

"20세기가 미국의 세기였다면, 21세기는 아시아의 세기가 될 것"[51]이라는 주장은 전혀 낯설지 않다. 어느 누구도 아시아가 가진 잠재력을 부인할 수 없게 되었다. 아세안+3이 포괄하는 총인구는 세계 인구의 30퍼센트에 달하고,[52] 미국과 러시아가 참가하기 이전 동아시아정상회의에 포함된 16개국의 인구만으로도 세계 인구의 49퍼센트를 차지한다.[53] 아태경제협력체에 소속된 아시아-태평양 국가의 경우에도 세계 인구의 40.5퍼센트, 세계 무역의 43.7퍼센트,[54] 세계 GDP의 54.2퍼센트[55]를 담당하고 있다.[56]

아세안이 발전함으로써 아시아 국가들 사이에서도 정부간 조직의 설립이 불가능한 일은 아니라는 점이 확인되었고, 또한 지역조직이나 소지역조직이 만들어지면 국제사회에서 더욱 강력한 협상력을 가질 수 있다는 점도 알게 되었다. 아세안을 출범시키는 과정에서 이 조직에 참여하지 못하는 몇몇 국가들이 있었기 때문에 비관론이 일기도 했다. 그러나 처음 5개국으로 시작한 아세안은 완전히 성장하여 이 지역의 10개국 모두를 회원국으로 포함하는 동남아시아 소지역 국가회의로 확장되었다.

실제로 지역 차원이나 소지역 차원에서 아시아 국가들의 통합을 도모하려는 노력은 최근 20~30년에 걸쳐 극적으로 증가했다. 이런 변화를 야기한 중요한 요인들 중 하나는 1990년대 후반의 아시아 금융위기였다.[57] 1997년에 시작된 외환위기를 겪은 이후, 아시아 국가들은 국제 투기자본의 예측 불가능한 흐름에 공동으로 대처하기 위한 조치를 마련하는 데 입장을 같이했다. 중국도 그전까지는 아시아 국가들과 깊은 연계를 맺는 것에 주저했지만, 금융위기를 거치면서 그 태도가 크게 바뀌어 적극적인 협력을 추구하고 있다.[58]

2.2.4 아시아 국가들간 협력의 어려움

물론 아시아 국가들 사이에 협력을 방해하는 여러 요인이 있다는 점은 결코 부인할 수 없다.[59] 우선 아시아의 근현대 역사로부터 비롯된 문제가 있다. 소련의 붕괴 이전까지 아시아 국가들이 지역조직을 경계했던[60] 중대한 이유 중 하나는 그들이 과거 일본의 가혹한 식민지 지배나 군사적 침략을 경험했기 때문이다. 제2차 세계대전 기간을 전후해 아시아 지역에는 일본의 군국주의에 대항하는 전선이 형성되어 있었다. 바로 이 시기에 일본이 군국주의의 침략과 식민화를 정당화하기 위해 내건 구실이 바로 '대동아공영권'이라는 표어였다.[61] 이처럼 무력에 기반한 식민주의의 일환으로 하나의 아시아공동체라는 것을 내세웠던 일본의 잘못된 시도 이후, 아시아 국가들은 어떠한 종류의 범아시아 기구나 아시아공동체라는 지향에 대해서도 커다란 의구심이나 적개심을 보여왔고 이러한 태도는 제2차 세계대전이 끝난 이후에도 상당 기간에 걸쳐 지속되었다.[62]

또한 냉전에 기반한 국제 패권정치가 이어짐에 따라 아시아 지역의 분열이 더욱 심화된 면이 있다. 동북아시아에는 두개의 삼각구도가 형성되었는데, 그중 하나인 북방 삼각형은 중국-소련-북한 등의 공산권으로 구성되었다. 다른 하나인 남방 삼각형은 미국-일본-한국 등 자본주의에 기반한 국가들로 구성되어 이 둘은 상호대결하면서 냉전이 끝날 때까지 서로 갈등하고 경쟁했다. 동남아시아에서도 공산주의 정권들, 즉 베트남과 캄보디아는 냉전이라는 환경 속에서 다른 동남아시아 국가들과 제휴관계를 맺지 못했다.[63] 중국과 소련이라는 두 강대국도 이 지역에서 종종 갈등 상황을 표출했다. 문제를 더욱 복잡하게 만든 것은 냉전 기간 동안 몇몇 아시아 국가들이 미국과 체결한 쌍무적 관계였다. 미국과의 양자협력관계가 강조되면서 지역 전체 차원의 협력은 더욱 어려워졌다. 중국에서는 러시아와의 국경분쟁이 주요 현안 중 하나였고, 한국은 북한의 군사적 침략을 가장 경계했으며, 일본은 일차적으로 자신의 경제적 이해관계를 추구하는 데에 주된 관심이 있었다. 이러한 여러 상황은 아시아의 지역협력에 큰 장애요인으로 작용했다. 이 때문에 이들 국가간에는 지역적 연대보다는 경쟁이 더욱 일반적인 현상이었고, 소련 체제가 붕괴하고 나서야 아시아에서 진정한 의미의 지역주의가 부활하게 되었다.

이제 동아시아에서 정부간 조직을 만드는 데 있어서의 어려움은 훨씬 덜하다. 미국의 정책도 아시아 국가들간의 지역협력을 받아들이는 방향으로 점차 변해왔다.[64] 미국은 전통적으로 미국과 해당 국가간의 쌍무적 관계에 큰 강조점을 둔다. '분할통치' 정책이 미국의 주된 접근법이었고, 아시아에서 형성되는 배타적인 지역조직에 대해서는 늘 유보적인 입장이었다.[65] 특히, 미국의 국무장관이었던 제임스 베이커(James A. Baker)는 아시아 경제블록에 반대하는 것이 오랜 기간에 걸친 미국의 정책이라는 점을 분명히 밝힌 바 있다.[66] 이처럼 제한된 개입으로 미국의 포괄적 패권을 유지하기 위해 미국은 아시아에서 초강대국의 출현을 저지하기 위해 노력했다. 그러나 아태경제협력체가 창설되는 과정[67]과 최근 동아시아정상회의의 성장에서 볼 수 있듯이,[68] 미국은 이제 아시아에서 진행되는 지역협력에 더이상 전적으로 반대할 수도 없거니와 그렇게 하지도 않는다. 그러나 아직까지는 이 지역의 협력을 위해 광범위한 동의를 얻은 포괄적인 구도가 잡혀 있지 않다는 점이 문제로 남아 있다.

둘째, 아시아가 안고 있는 또 하나의 어려운 문제는 국가간의 패권적 관계에 관한 공포가 폭넓게 퍼져 있는 반면, 그 동전의 이면으로 지역 내에 지도력 있는 국가가 없다는 사실이다. 실제로 이런 지역패권에 대한 우려 때문에 동남아시아 국가들은 지역 전체보다는 소지역적 접근에 더 큰 강조점을 두어왔다. '동아시아비전그룹 2000'과 '동아시아연구그룹 2000'이 제출한 동아시아 협력의 공동체적 미래를 전망하는 보고서에 대해서도 동남아시아 국가들은 일부 국가의 패권화를 공공연하게 우려하면서 속도를 조절하길 원했다.[69] 그들은 중국과 일본, 한국의 패권으로 인해 아세안이 지역협력에 대한 통제력을 상실할 것을 염려하면서 급속한 동아시아의 지역조직화에 반대했다. 다행히 아세안은 아세안+1이나, 아세안+3, 또는 동아시아정상회의라는 틀을 통해 아세안 이외 지역의 국가들과 협력관계를 확장하는 것에 대해 더이상 크게 반대하지 않는다. 하지만 그들은 여전히 그 과정이 점진적으로 이루어져 그들이 속도를 관리할 수 있기를 희망한다.[70] 남아시아지역협력연합과 태평양제도 국가들도 소지역 수준에서 협력을 가속화함으로써 아세안의 성공적인 지역협력을 벤치마킹하고 있다.[71] 하지만 이러한 소지역적 접근이 아시아 전체를 망라하는 범지역적 협력관계를 대체할 수 없는 것은 명백하다. 왜냐하면 아시아 각국은 이미 소지역 수준을 넘어서는 다양한 조직들로 서로 긴밀하게 연결되어 협력하고 있기 때문이다.

셋째, 최근까지도 아시아 국가들에는 스스로를 하나의 지역적 조직으로 조직해야 할 급박한 이유나 필요가 없었다. 아시아는 유럽과 달리 역사적으로 맞서 싸워야 할 공통의 적이 없었기 때문이다.[72] 냉전 시기 서유럽은 소련과 동유럽 블록에 맞서 자신들의 통합을 추구하였고, 미주는 쿠바와 여러 억압적인 남미 정권이라는 공통의 문제를 가지고 있었으며 미국의 지도부가 조직가로서 중요한 역할을 수행했다. 반면에 아시아는 식민주의 시대에 일본의 군국주의를 경험했지만 제2차 세계대전이 끝난 이후 일본은 아시아에서 더이상 공통의 위협이 되지 못했다. 게다가 새로이 재건된 일본은 범아시아 차원의 지역통합에 어떠한 관심도 보이지 않았다. 일본의 관심은 경제의 개선과 확장에 집중되었으며, 미국의 주도를 무엇보다 중요한 원리로 받아들이고 이에 입각해서 미국의 하위 파트너로서 기능하는 쪽을 택했다. 아시아에서 지역협력을 향한 변화는 대부분 최근에 일어나고 있다. 아세안이 주도하여 진행하고 있는 움직임은 아시아의 지역통합을 가속화하는 데 크게 기여했다. 소련의 붕괴 이후에는 일본도 아시아 지역 내에서 결정적인 힘을 가진 '정상국가'[73]로 우뚝 서려는 목표를 추구하고 있고 중국 역시 지역통합에서 그 역할을 현저하게 늘려가고 있다.

넷째, 지역의 광대함, 문화의 다양성, 아시아 국가들 사이의 역사적 적대의식 같은 전통적 장애물은 여전히 지역 차원의 협력을 방해하는 중대한 장벽이다. 제2차 세계대전, 한국전쟁, 베트남전쟁, 냉전 같은 구래의 유산들은 아직까지 적절하게 다루어지거나 완화되지 않은 채 남아 있으며, 아시아는 여전히 세계에서 가장 이질적인 지역들 중의 하나다. 공식적인 지역조직을 만드는 데 이렇게 오랜 노력과 시간이 드는 것은 이 때문이다. 1990년에 이르러서야 마하티르 모하맛(Mahathir Mohamad) 전 말레이시아 총리가 동아시아경제그룹(East Asian Economic Group, EAEG) 제안으로 첫걸음을 뗐고[74] 이어 1998년 김대중(金大中) 대통령의 동아시아공동체(East Asia Community) 제안이 이어졌다.[75] 그에 따라 마침내 2005년 동아시아정상회의가 열리기에 이른다.[76] 이제 동아시아정상회의를 통해 매년 아시아-태평양 지역의 18개국 수반들이 모여 아시아의 미래를 논의하고 있다. 이는 참으로 중요한 발전이라고 하지 않을 수 없다. 아시아 국가들은 이 지역의 여러 장애물들을 성찰하면서 한걸음 또 한걸음 나아가는 조심스러운 단계적 접근법에 따라 느리지만 꾸준하게 전진하고 있다.

2.2.5 아시아에서 인권적 접근의 적절성

이상의 논의에 근거해볼 때 아시아의 통합은 더이상 불가능한 것이 아니라고 말할 수 있지 않을까? 그러나 동아시아에서의 지역통합[77]은 여전히 경제 부문과 안보 영역에 주된 초점을 맞추고 있다는 한계가 있다. 과연 정치·경제 영역과 외교·안보 문제에서의 국제협력에 이어 인권협력이 함께 진행될 것이라고 주장할 수 있을까? 흥미롭게도, 일부 외교적 차원의 만남에서 인권문제는 종종 회피되는 사안이지만 다른 영역에서는 협력이 진행되어왔고, 그러한 협력이 도리어 인권협력을 촉진한다는 것을 확인할 수 있다. NGO들의 활동이나 학자들의 활동이 이러한 발전에 큰 공헌을 해왔다.

실제 아시아에서는 인권협력을 촉진하고자 하는 다양한 노력들이 진행되고 있다. 유엔이 후원하는 '아시아-태평양 지역에서의 인권 증진과 보호를 위한 지역협력 워크숍'[78]은 거의 연례적으로 열리고 있으며, 아태국가인권기구포럼[79]의 회원국은 계속 확대되고 있다. 아시아 국가들 간의 인권보장을 위한 기술적 협력이 계속되고 있다는 점 또한 매우 희망적인 일이다. 물론 이런 노력들에는 한계 또한 존재한다. 앞서 말한 유엔 주도 워크숍들이 채택하고 있는 벽돌 쌓기(building-block)나 한걸음 또 한걸음 같은 점진적 접근법은 발전의 과정이 어렵다는 점을 보여주는 전형적인 사례라 하겠다. 그럼에도 불구하고 인권은 아시아에서 하나의 공통적인 지역적 화두가 되어왔고, 갈수록 많은 수의 국가가 인권이 지역협력의 일부가 되어야만 한다는 데 동의하고 있다.[80]

2.2.6 열린 지역주의

아시아의 지역통합은 결코 쉽게 성취할 수 있는 프로젝트가 아니다. 역사적으로 아시아의 경계가 분명하게 정해졌던 적이 단 한번도 없고, 오늘날 국제사회의 관행 역시 아시아 국가들을 하나로 묶어세울 본래적인 통일성을 제시하지 못하고 있기 때문이다. 하지만 그나마 다행스러운 점은 오늘날의 아시아가 세계 속의 잉여지역으로 간주되던 예전과는 완전히 다른 지역으로 부상하였고, 그에 따라 예전부터 있어온 아시아에 관한 전통적 인식이 이제 더이상 타당하지 않다는 점이다. 이제 아시아는 자신의 정치적·경제적 위상을 세계 속에 제대로 자리매김하고, 동시에 스스로의 지역정체성을 형성, 발전시켜가야 할 시점에 와 있다. 실제로 아시아인들은 그동안 국가 수립과 경제발전 과정을 거치며 개별 국가 차원에서 민족적·문화적 자기정체성을 재발견하기 위해 고투해왔다. 이제 이러한 모색을 더욱 확장하여 아시아 지역의 내생적 지역정체성을 발전시키는 데로 나아가야 한다.

현시점에서 벌어지고 있는 급격한 변화의 결과 아시아에 궁극적으로 어떤 유형의 지역주의가 태동할 것인가를 예상하는 것은 쉽지 않은 일이다. 그러나 아시아 또는 아시아-태평양 지역에서 지속적인 지역통합의 과정이 진행될 것이라는 사실은 명백하며, 1989년 아태경제협력체의 창설과정에서도 살펴볼 수 있듯이 많은 아시아 국가들이 '열린 지역주의'[81]라는 목적을 함께하고 있다는 점은 분명하다. 아시아에서 통합이 지속될 수 있었던 것은 지역의 경계선을 긋는 데 있어서 이처럼 유연한 접근방식을 유지했기 때문이라고 말할 수도 있다.

실제로 아시아의 둘레에 엄격한 경계선을 적용하려고 시도하지 않는 편이 훨씬 바람직해 보인다. 그보다는 열린 지역주의 접근법에 특별한 강조점을 두면서 아시아를 유연하고 유동적인 개념으로 취급하는 것이 바람직할 것이다. 이 책은 인권과 관련한 논의를 진행함에 있어 주로 동아시아 지역에 일차적 초점을 맞춘다.[82] 동아시아는 세개의 소지역, 즉 동북아시아, 동남아시아, 남아시아로 이루어지며 총 23개국으로 구성되어 있다.[83] 이 책이 다루는 23개국을 소지역별로 정리해보면 다음과 같다.

- 동북아시아:[84] 한국, 중국, 일본, 북한, 몽골
- 동남아시아: 브루나이, 캄보디아, 인도네시아, 라오스, 말레이시아, 미얀마, 필리핀, 싱가포르, 태국, 동티모르, 베트남
- 남아시아: 방글라데시, 부탄, 인도, 몰디브, 네팔, 파키스탄, 스리랑카

이 책이 일차적으로 이들 국가에 주된 강조점을 두는 이유는 동아시아 지역을 중심으로 중요한 지역협력을 위한 노력이 진행되고 있기 때문이다. 그러나 그렇다고 해서 이 책에서 다른 소지역, 즉 중앙아시아,[85] 서아시아(중동),[86] 그리고 태평양 지역[87]을 논의에서 배제한다는 뜻은 아니며, 다른 소지역에서의 진행 상황에 대해서도 일정한 공간을 할애하고 있다.

한편 이 책에서 민주주의의 발전 정도나 법의 지배원리의 정착 여부를 고려하여 국가의 범주를 나누어야 할 경우, 프리덤 하우스(Freedom House)가 매년 발표하는 각 나라의 자유의 정도를 나타내는 '자유지수'(Freedom Index)를 활용하고자 한다.[88] 프리덤 하우스의 자유지수와 순위는 민주주의의 발전 정도를 보여주는 완벽한 지수라고 할 수는 없지만,[89] 매년 정치적 권리라는 요소와 시민적 자유의 정도를 기반

으로 작성된 국가의 자유로운 정도를 나타내며,[90] 아시아 국가들의 인권 현황도 함께 평가해 보여주기 때문에 유용한 자료로 활용할 수 있다. 2015년 한해에 걸쳐 각 국가의 자유로운 정도를 담은 '2016 자유지수 보고서'는 다음과 같이 총 23개 동아시아 국가 가운데 7개국은 자유롭지 못한 국가로, 13개국은 부분적으로 자유로운 국가로, 오직 3개국만을 자유로운 국가로 분류하고 있다(자세한 내용은 표 2.1 참조).

- 자유롭지 못한 국가: 브루나이, 캄보디아, 중국, 라오스, 미얀마, 북한, 베트남
- 부분적으로 자유로운 국가: 방글라데시, 부탄, 인도, 인도네시아, 말레이시아, 몰디브, 네팔, 파키스탄, 필리핀, 싱가포르, 스리랑카, 태국, 동티모르
- 자유로운 국가: 일본, 몽골, 한국

자유지수 분류에 따라 나눌 때 '자유롭지 못한 국가'는 일반적으로 권위주의 정권의 통치하에 있는 나라들이다. 반면 '부분적으로 자유로운 국가'는 대부분 이행기에 있는 정권들로, 권위주의 정권에서 민주주의로 이동하고 있거나 민주주의에서 권위주의 정권으로 후퇴하고 있는 경우다. '자유로운 국가'는 일반적으로 민주적 정권하에 있는 국가들이다. 동아시아 국가들의 현황을 보다 잘 보여주기 위해 필요한 경우 이러한 범주에 따른 구분을 사용하기는 하겠지만, 국가군들간의 구분선이 항구적이거나 절대적으로 명확한 것은 아니라는 점을 전제해두어야 할 것이다.

표 2.1 세계 자유지수(동아시아 23개국, 2001~05)

발표 연도 (해당 연도)	2002 (2001) 정치적 권리	2002 (2001) 시민적 자유	2002 (2001) 인권 현황	2003 (2002) 정치적 권리	2003 (2002) 시민적 자유	2003 (2002) 인권 현황	2004 (2003) 정치적 권리	2004 (2003) 시민적 자유	2004 (2003) 인권 현황	2005 (2004) 정치적 권리	2005 (2004) 시민적 자유	2005 (2004) 인권 현황	2006 (2005) 정치적 권리	2006 (2005) 시민적 자유	2006 (2005) 인권 현황
네팔	3	4	PF	5	5	PF	6	5	NF	4	4	PF	5	4	PF
동티모르	5	3	PF	3	3	PF	3	3	PF	3	3	PF	3	3	PF
라오스	7	6	NF	7	6	NF	7	6	NF	7	6	NF	7	6	NF
말레이시아	5	5	PF	4	4	PF	4	4	PF	5	5	PF	5	4	PF
몰디브	6	5	NF	6	5	NF	6	5	NF	6	5	NF	6	5	NF
몽골	2	3	F	2	2	F	2	2	F	2	2	F	2	2	F
미얀마	7	7	NF	7	7	NF	7	7	NF	7	7	NF	7	7	NF
방글라데시	3	4	PF	4	4	PF	4	4	PF	4	4	PF	4	4	PF
베트남	7	6	NF	7	6	NF	7	5	NF	7	6	NF	7	6	NF
부탄	7	6	NF	6	5	NF	6	5	NF	6	5	NF	6	5	NF
북한	7	7	NF	7	7	NF	7	7	NF	7	7	NF	7	7	NF
브루나이	7	5	NF	6	5	NF	6	5	NF	6	5	NF	6	5	NF
스리랑카	3	4	PF	3	3	PF	3	3	PF	3	4	PF	3	3	PF
싱가포르	5	5	PF	5	4	PF	5	4	PF	5	4	PF	5	4	PF
인도	2	3	F	2	3	F	2	3	F	2	3	F	2	3	F
인도네시아	3	4	PF	3	4	PF	2	3	F	3	4	PF	3	4	PF
일본	1	2	F	1	2	F	1	2	F	1	2	F	1	2	F
중국	7	6	NF	7	6	NF	7	6	NF	7	6	NF	7	6	NF
캄보디아	6	5	NF	6	5	NF	6	5	NF	6	5	NF	6	5	NF
태국	2	3	F	2	3	F	3	3	PF	2	3	F	2	3	F
파키스탄	6	5	NF	6	5	NF	6	5	NF	6	5	NF	6	5	NF
필리핀	2	3	F	2	3	F	3	3	F	2	3	F	2	3	F
한국	2	2	F	1	2	F	1	2	F	2	2	F	2	2	F

표 2.1 세계 자유지수(동아시아 23개국, 2006~10)

발표 연도 (해당 연도)	2007 (2006) 정치적 권리	시민적 자유	인권 현황	2008 (2007) 정치적 권리	시민적 자유	인권 현황	2009 (2008) 정치적 권리	시민적 자유	인권 현황	2010 (2009) 정치적 권리	시민적 자유	인권 현황	2011 (2010) 정치적 권리	시민적 자유	인권 현황
네팔	5	4	PF	5	4	PF	4	4	PF	4	4	PF	4	4	PF
동티모르	3	4	PF	3	4	PF	3	4	PF	3	4	PF	3	4	PF
라오스	7	6	NF	7	6	NF	7	6	NF	7	6	NF	7	6	NF
말레이시아	4	4	PF	4	4	PF	4	4	PF	4	4	PF	4	4	PF
몰디브	6	5	NF	6	5	NF	4	4	PF	3	4	PF	3	4	PF
몽골	2	2	F	2	2	F	2	2	F	2	2	F	2	2	F
미얀마	7	7	NF	7	7	NF	7	7	NF	7	7	NF	7	7	NF
방글라데시	4	4	PF	5	4	PF	4	4	PF	3	4	PF	3	4	PF
베트남	7	5	NF	7	5	NF	7	5	NF	7	5	NF	7	5	NF
부탄	6	5	NF	6	5	NF	4	5	PF	4	5	PF	4	5	PF
북한	7	7	NF	7	7	NF	7	7	NF	7	7	NF	7	7	NF
브루나이	6	5	NF	6	5	NF	6	5	NF	6	5	NF	6	5	NF
스리랑카	4	4	PF	4	4	PF	4	4	PF	4	4	PF	5	4	PF
싱가포르	5	4	PF	5	4	PF	5	4	PF	5	4	PF	5	4	PF
인도	2	3	F	2	3	F	2	3	F	2	3	F	2	3	F
인도네시아	2	3	F	2	3	F	2	3	F	2	3	F	2	3	F
일본	1	2	F	1	2	F	1	2	F	1	2	F	1	2	F
중국	7	6	NF	7	6	NF	7	6	NF	7	6	NF	7	6	NF
캄보디아	6	5	NF	6	5	NF	6	5	NF	6	5	NF	6	5	NF
태국	7	4	NF	6	4	PF	5	4	PF	5	4	PF	5	4	PF
파키스탄	6	5	NF	6	5	NF	4	5	PF	4	5	PF	4	5	PF
팔라우	3	3	PF	4	3	PF	4	3	PF	4	3	PF	3	3	PF
한국	1	2	F	1	2	F	1	2	F	1	2	F	1	2	F

표 2.1 세계 자유지수(동아시아 23개국, 2011~15)

발표 연도 (해당 연도)	2012 (2011)			2013 (2012)			2014 (2013)			2015 (2014)			2016 (2015)		
	정치적 권리	시민적 자유	인권 현황	정치적 권리	시민적 자유	인권 현황	정치적 권리	시민적 자유	인권 현황	정치적 권리	시민적 자유	인권 현황	정치적 권리	시민적 자유	인권 현황
네팔	4	4	PF	4	4	PF	4	4	PF	4	4	PF	3	4	PF
동티모르	3	4	PF	3	4	PF	3	4	PF	3	3	PF	3	3	PF
라오스	7	6	NF	7	6	NF	7	6	NF	7	6	NF	7	6	NF
말레이시아	4	4	PF	4	4	PF	4	4	PF	4	4	PF	4	4	PF
몰디브	3	4	PF	5	4	PF	4	4	PF	4	4	PF	4	5	PF
몽골	2	2	F	1	2	F	1	2	F	1	2	F	1	2	F
미얀마	7	6	NF	6	5	NF	6	5	NF	6	5	NF	6	5	NF
방글라데시	3	4	PF	3	4	PF	3	4	PF	4	4	PF	4	4	PF
베트남	7	5	NF	7	5	NF	7	5	NF	7	5	NF	7	5	NF
부탄	4	5	PF	4	5	PF	3	4	PF	3	4	PF	3	4	PF
북한	7	7	NF	7	7	NF	7	7	NF	7	7	NF	7	7	NF
브루나이	6	5	NF	6	5	NF	6	5	NF	6	5	NF	6	5	NF
스리랑카	5	4	PF	5	4	PF	5	4	PF	5	5	PF	4	4	PF
싱가포르	4	4	PF	4	4	PF	4	4	PF	4	4	PF	4	4	PF
인도	2	3	F	2	3	F	2	3	F	2	3	F	2	3	PF
인도네시아	2	3	F	2	3	F	2	4	PF	2	4	PF	2	4	PF
일본	1	2	F	1	2	F	1	1	F	1	1	F	1	1	F
중국	7	6	NF	7	6	NF	7	6	NF	7	6	NF	7	6	NF
캄보디아	6	5	NF	6	5	NF	6	5	NF	6	5	NF	6	5	NF
태국	4	4	PF	4	4	PF	4	4	PF	6	5	NF	6	5	NF
파키스탄	4	5	PF	4	5	PF	4	5	PF	4	5	PF	4	5	PF
팔라우	3	3	PF	3	3	PF	3	3	PF	3	3	PF	3	3	PF
한국	1	2	F	1	2	F	2	2	F	2	2	F	2	2	F

* 정치적 권리와 시민적 자유는 1에서 7까지의 척도로 측정되며 1은 가장 높음, 7은 가장 낮음을 의미. 인권 현황 항목에서 F는 자유로움, PF는 부분적으로 자유로움, NF는 자유롭지 못함을 의미.

2.3 인권에 대한 시스템 접근법

시스템 접근법은 이 책이 근간으로 삼고 있는 방법론적 틀 중의 하나다. 시스템 접근법은 현대 국제관계이론과 공통점이 많으며, 한 사회 내에서 한 시스템이 갖고 있는 구성요소들을 분석함으로써 인권의 발전을 동태적으로 파악할 수 있다는 점에서 중대한 방법론적 가치를 갖는다.

2.3.1 국제관계이론

국제법, 국제기구, 국제체제 등은 개별 국가의 행위를 결정하는 데 중요한 영향을 미친다.[91] 그런데 "왜 국가들은 국제법을 따르는가?" 해럴드 고(Harold Hongju Koh)가 제기했던 이 질문은 여전히 유효성과 적실성을 갖는다.[92] 여러 국제관계이론들이 국제규범, 국내법 및 사회체계, 그리고 정부의 행위 사이에 내재하는 상호관련성을 해명하기 위해 씨름해왔다.[93] 같은 맥락에서 국제법 학자들도 이러한 문제에 대한 답을 찾기 위해 학제간 연구에 점점 더 큰 관심을 기울이고 있다.[94] 국제법 학자들이 국제관계이론 학파를 분류하는 방식은 서로 약간씩 다르지만,[95] 그중 가장 대표적인 학파로 거론되는 것이 현실주의, 제도주의, 자유주의, 구성주의 등 네가지 이론이다.

2.3.1.1 현실주의/신현실주의와 신자유주의적 제도주의

현실주의는 국제관계론 중 가장 영향력 있는 이론의 하나로 제1차, 제2차 세계대전 기간 동안 국제적인 영향력을 떨쳤다.[96] 한스 모건소(Hans Morgenthau), 게오르크 슈바르첸베르거(Georg Schwarzenberger), 카(E. H. Carr), 조지 케넌(George Kennan) 같은 현실주의자들[97]은 힘과 힘의 관계가 국제관계의 가장 중요한 요소이며, 그것이 개별 국가들의 의사결정에 근거가 된다고 믿었다.[98] 반면 제도주의는 이해관계(self-interest)를 근거로 삼아 국가의 행위를 설명한다.[99] 로버트 커헤인(Robert Keohane)을 포함한 제도주의자들은 국제관계에서 의사결정의 중요한 결정요인은 국익이며, 경제적 이익이 국제협력의 근간이라고 믿는다.[100] 이러한 여러 국제관계이론들은 인권문제에 대한 논의에서도 이에 상응하는 함의를 가진다. 현실주의자들은 인권의 가치가 갖는 도덕적 의미라는 측면에는 큰 관심을 기울이지 않는다. 반대로 한 국가가 다른 국가에 가치체계를 강제하는 데 있어 그 국가가 가진 힘을 가장 중요한 요소로서 고려한다.[101] 그들은 한 국가가 인권을 보호하기 위해 다른 국가에 특정한 행위를 강제하거나 영향을 미치는 데 있어서 그 국가의 힘이 결정적이라고 생각한다.[102] 반면 제도주의는 한 국가의 이해관계를 그 의사결정 과정에서 핵심적인 요소로 파악한다. 제도주의자들은 인권의 규범적 가치보다는 국제기구의 역할과 그에 상응하는 개입이나 협력 수단에 더 많은 강조점을 둔다.[103] 이들은 인권이 국제협력의 중요한 영역이라고 보면서도,[104] 일반적으로 적절한 보상이 있을 때 인권 관련 조약이나 국제규범의 채택이 촉진된다고 생각한다. 이들은 국제기구와 다자간 합의기구가 그것을 구성하는 국가들의 개별적인 역량에 비해 훨씬 중요한 역할을 수행할 수 있다는 믿음에 근거하여 국제기구와 다자적 접근을 강조한다.[105]

데이비드 포사이스(David Forsythe)가 그의 책에서 주장하듯이, 현실주의적 시각은 몇가지 중요한 취약점을 가지고 있다. 이는 첫째, 객관적으로 국익이라는 것이 무엇으로 구성되어 있는가를 구체적으로 명시하기가 불가능하다는 점, 둘째, 국가가 또다른 국익을 실현하기 위해 때로는 국가의 독립적 주권을 약화시키는 데 동의할 수 있다는 것을 설명하지 못한다는 점, 셋째, 인권과 같은 공동의 가치의 출현을 담아내지 못한다는 점 등이다.[106] 국제관계에서 힘의 관계가 중요한 문제이긴 하지만, 힘의 관계를 넘어서 작동하는 다른 요소들을 현실주의는 설명하지 못한다. 결과적으로, 국가 행위의 기반으로 국가의 미묘한 이해관계를 강조하는 자유주의적 제도주의가 제2차 세계대전과 냉전 이후 국제관계상의 변화를 설명하는 데 훨씬 나은 방법론적 도구로 간주되어왔다. 현실주의와 제도주의 간의 논쟁은 시간이 흐름에 따라 신현실주의와 신자유주의적 제도주의라는 경쟁하는 두 진영으로 진화했고, 각 진영은 다른 진영의 주장을 일정하게 포괄해냈다. 그러나 신현실주의와 신자유주의적 제도주의 간의 결정적인 차이는 이들 두 입장이 각각 국제기구 및 제도의 상대적 중요성을 어떻게 파악하느냐에 있다.[107]

2.3.1.2 자유주의와 구성주의

신현실주의와 신자유주의적 제도주의가 국가라는 행위자에 초점을 맞추는 반면, 새로이 등장한 국제관계론 내의 자유주의 학파는 국가의 의사결정 과정에서 가장 중요한 추진 동력이 가치 그 자체에 있다고 본다.[108] 자유주의 국제관계론은 이상주의, 구성주의, 인지이론 등을 모두 포괄하는 개념으로서 국가를 단일한 실체가 아닌 여러 상이한 요소들의 총합으로 파악한다.[109] 그들은 칸트(Immanuel Kant)가 『영구평화론』에서 강조한 것처럼 민주주의와 법의 지배, 국제협력을 강조한다.[110] 자유주의는 국제기구의 역할을 인정한다는 점에서 제도주의와 공통점을 갖지만, 국가의 이해관계에 그 초점을 제한하지 않고 국제관계에서 도덕적 가치와 규범의 설득력을 강조한다는 점에서 제도주의보다 한걸음 더 나아간다.[111]

이상주의적 접근은 국제협력에 있어서 합리성을 중시한다.[112] 피너모어(Martha Finnemore)와 씨킹크(Kathryn Sikkink) 등 이상주의적 접근을 취하는 대표적 학자들은 "어떻게 하나의 '당위'가 현실 속의 '존재'로 전화하는가"를 강조한다.[113] 국제관계에서 가치를 내세움으로써 얻게 되는 이익(value-interests)의 중요성을 인정했다는 점이 바로 이상주의적 접근론이 이룬 진정한 공헌이다.[114] 이들은 각각의 국가가 상이한 가치를 갖고 있다는 점을 심각하게 받아들이고, 하나의 가치체계가 시간이 지남에 따라 어떻게 변화하는지를 초국적 인권보호 네트워크(transnational advocacy networks)[115]의 역할을 중심으로 분석한다.

국제조직, 시민사회, 미디어, 기업, 종교단체, 대학, 그리고 여타의 공공·민간 단체들은 지구화되는 세계에서 인권에 관해 지속적으로 서로 소통하며 진행되는 구성적 과정에 참여한다. 인권의 발전은 전적으로 일국 내의 문제가 아니라 국제적인 인지발전의 과정이다. 리스-카펜(Thomas Risse-Kappen)과 씨킹크가 제기하는 '나선형 모델'(spiral model)은 이런 관점을 아주 잘 보여준다.[116] 그들은 한 국가에서 인권의 발전이 최초의 억압상태에서 시작해 현실인정 거부, 전략적·전술적 양보에 이어 규범화 과정을 거치고, 나아가 일관적 규범준수 상태에 이르는 과정을 매우 설득력 있게 묘사하고 있다.[117] 이 나선형 모델의 강점은 인권의 수용과 국내 적용과정을 설명하는 데 있어서 정부 정책을 넘어 인권단체, 학자, 판사, 검사, 공무원 같은 시민사회의 다양한 요소들의 역할과 기능을 검토하는 것으로까지 그 관점을 확장했다는 데 있다. 실제로 인지이론의 가장 큰 공헌은 규범 수용과정에서 작동하는 여러 요소들의 중요성을 다시금 일깨웠다는 점이다.

그러나 사적 행위자들과 여러 NGO들 간의 상호작용을 지나치게 강조하다보면 오류에 빠질 수 있다. 우리는 현실에 눈을 감아서는 안되며,

심지어 NGO들의 시각에조차 영향을 미치는 정치적 긴장이 있을 수 있다는 점을 인정해야 한다. 국경은 여전히 국가들을 구획하고 있고, 인권문제는 정치적으로 대단히 민감한 논쟁적 사안일 경우도 많다.[118] 인권이 국제 외교협상에서 정치적 도구로 사용되는 경우도 흔한 일이다. 그렇기 때문에 국제 인권을 국내에 받아들이는 과정에서 국내의 사회운동이 매우 중요한 역할을 수행한다는 것은 두말할 나위가 없는 사실이고, 그러한 시민들의 힘을 증대시키기 위해 일국 내의 내적 동학을 고려하는 것은 매우 중요하다 할 것이다.[119] 비록 정부가 그들을 일정 정도 좌지우지하는 경우가 있다 하더라도, 그들의 역할은 여전히 핵심적이다. 왜냐하면 그들이야말로 변화를 실제로 일으키는 당사자이며 인권증진의 수혜자이기 때문이다.

또한 해럴드 고는 국제법이 국내 시스템에서 작동하는 방식을 설명하기 위하여 초국적 법과정을 강조한다.[120] 체이스(Abram Chayes) 등은 『새로운 주권』에서, 국가라는 행위자들 사이에서 진행되는 상호작용에 초점을 맞추어 국가가 국제규범을 따르는 과정을 설명하는 반면,[121] 해럴드 고는 인권규범의 내면화와 관련하여 국가만이 아니라 여러 초국가적 행위자들이 담당하는 역할을 강조한다.[122] 중국과 북한 같은 일부 국가에서는 인권을 다룰 국내 NGO가 거의 존재하지 않는다. 시민사회에 대한 억압 때문에 사람들이 독립적인 NGO를 조직하는 것은 거의 불가능하고, 몇개의 정부가 조직한 NGO(GONGO)만이 존재할 뿐이다. 이러한 상황에서는 외적 압력이 담당해야 할 역할이 더욱 크다. 인권개선 대상 국가는 국외로부터 인권에 대한 외적 압력이 가해질 때, 이것이 자국에 대한 또다른 형태의 정치적 공격에 불과하다고 선동할지도 모른다. 그럼에도 불구하고 외부에 존재하는 초국가적 행위자는 해당 국가 내의 시민사회 요소들이 변화의 추동력으로 성장하도록 돕기

위하여 그들과 소통하고 협력할 수 있는 방법들을 찾기 위해 노력해야
할 것이다.[123]

2.3.1.3 새로운 도전들

수세기에 걸쳐 현실주의는 국제관계에서 지배적인 패러다임이었다.
그러나 최근 수십년 사이에 자유주의적 제도주의가 성장해 국제기구
와 조약, 법률적 체제의 역할을 밝혀냄으로써 현실주의에 대한 긍정적
인 해독제 역할을 해왔다. 그런데 현실주의와 자유주의적 제도주의는
동시에 공유하고 있는 특징이 있다. 즉 그들은 정부간 관계에 보다 많은
초점을 두지만, 이행기에 있는 국내의 사적 행위자들과 사회운동이라
는 측면에는 거의 관심을 기울이지 않는다.[124] 반면에 자유주의, 구성주
의, 이상주의 접근법은 인권가치의 도덕적 힘과 초국가적 네트워크의
역할을 보다 잘 인식하고 있다는 점에서 더 큰 설득력을 가지고 있다.

그러나 아시아 인권의 맥락에 국제관계이론을 적용할 때 직면하게
되는 도전들이 있다. 인권이 항상 정치적으로 중립적인 도덕적 가치인
것은 아니며, 오히려 정치적·경제적·문화적 투쟁 속에서 하나의 정치
적 사안으로 제시되는 경우가 대부분이다.[125] 따라서 권리의 개념을 토
착화(domesticaiton)하면서 법의 지배와 헌법주의(constitutionalism)를
성취하는 과정은 단순히 국제규범을 국내로 이식하는 것과는 거리가
멀다. 변화의 실제 과정을 면밀하게 살펴보면, 앞서 거론한 추상적인 국
제관계이론들이 인권의 복잡한 역동성을 적합하게 설명하는 데 충분히
만족스럽지 않다는 점을 인식하게 될 것이다. 인권규범의 수용과 이행
이라는 까다로운 과정을 분석하기 위해서는 보다 정교한 방법론이 필
요하다.

2.3.1.4 레짐(체제) 접근법

일찍이 1982년에 스티븐 크래스너(Stephen Krasner)가 레짐(regime) 접근법을 주장한 것은 현실주의, 자유주의 및 이상주의 접근법 등 다양한 국제관계이론이 제시한 논점들을 더욱 정교하게 발전시키려는 노력의 일환이었다.[126] 크래스너는 주어진 국제관계의 영역에서 행위주체들의 기대치가 수렴되어 형성되는 "내재적 또는 명시적 원칙, 규범, 규칙 및 의사결정 절차의 모음"을 국제레짐이라고 정의했다.[127] 국가라는 행위주체들이 모여 국제 조약과 협정 등을 채택하지만, 한 국가가 조약체제를 위반하는 경우 이미 설립된 그 조약체제는 구성 국가들의 의지에 반하는 조치를 취할 수도 있는 잠재력을 지닌다. 이처럼 레짐 접근법은 국제조직이 구성 국가들의 의지의 총합보다 더 나아가는 역할을 할 수도 있다는 점을 밝혀내어 국제관계이론에 중요한 영향을 미쳤다. 잭 도널리(Jack Donnelly)는 레짐 분석론을 "현실주의, 이상주의, 법률주의(legalism)의 통찰력"을 포착하되 "그들의 편파성을 피하려는" 노력이라고 찬사를 보낸다.[128]

도널리는 1986년에 레짐(또는 체제) 접근법의 사용을 확대하여 인권 분야에도 적용하자며 이를 인권 메커니즘을 연구하는 하나의 방법론으로 제안했다. 도널리의 분석틀에 따르면 국제레짐은 "특정한 문제 영역을 규제하기 위해 국제적 행위주체가 받아들인 규범과 의사결정 절차"로 이루어져 있다.[129] 도널리는 그가 완전히 새로운 이론을 제기하는 것처럼 과장하지 않기 위해 주의를 기울이면서, 레짐 접근법이 인권의 여러 요소들을 분석하는 데 의미있게 사용될 수 있는 방법론적 도구라는 점을 강조했다. 그는 레짐 접근법이, 최소한 이미 알고 있는 사실을 명확히 하고 기존의 관점을 확대 발전시키며 기존의 통상적인 분석의 함정과 오류에 빠지는 것을 피할 수 있다는 점에서 유용하다는 결론을 내

린다.[130]

국제 인권체제를 이해하는 데 있어서 도널리의 공헌은 결코 적지 않다. 그러나 '레짐(또는 체제)'라는 용어는 국제적 실체가 완성된 이후의 상태에 초점을 맞추기 때문에, 하나의 레짐의 탄생과 발전 과정에 대해서는 제대로 된 설명을 하지 못한다. 도널리는 로버트 커헤인이 제안한 시장의 비유를 소개한다. 커헤인에 따르면, "레짐은 충분한 국제적 '수요'가 있고 국제적 규범과 의사결정 절차를 '공급'할 의지와 능력을 갖고 있는 한 국가가 그러한 수요를 충족시킬 때 비로소 존재한다고 말할 수 있다."[131] 이런 설명은 하나의 레짐이 '왜' 존재한다고 말할 수 있는가라는 물음에 대해서는 부분적으로 답이 되지만, 그러한 규범과 기구들이 '어떻게' 발전하는가를 보여주지는 않는다. 이 점에서 레짐 접근법은 아시아에서 인권체제의 발전을 설명하기에는 불충분하다.[132] 레짐 접근법으로 바라볼 경우, 아시아에는 지역 인권체제가 존재하지 않는다는 것 말고는 더이상 얘기할 것이 없다. 실제로 도널리는 그의 책에서 다음과 같이 단언했다. "아시아에는 지역 차원의 규범도 의사결정 절차도 존재하지 않는다."[133]

앞서 지적한 바와 같이 아시아에는 인권재판소나 지역 전체를 포괄하는 정부간 인권조직이 존재하지 않는다. 그러나 완성된 인권레짐이 없다고 해서, 아시아에서도 인권에 대한 관심이 증가하고 있으며 최근 인권규범의 사회적 영향력이 신장되어왔다는 점을 간과해서는 안된다.

레짐 분석론의 약점은 인권의 발전이 유동적이고 역동적으로 진행된다는 점을 인식하고 있으면서도 실제로는 확립된 레짐에 초점을 맞추게 된다는 것이다. 규범 및 제도의 형성과 발전은 실제로 매우 복잡한 과정을 거친다. 개별 국가가 인권문제를 고려하는 데는 다양한 정치적 동기가 있을 수 있다. 인권협정을 체결한 이후 일부 국가에서는 그 규범

을 이행해야 한다는 사실을 그다지 심각하게 받아들이지 않을 수도 있다.[134]

그러므로 인권규범의 토착규범과의 통합, 인권규범의 영향력 확장, 사람들의 인권에 관한 이해관계의 신장, 발전의 현단계, 발전이 향하는 방향 등을 평가할 수단이 필요하다.[135]

2.3.2 시스템 접근법의 기원과 인권체제에 대한 적용 가능성

국제정치의 영역에서 시스템 접근법은 1960년대부터 사용되기 시작했다.[136] 원래 시스템 접근법은 공학과 경영정보 시스템, 컴퓨터 프로그래밍 등의 분야의 방법론으로,[137] 복잡하고 불확실한 현상들을 분석하는 과정에 도움을 주기 위해 발전해왔다. 시스템 접근법의 구체적 틀과 적용 양태는 분야에 따라 다른 모습을 취한다.[138] 사회과학의 영역에서 시스템 접근법은 매우 효과적으로 사용되어왔으며,[139] 아시아 인권체제의 진화과정을 분석하는 데 매우 큰 도움이 된다.

웹스터 사전의 정의에 따르면 시스템이란 "상호연관에 따른 힘의 영향을 받으며 상호작용하는 물체들의 총합"을 의미한다.[140] 월터 버클리(Walter Buckley)는 시스템을 "인과적 상호관계를 갖는 네트워크 속에서 직간접적으로 관련된 요소나 구성요소들이 다른 요소들과 특정한 기간 동안 일정 정도 안정적으로 연관을 맺고 있는 복합체"로 파악한다.[141] 이런 점에서 시스템 접근법은 하나의 체계를 이루는 각각의 구성요소들에 대한 분석을 강조하고 그에 근거해 전체 대상을 분석하려는 연구방법론이라고 말할 수 있다. 실제적 상태에 대한 이해를 돕기 위해 사용되는 경험적 설명 모델이라는 의미다.[142] 이러한 방법론은 연구대상을 유기적으로 이해할 수 있게 해주어 의사결정을 위한 기반을 마련

하는 데 도움을 준다.[143]

　하나의 시스템을 분석할 때 어떠한 요소가 서로 연관되어 있는지를 정확히 확인하는 것은 그 작동 메커니즘을 이해하는 핵심적인 열쇠다. 하나의 시스템에는 여러 하위 시스템들이 포함되어 있고, 그 시스템의 구성요소가 또한 전체 시스템의 하위 시스템일 수도 있다. 시스템이라는 것은 각각의 구성요소들을 통합하는 개념이므로, 개별적인 기계, 요소, 과정 등의 개념과는 구별된다. 가령, 선풍기는 기계지만 통풍 시스템은 하나의 시스템이다.[144]

　'시스템'이라는 용어는 국제인권법 분야에서 종종 '기구(제도)'나 '메커니즘' 등의 용어와 혼용된다. 다만 시스템 접근법을 법적 영역에 적용하려는 시도는 이제까지 그리 많지 않았다. 린 로푸키 같은 이가 드물게 그런 시도를 한 학자들 가운데 한명이다.[145] 인권의 문제는 보통 매우 복잡한 사안인 까닭에 우리는 그 문제의 한 차원을 이해하다보면 다른 차원에서는 잘못된 방향으로 나아가곤 한다. 특히 오늘날 세계에서 진행되고 있는 여러 사안들을 논의할 때 정치와 금융 문제, 정서적 요인, 역사적 유산 같은 요소들을 고려하다보면 그 복잡성에 쉽게 압도되어버린다.[146] 예를 들어, 한 회원국이 인권조약을 비준한다고 할 때 사람들이 그 국가가 그 규범을 실제로 집행하려는 진정한 의도가 있는지에 대해 의문을 제기하게 되면, 그 국가의 비준은 아무런 의미가 없는 것으로 쉽사리 비난받을 수 있다.[147] 이처럼 규범의 채택과정을 그 집행과정과 혼동하는 것은 상당히 자주 범하는 실수다. 물론 이 두 측면을 구별하는 것은 쉽지 않은 일이기도 하다. 왜냐하면 하나의 규범을 받아들이는 것이 실제로 의미를 가지려면 규범의 실제 집행이 반드시 필요하기 때문이다.

　한편, 지역 수준에서 인권에 대한 협력을 증진하기 위한 노력이 그 지역 내의 영향력 있는 국가, 예를 들면 아시아의 경우 중국이나 일본이 참여하지 않음으로써 좌초될 수도 있다. 어느 누구도 아시아 지역을 위한 인권기구와 그 협력방식에 관해 분명한 청사진을 갖고 있지 않기 때문에, 인권상의 진보를 성취하기 위한 최선의 전략이 무엇인가를 찾아내는 것은 매우 어려운 일이다. 현재 진행되는 변화를 어떻게 해석할 것인가? 그리고 인권을 증진하고 보호하기 위해 현재 진행되는 노력들에 타당성과 효율성이 있다는 점을 어떻게 평가할 수 있을 것인가? 시스템 접근법은 이처럼 상호연관된 요소들을 동시에 고려하면서 좀더 나은 규범적 발전을 추구하는 데 도움을 주는 사유의 틀이다.[148]

다이나 셸턴(Dinah Shelton)은 시스템 접근법을 인권문제와 연관지어 제기한 소수의 학자들 중 한명이다. 셸턴은 '시스템'과 '레짐'이라는 용어를 비교하면서, "인권의 국제적 보호를 묘사하는 데 있어서 '시스템'이라는 용어가 규범, 기구, 절차 등을 특징짓는 상호의존성, 복잡성, 단속평형(punctuated equilibrium, 진화 이론에서 유래, 폭발적 변화기와 별다른 변화 없는 안정기가 번갈아 오는 상태) 등을 가장 잘 담아낼 수 있는 개념"이라고 말한다.[149]

실제로 시스템 접근법은 새롭게 발전하고 있는 인권 메커니즘을 이해하는 데 도움을 준다. 반면에 레짐 접근법은 하나의 레짐이 성립된 이후에 그 역할과 한계를 분석하는 데 유용하지만, 아직 그런 임계점에 이르지 못한 경우에는 그다지 큰 도움이 되지 않는다. 한 지역에 인권레짐이 성립된 것을 어떻게 확인할 수 있는가? 특히 그런 레짐이 아직 완전히 형성되지 않았고 발전이 진행되고 있다면, 그 진행 단계를 어떻게 분석할 것인가? 이런 측면에서 레짐 접근법은 아시아-태평양 지역에서 새롭게 출현하고 있는 규범과 기구의 분석에 큰 도움이 되지 않는다.[150]

반면 그러한 현상을 시스템 접근법의 분석틀을 활용하여 바라보면,

상황을 다르게 이해할 수 있다. 하나의 시스템은 끊임없이 변화하는 그 구성요소들의 발전과정 속에서 형성되고 진화한다. 여러 요소들이 발전하는 단계에서 우리는 하나의 개방적 시스템[151]이 이미 작동하고 있음을 살펴볼 수 있다. 실제로 아시아에서 인권규범과 그를 둘러싼 협력이 지속적으로 진행되고 있으므로 인권체제의 일부 구성요소들은 이미 존재하고 있다고 볼 수 있으며, 이를 완전한 인권레짐이라고 부를 수 없다 하더라도 형성과정에 있는 하나의 시스템이라는 관점에서 충분히 검토할 수 있다.

이런 의미에서 시스템 접근법은 특정한 기간 동안에 진행되는 상황의 추이와 상태를 분석하는 데 더욱 적절하고 정교한 방법론이며, 미시적 차원에서 그러한 역동적 발전이 어떻게 진행되는지를 구체적으로 검토할 수 있게 해준다. 또한 지역 시스템이 세계적 차원으로 존재하는 상위 시스템들 및 일국 단위의 하위 시스템들과 상호작용하고 있다는 점을 감안할 때, 국제적 시스템과 연관지어 국내법 시스템의 구조를 분석하는 데 있어서도 시스템 접근법은 유용한 도구라 할 것이다.

시스템 이론을 일반이론화하려는 시도도 있었다.[152] 실제로 일부 학자들은 시스템 이론을 하나의 시스템이 향후 어떻게 발전할 것인가를 예측하는 보편적이고 과학적인 방법론으로 내세우고 이를 증명하기 위해 노력을 기울이기도 했다. 하지만 현단계에서 시스템 접근법이 하나의 가설을 자동적으로 검증해주는 완벽한 이론이라고 보기에는 어려운 점이 있으며, 이 이론의 과학적 타당성을 확정하는 일은 이 책의 범위를 넘어선 것이라 하겠다.[153] 이 책에서는 다만 아직 완전하게 기구가 정립되지 않은 상황이라 하더라도 지역적 인권보호 메커니즘의 변화와 발전이 진행되고 있는 경우, 이를 효율적으로 설명하는 데 시스템 접근법이 매우 유용한 도구로 활용될 수 있다는 점에 주목한다. 시스템 접근법은 아시아에서 진행되는 구체적 변화를 검토하는 매우 유용한 분석틀이 될 수 있고, 그 시스템의 각 구성요소들의 실체와 그 상호관계를 유기적으로 설명할 수 있게 해준다.

2.3.3 시스템 접근법의 구조

2.3.3.1 체계를 구성하는 요소들

시스템 접근법은 복잡한 문제를 분할하여 정복(dividing-and-conquering)하는 문제 해결의 방법이다. 때문에 하나의 인권체제를 분석하는 데 있어 가장 중요한 과제는 그 구성요소가 무엇인가를 확인하는 것이라고 할 수 있다. 여러 학자들이 시스템 접근법과 관련하여, 다소 상이한 모델들을 사용하고 있는 것이 사실이다.[154] 예를 들어 시엔 우(Shih-Yen Wu)는 경영학에서의 시스템 분석과 관련하여 다음과 같은 단계를 제안한다.

(1) 해당 문제를 좀더 작은 여러 문제들로 분해하고, 이런 분해의 과정을 반복하여 각각의 문제들이 충분히 해결할 수 있는 규모가 될 정도까지 계속하라.
(2) 각각의 개별적인 하위 문제들에 대한 해결책을 정식화하라.
(3) 이러한 하위 문제들에 대한 일련의 해결책을 하나의 전체 단위로 묶어내라.
(4) 해당 문제에 이러한 해결책을 적용하라.
(5) 그 해법이 올바른지 검증하라.[155]

한편 차코(George Kuttickal Chacko)는 시스템 분석을 수행하는 데 있어서 네가지 요소, 즉 전후 맥락, 비용, 절대적 효율성과 상대적 효율성을 강조한다.[156] 그의 분석틀에서 **전후 맥락**이란 의사결정을 하는 사람이 해당 시스템에 대해서 어떠한 인식을 갖고 있는가를 지칭한다. **비용**이란 하나의 시스템을 정립하고 그것이 유지되도록 관리하는 능력을 의미한다. 그리고 **효율성**이란 하나의 시스템이 성립한 이후 어느 정도로 기능하는가를 의미하는데, 이는 **절대적** 요소와 **상대적** 요소로 나누어 평가할 수 있다.[157] 차코는 시스템 분석을 모듈(module) 같은 접근법으로 만들어서 의사결정권자가 의사결정상의 과제에 쉽게 적용할 수 있도록 하는 데 노력을 기울였다.[158]

셸턴은 하나의 시스템에서 발견되는 목적과 구조, 주변 환경, 유연성 등을 평가의 주요 지표로 삼는다.[159] 그리고 그러한 관측에 근거해 규범과 기구, 집행절차를 인권체제의 핵심적인 요소로 바라본다.[160]

하나의 인권체제를 분석하기 위해 그 구성요소를 확정할 때 어떠한 범주로 구분하는가에 따라 여러가지 접근방식이 나올 수 있다. 첫째, 그 시스템을 구성하는 행위주체가 누구인가에 초점을 맞추어 그 시스템 내에서 작용하는 행위주체들을 중심으로 분석을 진행하는 방법이 있다.[161] 이 경우 하나의 인권체제 안에 존재하는 여러 행위자들의 상호관련성을 검토하게 된다. 하나의 인권체제 안에는 (1) 국가, 정부, 입법부, 법원, 검찰, 경찰, 국가인권기구 등 국가의 일부를 이루는 구성요소들, (2) 인권침해 가해자나 피해자처럼 인권문제에 관련된 개별적인 행위주체들, (3) NGO, 미디어, 학자 네트워크, 시민 같은 비정부 행위주체들, (4) 교전단체, (5) 국제기구나 국제조직 등이 포함된다. 이런 행위주체들간의 관계와 상호작용은 매우 복잡한 양상을 보이지만, 이 개별적 행위주체들은 하나의 시스템이 어떻게 기능하는가에 결정적인 영향을 미친다.

도표 2.2 행위주체에 따른 구분

```
•국가
•정부
•입법부
•법원
•검찰
•경찰
•국가인권기구
•인권침해 가해자
•인권침해 피해자
•NGO
•미디어
•학자 네트워크
•시민
•교전단체
•국제기구
•국제조직
```

둘째, 하나의 시스템이 어떠한 지리적 영역으로 구성되어 있는가를 구분의 기준으로 삼아, 구성요소를 나누는 중요한 경계선으로 사용할 수도 있다. 이 경우 하나의 지역에 존재하는 시스템은 지리적 위치나 현재 진행된 그룹화 정도에 따라 몇개의 소지역 시스템으로 구성될 수 있다.[162] 예를 들어, 세계 시스템하에는 유럽과 미주, 아프리카와 아시아 등 몇개의 하위 시스템이 구성요소로 존재하며, 지역 시스템, 소지역 시스템, 일국 단위의 정부기구 등이 그 하위 시스템의 구성요소라고 볼 수 있을 것이다.

셋째, 인권체제의 내적 구조의 측면에 분석의 초점을 맞출 수도 있다.[163] 이 경우 인권체제의 구성요소들을 인권규범, 인권기구, 인권을 이행하는 메커니즘 같은 부분으로 나누고 그 구성요소들의 상호작용을 면밀히 분석함으로써 시스템을 이해할 수 있을 것이다.

도표 2.3 지리적 구성에 따른 구분

- 세계 시스템: 광범위한 지리적 영역을 포괄
- 지역 시스템: 아시아, 유럽, 미주, 그리고 아프리카의 인권체제
- 소지역: 동북아시아, 동남아시아, 남아시아, 서아시아, 중앙아시아 등

도표 2.4 내적 구조에 따른 구분

- 규범
- 기구
- 이행

인권체제 속에서 **규범**으로는 유엔 인권규범,[164] 지역 인권규범,[165] 국제관습법, 국제인도법, 쌍무조약, 조약이 아닌 '부드러운 법률'(soft law), 진화 중인 인권원칙과 도덕적 가치, 인권 항목을 담고 있는 국내 법률과 규칙 등이 모두 포함될 수 있을 것이다.

기구로는 지역 인권재판소와 인권위원회뿐만 아니라 유엔이 후원하는 아시아-태평양 지역 인권 워크숍,[166] 아태국가인권기구포럼,[167] 아세안[168]과 남아시아지역협력연합[169]하에서 인권문제를 다루는 소지역 차원의 정부간 협의체, 아태경제협력체[170]나 유엔 아태경제사회위원회[171]와 같이 경제문제에 초점을 맞추지만 인권문제에도 함의를 갖는 정부간 포럼, 그리고 아시아에서 활동하는 여타 안보 관련 기구들을 포함한다. 정부, 법원, 검찰, 경찰, 국가인권기구, 국내외의 NGO, 미디어, 학자들간의 네트워크, 국제 기구나 조직도 그 중요한 구성요소가 될 것이다.

이행 메커니즘으로는 인권규범의 목적을 실현하고 규범과 인권기구의 결정·권고를 집행하기 위해 동원할 수 있는 다양한 수단과 조치들이 포함될 것이다. 또한 유엔조약위원회(UN treaty bodies)[172]에 제출해야 하는 당사국 보고서(State Party Report) 및 그 후속조치들,[173] NGO의

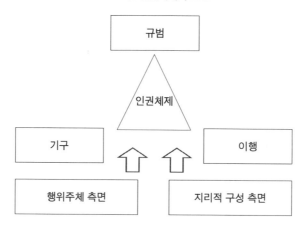
도표 2.5 인권체제의 요소

감시, 여러 차원에서 진행되는 인권문제와 관련한 기술적 협력을 위한 국제적 노력 등도 그에 속할 것이다.

이상의 세가지 요소, 즉 규범, 기구, 이행은 하나의 인권체제의 내적 구조를 형성하는 핵심적 구성부분이다. 인권규범은 한 시스템의 목적을 분명하게 해주고, 인권기구는 인권의 보호장치가 작동하도록 하는 조직 차원의 보장장치로서, 기구가 없다면 인권규범이 유효하게 작동할 수 없다. 이행과정은 인권체제의 비어 있는 잔을 풍부한 내용으로 채운다. 이러한 관점에서 이 세가지 구성요소는 하나의 인권체제의 근간을 이루는 핵심 기둥이라고 말할 수 있겠다.

그러나 이처럼 내적 구조의 세가지 요소에 초점을 맞춘다 하더라도 다른 측면들을 분석에서 배제하는 것은 아니다. 규범, 기구, 이행을 근본적인 범주로 보면서도, 앞에서 언급한 행위주체라는 범주에 따른 하위 구성요소들이나 지리적 구성에 근거한 소지역 차원의 접근 역시 내적 구조를 분석하는 데 있어 함께 고려되어야 한다. 그래야 한 시스템의 각 요소들간의 진정한 상호작용을 놓치지 않을 수 있기 때문이다. 앞에서 언급한 세 측면의 구분, 즉 **행위주체**, **지리적 구성**, **내적 구조**는 각각 밀접하게 상호관련을 맺고 있는 범주들로 이해해야 하고, 인권체제를 다룰 때 함께 고려해야 한다.

2.3.3.2 다른 시스템과의 관계

시스템 접근법의 강점은 상위 시스템과 하위 시스템을 모두 고려하면서 하나의 시스템을 바라볼 수 있게 해준다는 점이다.[174] 유엔인권이사회(UN Human Rights Council, UNHRC)와 자유권규약위원회(Human Rights Committee, HRC), 여타의 인권기구들은 지역 인권체제와 상호작용하는 상위 시스템이라고 할 수 있다. 유럽의 지역 인권규범과 인권기구는 이러한 세계적 차원의 인권기구의 인권보호 활동을 보강하는 역할을 한다.[175] 유럽의 기구에 비하면 그 활동의 영향력이 다소 덜하지만, 미주 지역의 인권기구들도 미주 지역에서 인권을 촉진하고 보호하는 데 크게 공헌해왔다.[176] 아프리카 지역 인권체제의 인권규범 역시 아프리카의 현실을 반영하면서, 아프리카 각국의 국내 상황과 전세계적 차원의 인권기구들 간의 간격을 메우고 있다.

국제정치 환경은 인권 관련 기구의 형성과정에 대단히 큰 영향을 미친다. 예를 들어, 동유럽 공산주의 블록의 견제를 목적으로 시작된 헬싱키 프로세스(Helsinki Process)[177]는 유럽안보협력기구(Organization for Security and Cooperation in Europe, OSCE)로 발전하여 유럽 전역에서 안보와 인권협력을 위한 기반으로 공헌했다. 미주 지역의 미주인권위원회는 쿠바혁명이 발발한 1959년에 설립되었고,[178] 쿠바를 필두로 급박한 공산주의의 위협에 대항하기 위한 전략적 요인을 감안하여 미주기구[179] 산하의 지역 인권기관으로 자리 잡았다. 나아가 미주인권재판소가 설립됨으로써 미주 인권기구는 더욱 발전하였다. 한편 다른 지역과 달리 아시아의 경우에는 유엔이 지역 인권체제를 촉진하는 데 중요한 역할을 하고 있다.

하위 시스템으로는 아시아의 아세안[180] 및 남아시아지역협력연합[181] 같은 소지역조직과 법원, 국가인권기구, 특정한 주제를 다루는 진실위원회 같은 여러 국내 기관을 포함한다. 일국 단위 인권체제의 발전은 지역 인권체제를 형성하는 데 중요한 기반이다. 또한 지역 차원에서 경제협력이나 안보문제를 다루는 시스템들도 지역 인권체제의 형성에 영향을 미친다. 지역경제에 초점을 두고 진행되는 정부간 기구들이 인권체제의 발전에 도움을 주기도 한다. 하나의 시스템의 탄생과 성장, 사멸은 상하위 시스템들이 제공하는 주변 환경과 밀접하게 관련되어 있다. 이 점에서 인권에 대한 시스템 접근법은 그 자체가 현재의 발전에 대한 완벽한 이해를 제공하지는 않더라도 객관적 현실을 분석하는 도구로서 큰 도움이 될 수 있다.

2.4 아시아적 맥락에서의 인권

인권이라는 개념은 이 책의 개념적 분석틀의 한 부분으로서 매우 주의 깊게 정의되어야 한다. 왜냐하면 그 자체가 아시아의 인권체제가 어떻게 발전하고 있는가를 계량적으로 파악하는 방법론과 밀접하게 연결되어 있기 때문이다.[182]

이 책에서는 인권이라는 개념을 "모든 인간 존재에게 인간의 존엄성에 근거한 권리가 부여된다는 믿음에 기초하여 국제사회가 채택한 일련의 규범 및 가치"라고 정의하고자 한다. 이 정의는 세계인권선언(Universal Declaration of Human Rights, UDHR) 전문(前文)[183]에 서술되어 있는 "모든 인간 가족 구성원들의 본원적 존엄성과 평등하고 양도 불가능한 권리를 인정하는 것이 세계의 자유와 정의, 평화의 기반"[184]이라는 선언과 맥락을 같이하고 있다. 그러나 이 책에서는 아시아적 맥락에서 인권을 담아내기 위해 이러한 인권의 정의에 몇가지를 추가하고자 한다. 첫째, 인권을 조약이나 여타의 국제법 형식으로 국제사회가 채택한 규범으로 이해한다.[185] 둘째, 아시아에서 인권은 외래 개념의 이식의 결과가 아니라 규범적 발전의 내적 역동성의 산물로 간주한다.[186] 마지막으로 시민적·정치적 권리뿐만 아니라 경제적·사회적·문화적 권리 및 개발에 관해서도 동등한 비중을 두어 중요하게 다루고, 나아가 인권보호와 관련하여 각 사회가 갖는 특수성을 주의 깊게 고려하고자 한다.[187]

2.4.1 채택된 규범으로서의 인권

루이스 헨킨(Louis Henkin)이 언급하듯이, 인권의 원래 개념은 자연법 이론과 서양 철학의 전통에 크게 빚지고 있다.[188] 또한 아시아의 다양한 철학적·문화적 유산에서도 인간존엄의 사상을 발견할 수 있다.[189] 그럼에도 불구하고 단지 철학적 가치를 공유하고 있다는 인식을 통해서만 인권법이 발전해온 것은 아니었다는 점은 분명하다. 인권법의 발전은 국내외 행위주체들에게 법적 기속력(羈束力)을 갖는 조약과 규약, 그리고 다른 형태의 국제적인 법적 문서들을 채택하는 과정 속에서 이루어졌다. 이런 점에서 인권은 단순한 철학적 이론이나 사상과는 다르다. 인권은 국제사회가 법적 메커니즘이나 '부드러운 권력'(soft power)[190]의 행사를 통해서 그것을 집행하는 데 동의한 규범과 가치다.

헨킨은 "제2차 세계대전과 그 후속조치를 취하는 과정에서 인권에 관한 현대적 사상이 정식화되고 그 내용이 채워졌다"고 말한다.[191] 17세기 유럽에서 베스트팔렌 체제가 확립된 이래로, 평화로운 국제사회를 보장하기 위한 기본 토대로 영토주권의 원리[192]가 인정되어왔다.[193] 그러나 제2차 세계대전 기간 동안 발생한 상상할 수조차 없는 전쟁범죄와 반인도주의 범죄를 목도한 후, 필요한 경우 주권도 일부 제한될 수 있다는 인식이 광범위하게 확산되었다. 현대적 형태의 인권은 국제군사재판소(International Military Tribunal)헌장,[194] 제노사이드협약(Genocide Convention),[195] 유엔헌장,[196] 세계인권선언 같은 국제적 문서들을 채택하는 과정을 통해 발전해왔다. 이런 국제 인권의 진화와 법제화는 수십년에 걸쳐 진행되었다.

아시아 국가들도 인권규범을 채택하기 위한 논의와 결정의 과정에서 배제되지 않았다.[197] 예를 들어 1948년 12월 10일 유엔 총회에서 찬성 48, 반대 0, 기권 8표로 채택된[198] 세계인권선언의 초안자에는 캐나다의 존 험프리(John Humphrey), 프랑스의 르네 까생(René Cassin), 미국의 엘리노어 루스벨트(Eleanor Roosevelt), 레바논의 찰스 말릭(Charles Malik) 등과 함께 중국의 장 펑춘(張彭春)이 포함되어 있었다.[199] 공자의『논어』에 나오는 표현이 중국 대표단의 적극적인 활동을 통해 세계인권선언 제1조에 채택되기도 했다.[200] 이처럼 조약을 채택하거나 인권규범과 원칙을 승인하는 다양한 행위주체들의 행위에 의해 인권이 철학적 개념에서 국제법으로 진화하게 된 것이며, 아시아 국가들 역시 이 과정에 참여해왔다.[201]

2.4.2 규범 발전의 내면적 역동성

또 한가지 언급해두어야 할 사실은, 서구의 개념을 아시아의 토양으로 이식한 결과 아시아에서 인권 개념이 발전했다고 보는 시각은 타당하지 않다는 점이다. 각 사회에서 규범이 발전하는 내적 역동성 역시 똑같이 중요하게 고려해야 한다. 아마르티아 쎈(Amartya Kumar Sen)이 적절하게 말한 바와 같이, 자유와 권리의 사상 및 개인의 자유의 초기적 형태는 서구 문화만이 아니라 아시아 문화에도 존재했다.[202] 인본주의의 문화적 뿌리와 인간존엄성의 개념은 아시아 사회의 종교적·철학적 전통에서도 인정되었다.[203] 이런 사실을 반영한 결과, 세계인권선언은 자연법이나 신(God)을 인권의 기원으로 확인하는 대신에 인간의 존엄성을 강조하였다.[204] 그러나 잭 도널리가 주장하듯이, 아시아 전통에 존재했던 그런 개념이 인권의 근대적 형태와 동일한 것은 아니다.[205] 인간존엄성이라는 것은 도덕적·윤리적 수칙이라고 할 수 있는 반면에, 인권은 법적 개념에 좀더 가깝다.[206] 서구 휴머니즘 역시 인권규범의 발전에 기반으로 작용했다고 말할 수는 있어도, 이를 서구 인권과 등가물로 보기는 어렵다.[207] 시민혁명이 일어나고 나서야 비로소 민주적 자유 및 시민적·정치적 권리와 합치하는 법의 지배체계가 성립되었기 때문이다.[208]

인권이 오로지 서구의 개념이나 철학적 전통에서 기원하는 것은 아니기 때문에, 상이한 문화에서의 다양성과 특수성을 인정하는 것이 더욱 중요한 문제가 되고 있다.[209] 사실 아시아 국가들에서 인권이 발전해 온 역사적 궤적은 유럽 국가들이나 미국에서의 발전과는 상당히 다른 것이었다. 예를 들어 미국의 경우 시민적·정치적 권리는 미국 헌법의 권리장전에 담겨 있으며, 이 권리장전은 유럽 철학자들의 사상, 마그나 카르타(Magna Carta), 독립선언, 버지니아 권리장전과 여타 주 헌법의 권리장전을 기반으로 한다.[210] 더욱이 1960, 70년대의 민권운동이 국내의 권리 보호뿐만 아니라 국제 인권규범의 발전에 크게 공헌했다. 이러한 과정 속에서 입법, 사법 및 헌법상의 중대한 발전이 진행되었으며,[211] 미국 헌법과 국제법이 인권을 보호하게 되었던 것이다.[212]

그러나 아시아에서 인권규범의 발전은 좀더 복잡한 양상을 띠고 있다. 주지하는 바와 같이 많은 아시아 국가들은 근대에 들어와 왕정 대신 공화주의 정권을 받아들였다. 그들은 전근대 시대에 폭력적인 봉건제로 고통받아왔기 때문에, 구래의 왕조가 복원되는 길을 피하고 스스로 새로운 공화국을 세웠다. 이는 아시아 지식인들이 19세기와 20세기 근대화 초기에 권리와 민주주의를 포함한 다양한 서양 사상을 이미 흡수했기 때문에 가능한 일이었다.[213] 많은 아시아 국가가 식민주의나 권위주의 정권과 싸우는 과정에서 인권, 민주주의, 입헌적 권리에 관한 사상을 수용했던 것이다.[214] 그중 일부 나라는 맑스레닌주의를 추구했고, 또 다른 나라에서는 기독교 및 여타 종교들이 중요한 영향을 미쳤다. 어느 경우이든 이 과정이 외부의 사상과 규범을 단순히 이식하거나 토착적인 규범적 전통을 고스란히 대체한 것은 아니었다. 아시아 지식인들이 시민적 권리, 입헌적 권리 등을 포함하는 외국의 문화적 규범을 받아들이고 싶어했던 경우에도, 그들은 여전히 새로운 사상을 국내의 도적적·윤리적 전통들과 조화시켜내야만 했다. 근대화라는 새로운 도전에 직면하여 새로운 규범적 개념들은 과거의 사상과 변증법적인 종합, 발전의 과정을 거쳐야 했던 것이다.[215] 정치적·사회적·경제적·문화적 권리라는 가치는 식민주의에 대한 투쟁과 민주화를 위한 길고 어려운 투쟁 기간 동안 좀더 분명한 형태로 발전하였고, 그 과정에서 아시아에서 인권이 갖는 특수성들도 함께 반영되었던 것이다.[216]

또 하나 강조해둘 사항은, 민주주의, 자유, 헌법적 권리가 제국주의 및 권위주의 정권에 대항한 운동의 슬로건이나 상징으로 이용되기도 했지만, 동시에 인권 이외의 다른 목적을 위해 사용되는 것을 경험하기도 했다는 점이다. 예를 들어, 권위주의 정권은 실제로 적용하지도 않으면서 헌법상에만 존재하는 구호뿐인 원칙과 법적 권리를 들먹임으로써 민주주의와 정치적 변화에 대한 요구들을 억누르려 하는 경우가 많았다.[217] 즉 신생 독립국들에서 헌법 속의 권리 조항들은 흔히 쇼윈도의 장식에 불과했다. 민주주의 운동이 이런 정치상황을 변화시킨 후에야 비로소 그러한 원칙들은 실제적 의미를 갖기 시작했다.[218] 마찬가지로 인권담론이 약한 국가에 압력을 행사하기 위한 수단으로 잘못 사용된 경우도 종종 있었다.[219] 이처럼 복잡다단한 과정을 통해 아시아의 인권규범이 발전해왔기 때문에, 규범 속에 담겨 있는 여러 특수성들은 그 규범이 어떠한 과정을 거쳐 수용되었는지, 그리고 그 사회 내에 존재하는 긴장관계가 무엇인지 등을 표현하고 있다고 볼 수 있다. 때문에 인권의 보편적 성격을 부인하지 않으면서도 각 사회에 존재하는 규범상의 특수성들을 올바르게 인식하는 것은 아무리 강조해도 지나치지 않을 것이다.

2.5 결론

이 책은 인권, 기구, 아시아라는 개념을 새롭게 정의하고 이를 통해 마련한 분석틀을 바탕으로 인권 발전의 현 상태를 분석하는 데 그 목적을 두고 있다. 이 책은 첫째, 인권을 인간의 존엄성에 근거하여 국제사회가 채택한 규범이라고 정의한다. 역동적인 역사적 발전과정 속에서 인권은 아시아에서도 내면화된 개념의 하나로 성장하였고, 따라서 아시아 인권이 갖는 특수성에 대해서도 적절한 관심을 기울일 필요가 있다. 둘째, 시스템 접근법은 아시아 인권 메커니즘의 근본적인 구성단위들—규범, 기구, 이행과정—을 분석하는 데 도움이 된다. 마지막으로, 아시아는 계속해서 집합적 정체성이 형성 중인 지역으로, 그 경계에 대한 구획은 여전히 느슨한 상태다. 아시아의 정체성 역시 아직 여러 측면에서 빈 공간으로 남아 있으며, 아시아 통합의 미래에도 다양한 가능성이 열려 있는 유동적인 상황이다. 이러한 접근방식은 우리가 아시아 인권 메커니즘의 현재와 미래를 연구함에 있어서 구체적 맥락 속에서 그것이 갖는 의미를 충분히 검토할 수 있게 해준다는 점에서 특별한 가치를 지닌다.

제3장

아시아에서의
인권규범

EMERGING

REGIONAL

HUMAN RIGHTS

SYSTEMS

IN ASIA

3.1 서론

지난 수십년에 걸쳐 아시아 각국의 인권규범은 크게 발전했다. 일부 권위주의 정권과 지도자가 인권의 보편성과 그 적용을 거부하거나 저지하려 한 경우가 있었지만, 동아시아 23개국에서 인권체제가 발전해온 과정을 살펴보면 인권규범이 이미 각 나라에 일정 정도 수용되어 국내 규범과 통합되어가고 있다는 것을 부인할 수 없다. 인권은 더디긴 해도 꾸준히 발전해왔고 긍정적인 방향으로 변화해왔다. 이러한 상황에서 향후 인권의 더 큰 발전을 이루기 위해서라도 아시아에서 인권규범이 발전하도록 추동한 요인이 무엇이었는가를 정확하게 평가하고 이해하는 것이 필요하다. 이 장에서는 동아시아 여러 나라에서 진행된 인권 상황의 변화와 인권규범의 진전에 대해 논하고자 한다.

동아시아에서 인권규범은 각 국가의 국내법 체계 속에서 상이한 형태를 취하고 있다. 첫째, 인권규범은 대부분의 국가에서 헌법의 기본권 조항과 그외 여러 국내법 속에 포괄된 인권 조항으로 존재한다.[1] 둘째, 국제조약과 국제관습법 및 기타 국제규범이 해당 국가의 법체계 내에서 법적 구속력을 갖는 규범으로 작동하기도 한다. 국제법이 국내법에서 담당하는 역할의 정도는 나라마다 다르며, 그 이행의 정도는 국내법 체계 속에서 국제규범이 집행되는 수준이나 해당 국가의 법체계가 일반적인 법의 지배를 얼마나 구현하고 있는가에 따라 다르게 나타난다.[2] 셋째, 국제규범은 정부간 조직이나 NGO, 각 사회의 공적·사적 행위자들이 서로 협력하여 만들어내는 새로운 규범 속에서 생성, 발전되어가기도 한다.[3] 인권규범이 얼마나 현지 규범 속에 안정되게 자리 잡고 있는지, 그것이 보호하는 범위가 얼마나 포괄적인지는 각 국가의 상황에 따라 다를 수밖에 없다. 하지만 한가지 분명한 점은 아시아에서도 인권의 보장과 관련하여 그 환경에 급속한 변화가 일어나고 있다는 사실이다.

규범의 발전과 수용이 그 이행을 반드시 보장하는 것은 아니다.[4] 성문법 조문에 인권의 보호를 명시하고 있는 나라에서도 실제로는 국민들의 인권이 유린되는 경우가 비일비재하다. 하지만 국가가 인권규범을 수용하는 행위, 조약을 비준하는 행위에는 여전히 중대한 함의가 있다. 왜냐하면 한 국가가 인권규범을 수용하거나 인권조약을 체결할 경우 그 국가는 그 규범을 이행해야 할 의무가 있기 때문이다. 또한 인권규범에는 개인이나 사회운동세력의 상상력을 자극하여 영감을 불러일으키는 도덕적 힘이 있고, 그러한 힘은 활동가들이 사람들을 결집시키는 데 도움이 된다. 이는 실제로 인권규범을 실행시킬 조건을 마련하는 데 기여하며, 궁극적으로 사회 변화를 위한 희망을 가져온다.[5]

이 장에서는 인권체제의 여러 측면 중에서도 인권규범의 발전에 초점을 맞추고자 한다. 변화하는 인권체제의 규범에 초점을 맞춤으로써, 주요하게는 인권보호를 위한 규범이 동아시아 지역에 이미 상당 정도 자리 잡아 기능하고 있으며, 인권규범의 역할이 확장되고 있다는 점을 살펴보려 한다. 물론 인권의 규범적 발전은 인권체제의 다른 측면들인 인권기구의 발전이나 인권규범의 이행과 근본적으로 분리될 수 없는 불가분의 관계에 있다. 그러나 인권규범의 발전을 독립적으로 살펴봄으로써, 동아시아에서 진행되는 지역통합의 과정이 아시아 지역의 인권공동체를 구현할 잠재력을 키워가고 있으며, 국가의 경계를 넘어 동아시아 지역 전체를 아우르는 지역 인권규범이 발전하고 있다는 점을 보려 한다.

특히 이 장에서는 다음 8개국의 경험을 중심으로 동아시아 지역의 인권규범을 살펴본다.

- 동북아시아: 한국, 중국, 일본
- 동남아시아: 인도네시아, 말레이시아, 태국
- 남아시아: 인도, 파키스탄[6]

동아시아 내 소지역 중에서도 이들 8개국을 택한 것은 (1) 지리적 위치, (2) 정치적 영향력, (3) 경제적 영향력, (4) 국가의 크기와 인구의 규모 등의 요소를 고려할 때 이 나라들이 분석하기에 가장 적당하다고 판단하였기 때문이다. 각 국가에는 그 국가에 고유한 문제와 쟁점이 있기 마련이며, 해당 국가에 내재하는 그러한 문제들을 면밀히 고려할 때 전반적인 아시아 지역의 사정을 이해하는 것도 가능하다. 이 장에서는 우선 아시아의 인권규범을 바라보는 일반적인 분석틀을 논의하고, 다음으로 각 국가 헌법의 발전과정을 살펴본 후, 국제법과 국제 인권조약이 국내법 체계에서 어떻게 다루어지고 있는지를 검토할 것이다. 나아가 각 국가의 인권규범이 갖는 강점과 약점에 대해서 논의하려 한다.

3.2 동아시아에서 인권규범의 분석틀

3.2.1 동아시아에서 인권규범의 호환성과 그 적용 가능성

국제법과 국제규범이 어떻게 국내법 체계의 일부로 자리 잡는지를 설명하기 위해 무엇보다 필요한 것은, 구체적 맥락을 중시하는 방법론을 택하고 그러한 틀에 입각하여 한 사회의 특수한 조건을 정확하게 이해하는 것이다.[7] 근대적 국제 인권규범이 아시아 각국에 광범위하게 소개되는 과정에서 가장 치열하게 벌어진 논쟁 중의 하나는 인권규범과 아시아 문화의 호환성에 관한 것이었다. 이는 **보편주의**와 **문화상대주의** 간에 벌어졌다.[8]

보편주의자들은 인권을 국경이나 문화적·종교적·사회적 차이와 상관없이 모든 개인들에게 태어날 때부터 부여되는 생래적 권리로 간주한다.[9] 반면에 문화상대주의자들은 인권이 보편적으로 존재할 수는 없으며, 주어진 사회 내에서의 문화적·경제적·사회적 조건의 산물로 이해해야 한다고 주장한다.[10] 인권규범을 결정하는 요인은 바로 이런 조건들이고, 그 여하에 따라 각국의 인권규범의 형태와 내용, 인권의 보호 정도에 차이가 생길 수밖에 없다고 보는 것이다.

아시아의 인권과 관련하여 보편주의를 지지하는 입장에서는 아시아 문화 자체 내에 인간의 존엄성을 강조하는 전통적인 개념이 있다는 점을 근거로 인권과 아시아 사회가 상호호환성이 있다고 주장한다.[11] 실제로 아시아의 인본주의적 전통은 서구의 인권 개념이 전해지기 훨씬 이전부터 있어왔다. 그러나 아시아의 전통적 인본주의 규범과 현대의 인권 개념을 동등한 것으로 접근하는 이런 관점에는 다소 지나친 면이 있다. 그러한 철학적 전통과 오늘날 실제로 확립된 실천적 인권규범은 상당한 차이가 있기 때문이다.[12] 사실 현대 사회의 인권 규범과 개념이 고대에도 인정받은 나라는 세계 어느 곳에도 없다. 이 때문에 일부 보편적 인권주의자들은 동양과 서양을 막론하고 인권의 역사적 기원이 어디에 있는가를 질문하는 것 자체가 무의미하다고 주장하기도 한다.[13] 인권은 그 개념의 기원이 동양이든 서양이든 오늘날 이미 전세계에 통용되는 보편적 가치로 받아들여지고 있는 것이 사실 아니냐는 것이다.[14] 현대 세계의 범지구적 인권담론을 고려할 때 이런 실용적인 접근은 상당한 설득력을 갖는다. 그러나 아시아의 권위주의 정권들이 인권은 자신들의 문화에 기반을 두고 발전한 것이 아니라 서구 국가들로부터 이식되어온 것임을 강조하여 대중의 민족감정을 자극하고 인권을 부정하도록 오도하는 경우도 있기 때문에, 과거 아시아 전통 내에 존재하던 인간의 존엄성과 관련된 개념과 현대 인권 개념의 상관관계 및 그 맥락을 살펴보는 것은 여전히 가치있는 일이다.

이 책에서는 모든 인간이 그 존엄성에 근거하여 보유하게 되는 권리가 있으며 그러한 믿음 위에서 국제사회가 채택한 일련의 규범과 가치를 인권이라고 정의한다. 이러한 정의에 따르면 서구 철학자들과 유럽의 문화적 유산이 인권 개념의 형성에 큰 기여를 했다고 말하는 것은 상당히 타당할 것이다. 하지만 이와 마찬가지로 아시아의 전통 속에도 인간 존재의 존엄성을 존중하는 전통이 있으므로, 아시아의 문화적 전통역시 인권 개념의 발전에 일정 정도 공헌했다는 주장도 당연히 옳은 것이라 할 수 있다.[15] 여기서 중요한 것은 인권의 발전이 특정한 문명이나 문화에 의해서만 이루어진 것이 아니며, 다양한 문명과 문화적 전통이 함께 건설적으로 기여했다는 점을 인정하는 것이다.

인권에 대한 문화간 대화 접근법(cross-cultural dialogue approach)은 보편주의와 문화상대주의라는 양극단의 중간 정도에 위치해 있다. 문화간의 대화를 강조하는 이러한 접근은 인권의 보편성을 일정 정도 인정하면서도, 그 인권규범의 발전에서 확인되는 다양성과 특수성을 동시에 포괄하고 담아내려는 시도라고 하겠다. 인권에 대한 문화간 대화를 강조하는 이들로는 문명간(inter-civilization)의 상호작용을 강조하는 오오누마 야스아끼(大沼保昭),[16] 포용적 보편성(inclusive-universality)을 강조하는 에바 브렘스(Eva Brems),[17] 두터운 인권과 얇은 인권(thick and thin accounts of human rights)을 구별하여 보편주의와 상대주의를 포괄하고자 하는 조지프 챈(Joseph Chan),[18] 완화된 상대주의자를 자칭하는 잭 도널리,[19] 그리고 선택적 적응과정을 강조하는 피트먼 포터(Pitman Potter)[20] 등이 있다. 이런 접근들은 상이한 문화의 다양성 속에서도 여전히 기능하는 보편성의 작동 양식을 나름의 방식으로 설명하기 위한 모색이라고 하겠다.[21]

보편주의적 인권에 대한 강력한 도전 중 하나가 바로 '아시아적 가치' 논쟁이다.[22] 아시아적 가치 논쟁은 1977년 리 콴유(李光耀)가 이끈 '아시아적 가치와 근대화'를 주제로 한 학술회의에서 처음 제기되었다.[23] 리 콴유는 강한 가족적 유대와 대가족에서의 책임감을 강조하면서 싱가포르의 성공은 '아시아적 가치'라는 틀 때문에 가능했다고 주장했고,[24] 아시아 사회는 유럽 사회와 다르다는 점을 강조한 그의 주장은 『포린 어페어스』(*Foreign Affairs*)에 실린 인터뷰를 통해 국제적으로 알려지게 되었다.[25] 그는 서구의 사회와 정부라는 관념과 동아시아의 그러한 관념 간의 근본적인 차이는, 아시아 사회의 경우 개인이 가족과 불가분의 관계에 있다고 믿는 점이라고 말했다.[26] 그는 개인이란 본래적이며 고립된 존재가 아니고, 가족도 그 자체가 대가족의 일부이며, 친구들이나 더 광범위한 사회의 일부라고 보았다.[27] 여기서 리 콴유는 아시아를 중국적 요소와 인도적 요소가 융합된 동남아시아와 구별되는 지역, 즉 한국, 일본, 중국, 베트남 등의 국가를 지칭하는 것으로 좁게 정의하고 있다.[28] 그가 강조한 아시아적 가치론의 핵심 요지는 "아시아적 가치가 아시아의 경제적 번영의 기초"라는 것이었다.[29] 이러한 아시아적 가치는 서구의 문화제국주의에 근본적으로 반대함으로써 아시아 속에 잠재해 있던 반서구적 감정에 불을 지피는 강력한 도구가 되기도 하였다.

리 콴유의 아시아적 가치라는 입장이 학술적인 주장으로 제기된 것은 아니었다는 점을 우선 밝혀두어야 할 것이다. 차라리 그의 주장은 외부에서 제기하는 아시아 지역의 인권 상황에 대한 비판을 반박하기 위해 아시아적 관점과 가치에 기반을 두고 발전시켜낸 정치적 슬로건이었다고 말할 수 있다.[30] 중국, 북한, 인도네시아, 말레이시아 등이 이와 유사하게 주권, 경제적·사회적 권리, 개발권, 기타 새로운 세대의 인권을 내세움으로써 아시아 인권에 대한 직접적 비판을 피해 나가려는 행태를 보인 바 있다.

김대중[31]과 아웅 산 수 치(Aung San Suu Kyi)[32]가 반론을 통해 지적한 것처럼, 리 콴유의 아시아적 가치 주장은 상당 부분 권위주의 정권을 옹호하기 위한 정치적 변명 수단이었다고 할 수 있다. 특히 리 콴유가 강조한 아시아적 경제발전 방식, 즉 가족과 공동체가 급격한 경제성장을 위한 문화적 기반으로 기여하는 방식은 1997년 금융위기로 근본적으로 흔들리게 되었다. 물론 이것으로 아시아적 가치와 관련한 논쟁이 끝난 것은 아니었다. 세계화의 진행과 외환위기 이후 국제통화기금(International Monetary Fund, IMF) 주도하의 개혁조치들로 인해 아시아적 가치 주장의 기초가 많이 약화되기는 했지만, 아시아 문화의 특수성이라는 문제는 여전히 무시할 수 없으며 지속적으로 관심을 기울이지 않으면 안될 사안이다. 인권의 보편성과 아시아의 문화, 법적 전통,

가치체계에 나타나는 특수성을 조화롭게 담아내는 일은 여전히 해결되지 않은 채 남아 있는 숙제인 셈이다.[33]

보편주의와 문화상대주의 모두 인권의 본성을 보다 분명히 이해하는 데 기여했다고 말할 수 있겠으나, 개별 국가에서 국제 인권규범이 실제로 자리 잡는 과정에 대해서는 만족할 만한 설명을 제시하지 못하고 있는 것 역시 사실이다. 보편주의와 문화상대주의라는 상이한 개념틀은 공히 인권의 본질에 관한 철학적·인식론적 이해를 위한 모색에 기반하고 있다. 이 때문에 이 두 입장 사이의 논쟁은 대부분 추상적인 개념에 초점을 맞추고 있고, 해당 국가의 실제적 인권규범과 그 기능에 관한 경험적 연구는 거의 수행되지 않았다.[34] 아시아적 특수성을 적절히 담아내면서 아시아 인권규범의 현 상황을 구체적으로 평가하기 위한 노력이 충분치 못했던 것이다. 따라서 규범의 발전과정에서 토착규범과 외래규범이 어떻게 상호작용하는가를 보여주기 위해서는 새로운 분석틀이 있어야 하며, 그러한 틀을 통해 규범의 발전과정을 분석해야 한다.[35]

3.2.2 국제규범의 토착화와 규범 수용의 과정

앨런 왓슨(Alan Watson)이 갈파한 바와 같이 외래 법규가 이식의 과정을 거쳐 새로운 환경에 자리를 잡았을 때는 과거의 모습과 달라질 수밖에 없다.[36] 보편적 규범이 기존의 토착 규범을 단순히 대체할 수는 없다. 정확히 말하자면 보편적 규범은 토착 환경에서 살아남기 위해 불가피하게 일종의 여과과정을 거친다. 아시아에 자리 잡은 헌법적 권리와 여타 국내화된 인권규범들은 국제적 규범의 단순한 복제가 아니다. 마찬가지로 기존의 국내 전통 역시 순수하게 예전의 형태로 지속되는 것은 불가능하다.[37] 외부로부터 도입된 규범은 국내의 조건이라는 여과장치를 거쳐, 기존의 규범과 결합하면서 새로운 융합을 이루어낸다. 이와 같이 여과의 과정을 거쳐 진행되는 규범의 수용과정은 기존의 토착 규범들이 외래 규범의 영향 속에서 어떻게 진화해가는가를 보여준다. 아시아 여러 나라들의 특수성을 떼어놓고는 인권의 보편성을 제대로 파악하는 것이 불가능한 것이다.[38]

〔도표 3.1〕은 기존 규범이 외래의 규범이나 문화와 어떻게 상호작용하면서 새로운 규범으로 발전해가는지를 보여준다. 도표에서 볼 수 있듯이 최초의 변화단계는 외래 규범의 소개다. 첫 단계인 외래 규범의 도입은 토착 지식인이나 정치지도자의 주도로 진행되는 자발적 수용의 과정이 될 수도 있고,[39] 식민지 권력이나 그 방조자들이 국내 토양에 강제적으로 규범을 이식하는 과정이 될 수도 있다.[40]

도표 3.1 규범 수용에서 작동하는 여과과정

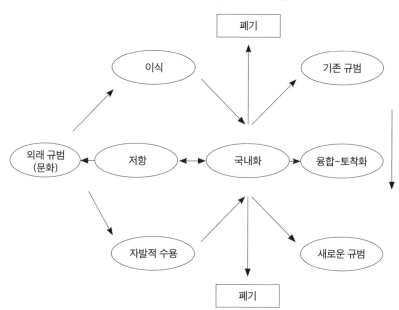

다음은 외래 규범이 국내화되어가는 단계로서, 이 과정에서는 외래 규범에 대항한 내적 투쟁이나 갈등이 제기될 수도 있다. 때로는 내적 저항이 이식된 외래 규범을 몰아내기에 충분할 정도로 강력할 수도 있고, 일부 외래 규범은 기존 토착 규범과 융합되면서 변형되기도 한다. 코르텔(Andrew P. Cortell)은 그의 연구에서 외래 규범의 수용과정에 영향을 미치는 중요 요소들에 관해 설명하고 있다.[41] 그는 문화적 조화, 정치적 표현법, 국내의 이해관계, 국내기구들, 규범의 사회화 등을 중심으로 해당 사회 내의 구체적 맥락의 중요성을 강조한다.[42]

대중의 동의 없이 식민지 사회에 강제적으로 이식된 외래 규범은 대개 자발적으로 수용된 규범보다 훨씬 강한 저항에 부딪힌다.[43] 과학과 기술, 민주주의와 시민적 권리, 자유, 노예제 반대, 반부패 등의 도덕적 개념들, 여성의 권리와 편리한 서양식 옷 등 서구의 문화와 문명은 훨씬 용이하게 수용되었다. 마찬가지로 19세기 여러 아시아 국가들의 근대화운동 지도자들이 자발적으로 수용한 여러 기본적 권리에 관한 규범들은 살아남았으며, 그 내용이 현재까지 이어지고 있다.[44] 반면 강제로 이식된 규범은 사람들의 분노에 직면하여 많은 부분 폐기되었다.[45] 실제 아시아에서의 법적 발전은 어떤 하나의 혁명에 의해 성취된 것이 아니라 오랜 시간에 걸친 진화의 과정을 통해 이루어졌다. 이러한 진화의 과정에서 기존 규범은 새로운 규범에 영향을 미치고, 수용된 외래 규범과 융합되기도 했다.[46]

이러한 융합은 여러가지 사회적 맥락을 반영하는 복잡한 과정이며, 그 형태도 다양한 모습을 취한다. 그 결과는 이전에 존재하던 사상에 단순히 새로운 개념을 추가로 더하는 것일 수도 있고, 이전의 규범을 새로운 규범으로 대체하는 지난하고 오랜 과정일 수도 있다.[47] 때때로 구질서를 유지하기 위해 국가기관이 변화에 저항하는 사태가 벌어지기도 한다. 헌법과 여러 법률에 명기된 기본권 규정들은 이런 역동적 과정의 산물로 현재의 모습을 취하게 된 것이다.[48]

3.2.3 여과과정을 거친 보편주의: 인권규범과 헌법주의

3.2.3.1 권리 개념의 수용

제2장에서 이미 검토한 것처럼 여러 아시아 국가들은 국제 인권조약과 관습법을 수용하거나 비준하기 시작한 20세기보다 훨씬 이전인 19세기에 이미 근대적 의미의 권리 개념 및 헌법적 사상과 폭넓게 접촉하기 시작했다. 근대적 권리 개념이나 헌법주의 개념은 외부 세계에 의해 강제되었다기보다는 대부분 아시아 사람들 자신에 의해 받아들여지고 폭넓게 퍼져나갔다. 19~20세기에 걸쳐 제국주의에 저항했던 민족운동의 지도자들은 민주주의와 인권이 보장되는 독립국가를 꿈꾸었다. 그들은 근대화가 자신의 국가를 강하게 만드는 효과적인 수단이 될 것이라고 믿으며 그런 서구의 가치와 법적 개념을 수용하고자 하였다.

예컨대 19세기의 중국에 서구의 사상과 문명, 기술을 소개한 것은 중국의 엘리트 지식인들이었다.[49] 그들이 주도한 개방운동은 초기에는 과학과 기술, 상품의 수입 등에 한정되어 있었지만, 곧 사회·문화 영역에서의 교류로 확대되어갔다.[50] 1911년 쑨 원(孫文)이 이끈 신해혁명은 부르주아 민주주의 혁명의 일종으로, 서구의 인권과 시민적 권리 사상이 그 운동에 큰 영향을 끼쳤다.[51] 19세기 후반 맑스주의가 중국에 도입될 때에도 이와 유사한 과정을 거쳤다. 중국의 지식인들은 공산주의를 서구 지성사의 일부로 간주하면서 중국의 전통적인 철학 사상과 연관지어 그것을 해석했다.[52] 마오 쩌둥(毛澤東)의 유명한 저작 「모순론」[53]과 「실천론」[54]은 중국 사회의 예를 들어 맑스주의 이론을 분석하고 대중화

하는 데 공헌했다.[55]

일본은 천황이 촉발시킨 메이지유신을 통해 서구화의 길을 걸었다.[56] 일본은 서구 제국주의의 모범적인 학생이었다. 일본의 지도자들은 메이지유신을 통해 일본을 군국주의 체제로 탈바꿈시켰고, 조선을 식민화했으며, 궁극적으로 동북아시아와 동남아시아로의 팽창을 추구했다. 1868년 케이오오대학을 설립한 후꾸자와 유끼찌(福澤諭吉)는 근대화 과정에서 서구의 사상과 제도, 관습을 일본에 소개했다. 그는 1867~68년에 걸쳐 출판된 그의 유명한 저서『서양사정』과 다른 여러 저서를 통해 일본이 서양 문명을 향해 나아가야 한다는 점을 폭넓게 주장했다.[57]

한국의 경우 1889년 유길준(兪吉濬)이 저술한『서유견문』[58]이 민주주의와 시민의 권리에 대한 사상을 소개하는 데 중요한 역할을 했다.[59] 또한 헨리 휘턴(Henry Wheaton)이 쓴『국제법요강』(*Elements of International Law*)은 1876년 '만국공법(萬國公法)'이란 제목으로 중국어로 번역되어 동아시아에 서구 법사상을 소개하는 데 크게 기여했다.[60] 서양 선교사들이 전해준 성경과 여타 종교서적들은 조선의 실학파 학자[61]들에게 영향을 미쳤고, 19세기 말과 20세기 초에 국내나 해외에서 서양 사상을 공부한 안창호(安昌浩)와 이승만(李承晩) 같은 지식인들이 민주주의 사상과 외국 문화를 널리 확산시켰다. 조선왕조의 몰락과 일본의 조선병합 때문에 당시 조선의 지식인들은 자신의 전통에 대한 신뢰를 갖지 못했다.[62] 그들은 새로이 도입된 서구 문명이 기존의 구체제에 대안이 될 것이라고 굳게 믿었다.[63] 한가지 주목할 만한 점은 1896년 창간된『독립신문』이 서양 문화를 "만국의 관행"으로 묘사했다는 점이다.[64] 조선을 제외한 전세계의 거의 모든 나라들이 서양 문화를 광범위하게 수용하고 있다는 점을 강조했던 것이다.

서구의 가치와 사상은 여타의 동아시아 국가에도 심대한 영향을 미쳤다. 그러한 가치와 사상은 식민주의에 대한 갈등과 저항을 불러일으키기도 했지만 동시에 근대성의 표본으로 간주되었던 것도 사실이다.[65] 예컨대 프랑스 식민주의자들은 베트남 식민통치 기간(1867~1954) 동안 서구적 권리 개념에 기반한 법과 정치적 도덕을 베트남에 도입했고, 베트남의 사회주의운동 지도자들조차 독립운동을 이끄는 동안 이러한 권리 개념을 선택적으로 수용하였다.[66] 필리핀에서도 시민적 권리 담론은 스페인에 대항한 독립운동과 더불어 시작되었고, 프랑스혁명으로부터 영감을 받은 1899년의 '필리핀공화국 정치헌법'에 반영되었다.[67] 태국은 식민지배를 경험하지 않았지만 국왕이 근대화 과정에서 서구 문화를 흡수하는 데 적극적이었으며, 몽꿋(Mongkut) 왕과 쭐랄롱꼰(Chulalongkorn) 왕은 외국의 관행에서 배워 중요한 개혁조치들을 실행하였다.[68] 이런 개혁조치의 시행에도 불구하고 기존의 절대왕정은 지속되지 못하여 1932년 군부쿠데타로 전복되었고, 궁극적으로 입헌군주제의 길로 들어서게 되었다.[69]

아시아 국가들이 독립 후 헌법을 제정하고 법을 도입할 때 선진적인 시민적 권리 조항들을 열성적으로 받아들였다는 것은 전혀 놀랄 만한 일이 아니다.[70] 민주주의를 할 준비가 되어 있지 않았던 정부라 할지라도 민주주의와 민주적 권리, 인권의 사상을 찬양하고 주저없이 헌법에 받아들였다. 그러나 이렇게 수용된 개념이 모두 동일하게 국내화된 것은 아니었으며, 개별 국가의 상황과 문화적 맥락에 따라서 다르게 받아들여지기도 했다.[71]

3.2.3.2 여과의 과정
여기서 주목해야 할 사실은 아시아에 수용된 권리, 법의 지배, 여타의 서구 사상이 서구 사회에서와 동일한 의미와 효과를 가질 수는 없었다는 점이다.[72] 서양 용어에 상응하는 현지의 용어나 표현이 없는 상태에서 그 의미를 정확하고 완벽하게 담아내도록 번역하는 것은 거의 불가능한 일이다.[73] 번역된 말이 원래의 문화적 전통에서 발전된 단어의 미묘한 뉘앙스와 고유의 의미를 그대로 전달하지 못하는 경우도 허다하다. 또한 기존에 존재하던 개념과 새롭게 번역된 용어가 상호작용한 결과 그 지역에만 통용되는 독특한 방식으로 이해되기도 했다.[74]

몇몇 아시아 국가의 정부들은 인권에 대한 외부로부터의 압력에 저항하며 이를 부당한 일방주의(unilateralism)라고 비판하기도 한다. 식민주의 경험을 가진 아시아 여러 나라들이 서구의 간섭에 대해 반감을 갖는 것은 너무나도 자연스러운 일이었다.[75] 그러한 상황은 중국에서 인권을 옹호하는 사람에게 '제국주의의 추종자'(yes-men of imperialism)라는 딱지를 붙이는 것에서도 확인할 수 있다.[76] 물론 인권에 대한 이런 비판이 그 나라 대중의 정서를 정확하고 실제적으로 반영하는 것은 아니지만, 그러한 정부의 태도가 일부 민족주의 성향의 국민들에게 영향을 미치는 것도 사실이다. 나아가 NGO들이 인권옹호를 위해 활동하는 과정에서 인권에 대한 보편주의적 접근과 문화적 특수성의 요소를 결합하는 방안이 필요할 경우가 있다. NGO들이 특정한 목적을 관철하기 위해 인권담론을 이용하려는 숨겨진 정치적 의도를 갖고 있을 리 만무하지만, 이들 NGO의 입장에서도 인권이 외국에서 직수입된 위임통치의 명령이 되는 것에 대해 일정 정도 거부감이 있으며, 인권은 국제적으로 진행되는 다문화간의 대화에 입각하여 도출되는 공통의 협약이 되어야 한다고 믿는다.[77]

그러므로 국제적 가치와 규범, 국제법은 선택적으로 흡수되고 현지화되는 과정을 거칠 수밖에 없다.[78] 아시아 여러 나라에 수용된 인권규범은 이처럼 그 나라 자체에 있던 고유의 개념이라는 여과장치를 거친 뒤 응결된 결과물이다. 이러한 인권규범이 표현하는 보편성이라는 것은 추상적 보편성이 아니라 현지의 구체적 특수성이 새겨져 있는 보편성이다. 아시아의 도덕, 법의 지배, 헌법주의와 인권의 개념은 보편적 기준을 반영하고 있음에 틀림없지만, 토착적 법 개념과 동떨어진 것이 아니다. 인권의 보편성은 여과과정을 통해 성취되며, 여과장치의 작동 위에서 수용된다. 이처럼 여과장치를 거침으로써 보편적 규범과 지역 특수성이 융합되어 형성된 특수성을 담지한 보편 규범이 아시아 인권 체제의 기초가 된다는 점을 이해해야 한다.[79]

3.2.3.3 융합

보편주의와 문화상대주의는 인권을 정확하게 이해하는 데 일정 정도 기여했다. 문화간 대화 접근법이 보여주듯이 보편주의와 문화상대주의라는 두 접근법이 전적으로 서로 모순되기만 한 것은 아니다. 보다 중요한 문제는 서로 다른 문화간에 어떻게 상호작용과 대화가 이루어질 수 있는가, 그리고 그런 대화가 서로의 차이를 넘어서 인권을 어떻게 더욱 포용적으로 발전시키는 데 기여하는가이다. 문화간 대화 접근법은 특정 사회에서 인권이 어떻게 하여 토착적인 형태를 취해가는가를 확인할 수 있도록 해준다. 상이한 문화간의 협력과 대화는 인권을 더욱 풍요롭게 하고 인권의 발전을 촉진한다.

문화간 대화의 과정을 설명하기 위한 이론적 틀은 다양하게 제기되어왔다. 두터운 인권과 얇은 인권의 구분을 제안한 조지프 챈은 인권 내의 보편적 요소와 각 사회의 특수성을 분명하게 구분하여 이해하는 것이 중요하다는 점을 강조한다. 그는 국제 인권규약 속의 인권이 매우 일반적이며 모호하게 정의되어 있기 때문에, 어떤 정치적 도덕체계가 특정한 사회에 적합한지 아닌지 여부는 그 사회의 여러 복잡한 요소에 의해 규정된다고 본다.[80] 그 내용을 설명함에 있어 조지프 챈은 마이클 월저(Michael Walzer)가 제시한 최소한의 도덕을 뜻하는 얇은 의미의 도덕성이라는 개념을 빌려와 인권의 핵심 규범으로서 얇은 의미의 인권을 강조한다.[81] 핵심 규범들을 보편적으로 받아들임과 동시에 개별 국가에 다양성의 공간을 허용한다고 보는 점에서, 조지프 챈의 접근법은 유럽에서 통용되는 판단의 재량 원칙과 유사한 입장이라고 할 수 있다.

판단의 재량 원칙(margin-of-appreciation doctrine)이라는 것은 유럽 인권재판소의 법이론으로서 독특하게 발전되어온 개념으로, 국내기구를 통한 인권규범의 집행에 우선을 두되 일국의 범위를 넘어서는 초국가적(supranational) 차원에서도 일정 정도의 감독을 보장하는 형식으로 일국적 법질서와 국제기구의 사법절차 간의 균형을 이루려는 시도다.[82] 유럽인권재판소는 '핸디사이드(Richard Handyside) 대 영국'의 판례(1976)에서, 유럽인권협약(1953)[83] 회원국들의 입법부와 사법부는 외설물의 출판과 관련한 법을 해석하고 적용하는 데 일정한 판단의 재량을 갖는다고 판결했다.[84] 이 사건에서 『작은 빨간 교과서』(*The Little Red Schoolbook*)라는 책의 출판인 핸디사이드는 그의 책에 대한 영국의 조처가 유럽인권협약 제10조 표현의 자유와 유럽인권협약 내 다른 조항 및 제1의정서의 조항들을 위반했다는 소송을 제기하였다.[85] 문제가 된 책은 12살 이상의 학생들에게 성적 문제에 대해 자유주의적 태도를 취하도록 강하게 권고하는 내용이었고, 이로 인해 영국의 외설출판물법(Obscene Publications Act, 1959년 제정, 1964년 개정)[86]에 근거하여 모두 압류되었으며 출판인에게는 벌금과 소송비용을 지불하라는 판결이 내려진 상황이었다. 이에 대해 유럽인권재판소는 유럽인권협약 제10조 2항이 해당 국가에 판단의 재량권을 부여하고 있기 때문에 이 사건에서 영국이 외설출판물법에 따른 "공공권력의 개입"[87]을 행한 것을 인권협약 제10조를 위반한 것으로 볼 수는 없다고 판결했다.[88] 또한 유럽 전체에 공통적으로 적용되는 단일한 도덕개념은 존재하지 않으며, 해당 국가의 판단의 재량권은 그 국가의 입법부와 사법부를 포함해 현행법의 해석과 적용을 담당하는 기관에 주어져 있다고 확인했다.[89] 즉 국가는 그들의 도덕적 기준을 보호하기 위해 어떠한 조처가 필요한가를 평가하는 데 있어서 광범위한 판단의 재량을 향유한다. 물론 유럽인권재판소는 민주사회의 원리에 근거하여 국가 단위를 넘어서는 초국가적 감독[90]을 동시에 강조함으로써 그 재량권의 한도를 일정하게 제한하고 있다.[91] 이러한 판단의 재량이라는 접근방식을 통해 유럽인권재판소는 인권규범의 보편성을 견지하면서도 개별 국가의 다양성을 통합해내고 있다.

유럽연합(EU)이 핵심적인 헌법적 원리로서 채택하고 있는 **보충성의 원리**(principle of subsidiarity) 역시 개별 국가의 규범과 초국가적 규범 간의 상호관계를 설명하는 데 유용하다.[92] 보충성의 원리라는 것은 가장 낮은 단위의 정부나 구체적 지역 상황과 가장 가까이 있는 정부 기관에 해당 목적의 성취를 위한 권한을 최대한 부여함으로써 지방적 다원주의와 초국가적 통일성 사이에서 발생할 수 있는 역설적 상황을 최소화하는 것을 지향한다.[93] 다시 말하면 국제규범의 이행과정에 있어서 인권기준 실행의 가장 중요한 메커니즘을 개별 국가의 법과 정치라고 보는 것이다.[94] 외래 규범이 현지 규범으로 완전히 변형되고 융합되면, 국내화된 현지 규범이 외래 규범과 아무런 갈등을 일으키지 않고 문제를 해결할 수 있다. 반면 외래 규범의 국내화가 충분하지 않은 경우라면, 국내규범의 기능을 보충하여 최적의 결과를 도출하기 위하여 지역적 규범이나 초국가적 규범의 개입이 이루어질 수도 있을 것이다.

한편 브렘스는 포용적 보편성이라는 개념을 제안하면서, 인권의 보편성은 완성태라기보다 여전히 발전하는 과정으로 보아야 한다고 말한다.[95] 그는 인권에 있어서의 보편성은 다양성과 특수성을 포괄하는 개념이어야 하며,[96] 보편성과 특수성을 연결시키기 위해서는 보편주의 입장과 문화상대주의 입장 모두가 변화해야 한다고 강조한다. 해당 사회는 인권을 수용하는 데 보다 적극적인 태도를 취해야 하며, 국제 인권은 다문화적 특성을 좀더 반영할 수 있도록 노력해야 한다는 것이다.[97] 브렘스의 제안은 여과과정을 거친 보편성이라는 접근과 상통하는 점이 있는바, 상이한 규범이 상호작용하는 과정 속에서 국내규범과 국제규범이 모두 일정한 변화의 과정을 거친다는 점을 지적한 것은 특히 의미가 있다.[98]

국제인권법은 대부분의 아시아 국가에서 이런저런 방식으로 여과과정을 거쳐 국내법 속으로 도입되었다. 이 과정을 통해 각국은 일정하게 여과된 보편주의적 규범을 받아들였지만, 이러한 규범들이 국제사회의 초국가적 규범들과 완전히 동일한 것은 아니다. 그러한 국내화된 규범은 국제조약 및 국제관습법이 국내 인권담론과 맞닥뜨려 형성된 일정한 긴장관계 속에서 도출된 것이다. 다음 절에서는 아시아 국가들이 그들의 인권규범의 특수성과 여과과정을 거친 보편성을 어떻게 발전시켜왔는지를 살펴볼 것이다.

3.3 동아시아의 국내법 체계 속에서 국제법의 위상

3.3.1 국제법의 역할에 대한 상이한 접근법: 이원론 대 일원론

국제사법재판소(International Court of Justice, ICJ) 규정(Statute of

ICJ, 1945)[99] 제38조는 국제법의 법원(法源)을 (1) 국제협약, (2) 국제 관습, (3) 문명국에 의해 인정된 법의 일반원칙, (4) 사법적 판결과 우수한 국제법 학자의 학설 등으로 규정하고 있다. 국제법은 법적 효력을 가지며 국내법 체계 속에서 어떠한 형식으로든 이행되어야 한다. 그러나 국제적 의무를 이행하는 데 있어서 국가는 일반적으로 국내적 차원으로 그 과정을 진행한다.[100] 아시아 국가들이 국제 인권조약을 취급하는 방식은 나라마다 다르게 나타나고 있다. 국내법 체계에서 국제법에 부여하는 비중은 나라마다 상이하고, 국내법의 위계질서상에서 인권법의 지위 역시 각 사회마다 다르다. 주어진 국내법 체계에서 국제인권법의 역할과 지위를 평가하기 위해서는 두가지 질문에 답해야만 한다. 첫째, 국제인권법은 어떻게 국내법 체계의 일부가 되는가? 둘째, 국내법 체계의 위계질서상에서 국제인권법의 지위는 어떠한가?[101]

국내법 체계에서 국제법의 지위는 일반적으로 이원론 대 일원론이라는 틀을 통해 설명된다. 일원론은 국제법을 국내법 체계의 본원적인 한 부분으로 간주한다.[102] 반면 이원론은 국제법과 국내법을 두개의 분리된 체계라고 생각한다.[103] 이원론의 경우 국제법이 효력을 발휘하기 위해서는 국내법으로 편입되거나 변형되어야만 한다.[104]

미국의 경우 헌법 조항을 통하여 국제법과 국제협약은 최고의 국내법이라고 분명히 규정하고 있기 때문에[105] 일원론이 지배적인 입장으로 보이지만, 실제로 자세히 살펴보면 이원론과 일원론의 혼합이라고 할 수 있는 제3의 길을 취하고 있다. 이는 미국에서 자기집행적 조약과 비자기집행적 조약이 완전히 상이하게 취급되기 때문에 생겨나는 현상이다.[106] 미국 헌법 제2조 2항이 정한 바대로 미국 대통령이 자기집행적 조약을 체결하고 상원의 비준을 받으면 그 조약은 국내법의 일부가 된다. 그러나 외국과 체결한 조약 중 비자기집행적 조약의 경우에는 자동적으로 국내법의 일부로 간주되지 않는다. 따라서 이 경우에 국제법이 구속력 있는 국내법이 되기 위해서는 편입 또는 변형의 과정을 거쳐야 한다.[107] 어떤 협정이 자기집행적 조약인지 아닌지는 연방정부가 결정하며, 비자기집행적 조약의 경우 이행법률이나 적절한 행정적 조처를 통해서만 국내법이 된다.[108] 이런 점에서, 이 책이 이원론과 일원론이라는 구분을 사용하긴 하지만 그 둘이 절대적으로 구분된다고 보는 것은 아니며, 국제법의 국내적 효력을 효율적으로 설명하기 위한 도구의 범주라고 보면 될 것이다.

3.3.2 국내법 체계에서의 국제법

아시아 국가들이 채택하고 있는 대부분의 헌법에는 인권 관련 조항들이 포함되어 있다. 하지만 국제법상의 모든 인권 조항이 헌법이나 법률 등 국내법에 명기되어 있는 것은 아니다. 일부 국가의 경우 비준하거나 가입한 국제인권법은 국내법상의 효력 부여 조항에 따라 자동적으로 국내법의 일부가 된다(일원론 국가). 헌법이나 법률에 국제법의 국내적 지위를 명시하는 조항이 있어서 국제법이 국내법으로 전화되는 것이다. 국내의 이행입법을 통해 국내법 체계에 편입, 변형되거나,[109] 국내 법원이 판결을 통해 어떤 원칙이나 지침을 제공할 때까지 기다려야 하는 국가들도 있다(이원론 국가).

3.3.2.1 국제법이 직접적으로 국내법으로 간주되는 일원론 국가

일원론 국가에서 국제법은 국내법의 일부로 간주된다. 국제조약의 국내법상의 지위와 관련하여 일본[110]이나 한국[111]처럼 헌법에 조약의 위상이 명시적으로 규정되어 있는 나라도 있으며, 캄보디아[112]처럼 헌법에 오직 묵시적으로만 표현되어 있는 경우도 있다. 실제적 집행의 측면을 차치하면 원칙적으로 다음의 아시아 국가들, 즉 캄보디아, 중국, 일본, 몽골, 네팔, 북한, 필리핀, 한국, 스리랑카, 동티모르 등은 일원론 국가로서 국제법을 국내법의 일부로 취급한다(표 3.1 참조).

그러나 현실에서는 정부가 자국 내에서 국제법이 차지하는 지위에 대해서 밝힌 공식적인 입장과 그 실제가 정확하게 일치하지 않는 경우가 종종 있다. 중국의 경우가 그런 예라 할 수 있을 것이다. 중국 헌법은 국제법과 국내법의 관계에 대해서 명시적으로 밝히고 있지는 않지만, 중국 정부의 공식적인 입장은 국제법이 받아들여지면 국내법의 일부가 된다는 것이다.[113] 중국 헌법 제67조 14항에 따르면 국제조약의 비준안은 전국인민대표대회 상무위원회의 승인을 받아야 한다. 중국 정부는 국제적 조약이 상임위원회의 승인을 거칠 경우 별도의 편입이나 변형의 과정 없이 중국법의 일부로 간주된다고 해석한다.[114] 이러한 정부의 입장에 따르면 중국은 일원론적 국가다. 그러나 실제로는 인권 관련 조약과 무역 관련 조약은 다르게 취급된다. 상무적 문제와 관련된 국제조약은 보통 국내법으로 직접 적용되는 반면, 공공적 또는 정치적 주제와 관련된 조약은 직접적 효력을 갖지 않는다.[115] 특히 중국 정부는 그러한 조약을 집행해야 할 국제적 의무에는 큰 주의를 기울이지 않는다. 이 때문에 중국은 사실상 이원론 국가와 별다른 차이가 없다고 할 수 있다.

일본의 경우도 이와 유사하게 자기집행적 국제조약의 경우에만 국내 법원에 의거해 직접 적용하는 것이 가능하다.[116] 따라서 같은 일원론 국가라 할지라도 국제법의 적용과 관련해서는 현지의 법체계를 주의 깊게 살펴보아야 한다.

표 3.1 국내법 체계에서 국제법에 대한 권한 부여 메커니즘

수용	일원론 국가 (국제법은 국내법의 일부)	이원론 국가	
		편입 필요 국가	변형 필요 국가 (직접변형 또는 간접변형)
국가	네팔, 동티모르, 몽골, 북한, 스리랑카, 일본, 중국, 캄보디아, 필리핀, 한국	말레이시아, 몰디브, 방글라데시, 싱가포르, 인도, 태국, 파키스탄	라오스, 미얀마, 베트남, 부탄, 브루나이, 인도네시아

* 이 표는 각국의 헌법과 유엔 데이터베이스, 국제적십자사(International Committee of the Red Cross, ICRC)의 국제인도법 국가별 이행 데이터베이스 등에 기초하여 작성되었다.

출처: http://www.icrc.org/eng/resources/ihl-databases/index.jsp (2011년 9월 15일 검색).

3.3.2.2 편입이나 변형이 필요한 이원론 국가

국제법이 원천적으로 국내법의 일부로 간주되지 않는 국가들의 경우, 국제법의 이행을 위해서는 추가적인 절차가 필요하다. 이러한 조치로는 (1) 편입(incorporation)이나 (2) 변형(transformation) 등이 있는데, 이런 절차를 통해 해당 국가에서 국제법이 국내법 체계의 일부로서 효력을 갖게 된다. 편입은 보통 국내법 체계 내에 국제조약 등의 효력을 부여하기 위해 추가적인 입법조치를 취하는 것을 말한다. 한편 변형에는 헌법의 기본권이나 여타 법률 조항에 국제인권법이 직접 통합되는 직접변형[117]과 국제법 문서에 기초하여 국내법 조항을 해석함으로써 국제인권법이 간접적으로 통합되는 간접변형[118]이 있다.

인도네시아의 경우 특정한 국제조약은 반드시 국내법을 통해 비준되어야 하는데, 주요 인권조약의 경우도 그러하다.[119] 마찬가지로 말레이시아에서도 의회가 이행을 위한 법률을 채택하는 경우에만 조약이 국내법의 일부가 된다.[120] 과거 영국 식민지였던 나라들은 대체로 편입의 절차를 필요로 한다. 인도,[121] 파키스탄,[122] 싱가포르, 태국의 경우도 의회의 작용에 의해 국제조약이 국내법으로 편입되어야 한다. 아시아에서

이원론 국가로는 방글라데시, 인도, 말레이시아, 파키스탄, 싱가포르, 태국, 부탄,[123] 브루나이,[124] 인도네시아, 베트남[125] 등이 있다(표 3.1 참조).

물론 국제조약에 부여되는 국내법적 지위가 실제에서도 그대로 집행된다고 말하기는 어렵다. 국내 사법부들은 주권을 강조하는 입장에서 국제조약보다 국내법을 우선하여 고려하는 경향이 있다. 실제적인 법리(法理)보다 정치적 고려를 더 중시할 수도 있다. 인권조약의 경우 무역이나 안보 문제를 다루는 조약들에 비해 더욱 이런 상황에 처하기가 쉽다.

3.3.3 국내법 체계에서 국제인권법의 위계적 지위

국제법이 국내법 체계의 위계질서상 차지하는 지위는 각 국가마다 상이하다. 일부 국가에서는 조약의 위계적 지위가 헌법과 동등하게 부여되는 경우도 있지만, 국내법규보다 훨씬 낮게 다루어지는 나라들도 있다. 아시아 각국에서 국제인권법의 국내법상 위계적 지위는 다음 네 가지 범주로 나누어 볼 수 있다.

3.3.3.1 헌법보다 상위 또는 동등한 수준의 경우

아시아가 아닌 다른 지역에서는 국제조약이 헌법보다 상위의 지위를 갖거나 또는 동등한 수준의 지위를 갖는 나라를 찾기가 그리 어렵지 않다. 가령 오스트리아는 1964년 이래 유럽인권협약[126]에 특별한 헌법적 지위를 부여하고 있고, 유럽인권협약에 근거하여 국내법이 무효화된 경우도 여러차례 있었다.[127] 볼리비아의 경우에도 국제조약에 헌법보다 더 중요한 비중을 부여하고 있으며, 남아프리카공화국은 국제조약을 헌법과 동등한 수준의 규범으로 간주한다.[128] 그러나 아시아에는 국제조약에 헌법보다 상위 또는 그와 동등한 지위를 부여하고 있는 나라가 없다.

3.3.3.2 헌법보다는 하위, 일반 법률보다는 상위의 경우

동티모르, 캄보디아, 일본, 중국, 네팔, 스리랑카는 국제조약의 지위를 헌법보다 낮은 것으로 간주하지만, 일부 조약은 일반적인 법률보다 상위에 있는 것으로 본다. 예를 들면 2002년에 채택된 동티모르 헌법은 "동티모르의 국내법 체계에 적용된 국제 협약·조약·협정 조항에 반하는 모든 규정은 효력을 상실한다"라고 규정하고 있다.[129] 다시 말하면 동티모르에서 이러한 국제법은 국내법률에 비해 우위의 효력을 갖는다고 말할 수 있다. 캄보디아 헌법에는 국제법의 지위에 관해 명시적인 조항은 없지만, 캄보디아 정부가 자유권규약위원회에 제출한 당사국 보고서에 의하면 헌법 제31조 1항에 따라 인권조약이 국내법에 우선하여 적용된다고 묵시적으로 해석되고 있다.[130]

일본의 경우 헌법 제98조 2항에서 "일본국이 체결한 조약 및 확립된 국제법규는 이를 성실히 준수함을 필요로 한다"고 명시하고 있다. 일본 헌법은 국제법에 국내법보다 높은 지위를 부여하고 있지는 않다. 헌법 제98조 1항이 "국가의 최고 법규"라고 명시하고 있으므로 국내법 체계에서 헌법이 국제법보다 높은 지위를 갖는 것은 명백하다.[131] 반면에 국내법 체계 내에서 국제법이 갖는 위계질서상의 지위는 법원의 결정에 달려 있다.[132] 일본은 1997년 자유권규약위원회에 제출한 제4차 정기 보고서에서 국내법, 규정, 조처가 규약에 위반되는지 여부를 결정하는 것은 법원이라고 밝히고 있다.[133] 실제로 일본 법원은 국제규약과 협약을 유일한 근거로 내려진 판결이 정부의 행위를 무효화시키는 것에는 매우 부정적이지만,[134] 법원이 국제인권법을 원용하는 판례의 수는 현저하게 증가했다.[135] 더욱이 조약을 국내법률보다 상위에 있는 특별법으로 간주한 판례도 있다.[136] 따라서 일부 조약은 국내법률보다 상위의 효력을 갖는 경우도 있다 하겠다.[137]

앞서 언급한 것처럼 중국 헌법에는 국제조약의 지위에 관한 조항이 없지만, 중국 정부의 공식적인 입장은 헌법 제67조 14항에 따라 전국인민대표대회 상무위원회가 승인한 조약은 중국법의 일부로 간주한다는 것이다.[138] 또한 중국 정부는 국제조약과 국내법의 특정 조항 간에 불일치가 발생할 경우, 중국이 비준과정에서 유보한 경우가 아니라면 조약이 우선한다고 밝히고 있다.[139] 민사소송법 제238조도 이와 유사하게 국내법 조항과 국제조약의 조항이 상이할 경우 국제조약이 우선한다고 규정한다.[140] 따라서 상무위원회가 승인한 국제법의 지위는 일반 법률보다는 높지만 헌법보다는 낮다고 말할 수 있을 것이다. 그러나 중국에서의 취약한 법의 지배 원칙을 감안한다면 비준된 조약들이 실제로 법적 구속력을 발휘하는지는 미지수다.

네팔의 경우에도 국제법의 지위에 관한 명시적 헌법 조항은 없다.[141] 그러나 네팔조약법(Nepal Treaty Act, 1990)은 "조약의 특정 조항이 현행법의 어느 조항과 갈등관계에 있을 경우, 조약의 목적에 비추어 그에 상응하는 현행법 조항은 효력을 상실하고, 조약의 조항이 네팔의 법으로 간주된다"[142]고 서술하고 있다. 따라서 네팔의 경우 비준된 국제 인권조약은 그와 상충하는 국내법에 우선한다고 하겠다.

스리랑카 헌법은 의회 재적의원의 3분의 2 이상이 국가의 경제발전에 필수적인 것이라고 조약을 승인하는 경우 해당 조약은 법으로서 효력을 지닌다고 규정하고 있다.[143] 그에 더해 그 조약의 조항을 위반하여 어떠한 법률의 제정이나 시행령 및 행정조치 등도 취할 수 없다고 명시되어 있다.[144] 이러한 점에서 의회에서 승인된 조약은 일반 법률보다 높은 지위에 있다고 할 수 있겠다. 그러나 의회가 승인하지 않은 조약의 위계적 지위는 다르다. 스리랑카 헌법에 의하면 국가는 국제법과 조약상의 의무를 존중하기 위하여 노력하고,[145] 스리랑카 법률위원회(Sri Lanka Law Commission)가 기존의 발효 중인 법률에 대한 검토를 진행하며, 법체계가 국제 인권기준에 일치하도록 법 개정이나 새로운 법의 제정을 고려하기 위해 노력할 것이라는 점만 언급되어 있다.[146] 나아가 의회가 승인하지 않은 조약은 국내법률의 법적 효력에 대항하지 못하며, 국내법률이 그에 우선하여 적용된다고 하는 법해석론이 받아들여지고 있다.[147]

3.3.3.3 법률과 동등한 수준으로 보는 경우

몽골, 필리핀, 한국의 경우 국제조약은 법률과 동등한 위계적 지위를 갖는다. 몽골의 경우 국제조약은 헌법보다는 명백히 낮은 지위에 있지만,[148] 비준이나 가입에 의해 국내법으로서 효력을 갖게 된다.[149] 국제법과 국내법 간의 위계적 관계에 대한 헌법상의 명시적 조항은 없으나, 개인의 권리나 자유가 침해된 경우 이를 보호하기 위해 법원에 소송을 제기할 헌법적 권리를 보호함에 있어 국내법률과 국제조약을 동일하게 취급하고 있다.[150] 더욱이 아동권리협약위원회에 1995년 최초로 보고된 당사국 보고서는 헌법 제10조 3항에 따라 아동권리협약이 여타의 국내법과 동일한 효력을 가질 것이라고 설명하고 있다.[151]

필리핀 헌법은 조약이나 국제협정에 관해서는 제7조 21항에 따라, 국제법의 일반원칙과 관습법에 관해서는 제2조에 따라, 이들을 국내법 체계의 일부라고 간주한다. 대만 헌법은 국제 인권조약의 국내법적 효력에 대해서 분명하게 밝히고 있지 않다. 그러나 대만 사법부 유권해석 제329호의 결정에 따르면, 헌법 제38조와 제58조 2항, 제63조에 의거하여 입법부를 통과한 모든 조약은 국내법률과 동등한 지위를 갖는다. 다만 헌법보다는 그 효력에 있어 하위에 있는 것으로 보고 있다.[152]

한국도 국제조약을 국내법률과 동등한 수준으로 보는 경우에 속한다. "헌법에 의하여 체결·공포된 조약과 일반적으로 승인된 국제법규는 국내법과 같은 효력을 가진다"[153]고 규정하는 헌법 조항은 조약이 "적절한 절차에 따라 체결, 공포"되면 국내법률과 동일한 효력을 갖는다는 것을 뜻한다. 국제관습법도 국제법의 일부로 다루게 되어 있지만, 국내 법원의 소송과정에서 국제관습법이 유일한 판결의 근거로 사용되는 일은 거의 없다고 해야 할 것이다.[154]

3.3.3.4 법률보다 낮은 지위에 있는 경우

앞에서 언급한 것처럼 스리랑카에서는 의회 재적의원 3분의 2 이상이 승인하지 않은 조약은 법적 효력을 지니지 못하고, 따라서 국내법률이 그런 조약에 우선한다.[155] 마찬가지로 국제조약이 국내법률보다 상위에 있거나 동등한 수준으로 간주되는 국가의 경우라 할지라도, 일부 조약은 국내법률보다 하위에 있는 것으로 간주될 수도 있다.[156] 이원론 국가의 경우 국내법으로 편입되거나 변형되지 않은 조약들은 대부분 국내법으로 간주되지 않으며, 국내법률보다 하위에 있는 것으로 본다.

3.3.3.5 편입 또는 변형

방글라데시, 인도, 말레이시아, 파키스탄, 싱가포르, 태국 등의 경우 국제법을 국내에서 이행하기 위해서는 국내법 체계로 편입하는 절차가 필요하다. 국제법과 국내법을 분리하는 이원론적 법체계를 가진 국가에서, 편입되거나 변형된 국제조약의 위계질서상 지위는 국내에서의 이행을 매개하는 법규가 무엇인가에 따라 달라진다.

방글라데시의 경우 헌법에서 국제법과 유엔헌장에 명기된 원칙들을 존중한다는 점을 분명히 밝히고 있다.[157] 그러나 국제조약이 국가 대표에 의해 비준되었다고 해서 자동적으로 국내법의 일부가 되지는 않으며,[158] 조약은 국내의 입법행위에 의해 국내법으로 편입되어야 한다. 방글라데시는 아직까지 자유권규약이나 고문, 또는 잔혹하거나 비인간적이거나 굴욕적인 처우 또는 형벌의 방지에 관한 협약(Convention against Torture and Other Cruel, Inhuman or Degrading Treatment or Punishment, CAT, 이하 고문방지협약) 조항 들을 국내법으로 편입하여 실행시키는 이행절차를 밟지 않았다.[159] 국내 입법에 의해 편입되지 않은 조약은 궁극적으로 국내법보다는 하위에 놓일 수밖에 없다.[160] 그런 조약은 국내법이 존재하지 않거나 법조항이 불분명할 때 법원에서 설득적 가치로 사용될 수 있을 뿐이다.[161]

인도네시아의 경우 국제법의 위계질서상의 지위에 관해서는 어떠한 명시적인 법적 조항도 존재하지 않는다. 국제법은 국내법으로 변형되어야 하는데,[162] 2000년에 채택된 1945년 헌법에 대한 수정헌법 제2조에서 기존 헌법 제28조에 더하여 인권 관련 10개조의 하위 조항을 추가한 것이 국제 인권 조항이 국내법으로 변형된 것이라고 볼 수 있을 것이다.[163]

요컨대 아시아에서 실제적인 국제법의 지위는 국가별로 상당한 차이가 있다. 〔표 3.2〕는 아시아의 국내법 체계에서 국제법의 위계적 지위가 어떠한지를 보여준다. 국제법을 수용하는 방식이 국가별로 상이하기 때문에, 국제법의 편입 정도 역시 국가마다 다르다. 그러나 이들 아시아 국가가 자신이 비준한 조약상의 의무를 면제받은 것은 결코 아니며,[164] 국내외의 여러 행위주체들은 국내법 체계에서 중요한 규범적 원천으로서의 국제 인권조약에 더욱 큰 관심을 기울이고 있다.

표 3.2 아시아 국가들에서 국제법의 위계적 지위

국가	국제법에 부여된 위계적 지위	편입 또는 변형 필요 여부
네팔	헌법보다 하위, 법률보다 상위	불필요
동티모르	헌법보다 하위, 법률보다 상위	불필요
말레이시아	국내 이행법률에 따라 결정	편입
몽골	법률과 동등	불필요
미얀마	국내 이행법률에 따라 결정	불필요
방글라데시	국내 이행법률에 따라 결정	편입
베트남	국내 이행법률에 따라 결정	변형
부탄	국내 이행법률에 따라 결정	변형
북한	비준한 조약은 법률과 동등*	불필요
브루나이	국내 이행법률에 따라 결정	변형
스리랑카	헌법보다 하위, 법률보다 상위	불필요
싱가포르	국내 이행법률에 따라 결정	편입
인도	국내 이행법률에 따라 결정	편입
인도네시아	국내 이행법률에 따라 결정	변형
일본	헌법보다 하위, 법률보다 상위	불필요
중국	헌법보다 하위, 법률보다 상위	불필요
캄보디아	헌법보다 하위, 법률보다 상위	불필요
태국	국내 이행법률에 따라 결정	편입
파키스탄	국내 이행법률에 따라 결정	편입
필리핀	법률과 동등	불필요
한국	법률과 동등	불필요

* 조선민주주의인민공화국 조약법(1998) 제17조 "조약을 체결한 기관은 조약에서 지닌 의무를 어김없이 리행하여야 한다" 참조. 조약의 위계적 지위는 조약을 비준한 기관의 수준에 의해서 결정된다.

3.3.4 국제관습법

국제사회는 국제관습법을 국제법의 중요한 부분으로 간주한다.[165] 그러나 국내법 체계에서 국제관습법을 다루는 방식은 국제 조약법과 다를 수 있다. 가령 캐나다는 조약이 국내법에 편입되거나 변형되는 과정을 필요로 하는 이원론을 취하지만, 국제관습법의 경우 법률에 배치되지 않는다면 국내 관습법의 일부로 간주한다.[166] 미국의 경우 국제관습법은 자동으로 국내법의 일부로서 간주되며, 국내법 체계에 따라 효력을 갖게 되어 있고 어떠한 편입이나 변형의 절차도 요구되지 않는다.[167]

한국의 경우 헌법상 "일반적으로 승인된 국제법규는 국내법과 같은 효력을 가진다"고 규정하고 있다.[168] 따라서 원칙적으로 국제관습법은 법률과 동일한 위계적 지위를 갖는 국내법으로 간주된다. 일본의 경우도 이와 유사하게 헌법 제98조 2항에서 "일본국이 체결한 조약 및 확립된 국제법규는 이를 성실히 준수함을 필요로 한다"라는 표현을 포함하여 국제관습법을 국내법으로 취급한다.

편입이나 변형이 필요한 국가의 경우에는 국제관습법이 국내 관습법의 일부로 취급되거나 국내법 체계에서 효력을 갖기 위한 부가적인 변형이 필요할 수도 있다.[169]

3.4 동아시아에서의 국제 인권규범

3.4.1 국제 인권조약의 비준

지난 20~30년 사이에 아시아의 많은 나라들이 여러 인권조약을 능동적으로 비준했다는 사실은 매우 고무적인 일이다. 규범 수용이라는 측면만을 놓고 본다면, 아시아 국가들의 경우에도 헌법상의 기본권 조항을 포함하여 상당한 정도의 인권규범이 국내법 체계의 일부로 받아들여진 상태라고 할 수 있다.[170] 이러한 사실에 근거할 때 인권이 아시아의 가치와 상치된다는 주장은 더이상 타당하지 않다.[171] 〔표 3.3〕〔표 3.4〕〔표 3.5〕는 핵심적인 11개 국제 인권조약과 선택의정서에 대한 아시아 각국의 비준 현황을 보여준다.

동아시아 23개국은 한 나라도 빠짐없이 아동권리협약을 비준했다(표 3.3 참조). 마찬가지로 여성차별철폐협약도 모든 동아시아 국가가 비준했다. 동아시아 국가도 이미 국제조약 체계와 밀접하게 상호연관을 맺고 있는 것이다.

그러나 이런 진전에도 불구하고, 아시아가 다른 지역에 비해 국제 인권규범의 수용 정도에서 다소 뒤처져 있는 것도 분명한 사실이다. 예를 들어 자유권규약은 1966년 12월 16일 서명을 받아 1976년 3월에 발효하였다. 이 국제규약이 발효되기 전에 조약 초안을 작성하고 비준하는 과정에 참여한 아시아 국가는 극소수에 불과했다. 1976년 자유권규약을 비준한 국가는 총 35개국이었지만, 동아시아 국가는 1974년에 조약을 비준한 몽골 한 국가밖에 없었다. 몽골에 이어 인도와 일본이 1979년에 자유권규약에 가입했다.[172] 세계인권선언을 채택하는 과정에 참가한 아시아 국가들이 매우 소수에 불과했다는 것은 1948년 당시 유엔에 가입하고 있던 아시아 국가가 극히 소수에 불과했기 때문이라는 점을 감안하면 이해할 만하다.[173] 그러나 아직까지도 아시아 국가의 조약 비준율은 다른 지역에 비해 상대적으로 낮은 형편이다.

2016년 23개 동아시아 국가의 74퍼센트가 자유권규약을 비준한 반면, 전세계적으로는 86퍼센트의 국가가 그것을 비준했다(표 3.6 참조). 다

표 3.3 동아시아 23개국의 조약 비준 상황(2016년 9월 1일 현재)

국가	ICESCR 1966/1976	ICCPR 1966/1976	OPT1 ICCPR 1966/1976	OPT2 ICCPR 1989/1991	CERD 1966/1969	CEDAW 1979/1981	CAT 1984/1987	CRC 1989/1990	CMW 1990/2003	CED 2006/2010	CRPD 2006/2008	나라별 합계
네팔	1991a	1991a	1991a	1998a	1971a	1991	1991a	1990			2010	9
동티모르	2003a	2003a		2003a	2003a	2003a	2003a	2003a	2004a			8
라오스	2007	2009			1974a	1981	2012	1991a		s:2008	2009	7(1s)
말레이시아						1995a		1995a			2010	3
몰디브	2006a	2006a	2006a		1984a	1993a	2004a	1991		s:2007	2010	8(1s)
몽골	1974	1974	1991a	2012a	1969	1981	2002a	1990		2015	2009a	10
미얀마	s:2015					1997a		1991a			2011a	3(1s)
방글라데시	1998a	2000a			1979a	1984a	1998a	1990	2011		2007	8
베트남	1982a	1982a			1982a	1982	2015	1990			2015	7
부탄	1981a				s:1973	1981		1990			s:2010	2(2s)
북한	1981a	1981a				2001a		1990			2016a	5
브루나이						2006a	s:2015	1995a			s:2007	2(2s)
스리랑카	1980a	1980a	1997a		1982a	1981	1994a	1991	1996a	2016	2016	10
싱가포르					s:2015	1995a		1995a			2013	3(1s)
인도	1979a	1979a			1968	1993	s:1997	1992a		s:2007	2007	6(2s)

	ICESCR	ICCPR	OPT1	OPT2	CERD	CEDAW	CAT	CRC	CMW	CED	CRPD	합계
인도네시아	2006a	2006a			1999a	1984	1998	1990	2012	s:2010	2011	8(1s)
일본	1979	1979			1995a	1985	1999a	1994		2009	2014	8
중국	2001	s:1998	s:2004		1981a	1980	1988	1992			2008	6(1s)
캄보디아	1992	1992			1983	1992	1992a	1992a	s:2004	2013a	2012	8(2s)
태국	1999a	1996a			2003a	1985a	2007a	1992a		2012	2008	8
파키스탄	2008	2010		2007	1966	1996a	2010	1990			2011	7
필리핀	1974	1986	1989		1967	1981	1986a	1990	1995		2008	10
한국	1990a	1990a	1990a		1978*	1984	1995a	1991			2008	8
동아시아 합계(23)	18(1s)	17(1s)	6(1s)	4	17(2s)	23	16(2s)	23	5(1s)	5(4s)	20(2s)	

* 이 표의 [표 3.4] 및 [표 3.5]의 11개 핵심 인권조약은 다음과 같다. ICESCR(사회권규약), ICCPR(자유권규약), OPT1(자유권규약 제1선택의정서), OPT2(사형제도 폐지를 목적으로 하는 자유권규약 제2선택의정서), CERD(International Convention on the Elimination of All Forms of Racial Discrimination, 모든 형태의 인종차별 철폐에 관한 국제협약, 이하 인종차별철폐협약), CEDAW(여성차별철폐협약), CAT(고문방지협약), CRC(아동권리협약), CMW(International Convention on the Protection of the Rights of All Migrant Workers and Members of their Families, 모든 이주노동자와 그 가족의 권리 보장에 관한 국제협약, 이하 이주노동자협약), CED(International Convention for the Protection of All Persons from Enforced Disappearance, 강제실종으로부터 모든 사람을 보호하기 위한 국제협약, 이하 강제실종협약), CRPD(Convention on the Rights of Persons with Disabilities, 장애인의 권리에 관한 협약, 이하 장애인권리협약).

'a'는 가입, 's'는 서명만, 'd'는 조약승계를 의미한다. * 는 당사국이 인종차별철폐협약 제14조에 따라 인종차별철폐위원회, 고문방지협약 제22조에 따라 고문방지위원회의 개별적인 청원을 받아들이고 처리하기 위한 권한을 인정했다는 것을 가리킨다. 이상의 설명은 이하 표들에서 같다.

출처: UN Treaty Collection: Multilateral Treaties Deposited with the Secretary-General: http://treaties.un.org/Pages/ParticipationStatus.aspx (2016년 9월 1일 검색).

표 3.4 태평양 10개국의 조약 비준 상황(2016년 9월 1일 현재)

국가	ICESCR 1966/1976	ICCPR 1966/1976	OPT1 ICCPR 1966/1976	OPT2 ICCPR 1989/1991	CERD 1966/1969	CEDAW 1979/1981	CAT 1984/1987	CRC 1989/1990	CMW 1990/2003	CED 2006/2010	CRPD 2006/2008	나라별 합계
뉴질랜드	1978	1978	1989a	1990	1972	1985	1989*	1993			2008	9
마셜제도						2006a		1993	2007a		2015a	4
미크로네시아연방						2004a	s:2005	1993a			2011	3(1s)
바누아투		2008				1995a	2011a	1993		2007	2008	6
사모아		2008a				1992a		1994		2012	s:2014	4(1s)
솔로몬제도	1982d				1982d	2002a		1995a			s:2008	4(1s)
파푸아뉴기니	2008a	2008a			1982a	1995a		1993			2013	6
팔라우	s:2011	s:2011			s:2011	s:2011	s:2011	1995a	s:2011	s:2011	2013	2(7s)
피지				1990a	1973d	1995a	2016	1993			s:2010	4(1s)
호주	1975	1980	1991a		1975	1983	1989*	1990			2008	9
태평양 합계(10)	4(1s)	5(1s)	2	2	5(1s)	9(1s)	4(2s)	10	1(s)	2(1s)	7(3s)	

표 3.5 서아시아 13개국의 조약 비준 상황(2016년 9월 1일 현재)

국가	ICESCR 1966/1976	ICCPR 1966/1976	OPT1 ICCPR 1966/1976	OPT2 ICCPR 1989/1991	CERD 1966/1969	CEDAW 1979/1981	CAT 1984/1987	CRC 1989/1990	CMW 1990/2003	CED 2006/2010	CRPD 2006/2008	나라별 합계
레바논	1972a	1972a			1971a	1997a	2000a	1991			s:2007	6(2s)
바레인	2007a	2006a			1990a	2002a	1998a	1992a			2011	7
사우디아라비아					1997a	2000	1997a	1996a			2008a	5
시리아	1969a	1969a			1969a	2003a	2004a	1993	2005a		2009	8
아랍에미리트연방					1974a	2004a	2012a	1997a			2010	5
아프가니스탄	1983a	1983a			1983a	2003	1987	1994			2012a	7
예멘	1987a	1987a			1972a	1984a	1991a	1991a			2009	7
오만					2003a	2006a		1996a			2009	4
요르단	1975	1975			1974a	1992	1991a	1991			2008	7
이라크	1971	1971			1970	1986a	2011a	1994a		2010a	2013a	8
이란	1975	1975			1968			1994			2009a	5
카타르					1976a	2009a	2000a	1995			2008	5
쿠웨이트	1996a	1996a			1968a	1994a	1996a	1991			2013a	7
서아시아 합계(13)	9	9	0	0	13	12	11	13	1	1(1s)	12(1s)	

른 조약의 비준율 역시 세계 평균에 미치지 못한다. 2016년 사회권규약을 비준한 국가는 전체 193개국 중 163개국으로 84퍼센트에 이른 반면, 동아시아 국가의 경우 23개국 중 18개국이 비준하여 단지 78퍼센트에 머물렀다. 아시아-태평양 국가의 비준율은 67퍼센트로 이보다 더 낮은데, 이는 많은 태평양제도 국가들이 비준을 하지 않았기 때문이다. 인종차별철폐협약의 경우[174] 전세계 비준율은 90퍼센트, 아시아-태평양은 78퍼센트, 동아시아 국가의 경우는 74퍼센트였다. 고문방지협약[175]은 전세계 81퍼센트의 국가가 비준했지만, 아시아-태평양 국가의 경우 단지 67퍼센트만이, 동아시아 국가는 70퍼센트만이 비준했다. 한마디로 아시아와 태평양 국가들은 인권규범을 비준하는 데 있어 다른 지역에 비해 더딘 편이다.[176] 그러나 이런 차이가 있다고 해서 이를 과장해서는 안된다. 왜냐하면 아시아 내의 소지역들 사이에서도 그와 유사한 차이를 발견할 수 있기 때문이다. 동아시아 8개국을 선정하여 그들이 비준한 인권조약의 수를 살펴보면 인권이 아시아 국가에 맞지 않는다는 주장은 타당하지 않다는 점을 확인할 수 있다(표 3.7 참조).

또한 동아시아 국가들의 경우 정치적으로 민감한 조약을 비준하는 데 상대적으로 소극적이다(표 3.6 참조).[177] 사회권규약, 여성차별철폐협약, 아동권리협약에 대한 비준율은 자유권규약, 고문방지협약, 인종차별철폐협약의 비율에 비해 상대적으로 높다. 이는 자신들의 정치체제에 부담이 되는 조약보다는 비정치적 성격의 조약을 보다 쉽게 비준한다는 점을 보여준다.

흥미롭게도 아시아 국가들은 조약을 비준한 뒤 그 조약을 옹호하는 활동에서도 다른 지역의 국가에 비해 적극적이지 않은 편이다. 가령 미국이 1992년 6월 8일 자유권규약에 가입하면서 조약의 광범위한 부분에 대해 유보했을 때,[178] 많은 국가들이 미국의 조약 유보에 반대하여 목

표 3.6 중요한 인권 법률 문서의 비준에 대한 비교(2016년 9월 1일 현재)

	ICESCR 1966/1976	ICCPR 1966/1976	OPT1 ICCPR 1966/1976	OPT2 ICCPR 1989/1991	CERD 1966/1969	CEDAW 1979/1981	CAT 1984/1987	CRC 1989/1990	CMW 1990/2003	CED 2006/2010	CRPD 2006/2008
동아시아 합계(23)	18(1s)	17(1s)	6(1s)	3	17(2s)	23	16(2s)	23	5(1s)	5(4s)	19(3s)
서아시아 합계(13)	9	9	0	0	13	12	11	13	1	1(1s)	12(1s)
태평양 합계(10)	4(1s)	5(1s)	2	2	6(1s)	9(1s)	4(2s)	10	1(a)	2(1s)	7(3s)
아시아-태평양 합계(46)	31(2s)	31(2s)	10(1s)	5	36(3s)	44(1s)	31(4s)	46	7(2s)	8(6s)	38(7s)
세계 총합계(193)	163(6s)	167(7s)	117(4s)	82(3s)	175(6s)	186(2s)	157(10s)	192(1s)	48(18s)	52(51s)	163(21s)

* 유엔의 정식 회원국이 아닌 팔레스타인(State of Palestine), 유럽연합, 교황청, 니우에는 조약의 비준, 추인, 또는 승계를 했더라도 세계 총계에서 제외함.

표 3.7 8개국이 비준한 인권조약의 수

소지역	국가	총 11개 중 비준한 조약 수
동북아시아	일본	8
	중국	6(1s)
	한국	8
동남아시아	말레이시아	3
	인도네시아	8(1s)
	태국	8
남아시아	인도	6(2s)
	파키스탄	7

소리를 높였다. 그러나 아시아에서는 어떤 나라도 이에 대해 반응을 보이지 않았다. 반면 서구 국가들은 아시아 국가들이 유보하면 주저없이 혹독한 비판을 가한다. 한국이 1990년 자유권규약에 가입하면서 국가보안법을 이유로 제22조 결사의 자유에 관한 권리를 유보했을 때 네덜란드는 "협약의 대상과 목적에 양립하지 않는다"며 강력한 반대의사를 표명했다. 이와는 대조적으로 일본을 포함한 어떠한 아시아 국가도 한국의 유보에 반대하지 않았다.

유보에 반대를 표명할 정당한 권리를 가지고 있음에도 불구하고 아시아 국가들이 수동적인 태도를 보이며 적극적으로 행동하지 않는 이유는 무엇일까? 그들이 국제적 인권논란에 휘말리지 않으려는 이유 중 하나는 무엇보다 자국의 인권 상황에 대한 자신감이 부족하기 때문이라고 볼 수 있다.[179] 아시아의 여러 국가들은 자국의 인권문제를 다루는 것도 벅차 하기 때문에 조약을 비준한 이후에도 국제 인권문제에 관해 목소리를 내기 어려워 한다. 둘째, 아시아 국가들은 인권기준의 선택적 적용이나 이중잣대 등 세계인권체제 자체의 공정성에 대한 신뢰를 갖지 못하고 있으며, 그러한 문제의식의 간접적 표현으로 소극적인 태도를 보이는 면이 있다 하겠다.[180] 인권기준의 공정성에 대한 신뢰의 부족은 그들의 과거 역사적 경험과도 관련이 있으며, 현재의 국내 상황과도 관련되어 있다. 셋째, 일부 국가는 조약을 비준하기는 했지만 조약상의 의무를 이행할 강력한 의지가 없기 때문에 그렇게 행동하는 것일 수도 있다.

아시아 국가들이 이처럼 인권에 대해 상대적으로 수동적인 태도를 갖고 있다 하더라도 아시아 사회가 인권규범과 함께 갈 수 없다고 말하는 것은 명백히 잘못이다. 실제 아시아 국가들도 느리지만 꾸준하게 인권조약을 비준하는 방향으로 나아가고 있고, 인권규범의 발전을 보여주고 있으며, 공통의 규범적 기반을 확장시켜가고 있다.[181] 〔표 3.8〕은 아시아 국가들이 점진적이지만 꾸준히 인권조약을 비준해왔고, 인권규범의 수용이 상당히 안정적으로 지속되고 있다는 것을 보여준다. 인권규범의 수용을 극도로 꺼려왔던 중국조차도 현재 5개 인권조약을 비준했고, 그러한 변화의 대부분이 최근 20~30여년 사이에 일어났으며 여전히 계속되고 있다. 중국이 2008년 올림픽을 앞두고 자유권규약을 비준할지도 모른다는 희망 섞인 관측이 있었지만 결국 성사되지는 못했다. 하지만 중국이 앞으로도 계속해서 인권조약을 비준하라는 내외의 압력을 받을 것이라는 것은 틀림없는 사실이다.

한 나라가 인권조약을 비준한다고 해서 실제적인 인권보호가 보장되는 것은 아니다. 그러므로 아시아 국가들이 인권조약을 비준한 수를 오독하지 않도록 주의하는 것이 필요하다. 해서웨이(Oona A. Hathaway)가 그의 경험적 연구에 기반하여 강조한 바 있듯이 조약의 비준이 인권관행의 개선을 보장하는 것은 아니다.[182] 예를 들어 아프리카 국가의 조

표 3.8 국제 인권조약의 비준과정(2016년 9월 1일 현재)

	네팔	동티모르	라오스	말레이시아	몰디브	몽골	미얀마	방글라데시
1966								
1967								
1968								
1969						CERD		
1970								
1971	CERDa							
1972								
1973								
1974			CERDa			CESCR CCPR		
1975								
1976								
1977								
1978								
1979								CERDa
1980								
1981			CEDAW			CEDAW		
1982								
1983								
1984					CERDa			CEDAWa
1985								
1986								
1987								
1988								
1989								
1990	CRC					CRC		CRC
1991	CESCRa CCPRa OPT1a CEDAW CATa		CRCa		CRC	OPT1a	CRCa	
1992								
1993					CEDAWa			

1994								
1995				CEDAWa CRCa				
1996								
1997							CEDAWa	
1998								CESCRa CATa
1999								
2000								CCPRa
2001								
2002						CATa		
2003		CESCRa CCPRa OPT2a CERDa CEDAWa CATa CRCa						
2004		CMWa				CATa		
2005								
2006					CESCRa CCPRa OPT1a			
2007			CESCR		CED(s)			CRPD
2008			CED(s)					
2009			CCPR CRPD			CRPDa		
2010	CRPD		CAP(s)	CRPD	CRPD			
2011							CRPDa	CMW
2012			CAT			OPT2a		
2013								
2014								
2015						CED	CESCR(s)	
2016								
합계	9	8	7(2s)	3	8(1s)	10	3(1s)	8

	베트남	부탄	북한	브루나이	스리랑카	싱가포르	인도	인도네시아
1966								
1967								
1968							CERD	
1969								
1970								
1971								
1972								
1973	CERD(s)							
1974								
1975								
1976			OPT1a					
1977								
1978								
1979							CESCRa CCPRa	
1980					CESCRa CCPRa			
1981		CEDAW	CESCRa CCPRa		CEDAW			
1982	CESCRa CCPRa CERDa CEDAW				CERDa			
1983								
1984								CEDAW
1985								
1986								
1987								
1988								
1989							OPT1a	
1990	CRC	CRC	CRC					CRC

1991					CRC			
1992							CRCa	
1993							CEDAW	
1994					CATa			
1995				CRCa	CEDAWa CRCa			
1996					CMWa			
1997					T1a		CAT(s)	
1998								CAT
1999								CERDa
2000								
2001			CEDAWa					
2002								
2003								
2004								CMW(s)
2005								
2006				CEDAWa				CESCRa CCPRa
2007				CRPD(s)		CED(s) CRPD		
2008								
2009								
2010		CRPD(s)						CED(s)
2011								CRPD
2012								CMW
2013				CRPD(s)		CRPD		
2014								
2015	CAT CRPD			CAT(s)		CERD(s)		
2016					CED CRPD			
합계	7	2(2s)	5(1s)	2(2s)	10	3(1s)	7(2s)	8(2s)

	일본	중국	캄보디아	태국	파키스탄	필리핀	한국
1966					CERD		
1967						CERD	
1968							
1969							
1970							
1971							
1972							
1973							
1974						CESCR	
1975							
1976							
1977							
1978							CERD*
1979	CESCR CCPR						
1980		CEDAW					
1981		CERDa				CEDAW	
1982							
1983			CERD				
1984							CEDAW
1985	CEDAW			CEDAWa			
1986						CCPR CATa	
1987							
1988		CAT					
1989						OPT1	
1990					CRC	CRC	CESCRa CCPRa OPT1a
1991							CRC

1992		CRC	CESCR CCPR CEDAW, CATa CRCa	CRCa			
1993							
1994	CRC						
1995	CERDa					CMW	CATa
1996				CCPRa	CEDAWa		
1997							
1998		CCPR(s)					
1999	CATa			CESCRa			
2000							
2001		CESCR					
2002							
2003				CERDa			
2004			OPT1(s) CMW(s)				
2005							
2006							
2007				CATa		OPT2	
2008		CRPD		CRPD	CESCR	CRPD	CRPD
2009	CED						
2010					CCPR CAT		
2011					CRPD		
2012			CRPD	CED			
2013			CEDa				
2014	CRPD						
2015							
2016							
합계	8	6(1s)	8(2s)	8	7	10	8

약 비준율은 아시아 국가들에 비해 훨씬 높지만, 아프리카에서 아시아보다 인권규범이 더 잘 보호되고 시행된다고 말할 수 없다. 그러나 비준된 인권조약이 인권적 가치의 이행을 위해 가동될 수 있는 규범적 근거를 폭넓게 제공한다는 것은 틀림없는 사실이다. 코르텔과 데이비스(James W. Davis Jr.)가 경험적으로 증명했듯이 국제적인 규칙과 규범은 국내의 정치과정을 통해 작동함으로써 국내 정책에 실제로 영향을 미친다.[183]

국가들이 왜 조약을 받아들이는지를 설명하는 헤인스(C. H. Heyns)와 빌리온(Frans Viljoen)의 연구는 매우 흥미롭다.[184] 세계 각지의 20개국에 초점을 맞춘 그 연구결과는 아시아에 대해서도 타당성을 갖는다. 헤인스와 빌리온은 국가가 조약을 비준하는 이유와 근거를 몇가지로 정리하여 제시하고 있다. 예를 들어 어떤 국가는 국제사회에 인권을 지지하는 것처럼 보이기 위하여 조약을 비준하기도 한다.[185] 국제적으로 진행되는 대규모 인권 관련 행사가 조약 비준을 고무할 수도 있고, 한 국가가 조약의 초안 작성과정에 참여하는 것이 비준을 촉진하는 계기가 될 수도 있다.[186] 비준을 해야 할 국내적 이유가 있거나, 시민사회로부터의 압력이나 로비가 작용할 수도 있다.[187] 몇몇 조약의 수용이 다른 조약의 수용으로 이어질 수도 있고, 특별한 인물이나 개인이 비준과정에서 중요한 역할을 할 수도 있다.[188] 비준하는 데 수반되는 어려움이 없을 경우 비준은 쉽게 이루어진다.[189] 그들의 연구는 어떤 국가가 조약을 비준하지 않는 이유도 제시한다. 조약이 국가의 현 상황을 위협하거나 국가가 관료주의적 무능에 빠져 있는 경우, 국가가 국가주권이라는 관념에만 의존하는 경우, 외부로부터 도덕성에 대한 비판을 우려할 경우, 조약이 정치적으로 상대편의 입장을 강화해주는 경우, 정부에 원치 않은 부담을 지우는 경우 국가는 비준을 꺼리게 된다.[190] 일본, 인도, 이란,

필리핀[191] 등의 사례를 포함하고 있는 이 연구에서, 한 국가가 비준을 하는 이유와 비준을 하지 않는 이유 사이에 어떠한 두드러진 차이도 없다는 점을 확인할 수 있다.

이상의 여러 이유들로 인해 일부 아시아 국가의 경우 다른 나라들보다 인권규범을 비준하고 받아들이는 데 더 긴 시간이 소요되기도 한다. 그러나 아시아도 인권규범이라는 측면에서 진공상태에 있는 것은 결코 아니다. 헌법의 기본권 조항들과 국제조약 및 관습상의 시민적·정치적·경제적·사회적·문화적 권리들이 그 규범적 기반을 확장해가고 있으며, 이러한 인권규범의 기초 위에서 아시아는 지역 인권대화를 발전시켜가는 중이다.

3.4.2 동아시아에서 국제인권법의 함의

동아시아 국가들도 다른 나라들과 마찬가지로 국제조약과 관습법에 따라 다양한 인권의무를 이행할 책임을 진다. 유엔헌장[192]과 많은 기본적 권리 조항들을 국제관습법으로 간주하는 세계인권선언에 따라 아시아 국가들도 인권보장의 의무를 피할 수 없다.[193] 세계인권선언 제29조는 공동체에 대한 국가의 의무를 강조하고, "오직 타인의 권리와 자유에 대한 적절한 인정과 존중을 보장하고, 민주사회에서의 도덕심, 공공질서, 일반의 복지를 위하여 정당한 필요를 충족시키기 위한 목적"으로 법률을 통해 부과되는 권리의 제한만이 허용된다고 명기하고 있다. 자유권규약은 시민적·정치적 권리에 주된 초점을 맞춘 것으로,[194] 동아시아 23개국 중 17개국이 이를 비준했으며 또다른 국가가 비준을 앞두고 있다.[195] 또한 동아시아 18개국이 사회권규약을 비준하여 경제적·사회적·문화적 권리를 보장하고 있다.[196] 모든 동아시아 국가가 아동권리협약[197]과 여성차별철폐협약[198]을 비준했으며 인종차별을 없애기 위해 1965년에 채택된 인종차별철폐협약[199]도 동아시아 17개국이 비준했다. 1987년 6월에 효력을 발휘하기 시작한 고문방지협약[200]은 2016년 현재 동아시아 16개국이 비준했다. 이처럼 아시아 국가들이 비준한 조약을 나열해보면 적어도 법적 측면에서는 이미 상당수의 국제 인권조약과 보편적 규범에 동의가 형성되고 있다는 것을 알 수 있다.

3.4.2.1 유보와 선언

한편 동아시아 국가들이 조약을 비준하거나 가입할 때 광범위한 유보를 하기 때문에 비준된 조약의 일부 조항이 사실상 의미를 갖지 못하는 경우도 있다. 예를 들어 앞에서 거론한 아시아 8개국(표 3.7 참조) 가운데 6개국, 즉 일본, 한국, 인도네시아, 태국, 인도, 파키스탄은 자유권규약을 비준했으나 각각 특정한 유보사항을 달았다. 일본은 소방관들의 기본권 제한을 부과하는 것과 관련된 자유권규약의 적용을 유보했다.[201] 한국 역시 동일한 조항을 유보하여, "한국의 헌법을 포함한 국내법의 조항과 일치하지" 않는 경우 그 조항은 구속력을 갖지 못하게 되어 있다.[202] 동일한 맥락에서 인도네시아는 2006년 자유권규약에 가입할 때 그 규약상의 자기결정권이 인도네시아의 영토적 통일성이나 정치적 통합성을 저해하는 어떠한 행위라도 허용하거나 장려하는 것으로 해석될 수 없다고 선언했다.[203] 태국은 자기결정권에 관한 제1조 1항, 청소년에 대한 사형제에 관한 제6조 5항, 판사 앞에 신속히 회부될 권리에 관한 제9조 3항, 제20조의 전쟁 금지 조항을 유보했다.[204] 인도도 제1조 자기결정권, 자유와 안전의 권리에 관한 제9조, 외국인의 권리에 관한 제13조를 유보했다. 파키스탄은 남성과 여성의 동등한 권리에 관한 제3조와 차별 금지에 관한 제25조와 관련하여 이 조항의 적용에 대해서는 헌법과 법률에 정한 바에 따르도록 했다. 나머지 2개국 가운데 중국은 자유권규약에 서명했지만 비준은 하지 않았고, 말레이시아는 서명도 비준도 하지 않았다.

대만은 1967년 자유권규약에 서명하면서 몇가지 조항을 유보했다. 이와 함께 "대만 정부의 정당한 입장과 합치하지 않거나 이를 비하하는 내용으로 행해진 규약 및 선택의정서와 관련된 선언 및 유보는 이 규약 및 선택의정서에 입각하여 부여된 대만의 권리와 의무에 전혀 영향을 미치지 않는다"고 선언했다.[205] 이러한 조항은 대만 '정부의 입장'을 규약상의 인권 조항보다 우위에 있는 것으로 보고 있기 때문에 규약의 일부 핵심 조항의 실효성을 사실상 부정하는 것이다. 대만이 행한 비준에 대해 중국은 그 효력을 부인하고 있다. 앞에서 말했듯 중국은 1998년 자유권규약에 서명했으나 여전히 비준은 하지 않고 있다. 사회권규약은 일부 유보사항을 달아 2001년에 비준했다. 유보의 내용은 노동조합의 권리를 다루는 규약 제8조 1항 (a)가 "중국 헌법과 노동조합법, 노동법 관련 조항들과 합치해야만 한다"는 것이다. 이로 인해 중국에서 노동조합의 권리는 규약의 전적인 보호를 받지 못하는 상태에 놓여 있다. 고문방지협약에서는 제20조와 제30조 1항을 유보했는데, 이는 실질적 권리에 관한 것이라기보다는 보상조처와 관련된 내용이었다. 이에 따라 고문방지위원회(Committee Against Torture)의 권한이 인정받지 못하며, 중재를 통해 분쟁을 해결하거나 규약에 따른 분쟁에 있어 국제사법재판소에 권한을 부여하는 것도 불가능하다.[206] 이와 유사하게 여성차별철폐협약 제29조 1항과 인종차별철폐협약 제22조 관련 분쟁의 관할권도 유보했다. 중국은 가장 중요한 일부 국제 인권조약을 서명 또는 비준했지만, 이런 일부의 유보조치 때문에 명기된 권리의 효율적 보호가 어려운 상황이다.

이처럼 유보는 아시아에서 인권조약이 효과적으로 작동하는 데 종종 지장을 준다.[207] 특히 범위가 넓은 유보조치는 회원국이 계속해서 인권을 유린하면서도 국제적 비판을 모면하기 위한 방패막이로 사용됨으로써 조약의 유효성을 심각하게 약화시킬 수도 있다. 따라서 조약의 유효성을 높이려면 인권조약을 비준하는 국가의 수를 늘리기 위한 노력과 함께 유보와 선언 조치를 제거하기 위한 노력이 동시에 병행되어야 한다.

또한 국가 내의 사법부가 인권규범을 존중하지 않는 경우도 허다하다. 의사결정 과정에서 국내법률을 더 중시하고 국제규범의 활용을 꺼리거나,[208] 국제법에 관한 적절한 지식이 부족하여 국내에서의 집행과정에서 관련성 있는 국제규범을 무시할 수도 있다.[209] 때로는 인권침해의 가해자에게 법적 책임을 묻는 것을 회피하는 분위기이거나 법원이 부패했을 때,[210] 혹은 법원의 독립성 결여로 인해[211] 인권규범이 적용되지 않는 경우도 있을 것이다. 따라서 아시아에서 국제조약을 수용하는 것이 최종 목표는 아니며, 탄탄한 인권기구 마련을 위한 모색과 실제 이행을 위한 활동 등이 그에 뒷받침되어야 한다.

이러한 여러 진전과 한계를 아울러 고려하면서 아시아적 맥락에서 국제인권법의 현주소를 평가해야 한다. 종합하면, 아시아의 경우 인권조약은 그 실행에 있어서 약점이 있음에도 불구하고, 그것에 서명한 나라들이 확대되고 있다는 사실을 감안하면 인권보호를 위한 중요한 규범적 토대로서 기여하고 있다고 볼 수 있다. 국제 인권규범이 존재하고 그 규범적 가치에 대해 사람들의 인식이 확산되면 결과적으로 인권을 더 강력하게 보호하는 효과를 갖게 된다. 헤인스와 빌리온의 주장처럼 국제조약은 헌법이 조약을 인정하거나, 헌법의 개정에 반영되거나, 사법적 결정과정을 통하거나, 정책에 반영되거나, NGO의 활동 및 학술적 출판에 반영되거나, 인권기구의 위원이 되는 것 등을 통해 각 국가의 인권관행에 직접적인 영향을 미친다.[212] 국내적 과정과 국제적 과정이 상호작용하면서 국내법 체계에서 국제법이 보다 심각하게 고려될 수 있도록 해주는 것이다.[213] 이 과정에서 중요한 역할을 하는 것이 지역 내의 인권에 관한 대화와 협력이다. 각 국가가 끊임없이 국제규범을 받아들이며 이를 토착화하는 과정을 거칠수록 지역 내의 인권대화도 더욱 활성화될 것이다.

3.5 국내법 체계에서의 헌법적 권리

3.5.1 동아시아에서 헌법의 기원

헌법은 정부 구조를 결정하는 것에서부터 기본권과 사회원리를 보장하는 데 이르기까지 한 국가의 여러 분야를 총체적으로 규율한다. 그럼에도 불구하고 헌법이 사실은 "실제 상황에 대한 불완전한 안내서"[214]에 불과하기 때문에, 우리는 각국의 헌법을 비교연구할 경우 그 방법론상의 한계에 부딪치게 된다. 헌법은 사회의 실제 삶을 설명하기에 충분하지 않으며, 사회의 실제적 맥락에 의해 보충될 때 그 온전한 모습을 드러낼 수 있다. 그러나 헌법이 국민에게 헌법상의 권리를 부여하는 역할을 한다는 점을 간과해서는 안된다. 특히 아시아에서 인권규범이 발전하면서 헌법이 담당하는 이런 능동적인 권한 부여의 역할은 극대화되었다.[215]

18세기 프랑스혁명은 유럽에서 자유와 평등, 박애라는 관념을 탄생시켰다. 프랑스혁명으로부터 출현한 '인간의 권리'는 현대적 의미의 인권이라는 개념과 유사한 것이었다. 미국은 1776년에 독립을 선언한 직후[216] 최초의 13개 주가 연방 조항의 초안을 마련하고 이를 1781년에 비준했다.[217] 이에 따라 미국 최초의 헌법 초안이 마련되었고, 이는 1787년과 1788년에 비준되었다. 원래 미국 헌법의 초안에는 권리장전이 포함되어 있지 않으며[218] 이는 1791년에 도입되었다.[219] 이처럼 미국에서 헌법이 기본권을 보장하는 진정한 권위를 가지게 되기까지는 수십년이 소요되었다.[220]

아시아에서도 헌법의 발전은 단기간에 성취되지 않았다. 하지만 아시아에서 헌법주의는 미국의 경우와는 상당히 다른 방식으로 발전했다. 일부 동아시아 국가는 수천년에 걸친 유구한 문명을 반영하는 전통적인 법전을 가진 경우도 있었지만, 대부분 독립을 쟁취한 19세기 이후에야 근대적 형태의 헌법을 채택했다.[221] 이러한 근대적 형태의 헌법은 유럽이나 미국처럼 시민혁명의 결과로 등장한 것이 아니었다. 대부분의 동아시아 국가에서 헌법의 채택은 기본권을 완전하게 승인한다는 측면보다는 독립과 함께 얻은 민족국가 창설을 축하한다는 의미가 더 컸다. 결과적으로 이들 국가에서 헌법주의의 출현은 민주화가 이루어지고 법치주의가 성숙할 때까지 기다려야만 했다.

이제는 동아시아 23개국 모두가 성문헌법을 가지고 있다. 많은 아시아 국가들이 미얀마,[222] 태국,[223] 파키스탄[224] 등이 보여주는 것처럼 권위주의 정권하에서 헌법주의의 중단과 정치적 격변, 그리고 복원 등을 경험했다. 네팔은 2007년 1월 15일에 1990년 헌법을 대체하는 임시헌법을 제정했다.[225] 이 임시헌법은 영구헌법에 의해 대체될 예정이다. 부탄은 최근까지도 성문법이나 권리장전이 없던 유일한 국가였다. 그러나 왕축(Wangchuk) 왕이 2001년에 헌법 초안을 만들 것을 요청했고, 이는 2008년 7월 18일에 최종적으로 채택되었다.[226] 스리랑카는 1978년

헌법이 여전히 효력을 지니고 있다.[227]

일반적으로 헌법이 제정되면서 헌법과 관련된 사회적 논의가 시작되는데, 동아시아의 헌법주의 역시 민주화 및 인권과 관련된 사회적 논의와 분리해서 생각할 수 없다. 현재의 동아시아 헌법을 비교 검토하면 다음의 점들을 확인할 수 있다. 첫째, 인권과 관련된 다양한 조항들이 각각의 헌법에 열거되어 있다. 둘째, 각각의 헌법을 통한 기본권의 보장 정도는 다르지만 헌법적 권리가 아시아 국가에서도 중요한 인권규범의 한 부분을 구성한다. 셋째, 각각의 사회에서 그 속도는 다르지만 헌법주의의 발전은 지역 전반에 걸쳐 공통된 현상이다.

3.5.2 헌법의 채택

많은 아시아 국가들은 과거 수세기 동안 식민지배를 경험했다(표 3.9 참조). 동아시아 23개국 가운데 오직 태국과 네팔을 포함한 소수의 국가만이 식민지 경험에서 자유로웠다.[228] 브루나이, 인도, 말레이시아, 파키스탄, 스리랑카 등의 6개국은 영국으로부터 독립을 쟁취했다. 캄보디아, 라오스, 베트남은 프랑스의 식민지배로부터 해방되었다. 부탄은 인도로부터 해방되었지만 인도와 마찬가지로 1947년까지 영국의 지배하에 있었다. 싱가포르는 말레이시아로부터 독립을 쟁취했지만 1957년까지 영국의 지배를 받았다. 방글라데시는 서파키스탄으로부터 분리되었지만 역시 1947년까지 영국의 식민지배하에 있었다. 몽골은 중국으로부터 독립했고, 북한과 남한은 일본으로부터 해방되었다. 인도네시아는 네덜란드로부터 독립을 쟁취했다. 티모르는 인도네시아로부터 독립했지만 1975년까지 포르투갈의 지배하에 있었다. 필리핀은 스페인과 미국의 식민주의를 경험했다. 홍콩과 대만 역시 각각 영국과 일본의 식

표 3.9 동아시아 국가들의 독립일 또는 건국일

국가	독립일 또는 건국일	독립 대상국
네팔	1768년 (프리트비 나라얀 샤가 통일)	–
동티모르	2002년 5월 20일	인도네시아 (1975년까지 영국 지배)
라오스	1949년 7월 19일	프랑스
말레이시아	1957년 8월 31일	영국
몰디브	1965 7월 26일	영국
몽골	1921 7월 11일	중국
미얀마	1948년 1월 4일	영국
방글라데시	1971년 12월 16일	서파키스탄 (1947년까지 영국 지배)
베트남	1945년 9월 2일	프랑스
부탄	1949년 8월 8일	인도 (1947년까지 영국 지배)
북한	1945년 8월 15일	일본
브루나이	1984년 1월 1일	영국
스리랑카	1948년 2월 4일	영국
싱가포르	1965년 8월 9일	말레이시아연방 (1957년까지 영국 지배)
인도	1947년 8월 15일	영국
인도네시아	1949년 12월 27일	네덜란드
일본	1947년	제2차 세계대전 이후 미군정 지배
중국	1941년 10월 21일 (인민공화국 수립)	영국의 부분적 지배 일본의 일시적 점령
캄보디아	1954년 11월 9일	프랑스
태국	1238년	–
파키스탄	1947년 8월 14일	영국
필리핀	1898년 6월 12일	스페인
한국	1945년 8월 15일	일본

민주의를 경험했다(표 3.9 참조).

아시아-태평양 46개국 가운데 33개국은 1945년 이후에 독립을 쟁취하거나 건국했다. 동아시아 23개국 가운데 17개국이 제2차 세계대전 이후에 등장한 나라들이다(표 3.10 참조). 일부 국가는 전쟁 직후 독립을 쟁취했지만 다른 국가는 이보다 오랜 시간을 기다려야 했다. 캄보디아와 라오스는 식민지 시기에 인도차이나라는 동일한 지역에 속해 있었지만 독립과정에서 두 국가로 분리되었다. 일본은 제2차 세계대전 이후 승전국인 연합국에 의해 근본적인 개조의 과정을 거쳤다. 이처럼 아시아 지역은 현대 국제지정학적 토양에서 상대적으로 신생 지역에 속한다고 할 수 있다.

아시아에서 근대 헌법은 대부분 식민지로부터의 독립 직후나 새로운 국가가 수립될 때 제정되었기 때문에 아시아 근대 헌법의 역사는 모든 국가에서 제2차 세계대전 이후에 시작되었다. 〔표 3.10〕과 〔표 3.11〕을 비교해보면 헌법을 제정한 날짜와 독립일이 근접해 있음을 확인할 수 있다.

식민지 모국의 법체계는 아시아 국가들이 새로운 헌법 형태를 정하는 과정에 지대한 영향을 미쳤다. 그러나 건국이나 해방 이후 아시아의 신생국들은 각기 상이한 역사적 궤적을 걸어왔고, 또한 그러한 과정이 헌법주의의 형성과 발전을 좌우했다. 아시아 국가들의 국내 정치도 식민지 경험에서 많은 영향을 받았는데, 민주적 경험이 부족했던 이들 국가에서 국가권력의 행사는 근대에 들어와서도 전통적 권위주의를 오히려 강화하는 경향으로 표출되었다.[229] 〔표 3.12〕에서 볼 수 있듯이 아시아에서 민주주의가 점진적으로 진행됨에 따라 헌법은 각 국가 내의 정치적 부침을 반영하며 무수한 개정의 과정을 거쳤다. 1970, 80년대 동안 제3의 민주화 물결의 일환으로 아시아에서도 지역 전체에 걸쳐 광범

표 3.10 동아시아 국가들의 독립 또는 국가 수립

국가	1945년 전	1945~50년	1951~60년	1961~70년	1971~80년	1981~90년	1991년 후	합계
동북아시아	몽골, 일본, 중국	북한, 한국						5
동남아시아	태국, 필리핀	라오스, 미얀마, 베트남, 인도네시아	말레이시아, 캄보디아	싱가포르		브루나이	동티모르	11
남아시아	네팔	부탄, 스리랑카, 인도, 파키스탄		몰디브	방글라데시			7
합계	6	10	2	2	1	1	1	23

출처: CIA, The World Factbook. https://www.cia.gov/library/publications/the-world-facbook/index.html (2011년 9월 15일 검색); International Constitutional Law database: www.servat.unibe.ch/icl/ (2009년 5월 1일 검색).

표 3.11 동아시아 국가들의 근대 헌법 제정

국가	1945년 전	1945~50년	1951~60년	1961~70년	1971~80년	1981~90년	1991년 후	합계
동북아시아		북한, 일본, 한국	중국				몽골	5
동남아시아		인도네시아	말레이시아, 브루나이, 싱가포르			필리핀, 베트남	동티모르, 라오스, 미얀마, 캄보디아, 태국	11
남아시아		인도			방글라데시, 스리랑카, 파키스탄	네팔	몰디브, 부탄	7
합계	0	5	4	0	3	3	8	23

출처: 표 3.10과 같음

표 3.12 동아시아 8개국의 헌법 개정(2009년 5월 1일 현재)

소재지역	국가	독립일 또는 건국일	독립 대상국	현행 헌법 선언 일자	개정의 역사	마지막 개정
동북아시아	일본	1947년	–	1947년 5월 3일	없음	헌법 개정 없었음
	중국	1949년 10월 1일	–	1954년	1988년 4월 12일, 1993년 3월 29일, 1999년 3월 15일, 2004년 3월 14일	2004년 3월 14일
	한국	1945년 8월 15일	일본	1948년 7월 17일	9차례 개정, 1952년 7월 7일; 1954년 11월 29일; 1960년 6월 15일; 1960년 11월 29일; 1962년 12월 26일; 1969년 10월 21일; 1972년 12월 27일; 1980년 10월 27일; 1987년 10월 29일	1987년 10월 29일
동남아시아	말레이시아	1957년 8월 31일	영국	1957년 8월 31일	1949년 연방헌법 및 지방헌법 폐지; 1959년 7월 5일 헌법 획득; 여러차례의 헌법 개정 반복 후 2002년 헌법 성립	2007년
	인도네시아	1949년 12월 27일	네덜란드	1945년 8월	1963년 9월 16일 헌법 개정 포함 여러차례 헌법 개정 경험	2002년
	태국	1238년 고대국가 성립, 식민지 경험 없음	–	1932년 12월 10일, 1997년	헌법 효력 정지 및 회복 수차례 반복	2007년 8월 24일
남아시아	인도	1947년 8월 15일	영국	1950년 1월 26일	94차례 헌법 개정	2007년 12월 1일
	파키스탄	1947년 8월 14일	영국	1973년 4월 12일	1977년 7월 5일 헌법 효력 정지; 1985년 12월 30일 헌법 개정 후 효력 재개; 1999년 10월 15일 효력 중지; 2003년 12월 31일 헌법 개정 후 효력 재개; 2007년 11월 3일 효력 중지	2007년 12월 15일

출처: 표 3.10과 같음

위한 정치적 변화와 발전이 진행되었다.[230]

3.5.3 헌법주의의 발전과 법치주의

아시아 국가들은 대부분 헌법을 제정하던 초기 단계부터 기본권과 자유를 헌법의 한 부분으로 포함시켰고, 인권 관련 조항의 수는 시간이 흐름에 따라 점차 늘어났다. 그러나 헌법이 인권보호의 근간의 역할을 하는 것은 많은 아시아 국가에서 새로이 경험하는 현상이었다. 1970, 80년대까지 헌법은 아시아 국가들의 국내 정치에서 크게 문제가 되지 않았다. 그러나 권위주의 정권이 축출되고 민주주의가 점차 공고화됨에 따라 헌법의 권위도 아울러 신장되었다. 그에 따라 여러 아시아 국가에서도 헌법에 대한 관심이 이전에 비해 크게 증가했고, 헌법 조항이 갖는 중요성은 더욱 커지게 되었다.[231]

각국이 헌법의 발전과 관련하여 상이한 역사적 경로를 거쳐왔기 때문에, 각국 내 법체계에서 헌법이 차지하는 역할과 지위는 여전히 상이하다. 또한 헌법에 근거한 기본권을 실제로 보장하는 정도 역시 나라별로 차이가 있다. 그럼에도 불구하고 역내의 헌법적 권리와 법치주의가 강화되고 있기 때문에 인권을 위한 국내의 규범적 기반 또한 더욱 성장하고 있다고 할 수 있다.

3.5.3.1 중국

중국은 헌법상 보장된 권리와 실질적 권리 사이에 큰 차이가 있기 때문에 헌법주의와 법치주의를 논하기 어려운 나라 중 하나다. 그러한 규범과 실제 사이의 불일치는 중국 헌법 개정의 역사 속에서 늘 대두해온 문제였다.[232]

중국의 법체계는 중화인민공화국이 수립된 1949년 이후 여러 분야에서 발전하기 시작했다.[233] 1954년 마오 쩌둥의 지도하에 최초로 제정된 헌법에는 표현·결사·시위·종교의 자유, 노동·여가생활·교육의 권리 등 여러 조항이 담겨 있었다.[234] 하지만 법은 반혁명세력을 종식시키는 수단으로 기능해야 한다는 원칙 때문에[235] 헌법상 보장된 이러한 권리들은 실제로는 공허한 말에 불과했다. 헌법상 보장된 개인의 권리를 법률을 통해 제한할 수 있다는 조항은 헌법에 없었지만, 기존에 이미 있었거나 새롭게 제정된 법률들이 헌법상의 권리를 제한하는 것은 다반사였다.[236]

문화혁명의 끝무렵인 1975년에 채택된 두번째 헌법은 1954년 헌법에 있던 권리 조항의 많은 부분을 삭제하고 혁명위원회에 폭넓은 자유재량을 부여했다.[237] 이 두번째 헌법은 오래 지속되지 못했다. 마오 쩌둥에서 덩 샤오핑(鄧小平)으로의 이행기인 1978년 중국은 세번째 헌법을 채택했고, 이 헌법은 1954년 헌법이 가지고 있던 일부 권리 조항을 부활시켰다. 현행 헌법인 네번째 헌법은 덩 샤오핑이 공식적으로 권력을 잡은 이후인 1982년 12월 4일에 채택되었다. 이 헌법에는 1978년 헌법의 기본적 권리 조항들이 대체로 유지되었지만, 덩 샤오핑이 용납할 수 없었던 표현의 자유 같은 일부 정치적 권리는 삭제되었다.[238]

1982년 헌법은 현재까지 네차례에 걸쳐 개정이 이루어졌다. 1, 2, 3차 헌법 개정은 각각 1988년, 1993년, 1999년에 있었는데, 주로 경제문제에 관한 것이었다.[239] 반면 가장 최근에 있었던 2004년의 4차 개정은 이전의 세차례 개정과는 달리 정치적인 성격을 띤다. 중국 정부가 인권에 대한 태도가 달라졌다는 제스처를 취하면서 인권에 관한 새로운 조항들이 추가되었는데, 그 내용은 '국가는 인권을 존중하고 보호한다'는 것이다.[240] 이런 헌법적 발전은 국가주권을 내세우며 자국 내의 인권과 관련한 어떠한 논의도 격렬하게 거부했던 과거의 정책이 이제는 바뀌었다는 것을 분명하게 보여주었다. 그럼에도 이러한 변화의 실천적 측면이 여전히 의문시되는 것은 헌법에 대한 중국의 태도가 크게 변하지 않았기 때문이다.

중국 헌법에 대한 국제사회의 비판은 그 이상과 실제 사이에 현저한 격차가 있다는 점에 집중되어왔다.[241] 더욱이 특정 시점에 헌법에 명기되는 권리는 그 상황에서 국가의 목적을 달성하기 위한 것으로 간주된다.[242] 이 때문에 현재의 중국 헌법에는 국민의 권리를 제약할 수 있는 조항들이 매우 폭넓게 포함되어 있고, 이는 중국 헌법주의의 취약성을 보여주는 단적인 예라 할 것이다. 예컨대 중국 현행 헌법 제36조는 종교적 신념을 자유로이 향유할 시민의 권리를 명시하고 있지만, 동시에 "어느 누구도 공적 질서를 혼란시키거나, 시민의 보건을 침해하거나, 국가 교육제도를 방해하는 활동을 할 목적으로 종교를 활용할 수 없다"고 규정하고 있다.[243] 이러한 헌법 조항으로 인하여 파룬궁(法輪功) 신도들의 종교적 권리는 실질적으로 완전히 부정될 수밖에 없었다. 중국 헌법의 각 인권보장 조항들은 그 표현에 담겨 있는 다양한 의미의 제한 조항이나 여타의 조건으로 인해 효력을 상실하는 경우가 많으므로, 헌법 조항의 실질적인 의미를 판단하는 데 있어 각별히 주의를 기울일 필요가 있다.[244]

중국 헌법은 제1장과 제2장에 공민의 의무와 함께 기본권을 명기함으로써[245] 국제 인권규범의 일부 핵심적인 부분을 담아내고 있다. 중국은 1998년 자유권규약에 서명하고 아직까지 비준하지 않은 상태지만 이 규약이 명시한 권리의 일부는 헌법 조항으로 반영되었다. 중국 헌법 제33조 (2)항[246]은 자유권규약 제26조와 유사한 내용으로 법 앞의 평등을 규정하고 있으며, 제36조 (1)항은 종교적 자유를 향유할 권리가 있다는 것을 명시하고 있다.[247] 제35조는 표현·언론·집회·결사·행진·시위의 자유를 보장하고 있다. 그러나 사상과 양심의 자유는 포함되어 있지 않다.

앞서 살펴본 바와 같이 중국 헌법의 권리 규정 체계에는 여전히 심각한 결함이 있다. 중국 헌법에는 자유권규약 제7조인 고문을 당하지 않을 권리에 상응하는 어떠한 조항도 없다. 앞에서 언급한 헌법 제36조의 (3)항[248]은 종교적 자유를 향유할 권리를 사실상 무력화한다. 게다가 제40조는 국가안보상 이유나 정부의 조사가 필요한 경우 자유를 쉽게 제한할 수 있도록 하며, 공안이나 검찰에 이에 따른 검열을 할 수 있는 특별한 권한을 부여하고 있다. 또한 "명예 훼손이나 범행 조작을 목적으로 한 사실의 위조나 왜곡은 금지된다"고 명시함으로써, 국가기관이나 공무원을 비판하거나 이의를 제기할 권리를 제한하는 추가적인 사항도 담고 있다.[249] 이러한 제한뿐만 아니라 제51조와 제54조는 자유와 권리를 제한하는 포괄적인 수단을 규정한다. 제51조는 국가와 사회의 이익, 집단의 이익, 다른 시민들의 법적 자유와 권리를 강조하며, 제54조는 중국 국민에게 조국의 안보와 명예, 이익을 보호할 의무를 부과하고 있다.

중국 헌법의 경제적·사회적 권리 조항들도 이와 유사한 구조다. 헌법 제42조는 노동권뿐만 아니라 노동의 의무를 규정하고 있는데, 사회권규약 제6조의 경우 노동권은 규정하고 있지만 노동의 의무 조항을 포함하고 있지 않다는 점에서 차이가 있다. 규약 제7조인 공정하고 바람직한 근로조건을 향유할 권리는 "정부가 고용의 조건을 창출"[250]하고 "휴식을 위한 시설들을 확충한다"[251]는 헌법 조항으로 표현되어 있으나, 이는 개인의 권리에 대한 적극적인 보장이라기보다는 국가의 의무 명시를 통한 소극적 보장이라고 볼 수 있다. 규약 제8조인 노동조합을 설립할 권리는 중국 헌법에 아예 포함되어 있지 않다.[252] 규약 제9조인 사회보장에 대한 권리 역시 "국민들이 늙거나, 병들거나 혹은 불구가 될 경우, 국가와 사회로부터 물질적인 원조를 받을 수 있는 권리"[253]라는 형태로 느슨하게 수용되었지만, "경제발전의 수준과 양립할 수 있는 건전한 사회보장을 구축한다"[254]라고 명시하여 사회보장에 대한 국가의 의무는 훨씬 약화되었다. 규약 제12조 도달 가능한 최고 수준의 신체적·정신적 건강을 향유할 권리는 헌법 제22조에 의해 "국가는 의료 및 건강 서비스를 개발하고, 근대적 의학과 전통적인 중국 의학을 함께 장려하며, 다양한 의료 및 건강 시설들을 마련하도록 권장하고 지원"하는 형식으로 편입되었다. 규약 제13조인 교육에 대한 권리는 헌법 46조에 편입되어 있는데, 역시 교육을 의무로서 강조하고 있을 뿐이다.

전반적으로 중국 헌법은 많은 국제 인권규범을 반영하고 있지만 개별 조항들은 국제적 기준을 충족시키지 못하고 있다. 또한 중국 정부에 부여된 광범위한 재량과 국민의 기본권을 제한하는 조항들로 인해 다수의 기본권이 쉽게 무력화될 수 있다.

그럼에도 몇가지 희망적인 변화의 조짐도 있다. 2004년 헌법 개정에서 나타나듯 인권에 대한 중국의 태도는 점진적이나마 변화하고 있다. 2004년 중국이 유엔의 사회권규약위원회에 당사국 보고서를 제출했을 때, 중국 정부는 사회권규약 제2조 권리의 완전한 실현을 보장하기 위해 채택된 조치들에 대해 다음과 같이 진술했다.

중국은 여전히 개발도상국이다. 중국의 경제적·사회적 발전 수준과 관련된 제약 때문에, 이 규약이 중국에서 발효되고 있음에도 불구하고 모든 조항이 완전하게 실현되고 있는 것은 아니다. 어떤 권리들은 규약이 요구하는 수준처럼 충분히 향유되지 못하고 있다. (…) 그러나 중국 정부와 인민은 인권과 기본적 자유의 향유 수준을 계속해

서 향상시켜나갈 것이다.[255]

중국이 규범의 존재와 실질적인 인권보호 간의 불일치를 인정한 것은 중국이 인권을 바라보는 태도에 변화가 일어나고 있다는 것을 잘 보여준다. 2004년 헌법 개정은 중국공산당 이데올로기를 '헌법주의화'(constitutionalization)하는 과정이었다.[256] 이 헌법 개정은 중국 인민들의 인권이 이제 확실하게 보장된다는 것을 뜻하는 것이 아니라, 그들이 인권이라는 정치적 이데올로기를 열망할 수 있게 되었음을 의미한다. 이러한 변화의 연장선상에서 중국은 2009년 4월 국가인권이행 2개년계획을 발표했다.[257]

덩 샤오핑 시대에 시작되어 그의 사후에도 계속 이어진 중국의 경제개방 정책은 중국을 크게 변화시켰고[258] 이와 함께 비록 제한적이기는 하지만 인권정책의 발전도 뒤따랐다. 하지만 이러한 변화는 경제적 목적에 필요한 범위에 국한된 것이었으며[259] 대부분의 변화가 정부 주도로 이루어지고 그 과정에서 NGO와 시민사회단체의 참여는 제한되었다.[260] 결국 기본권 보장에 취약한 헌법과 법치주의의 미비는 중국의 인권 수준에 대한 국제사회의 기대를 충족시키지 못하고 있으며, 휴먼 라이츠 워치는 2009년 세계보고서(World Report)에서 "중국의 법체계는 자의적이며, 정치적인 동기에 의한 개입에 여전히 취약하다"고 우려를 표명했다."[261]

3.5.3.2 일본

일본의 경우 1889년 일본제국 메이지 헌법이 제정되었고[262] 제2차 세계대전에서 패배한 뒤에는 과거 정권의 군국주의 폭주에 대항하는 보루로서 현재의 평화헌법이 채택되었다.[263] 일본은 메이지 헌법이 채택한 군주제를 여전히 유지했지만, 구헌법은 미국 군사정부의 감독하에 완전히 개정되었다.[264] 그 결과 일본의 헌법주의와 법치주의, 인권보호 시스템은 미국의 직접적인 영향을 받으면서 발전하게 되었다. 일본 헌법은 세계인권선언뿐만 아니라 미국 법체계의 영향을 받은 다수의 진보적인 권리 개념들을 편입했다.[265] 그에 따라 헌법이 인권을 보호하는 국내규범의 보루가 되었다. 하지만 일본 대법원에서 헌법적 권리에 관한 사건은 극소수에 그쳤고, 새 헌법은 채택된 이후 단 한차례도 개정되지 않았다.

헌법 초안의 작성과정이 보여주는 것처럼 일본 헌법은 국제 인권규범을 따르는 다수의 조항을 포함한다.[266] 헌법 제3장은 국민의 권리와 의무, 시민적·정치적 권리 및 경제적·사회적·문화적 권리를 광범위하게 열거하고 있다.

시민적·정치적 권리를 다루는 자유권규약은 일본의 경우 자기집행적 조약으로 간주된다.[267] 더불어 헌법에는 이 규약에 상응하는 많은 조항이 포함되어 있다. 규약 제7조와 관련하여 헌법 제36조는 공무원에 의한 고문과 잔혹한 형벌을 금하고 있고,[268] 제38조 2항도 "강요나 고문, 혹은 위협이나 장기적인 체포 및 구금하에 이루어진 자백은 증거로 인정될 수 없다"고 규정하고 있다. 모든 종류의 고문에 광범위하게 적용되는 규약 제7조와 달리, 헌법 제36조는 공무원이 저지르는 인권침해에만 한정하여 규율하고 있다. 헌법 제14조는 규약 제26조와 마찬가지로 국민이 법 앞에 평등하고 차별로부터 안전하다는 점을 밝히고 있다. 헌법 제19조와 제20조는 규약 제18조에서 다루어지는 사상·양심·종교의 자유를 보호하며 헌법 제21조는 규약 제19조 및 제22조가 포괄하는 집회, 결사, 모든 형태의 표현의 자유를 보호한다.

사회권규약 조항도 일본 헌법에 다수 반영되어 있다. 예를 들어 규약

제6조 노동권은 헌법 제27조에 의해 노동권과 노동의 의무로 함께 규정되었다. 규약 제8조인 노동조합을 설립하고 선택에 의해 노동조합에 가입할 권리는 헌법 제28조의 단결권, 단체교섭권, 단체행동권의 규정에 의해 보호된다. 규약 제13조 교육에 관한 권리는 헌법 제26조 교육에 대한 권리와 의무에 의해 보장되고 있다. 규약 제9조 사회보장에 대한 권리와 제12조 도달 가능한 최고 수준의 신체적·정신적 건강을 향유할 권리는 일본 헌법에 포함되어 있지 않다.

일본 헌법은 자유권규약과 사회권규약의 핵심 조항 대부분을 반영하고 있다. 1950년대에는 미래의 발전을 예측할 수 없었지만 일본은 이제 대부분의 주요한 국제 인권조약에 가입했으며 전반적으로 인권문화가 발전하고 있다.[269] 그러나 일본의 인권 상황이 논란으로부터 완전히 자유로운 것은 아니다. 한국계 주민과 아이누(Ainu) 및 부라꾸민(部落民) 공동체 같은 토착민·소수민족의 처우에 관한 헌법 제14조를 포함하여 일본의 인권정책에 대해 국제사회의 지속적인 비판이 제기되어왔다.[270] 또한 일본이 제2차 세계대전 동안 국가 주도로 자행했던 성노예와 강제 노동 희생자들에 대한 보상을 거부한 것에 대해서도 폭넓은 비판이 제기되고 있다.[271]

3.5.3.3 한국

대한민국 상하이 임시정부는 1919년 10개의 헌법적 지침으로 구성된 임시헌장을 채택했다.[272] 헌장을 보면 조선왕조 붕괴 이후 이미 헌법적 권리 개념과 민주주의 이념이 널리 받아들여지고 있었음을 확인할 수 있다.

1945년 한반도는 남북으로 분단되었고 1948년 남한과 북한은 각각 첫 헌법을 제정했다.[273] 한국의 제정 헌법은 대통령 중심의 민주적 체제를 확립한 반면 북한은 서서히 성장한 주체사상의 영향하에서 공산주의로 나아가는 길을 열었다. 한국의 법체계는 독일 법체계에서 큰 영향을 받았는데, 부분적으로 이는 일본의 식민지 체제하에서 일본을 통해 받아들여진 것이었다.[274] 해방 이후에는 남한의 법체계에 대한 미국의 영향이 극적으로 증가했다.[275]

남한은 1948년 근대적 헌법의 도입 이래 총 8차의 개정을 거쳐, 오랜 기간 동안의 권위주의 정권과 군사독재를 종식하고 1987년 민주적 헌법을 만들어냈다. 1987년 헌법은 군사독재하에서 단지 장식에 불과했던 기존의 선언적 헌법을 기본권을 보호하는 데 실제적으로 사용할 수 있는 유의미한 헌법으로 바꾸어놓았다.[276]

북한 역시 1948년 첫 헌법을 제정한 이래로 여러차례 헌법을 개정해 왔지만, 그러한 변천은 국제사회의 기준과 북한 내 실제 인권 상황 사이에 존재하는 격차를 메우기에 턱없이 부족한 것이었다. 1998년 북한 헌법 제67조는 "공민은 언론, 출판, 집회, 시위와 결사의 자유를 가진다"고 밝히고 있다.[277] 하지만 제85조와 제86조는 각각 공민에게 국가 안전을 위해 몸 바쳐 투쟁할 의무가 있으며 조국보위의 의무가 있다고 규정한다. 또한 이와 유사하게 제63조는 공민의 권리와 의무가 "하나는 전체를 위하여, 전체는 하나를 위하여"라는 집단주의 원칙에 기초해 있다고 명시하고 있다. 나아가 헌법 제68조는 "공민은 신앙의 자유를 가진다"고 규정하면서도, "외세를 끌어들이거나 국가·사회 질서를 해치는 데 종교를 이용할 수 없다"고 규정하여 시민들에게 전체주의적 의무를 명시적으로 부과하였다. 이러한 여러 제한 조항 때문에 북한 헌법은 공민의 권리를 효과적으로 보호하지 못하고 선언적 문서의 성격에 그치고 있다.

이와 달리 한국은 1980, 90년대를 거치면서 실제적으로 민주주의가 작동하는 사회로 발전했다. 1987년 제정된 현행 헌법은 한국을 민주국가로 전환시킨 민주화투쟁의 산물이었다. 그 결과 헌법상의 시민적·정치적 권리는 훨씬 큰 법적 권위를 얻게 되었으며[278] 권위주의 정권하에서 수시로 남용되던 모호한 헌법상의 기본권 제한 조항들이 개정되거나 폐지되었다. '국민의 권리와 의무'를 다루는 헌법 제2장은 구체적인 인권 관련 조항을 광범위하게 담고 있다.

한국 헌법에는 자유권규약의 인권보호 조항에 상응하는 다수의 조항이 있다. 규약 제7조 "고문, 또는 잔혹하거나 비인간적이거나 굴욕적인 처우 또는 형벌"과 동일한 표현은 없지만, 헌법 제12조 2항은 "모든 국민은 고문을 받지 아니하며, 형사상 자기에게 불리한 진술을 강요당하지 아니한다"는 규정을 포함한다. 또한 고문, 폭행, 협박, 구속의 부당한 장기화 또는 기망, 기타의 방법을 통해 이루어진 진술은 유죄의 증거로 사용할 수 없다고 규정하고 있다. 한국의 헌법은 일본 헌법과 달리 고문 금지 규정을 공무원의 행위로만 국한하지 않았다.[279] 헌법 제11조 1항은 "모든 국민은 법 앞에 평등"하며 "누구든지 성별·종교 또는 사회적 신분에 의하여 정치적·경제적·사회적·문화적 생활의 모든 영역에 있어서 차별을 받지 아니한다"고 규정하고 있다. 제19조와 제20조는 각각 양심과 종교의 자유를 보장한다.[280] 제21조는 언론·출판·집회·결사의 자유를 보호하고, 제22조는 학문과 예술의 자유를 규정한다. 그러나 사상의 자유를 보호하는 조항은 없는데, 이는 한국이 여전히 공산주의 북한의 존재를 크게 의식하고 있기 때문이라 하겠다. 사상과 결사의 자유를 제한하는 악명 높은 국가보안법에 대해 국제사회가 지속적으로 비판해왔지만 이 법은 아직 그 효력을 유지하고 있다. 규약 제22조 노동조합을 설립하고 그것에 가입할 권리에 관해서는 한국의 헌법 조항이 공무원의 단결권을 제한하고 있다는 이유로 비준 당시 유보했으며 아직까지 이를 철회하지 않은 상태다.

사회권규약에 담겨 있는 많은 경제적·사회적 권리 역시 한국 헌법에 포함되어 있다. 예를 들면 헌법 제32조는 근로의 권리, 제33조는 단결권, 단체교섭권, 단체행동권을 보장한다. 제34조는 사회보장과 복지향상을 보장하며, 제31조는 교육을 받을 권리를 보장하고 있다.

한국 헌법은 권리의 향유를 제한할 수 있는 조항도 포함하고 있다. 제21조 4항은 "언론·출판은 타인의 명예나 권리 또는 공중도덕이나 사회윤리를 침해하여서는 아니된다"고 명시하며 제37조는 "국민의 모든 자유와 권리는 국가안전보장·질서유지 또는 공공복리를 위하여 필요한 경우에 한하여 법률로써 제한할 수 있"다고 규정하여 기본권의 제한 요건을 포괄적으로 명시하고 있다. 그러나 국민의 기본권을 침해하던 가혹한 군사독재를 경험했기 때문에, 1987년 헌법 개정안을 기초하는 과정에서 기존 헌법에 존재하던 단서에 더해, 자유와 권리를 제한하는 경우에도 "자유와 권리의 본질적 내용을 침해할 수 없다"[281]는 단서를 추가로 적시하여 권리의 본질적인 요소에 대한 특별한 보호수단을 마련해두고 있다. 현행 헌법에 근거하여 설립된 헌법재판소도 한국 헌법주의의 공고화에 기여했다.[282] 한국의 헌법주의 발전은 권위주의 정권이 몰락하고 그에 이어 민주화가 진행되는 과정을 보여주는 전형적인 사례라고 할 수 있으며,[283] 민주주의와 법치주의 확립을 위한 개혁조치는 아직도 계속되고 있다.

3.5.3.4 인도네시아

제2차 세계대전 중 일본이 점령하고 있던 인도네시아는 1945년 종전과 함께 독립을 선포했지만 식민지를 되찾으려던 네덜란드는 이를 인정하지 않았다. 이에 수카르노(Achmed Sukarno)의 지도하에 투쟁을 전개해 1949년 공식적으로 독립국가를 수립했다. 수카르노의 지휘로[284] 1945년 제정된 제1차 헌법에는 소수의 인권 조항과 원칙이 포함되었다.[285] 이처럼 헌법적 관점에서 보면 인도네시아는 인권이라는 가치의 중요성을 인정해온 기간이 상당히 길다고 말할 수 있다. 그러나 1945년 헌법은 임시헌법이었다.[286] 수카르노가 임시헌법을 채택한 것은 우선 강력한 대통령제를 수립해야 했기 때문이었다. 대신에 그는 추후 헌법을 개정할 것이라고 약속했다. 하지만 인도네시아는 1957년 독재체제인 소위 '교도 민주주의'(guided democracy)를 채택하며 선거에 기반을 둔 의회를 폐지했고, 이 헌법은 압두라만 와힛(Abdurrahman Wahid) 정권하에서도 계속 효력을 발휘했다. 이 헌법은 1999년 10월에 개정되지만 여전히 군부의 제도적인 개입에 취약할 수밖에 없었으며, 군부는 결국 와힛 대통령을 부패와 무능이라는 죄목으로 의회를 통해 탄핵하여 축출해버리고 만다.[287] 당시 부통령이었던 메가와티(Megawati Sukarnoputri)는 대통령이 되기 위해서 군부의 지지가 절대적으로 필요했기 때문에 민주주의를 공고화하기 위한 어떠한 단호한 조처도 취하지 못했다.[288]

다행히 1998년 5월 새로운 개혁이 시작되어 몇가지 근본적인 변화가 일어났다. 1999년에는 인권법이 제정되어 인권을 법률로 인정하게 되었다.[289] 나아가 2000년 헌법 개정에서 헌법 제28조에 이어 10개조의 조항을 추가하였으며, 2002년에는 인권과 헌법적 권리의 근본 원칙에 관한 조항들이 더욱 확대되었다.[290] 개정 헌법에는 결사와 집회의 자유, 개발권, 법 앞에서 평등하게 취급될 권리, 종교의 권리 등이 인권 조항으로 포함되었다.[291] 그러나 "공동체와 민족, 국가의 질서있는 생활을 위하여 모든 개인은 타인의 인권을 존중할 의무가 있다"고 규정한 제28조 J항에 의해 위의 권리는 제한될 수 있다. 특히 헌법 제28조 J(2)항

은 한걸음 더 나아가 국민들이 "법에 의해 부과되는 제한을 받아들여야
할 의무"가 있으며, "민주사회의 도덕성, 종교적 가치, 안보와 공적 질
서 등을 근거로 부과되는 권리에 대한 제한을 받아들일 의무가 있다"고
규정하고 있다.

사실 인도네시아는 인권조약의 수용을 꺼리는 아시아 국가 중의 하
나였다. 그러나 2006년 2월 마침내 자유권규약과 함께 사회권규약에
가입하게 된다.[292] 인도네시아는 국내법과 국제법의 관계에 있어 이원
론을 채택하고 있기 때문에 조약에 가입하고 비준한 뒤 조약의 조항들
이 헌법과 국내법률에 편입되는 과정을 통해 비로소 효력을 가진다.

자유권규약 제7조와 관련하여 인도네시아 개정 헌법(2002) 제28조
G(2)항은 "모든 개인이 고문, 또는 잔혹하거나 비인간적이거나 굴욕
적인 처우를 받지 않을 권리를 가진다"고 규정하고 있다. 헌법 제27조
1항은 모든 시민이 법 앞에 평등하다고 규정하고, 제28조 E항은 규약
제18조 및 제22조에 해당하는 종교 선택의 자유, 신앙의 자유, 집회·결
사의 자유, 표현의 자유를 보장하고 있다. 그러나 헌법 제28조 (2)항에
서는 "집회와 결사, 표현의 자유는 법에 의해 제한될 수 있다"고 규정하
여 권리 행사의 범위를 축소하였다.

사회권규약의 일부 권리 역시 헌법에 규정되어 있다. 헌법 제28조
D(2)항은 "모든 시민이 일할 권리와 고용상 공정하고 적절한 보수와
대우를 받을 권리를 가지고 있다"고 명시한다. 그러나 집회와 결사 및
의사표현의 자유 등 일반적 권리 조항을 제외하면,[293] 가령 노동조합을
결성할 권리를 보장하는 조항은 없다.[294] 인도네시아 헌법은 대체로 권
리보다는 의무와 책임에 보다 많은 강조점을 두고 있다.

사회권규약 제9조와 마찬가지로 인도네시아 헌법 제28조 H(3)항 역
시 사회보장에 관한 권리를 다루고 있는데, 이는 "인간은 존엄한 존재

로서 자신을 충분히 계발할 수 있도록 사회보장을 받을 권리"를 갖는다고 규정한다. 규약 제12조인 도달 가능한 최고 수준의 신체적·정신적 건강을 향유할 권리는 헌법에 약간은 다른 방식으로 적시되었는데, 헌법 제28조 H(1)항은 "모든 개인은 신체적·정신적 풍요 속에서 살 권리, 주거를 가질 권리, 바람직하고 건강한 환경을 향유할 권리, 의료보장을 받을 권리가 있다"고 규정하고 있다. 교육에 대한 권리는 헌법 제28조 C(1)항에서 "모든 인간은 자신의 기본적 필요를 충족시킴으로써 스스로를 계발할 권리, 교육을 받을 권리, 자신의 삶의 질과 복리를 향상시킬 목적으로 과학과 기술, 예술과 문화의 혜택을 누릴 권리가 있다"고 규정한다. 헌법 제31조는 모든 국민들이 기본적인 교육을 받을 의무가 있으며, 정부가 이를 위해 예산을 지원할 의무가 있다고 규정하고 있다.

앞서 언급한 바와 같이 인도네시아에서 국제인권법을 국내법 체계에 적용하기 위해서는 국내법으로의 편입과정이 필요하다. 인도네시아는 이미 조약을 비준하기 훨씬 전부터 헌법에 국제규범을 편입시켜왔으며, 인권조약의 비준은 헌법주의의 국내적 발전을 강화하는 기능을 하였다.

3.5.3.5 말레이시아

말레이시아의 역사는 1400년대부터 시작되어 오랫동안 이어진 술탄의 지배기로 거슬러 올라간다. 18세기 후반에는 영국의 식민지가 되었고,[295] 1946년에 와서야 다시 말레이시아연방이 성립되고 1957년에 이르러 영국으로부터 독립을 쟁취했다.[296] 1963년 9월 16일 말라야, 싱가포르, 사바, 사라왁의 구성으로 말레이시아가 공식적으로 건국되었다.[297] 말레이시아의 첫 헌법은 영국 지배하에 있는 동안 레이드위원회(Reid Commission)의 자문을 토대로 만들어졌으며 1957년 8월 27일 발효되었다. 이 헌법은 이후 일부 수정을 거쳐 건국 뒤 말레이시아의 헌법으로 채택된다.

말레이시아의 제정 헌법은 이후 수백여차례 개정과정을 거쳤고, 그에 따라 권력은 이전에 비해 훨씬 중앙집권화되었다. 특히 마하티르가 수상으로 있던 1981~2003년 동안 사회안정과 경제발전을 위한 수단으로 권력의 집중이 가속화되었으며,[298] 그 결과 이전에 누리던 민주적 자유가 크게 위축되었다. 1960년 제정된 국내보안법은 가장 유해한 법 중 하나로 인권침해의 상징이 되어 국제사회로부터 많은 비판을 받았다.[299]

말레이시아는 입헌군주제이고, 아직까지 자유권규약이나 사회권규약을 비준하지 않았다. 그럼에도 불구하고 일부 국제 인권 조항은 국내의 헌법적 권리로 편입되어 있다.[300]

헌법 제8조 (1)항은 "모든 인간은 법 앞에 평등하며 법의 평등한 보호를 받는다"라고 규정하고 있는바, 이는 자유권규약 제26조와 동일한 내용이다. 헌법 제11조는 개인이 "자신의 종교를 밝힐 수 있고 종교생활을 할 권리"를 갖는다는 표현으로 종교의 자유를 보장한다.[301] 헌법 제10조 (1)항은 규약 제19조 자유로운 언론과 의사표현의 권리, 규약 제22조 평화적 집회와 결사의 권리 등을 규정하고 있다. 그러나 규약 제17조 고문 금지 규정은 헌법에 따로 명시되어 있지 않다.

사회권규약에 해당하는 조항과 관련해서 살펴보면, 말레이시아 헌법에는 노동권에 관한 규정이 특별히 존재하지 않는다.[302] 헌법 제6조 (2)항은 모든 형태의 강제노동이 금지된다고 규정하고 있지만, 적절하고 바람직한 노동조건을 향유할 권리[303]가 완전하게 보호되고 있는 것은 아니다. 헌법 제10조 평화적 집회와 결사의 권리를 제외하면, 헌법에는 노동조합을 설립하고 그에 가입할 권리를 보호하는 어떤 조항도 없

154

다.[304] 신체적·정신적 건강과 관련한 권리와 교육에 대한 권리 역시 헌법 조항으로 보장되어 있지 않다.

반면 말레이시아 헌법에는 권리를 제한할 수 있는 다수의 조항이 포함되어 있다. 제10조 (2)항은 안보나 다른 국가와의 우호관계, 공공질서, 도덕 등의 이유로 의회가 법률에 근거하여 헌법 조항에 제한을 부과하는 것을 허용하고 있다. 더욱이 제10조 (3)항은 결사를 형성할 권리에 대하여 노동이나 교육과 관련된 법률을 통해 제한할 수 있다고 명시하고 있고, 헌법 제11조 (5)항 역시 종교에 대한 권리는 공공질서, 공중보건, 혹은 도덕과 관련된 일반 법률에 의해 규정을 받는다고 명시한다. 또한 제149조 (1)항은 개인이나 재산에 대한 조직적인 폭력을 불러일으키거나 상당수의 시민들이 그러한 두려움을 갖게 만드는 행위가 있을 경우, 또는 말레이시아의 국가원수인 양 디페르투안 아공(Yang di-Pertuan Agong)이나 연방에 소속된 정부 등 기관에 반감을 불러일으키는 행위가 있는 경우에 헌법적 권리에 대한 일반적인 제한을 허용하고 있다. 이와 같이 광범위하게 존재하는 여러 제한 규정들로 인해 말레이시아 헌법은 기본적 인권의 보루로서 제 역할을 하지 못하고 있다.

따라서 말레이시아가 9개의 핵심적 인권조약 중 단지 2개만을 비준한 것은 크게 놀랄 일이 아니라 하겠다.[305] 2003년 마하티르가 물러나고 들어선 바다위 정부는 기본적 권리가 더 잘 보장되고 법치주의가 실현되는 보다 개방적인 사회로 말레이시아를 이끌어가고 있다. 국내외의 NGO들은 그러한 변화의 중대한 첫번째 단계로 말레이시아가 국제 인권조약에 비준 또는 가입하는 것이 필요하다고 보고, 이를 위한 강력한 캠페인을 전개하는 중이다.[306] 국제 인권조약의 수용은 인권에 대한 말레이시아 국민들의 인식을 변화시킬 수 있을 것이고, 말레이시아가 좀더 많은 인권규범을 국내법 체계에 끌어안을 기회를 제공할 것이다.

3.5.3.6 태국

태국은 1932년까지 절대왕정 국가였고, 대표성 없는 군사정부를 연이어 경험했다. 수차례에 걸친 쿠데타와 군부에 맞서는 민주주의 항쟁이 진행된 끝에 1997년 태국은 마침내 진보적인 헌법을 채택하기에 이르렀다.[307] 1997년 헌법은 1980, 90년대에 걸쳐 민주주의운동이 성장한 결과였다. 많은 인권 조항들이 헌법에서 명시적으로 인정되었고, 선거를 통해 선출된 민주정부의 안정성을 보장하기 위한 조항이 마련되었다. 그러나 군부와 민주주의 진영 간의 끊임없는 긴장은 현대 태국의 정치상황을 형성하는 핵심적인 요소로 작용하였다.

2006년 9월에는 군부쿠데타에 의해 탁신 친나왓(Thaksin Chin-nawat) 정권이 전복되었다. 이에 따라 1997년 제정된 헌법은 폐지되었으며 태국은 소위 '관리 민주주의'(managed democracy)[308]라는 심각한 도전에 직면하게 되었다.[309] 새로운 헌법 초안을 마련하는 과정에서 발표된 임시헌법은 상원에 대한 직접선거를 없애고 군부에 대한 면책을 제공하는 내용을 담고 있었기 때문에 심각한 비판을 받았다.[310] 다행히 2007년에 새 헌법이 공포되면서 임시헌법 내의 여러 독소조항들은 폐지되었으나 군대, 경찰 및 공무원의 권리와 자유를 보장하는 조항 또한 제31장으로 신설되었다. 이처럼 헌법에 깊게 자리 잡은 친군부적 태도는 태국 군부가 정치에 지속적인 영향력을 미치고 있는 현실을 반영하고 있다.

2007년의 새 헌법은 1997년 헌법에 열거된 대부분의 인권 조항들을 계승했다.[311] 자유권규약의 고문을 당하지 않을 권리[312]에 해당하는 조항으로 헌법 제32조는 "고문, 잔혹한 행동, 잔인하고 비인간적인 수단에 의한 처벌은 허용되지 않는다"고 규정하고 있다. 제5조는 법 앞에서의 평등한 보호를 규정하고, 제37조는 종교적 자유에 대한 권리를 다루었다. 제45조에서는 표현의 자유와 관련된 여러 권리를 보장하고 있다.[313]

태국 헌법 제2장은 집회와 결사에 대한 권리를 다룬다.[314] 헌법 제64조는 "개인은 결사, 노동조합, 연맹, 협력체, 농민조합, 민간조직이나 여타의 다른 조직을 규합하고 설립할 자유를 누린다"고 규정하고 있다. 나아가 제84조는 국가가 노동 적령기인 사람들의 고용을 돕고 노동 —— 특히 아동과 여성 노동 —— 을 보호하며 노사관계 체계, 사회보장, 공정한 임금을 제공하도록 의무화하고 있다. 이렇듯 태국 헌법은 사회권규약의 노동권과 노동환경에 대한 조항을 편입하고 있다.[315] 사회권규약 제10조의 최소 12년 이상의 기간 동안 기본적 교육을 받을 권리 또한 헌법 제49조에 보장되어 있으며 사회보장에 대한 권리[316]는 헌법 제9장에 편입되어 있다.[317]

그러나 태국 헌법에는 정부가 이러한 권리를 침해하는 것을 정당화하는 조항도 있다. 헌법 제28조는 타인의 자유와 권리 또는 사회적 윤리를 근거로 한 헌법적 권리의 제한을 허용한다. 다음 조항인 제29조는 "필요한 범위 내에서만 기본권의 제한이 허용된다"고 명시하고 있고 또한 "그러한 제한은 권리와 자유의 본질적인 내용에는 영향을 미치지 않는다"고 규정하고 있지만, 제64조에서 정당화하고 있는 제한의 내용은 지나치게 광범위하며 잠재적으로 권리의 실제적 보장에 위협이 될 수 있다.[318]

태국의 법치주의는 아직 매우 취약한 수준이고, 여러 정치적 위기를 경험하면서 지속적으로 도전받고 있다.[319] 헌법재판소가 매우 영향력 있는 사법기구로서 중심적인 역할을 하고 있지만 태국의 정치상황은 여전히 불안정한 형편이다. 현실정치에 영향력을 행사하고 있는 군부의 존재로 인해 태국의 민주주의와 법치주의의 공고화는 좀더 시간이 걸릴 것으로 보인다. 그럼에도 불구하고 민주주의의 진전을 향한 태국 국민들의 열망을 볼 때 인권 국가를 향한 태국의 여정은 앞으로도 계속될 것이다.

3.5.3.7 인도

인도는 1947년 영국으로부터 독립했다. 영국의 식민지배로 인해 인도의 법과 법제도는 영국의 법체계에 큰 영향을 받았다.[320] 인도 헌법은 1949년 11월 26일 채택되어 1950년 1월 26일에 발효되었다. 인도 헌법 전문은 인도를 "독자적 주권을 가지고 있으며 사회주의적이고 비종교적인 민주주의 공화국"이라고 명시하고 있다. 실제로 인도는 민주주의 국가로 간주되지만, 법치주의의 취약성과 관련해 국제 인권공동체의 비판에서 완전히 자유롭지는 않은 형편이다. 국제사면위원회(Amnesty International)는 연례 보고서에서 인도의 인권 상황을 다루고 있는데, 인도의 인권과 관련하여 가장 자주 제기되는 문제로는 여성에 대한 폭력, 잠무 카슈미르 주의 인권문제, 구자라트 주의 인권문제, 보안부대 요원 불처벌, 인권활동가에 대한 폭력, 무장단체에 의한 인권침해, 사형제, 보안법, 경제적·사회적·문화적 권리 및 기타 문제 등이 포함되어 있다.[321] 또한 사법적 절차를 거치지 않은 처형이나 보안부대의 지나친 무력 사용, 경찰 및 여타 정부요원에 의한 고문 및 강간, 열악한 감옥 상태, 자의적 체포와 무기한 구금 등도 자주 제기되는 문제들이다.[322]

2002년 인도 정부는 '인도 헌법의 반세기'를 점검하기 위한 위원회를 설립한 바 있는데, 그 평가에 따르면 민주주의의 기본 정신과 믿음은 인도에 깊게 뿌리내린 것이 사실이지만 아직도 인도 사회는 인권과 인간의 보호, 법치주의, 공정하고 사려 깊고 통합적인 사회를 보장하는 세속적 가치 등 인도가 가진 위대한 선물을 제대로 활용하지 못하고 있다.[323] 이러한 판단하에 인도는 교육에 대한 권리를 헌법적 기본권으로 추가한 헌법 개정을 2002년에 단행하는 등 헌법주의를 강화하기 위한 조처를 취하고 있다.

인도 헌법은 기본권과 지도원리 조항을 활용하여 자유권규약 및 사회권규약에 나와 있는 인권규범의 내용을 포괄해내고 있다.[324] 자유권규약 제26조 법 앞의 평등 원리와 관련하여, 헌법 제14조는 인도 영토 내에서 어느 누구도 국가로부터 법 앞의 평등이나 법의 평등한 보호를 박탈당하지 않는다고 규정한다. 비록 헌법이 '권리'라는 용어를 사용하고 있지는 않지만, 이러한 조항을 통해 법의 평등한 보호를 제공할 의무를 국가에 부과하고 있는 것이다. 고문, 또는 잔혹하거나 비인간적이거나 굴욕적인 처우 또는 형벌을 받지 않을 권리[325]와 직접 상응하는 조항은 인도 헌법에 별도로 포함되어 있지 않다. 그러나 자유권규약 제18조를 반영하여, 양심의 자유와 자신의 종교를 밝힐 수 있고 종교생활을 하며 종교를 전파할 자유를 보장한다.[326] 인도 헌법에도 다른 나라의 경우처럼 헌법적 권리를 제한할 수 있는 제약 규정들이 광범위하게 존재한다. 헌법 제25조에 열거된 권리의 경우 공공질서, 도덕, 보건 및 여타의 조항들에 의해 제한을 받을 수 있다고 규정되어 있다. 마찬가지로 자유권규약 제19조와 제22조에 나오는 의사표현 및 집회·결사의 권리와 관련하여, 인도 헌법 제19조는 언론·의사표현의 자유, 무력에 의지하지 않고 평화롭게 만나 집회할 권리, 결사를 형성하거나 노동조합을 설립할 권리 등을 광범위하게 보장하고 있다. 하지만 이러한 권리들과 관련하여 다음과 같이 권리의 제한을 가능하게 하는 단서를 덧붙여놓았다.

이상의 권리는 현존하는 어떠한 법의 작동에도 영향을 주지 못하

며, 인도의 주권과 통합성, 국가안보, 외국과의 우호적 관계, 공공질
서, 품위와 도덕, 법정 모독, 명예 훼손, 범죄 선동 등과 관련하여 국가
가 상기 부속 조항에 의하여 부여된 권리를 행사하는 데 합리적인 제
한을 가하는 법률을 제정하는 것을 막지 못한다.[327]

인도 헌법에도 말레이시아 헌법과 유사한 권리 제한의 표현들이 많
이 있으며, 각각의 권리마다 이러한 권리 제한 조항들이 부가되어 권리
의 향유 범위를 제한함으로써 헌법주의에 위협이 되고 있다.

또한 인도는 평화시에도 예방적 구금을 허용하는 몇 안되는 국가 중
의 하나다. 예방적 구금은 기소나 재판 없이도 최대 3개월간 가능하도
록 되어 있다.[328] 자유권규약 제9조 (5)항은 공공 비상사태 기간을 제외
하고는 불법구금에 대해 보상받을 권리를 규정하고 있는데, 인도는 이
러한 헌법 조항 때문에 이 규약 조항에 대해 유보를 선언했다.[329]

인도 헌법에는 경제적·사회적 권리들이 상세하게 명시되어 있다. 제
41조는 자유권규약 제6조와 제13조에 해당하는 노동권과 교육받을 권
리를 규정한다. 헌법 제42조와 제43조는 사회권규약 제7조와 유사하게
공정하고 인간적인 근로조건, 임산부에 대한 지원, 안전한 일자리, 생활
임금 등을 보장하고, 품위있는 삶의 기준을 보장하는 노동조건의 조성
을 국가에 의무로 부과한다. 제19조 (1)항은 사회권규약 제9조에 상응
하는 결사의 자유 및 노동조합을 결성할 권리를 규정한다. 제47조는 사
회권규약 제12조에 해당하는 영양 수준과 삶의 기준을 높이고 공중보
건을 향상시키기 위한 국가의 의무를 담고 있다.

그러나 인도 헌법은 한 나라의 기본적 권리를 보장하는 보루로서 헌
법적 권리가 포괄하는 범위를 획정하는 것이 어려우며, 또한 이를 통한
권리의 보호는 제한성을 갖는다는 점을 잘 보여준다. 무엇보다도 헌법

에 수반되는 수많은 제한 규정으로 인해 실질적 권리를 충분히 보호하는 것이 매우 어렵다. 나아가 빈곤이나 경제상황 때문에 경제적·문화적 권리의 보호 정도가 심각하게 제약받고 있다.

그러나 긍정적인 변화도 있다. 1970년대 후반 인디라 간디(Indira Gandhi) 정부하의 살벌한 비상사태가 종료된 후, 인도 정부와 사법부는 헌법주의와 법치주의를 대담하게 강화하는 조치를 취하기 시작했다.[330] 역사적인 마네카 간디(Maneka Gandhi) 판결[331] 이후 대법원은 훨씬 폭넓은 범위의 문제들을 다루기 시작했고 헌법상의 권리를 보호하기 위하여 적극적인 역할을 하기 시작했다. 또한 생명권과 여타의 사회적·경제적 권리, 시민적·정치적 권리의 보장범위를 넓히기 위해 헌법상의 지도원리 조항들을 활용하였다.[332] 인도의 헌법주의는 여전히 인권침해와 낮은 수준의 경제발전 등의 도전에 직면해 있다. 그러나 헌법주의의 발전과 더불어 인권의 가치가 보다 폭넓게 수용, 존중되고 있다는 점 역시 사실이다.

3.5.3.8 파키스탄

파키스탄도 인도와 마찬가지로 1947년 영국으로부터 독립을 쟁취했다.[333] 파키스탄은 줄피카르 알리 부토(Zulfikar Ali Bhutto)가 대통령이 된 후 1973년 헌법을 채택하고 국회와 행정부가 작동하는 민주주의 국가임을 선언한다.[334] 그러나 정치적 불안이 계속되었고, 그 과정에서 군부가 정국 결정에 핵심적인 역할을 했다. 1977년 결국 부토 정부는 쿠데타에 의해 전복되고 1977년 7월 5일을 기점으로 헌법 역시 효력이 정지되었다. 1985년에 국회와 상원을 설립하여 의회정치 체제로 복귀하면서 헌법 역시 몇몇 조항에 대한 수정을 거쳐 1985년 12월 30일에 그 효력을 회복했다.[335] 1988년 전 대통령의 딸인 베나지르 부토(Benazir Bhutto)가 총리가 되었지만 부패로 기소되었고, 굴람 이스하크 칸 (Ghulam Ishaq Khan)이 대통령으로서 자리를 대신했다.

페르베즈 무샤라프(Pervaiz Musharraf) 장군이 쿠데타를 일으킨 1999년 10월 15일에 파키스탄 헌법은 또다시 효력이 정지된다.[336] 그리고 2003년 12월 31일에 와서야 개정 헌법이 새로이 효력을 되찾는다.[337] 그러나 무샤라프 장군의 철권통치가 2008년까지 계속되었고, 2003년 헌법도 인권 조항과 관련해서는 예전의 헌법과 그다지 큰 차이가 없었다. 2003년과 2007년 헌법 개정에서 진행된 대부분의 변화는 대통령의 권력에 관한 것이었다.[338] 파키스탄 헌법에는 이미 다수의 인권 조항이 포함되어 있었지만,[339] 국제 인권조약을 비준하라는 국제사회의 요구가 보여주듯이 헌법상 인권 조항에 중요한 의미가 있었던 것은 아니다. 그러나 파키스탄은 드디어 008년 3월 사회권규약을 비준했고, 2010년에는 자유권규약 역시 비준했다. 무샤라프는 파키스탄에서 민주주의에 대한 요구가 점차 강해지고 야당 지도자들의 탄핵 움직임이 본격화되자 2008년 8월 18일 대통령직에서 사임했다.[340] 2008년 9월 9일 아시프 알리 자르다리(Asif Ali Zardari)가 대통령직을 승계했고 2013년에는 맘눈 후사인(Mamnoon Hussain) 대통령과 나와즈 샤리프(Nawaz Sharif) 총리의 새로운 정부가 출범했다.

인권 분야와 관련된 또다른 긍정적인 진전은 2009년 3월, 2007년 비상사태 선포로 면직되었던 초드리(Iftikhar Muhammad Chaudhry)와 여타의 독립적인 판사들이 복직한 것이었다.[341] 파키스탄은 법치주의가 확립되지 못했고 군부에 의해 통제되어왔기 때문에 헌법 조항에 법적 권위가 없었고 인권을 보호하는 역할을 충분히 하지 못했다. 그러나 수석재판관인 초드리는 면직되기 전 정부의 부패에 대항하는 판결을 내렸고, 민주주의와 법의 지배를 위한 그의 활동은 대중의 지지를 받았다.[342] 이러한 사법적 진전은 파키스탄에서 민주주의의 진보와 관련하여 중요한 함의를 갖는다.

현재의 파키스탄 헌법은 인권의 가치를 폭넓게 담고 있다.[343] 예를 들면 법 앞에서의 평등, 사상·표현·결사의 자유를 포함하는 기본적 권리를 명시하고 있다.[344] 그러나 파키스탄 헌법의 가장 큰 문제 중의 하나는 여러 권리 조항과 관련하여 일정한 제한이 부가되어 있다는 점이다.[345] 예를 들면 헌법 제20조 (a)항은 자유권규약 제18조와 마찬가지로 "모든 시민은 자신의 종교를 밝힐 수 있고 종교생활을 하며 이를 전파할 권리를 가지고 있다"고 명기하고 있다.[346] 그러나 이 조항에는 그 권리의 실질적인 보호를 제약하는 "법률, 공공질서 및 도덕에 반하지 않는 범위 내에서"라는 제한 사항이 단서로 붙는다.[347]

헌법 제17조 (1)항은 자유권규약 제22조와 마찬가지로 결사의 자유와 노동조합을 결성할 권리도 담고 있지만, 이 역시 주권적 이해관계나 파키스탄의 통합, 공공질서나 도덕 등의 이유로 제한될 수 있다.[348]

헌법의 일부 조항은 국제규범을 제대로 반영하지 못하고 있다. 예를 들어 고문, 또는 잔혹하거나 비인간적이거나 굴욕적인 처우 또는 형벌 금지[349]는 헌법에 반영되어 있지만 헌법 조항상의 보호의 범위를 "증거를 얻어낼 목적으로 진행되는 고문"으로 제한하고 있다.[350]

경제적·사회적 권리에 관하여, 파키스탄 헌법은 사회권규약의 용어를 정확하게 있는 그대로 사용하고 있지는 않지만 많은 헌법 조항들이 그 내용을 반영하였다. 헌법 제37조 (b)항은 국가가 모든 시민에게 일과 적절한 생계를 위한 시설을 제공할 것을 의무로 규정하고 있고, (e)항에서는 정부가 공정하고 인간적인 노동조건을 보장하기 위한 법규를 만들어야 한다는 점을 분명히 하고 있다. 이러한 조항은 사회권규약 제6조의 노동할 권리 및 제7조 공정하고 바람직한 노동조건을 향유할 권리에 상응하는 조항으로 볼 수 있다. 사회권규약 제13조 (1)항에 나오는 "교육에 대한 권리"라는 용어를 사용하지는 않지만, 헌법 제37조는 사회권규약과 마찬가지로 자유로운 교육과 중학교까지의 의무교육을 규정하고 있다. 스스로 원하는 노동조합을 결성하고 가입할 권리[351]는 헌법 제17조 (1)항에 명시되어 있고, 제38조 (c)항은 국가가 모든 개인들에게 사회보험이나 여타 다른 수단을 통하여 사회보장을 제공할 의무를 부과하고 있다.[352]

이상에서 살펴보았듯이, 파키스탄에서 헌법을 통한 기본적 권리의 보호는 아직 초보적인 단계에 머물러 있다. 파키스탄 내 헌법주의의 발전이 느리고 법치주의가 허약한 것은 정치적 혼란과 밀접하게 관련되어 있다. 탈레반과 여타 종교적 극단주의자들이 파키스탄의 지난한 민주화 과정을 위태롭게 할 잠재적인 위험 역시 현존한다.[353] 그러나 파키스탄이 자유권규약과 사회권규약을 비준한 것에서 살펴볼 수 있듯이 인권의 실제적 보장을 향한 긍정적 변화 역시 공존하고 있다.

3.5.4 인권보호를 위한 국내법률

앞서 살펴본 바와 같이 헌법주의의 발전은 그 속도와 수준에 차이는 있지만 이 지역 국가들에서 공통적으로 발견되는 현상이다. 이들 국가에서 헌법주의의 정착이 인권보호를 위한 중요한 기반이 될 것이라는 점에는 의심의 여지가 없다.

헌법주의가 점진적으로 발전하면서 여러 나라의 국내법률과 규정 역시 국제적 기준을 충족시키기 위해 많은 변화를 겪었다.[354] 형법, 형사소송법, 민법 같은 국내법이 민주화 과정을 거치면서 보다 높은 수준의 인권보호를 위해 개정되거나, 새로운 법을 제정하는 수순을 거치기도 했다.

가령 중국의 경우 개인의 권리를 보장하기 위한 법률의 발전은 매우 더딘 편이었지만, 1978년 후반 중국공산당 제11기 3중전회 이후 그 움직임이 상당히 가속화되었다.[355] 이 과정에서 중국은 새로운 법률을 제정하거나 일부 국제 인권규범의 내용을 자국 법체계에 통합시키는 과정을 거쳤다.[356] 1979년 형사소송법이 제정되었고, 이후 사전심리 단계에서의 구금, 변호인의 조력을 받을 권리, 검사의 유죄 결정 및 재판절차 등과 관련된 인권보호를 위한 규범을 제도화하기 위해 수차례의 개정이 이루어졌다.[357]

한국의 법률도 마찬가지로 큰 변화를 겪었다. 권위주의 정권하에서 민주주의를 억누르는 수단으로 악용되어왔던 많은 '악법'들이 민주화 과정을 거치면서 폐지되거나 개정되었다. 민법, 형법, 형사소송법 등 여러 법률에 존재하던 반인권적 요소를 제거하기 위해 수차례에 걸쳐 법률 개정이 이루어졌다. 일부 법률은 국제 인권조약이 국내법 체계 속에서 유효하다는 점을 확인하는 내용을 담기도 하였다. 예컨대 한국의 국가인권위원회법은 제2조에서 인권을 "대한민국헌법 및 법률에서 보장하거나 대한민국이 가입·비준한 국제인권조약 및 국제관습법에서 인정하는 인간으로서의 존엄과 가치 및 자유와 권리"라고 정의하고 있다. 또한 제19조에서는 국가인권위원회의 관할 범위를 인권문제와 조약의 이행에 대한 권고안 마련을 포함하는 것으로 확장하고 있다. 이러한 과정에 따라 한국의 법체계 내에서도 세계인권선언, 자유권규약, 사회권규약, 기타 국제 인권조약의 지위는 갈수록 중요해지고 있다.[358]

인도의 경우도 1993년 인권보호법(Protection of Human Rights Act)을 제정하고 이에 근거해 국가인권위원회를 설립함으로써 한층 수준 높은 인권보호 장치를 마련했다. 인권보호법 제2조 (d)항은 인권을 "헌법의 보장에 의하거나 국제규약의 규정에 따르거나 또는 인도 법원에 집행 권한이 부여되어 있는 개인의 생명, 자유, 평등, 존엄성과 관련된 제반 권리"라고 정의하고 있다. 또한 제2조 (f)항에서 자유권규약과 사회권규약을 인권의 법적 연원으로 명시함으로써 국제 인권조약을 국내법 체계로 편입하였다.

이처럼 아시아 각국에서 인권보호를 위한 국내법상의 폭넓고 긍정적 변화가 지속되어온 것이 사실이지만, 다른 한편으로는 인권 관련 법률이 퇴보를 보인 경우 역시 있었다는 것을 간과해서는 안된다. 미국의 9·11테러 이후 많은 국가에서 국가보안법이나 대테러법안이 통과되었고, 이러한 시민의 자유를 제약하는 입법의 확산이 가져오는 부작용에 대한 우려의 목소리도 높아지고 있다.[359]

인권 관련 법률의 발전은 시간이 흐름에 따라 자연발생적으로 나타나는 현상이라기보다는 일국 내의 행위주체나 국제적 행동주체들이 지속적으로 상호작용하고 함께 노력한 결과다. 각국의 법체계가 국제 인권기준을 받아들이고 편입해가는 과정은 그 나라의 개인들이 자신의 법적 권리가 보호되어야 한다는 점을 인식하고, 또한 침해에 대한 보상을 추구할 수 있다는 점을 자각하는 과정이라는 점에서 특별한 의미가 있다. 지난 20~30년 동안 진행되어온 아시아의 인권운동과 민주화투쟁은 이 지역의 법체계를 크게 바꾸어놓았다.[360] 인권보호를 위한 새로운 법적 기구들이 생겨났고, 형사법을 비롯한 많은 법들이 개정되었다. 이런 법적 변화가 가능했던 것은 사람들의 법의식 향상과 헌법주의와 법치주의의 발전, 나아가 국제사회의 지속적인 기여 덕택이라고 말할 수 있겠다.

3.5.5 국내법 체계와 헌법적 권리의 함의

아시아 각국에는 헌법을 근간으로 하여 구축된 나름의 법체계가 있으며, 이러한 헌법과 국내법률이 인권보호를 위한 기본적인 규범적 기반으로 작용한다. 20세기 후반의 민주화 과정에서 법의 역할과 관련하여 여러 중요한 변화가 일어났고, 민주화된 나라는 물론이고 민주화가 진전 중인 나라들과 민주주의와 인권보호 측면에서 아직 크게 뒤처져 있는 국가들에서도 헌법주의와 법의 지배 원리는 광범위하게 발전하는 현상을 보여주었다. 이러한 과정에서 대두된 헌법주의는 인권보호를 위한 중요한 도구로서 국내법에 실질적 힘을 부여한다. 아시아 몇몇 나라의 경우 문화상대주의나 주권을 강조하면서 인권에 입각한 접근법을 거부하는 경우도 있지만, 그러한 나라에서조차 헌법과 국내 인권 관련 법률은 해당 법체계에서 일정 정도 자리를 잡아가고 있다.[361]

인권을 보호함에 있어 허점이 있어서는 안된다는 점에 비추어보면 아시아 여러 나라들의 법체계에는 아직도 여러가지 중대한 결점이 있다는 점 역시 부인할 수 없다. 몇몇 국가의 일부 헌법 조항은 무의미한 언어에 불과하며, 기본권 제한 조항이 너무 광범위하고 모호하여 문제가 되는 경우가 적지 않다.[362] 그럼에도 불구하고 이것이 아시아 국가들이 보다 나은 인권보호를 향해 나아가는 데 실패했거나 실패할 것임을 의미하는 것은 아니다.

국제인권법의 발전과정에 상응하여 시민적·정치적·경제적·사회적 권리 규범을 국내의 규범으로 토착화하는 과정에서, 동아시아 각국은 고유한 역사적 궤적을 보여주고 있다. 이 과정에서 국제 인권규범은 국내규범과 상호작용하며 영향을 미치고, 그 속에서 과거의 규범체계는 서서히 새로운 규범체계로 전환된다.[363] 이러한 복잡한 여과과정을 거치면서 국제적 규범은 여과된 보편성(filtered universality)의 형태로 발전한다. 여과과정을 거친 보편성은 개별 국가의 정치적·문화적 맥락과 분리할 수 없지만, 동시에 국제적 기준과 무관한 것이라고 말할 수도 없다. 일국적 특수성을 일정 정도 견지한 채 발전하는 이런 여과된 보편성은 아시아에서 공통적 인권규범의 기반으로서 공헌하고 있다.

동아시아 국가에서 인권규범과 헌법주의가 발전하고 있는 현상을 아시아 지역협력을 위한 긍정적 신호로 볼 수 있을까? 이에 대한 필자의 답은 "그렇다"는 것이다. 앞에서도 논의한 것처럼, 일국의 인권규범의 발전은 국제 인권조약의 수용이나 비준과 밀접하게 관련되어 있다.[364] 국내의 헌법적 권리와 인권법 질서의 발전은 그 법체계가 국제인권법과 그 원리를 보다 잘 준수하도록 유도한다.[365] 국제인권법에 근거한 인권보호와 국내의 헌법질서를 근간으로 하는 기본권 보장체계의 특정 양식이 규범적 측면에서 동등한 것은 아니지만, 최소한 인권규범이 확대되는 과정에서 지역적 인권대화를 위한 토대가 될 수 있다. 그리고 이는 동아시아에서 광범위하게 확산되는 중이다.[366] 이것이 아시아 국가들이 그들이 자행하고 있는 인권침해에 대한 국제사회의 비판으로부터 면책된다는 것을 뜻하지는 않는다. 실제로 아시아 각국은 여전히 자신의 인권 관련 기록을 개선할 필요가 있으며, 그러한 방향으로의 압력을 받고 있다. 그럼에도 불구하고 각 국가에서 구축되고 있는 인권규범들에 의해 지역적 인권협력을 위한 기반이 마련되고 있다는 점은 부인할 수 없는 사실이다.

3.6 아시아 혹은 아시아-태평양에서 발전하고 있는 지역 인권규범들

3.6.1 아시아 혹은 아시아-태평양에서의 다자간 인권조약과 양자간 인권조약

오늘날 아시아의 지역 인권체제와 관련하여, 아시아 지역에서 규범 발전에 관한 논의는 거의 없다든지 아시아가 지역적 차원에서 인권규범을 구축하는 데 있어서 전혀 발전이 없다든지 하는 오해가 꽤 광범위하게 퍼져 있다.[367] 그러나 지금까지 살펴본 바와 같이, 동아시아 여러 나라들은 아시아 지역에서 인권과 관련된 규범적 합의를 구축하는 데 중요한 진전을 만들어가고 있다.

무엇보다도, 국제 인권조약의 비준이나 가입이 지속적으로 진행되면서 아시아에서 인권협력의 환경이 크게 변화했다.[368] 세계를 아우르는 인권규약,[369] 국제노동기구협약,[370] 인도주의적 법,[371] 그리고 여타의 국제적 규범은 아시아 지역을 아우르는 중요한 규범적 토대를 제공하고 있다.

나아가 아시아 국가간의 양자 조약에 인권보호를 위한 조항을 포함하는 경우도 있다.[372] 예를 들어 뉴기니섬 서부 지역에 관한 인도네시아와 네덜란드 간의 협정(1962)[373]은 인도네시아가 이 지역을 행정적인 측면에서 완전하게 책임진다는 내용과 더불어 이 지역의 인권보호를 보장한다는 내용을 담고 있다.[374] 1991년 10월 체결된 빠리평화협정(캄디아의 주권, 독립, 영토적 통합과 불가침성, 중립과 국가적 통일에 관한 협정)은 19개국이 수용한 것으로, "캄보디아의 모든 사람들은 세계인권선언과 여타 관련된 국제 인권수단들에 구현되어 있는 권리와 자유를 향유할 것"이라는 인권보장 조항을 담고 있다.[375]

3.6.2 동아시아에서 소지역의 규범적 발전

좀더 중요한 규범적 발전은 소지역 수준에서 일어나고 있다. 아시아 국가들 가운데 소지역 차원의 협력은 지난 10여년간 크게 증가했고, 아시아 내의 소지역기구 차원에서 다양한 수준의 규범적 합의가 마련되고 있다. 예를 들면 아세안과 남아시아지역협력연합은 해당 지역 회원국의 합의하에 지역 인권규범을 발전시키고 있다. 아시아의 소지역 차원에서 진행되는 인권기구의 발전과 그 중요성에 관해서는 제4장에서 논의할 것이다. 그러나 동남아시아와 남아시아에서 발전하고 있는 인권규범의 기초에 대해서는 이 장에서 논의하고자 한다.

3.6.2.1 동남아시아

1967년 아세안선언

아세안[376]을 설립하는 데 기초가 된 1967년 아세안선언에는 인권과 관련한 분명한 표현이 포함되어 있지 않았다.[377] 이 선언은 아세안의 원래 목적이 "유엔헌장의 원리들을 견지함으로써 아시아 지역 내의 평화와 안정을 촉진하고, (⋯) 경제적·사회적·문화적·기술적·과학적·행정적 영역에서 공통의 이해관계가 있는 문제들에 대해 능동적인 협력과 상호원조를 촉진하기 위한 것"이라고 규정하고 있을 뿐이다.

아세안의 역사를 살펴보아도 인권이 그 회원국들간의 협력에 중심적인 주제가 아니었음은 분명하다.[378] 그러나 1990년대 초에 들어와 이러한 상황은 점진적으로 변화하기 시작했다. 1993년 빈 세계인권회의는 이러한 변화를 불러온 중요한 추동력이었다. 아시아 지역의 외교장관들은 1993년 7월 23~24일에 싱가포르에서 열린 26개 아세안 장관급회의에서 만나, 1993년 6월 25일 채택된 '빈 선언과 행동강령'[379]의 원칙에 따라 "인권과 기본적 자유에 대한 아세안의 헌신과 존중"을 재확인하는 공동성명을 채택했다.[380] 나아가 그들은 "인권은 시민적·정치적·경제적·사회적·문화적 권리 등으로 구성된 상호연결되고 서로 분리될 수 없는 권리"[381]이며, "아세안이 인권에 대한 공통의 접근법을 마련하고 인권의 적용, 추진, 보호에 능동적으로 참여하고 기여해야 한다"[382]는 점을 강조했다.

2007년 아세안헌장

아세안의 지도자들은 2005년 12월 15일 말레이시아 쿠알라룸푸르에서 열린 제11차 아세안 정상회의에서 아세안헌장을 채택하기 위한 쿠알라룸푸르 선언에 서명함으로써 동남아시아 지역의 인권 발전에 일보 진전을 이루었다.[383] 이 선언에 따라 현인그룹(Eminent Persons Group, EPG)이 아세안헌장의 성격을 정하는 권한을 부여받았다. 그리하여 2007년 11월 20일 아세안헌장(Charter of ASEAN)이 채택되었고, 2008년 12월 15일 아세안의 전체 10개 회원국이 이를 비준하였다.[384] 이렇게 채택된 아세안헌장 제14조에는 아세안 인권기구를 설립한다는 조항이 포함되어 있었다. 그에 따라 2007년 설립된 고위급 패널(High Level Panel)이 그 세부 사항을 마련하였고, 2009년 9월 마침내 아세안 정부간 인권위원회가 설립되기에 이른다.[385]

아세안헌장은 동남아시아 사람들의 지역 차원에서의 인권보호와 관련하여 가장 중요한 규범적 토대라고 할 수 있다. 아세안헌장 제1조 7항은 그 목적 중의 하나로서 "아세안 회원국들의 권리 및 책임의 일환으로 민주주의를 강화하고 좋은 통치와 법의 지배를 향상시키며 인권과 기본적 자유를 촉진하고 보호"할 것이라고 천명했다.

새롭게 설립된 아세안 정부간 인권위원회는 2012년 채택을 계획하고 아세안 인권선언 초안을 작성하기 시작했다. 아세안 각국 대표들은 2010년 초안 기초 그룹(Drafting Group)을 설립하는 데 동의하였고, 2011년 4월에 작업요강(Terms of Reference)이 채택되었다. 그리하여 2012년 11월 아세안 인권선언이 만장일치로 채택되었다. 2007년 아세안헌장의 채택과 2012년 아세안 인권선언의 채택은 지역 차원의 규범적 통합이 실제로 진행되고 있다는 점을 보여준다. 이는 갑작스럽고 우연적인 것이라기보다는 이 지역 내의 인권을 위한 누적된 활동들의 자연적 결과라고 할 수 있다.

3.6.2.2 남아시아

1985년 남아시아지역협력연합 헌장

남아시아지역협력연합[386]은 1985년 12월 8일 채택된 남아시아지역협력연합 헌장(Charter of SAARC)에 따라 설립되었는데, 이 헌장에는 인권과 관련한 명시적 조항이나 표현이 전혀 들어 있지 않았다. 남아시아지역협력연합의 주요 목적은 "남아시아인들의 복지를 촉진하고 삶의 질을 향상"시키며 "이 지역에서 경제성장과 사회적 진보, 문화적 발전을 가속화하고 모든 개인에게 품위있게 살 기회를 제공하며 그들의 완전한 잠재력을 발현하는 것"이었다.

2004년 남아시아지역협력연합 사회헌장

1985년 남아시아지역협력연합 헌장은 "성차별 관련 문제, 어린이와 청년, 보건과 인구활동" 등을 다섯가지 협력 영역 중의 하나로 거론했지만, 여성과 아동의 권리에 대해서는 대단히 제한적인 논의만이 있었을 뿐이다. 그러나 상황이 변함에 따라 1996년 7월 콜롬보에서 열린 제

10차 정상회의에서는 사회적 문제와 관련된 헌장을 채택하기로 결정했고, 2004년 제12차 정상회의에서 남아시아지역협력연합 사회헌장(Social Charter of SAARC)이 공식적으로 채택되었다.[387] 이 헌장의 제 II조 (2)항은 '원칙, 목표, 목적'에 관한 21개 합의사항을 정립하였는데, 이는 다음과 같은 조항을 포함하고 있다.

vi. 국가·지역·국제 수준에서 국민 참여 통치와 인간존엄성, 사회 정의, 연대를 촉진한다.

vii. 사회 내의 다양성을 존중하며 관용과 비폭력, 다원주의, 비차별을 보장한다.

xii. 모든 사람을 위한 인권과 기본적 자유, 특히 개발권에 대한 보편적 존중과 그것의 준수 및 보호를 촉진한다.

2004년 사회헌장에는 인권을 증진하는 몇개의 조항이 담겨 있었으나 여전히 구속력 있는 의무를 부과하지는 못했다.[388] 또한 지역 차원의 인권기구 설립을 위한 어떠한 규정도 담겨 있지 않았다. 이 헌장에서 유일하게 눈에 띄는 긍정적 발전이라고 한다면 이제 국가들이 서로 국제적으로 협력할 경우 공식적으로 인권문제의 중요성을 인정하게 되었다는 점이다. 남아시아지역협력연합은 2002년에 여성의 권리와 아동의 문제를 다루는 두가지 협약을 채택했다. 매춘 목적의 여성과 아동 인신매매를 금지·방지하기 위한 협약(2002)[389]과 남아시아 아동복지 증진을 위한 지역적 대책에 관한 남아시아지역협력연합 협약(2002)[390]이 바로 그것이다. 이런 사례에서 살펴볼 수 있듯이 비록 그 속도가 더디기는 하지만 남아시아 역시 인권 관련 규범이 발전해가고 있다는 점에서 예외가 아니다.

3.6.3 아시아-태평양 지역에서의 기속력 없는 선언 및 정부간 합의

앞에서 살펴본 소지역적 규범과 협약을 제외하면, 동아시아나 범아시아 지역의 모든 국가가 인권문제를 위해 채택한 기속력 있는 지역협약이나 조약은 존재하지 않는다. 반면 아시아-태평양 지역의 여러 국가들이 참여하고 동의했지만 기속력은 없는 국제규범들이 존재한다. 이를 살펴보면 현재 아시아 지역에서 인권 관련 정부간 대화의 현단계가 어떠한지를 짐작해볼 수 있다.

3.6.3.1 1993년 방콕 선언과 빈 선언

1993년 빈 세계인권회의를 준비하는 과정은 모든 아시아 정부가 다 함께 참여하여 자신들의 인권에 대한 견해를 표명한 매우 드문 기회였다.[391] 빈 회의 바로 직전 아시아-태평양 국가들은 약칭 '방콕 선언'으로 알려져 있는 세계인권대회 아시아지역회의 최종선언(Final Declaration of the Regional Meeting for Asia of the World Conference on Human Rights)[392]을 채택했다.[393] 이 선언은 당시 인권협력에 관한 아시아 국가들의 정서를 잘 드러내준다. 이 선언을 통해 아시아 국가들은 서구의 영향력을 비난하고 인권문제와 관련하여 각국의 특수성이 보편성보다 우위에 놓여야 한다고 주장했다. 이 선언은 "국제 인권 메커니즘이 특정한 종류의 권리에 집중되어" 있다고 강조하고, 국가주권의 존중과 영토적 불가침성의 원리, 국가 내부 문제에 대한 불개입의 원칙이 더욱 강조되어야 한다고 명시하고 있다. 이 선언은 또한 모든 인권의 보편성, 객관성, 선택적 적용 금지, 인권실행에서의 이중잣대 금지, 인권의 정치화를 피해야 한다고 강조했다.

그러나 방콕 선언에 서명한 국가들은 이후에 세계 다른 지역의 국가들과 이러한 내용에 대해 포괄적으로 상호작용하는 과정을 거쳐야 했다. 빈 회의를 준비하는 협상 기간 동안, 인권의 특수성 문제는 가장 중요한 논의 주제 중의 하나였다. 결국 1993년 세계인권회의에서 채택된 '빈 선언과 행동강령'[394] 최종안은 이 과정에서 커다란 타협이 진행되었음을 보여준다. 아시아 국가들의 입장이 부분적으로 받아들여졌지만, 아시아 국가들 역시 인권의 보편적 가치에 관한 입장을 상당 부분 양보했다. 방콕 선언의 채택과정과 그 이후에 이루어진 협상과정은 국제인권법에 관한 문화간 대화가 어떻게 진행되는가를 보여주는 좋은 사례다.[395] 빈 회의에서 전세계는 그러한 타협의 과정을 거친 빈 선언을 채택하였다. 빈 선언 제5조는 진행된 타협의 속성이 어떤 것인지를 잘 보여준다.

모든 인권은 보편적이고, 불가분하며, 상호의존적이고, 상호관련되어 있다. (…) 국가 및 지역의 특수성과 다양한 역사적·문화적·종교적 배경의 중요성은 반드시 유념해야 하지만, 국가의 의무는 국가의 정치적·경제적·문화적 체계에 상관없이 모든 인권과 기본적인 자유를 촉진하고 보호하는 것이다.

우선, 모든 국가들이 인권의 보편성에 동의했는데, 이는 선진국의 승리로 보인다. 그러나 경제적·사회적·문화적 권리 및 집단의 권리 등 비전통적 권리를 강조하길 원했던 국가들 역시 권리가 불가분하고, 상호의존적이며, 상호관련되어 있다는 문안이 포함됨으로써 보상을 받게 되었다. 둘째, 빈 선언은 인권담론에서 특수성과 다양성을 강조하고 주권국가의 역할에 우선권을 부여하는 또다른 타협을 보여주고 있다. 협상과정이 매우 어려웠기 때문에, 어느 아시아 국가도 빈 선언의 초안이 만장일치로 채택되었을 때 그것에 대해 반대하거나 수정을 제안하지 않았다. 당시에 의견을 표명했던 아시아 국가는 인도, 필리핀, 인도네시아였다. 인도네시아는 빈 선언이 불가피한 타협이었다고 말했지만, 방콕 선언의 일부가 최종적인 빈 선언에 포함되었다는 것에 만족을 표했다.[396] 인도와 필리핀 역시 빈 선언을 전폭적으로 지지했다.

이처럼 국제인권법의 채택은 불가피한 정치적 타협의 행위다. 일부 국가들은 이행하려는 진지한 의도 없이 그 규범을 채택하는 데 동의하였다. 그럼에도 불구하고 국제적 선언의 채택을 통해 그런 국가들은 점차적으로 인권을 더욱 잘 보호하는 방향으로 나아가게 된다. 예를 들어 중국은 빈 회의에서 인권최고대표(High Commissioner for Human Rights) 자리를 만들고자 하는 제안에 반대했다. 그러나 이후 중국은 인권최고대표가 제안한 '아시아-태평양에서의 인권 증진과 보호를 위한 연례 포럼'(Annual Forum for the Promotion and Protection of Human Rights in Asia-Pacific)을 개최하기에 이른다. 또한 중국은 클린턴(Bill Clinton) 대통령의 중국 방문을 앞두고 1998년 자유권규약뿐만 아니라 사회권규약에 서명했고, 2001년에는 사회권규약을 비준했다.[397]

방콕 선언과 빈 선언은 기속력 없는 규범에 불과하고, 아시아가 인권에 대해 구축하고 있는 규범적 합의가 높다는 것을 보여주는 충분한 증거도 아니다. 그러나 뒤이은 인권규범을 둘러싼 상호작용과 발전과정은 아시아 국가들이 지역적 인권규범을 세우는 방향으로 나아가고 있음을 보여준다.

3.6.3.2 아시아-태평양 지역기구들의 기속력 없는 규범

아시아-태평양의 일부 지역 내 정부간 회의는 이 지역 내에서 진행되고 있는 인권규범과 문화의 성장 현황을 보여준다. 이런 지역조직들의 기구와 조직적 측면에 대해서는 제4장에서 논의할 것이다. 여기에서는 이런 회의를 통해 형성되고 있는 규범적 발전을 살펴보고자 한다.

유엔이 후원하는 워크숍에서의 논의들

아시아-태평양 지역에서 인권에 초점을 둔 가장 크고 중요한 포럼은 유엔이 후원하는 '아시아-태평양 지역에서의 인권 증진과 보호를 위한 지역협력 워크숍'이다.[398] 이 워크숍에서는 인권에 초점을 맞춰 지역협력에 관해 포괄적으로 논의하고, '결론'을 채택한다. 대부분 아시아-태평양 지역의 정부 대표자들인 참가자들은 이 결론에서 아시아에서도 인권이 근본적으로 유효하다는 점을 강조해왔다. 예를 들어 2005년에 열린 베이징 워크숍에서, 아시아-태평양 국가들에서 온 모든 참가자들은 시민적·정치경제적·사회적·문화적 권리 및 개발권 등 모든 인권의 보편성, 불가분성, 상호의존성, 상호관련성을 반복해서 주장했다.[399] 그들은 또한 국제적 의무에 조응하여, 인권과 기본적 자유에 대한 보편적인 존중과 그것의 준수를 촉진하는 소지역적·범지역적·국제적 협력을 증진하는 데 헌신할 것이라고 선언했다. 국제적인 개입과 주권침해 가능성에 대한 우려를 표명하기도 했다.[400] 인도네시아 발리에서 열린 2007년 워크숍에는 32개 회원국과 13개 국가인권기구 및 시민사회조직들이 참여했고, '인권과 극빈'(Human Rights and Extreme Poverty)을 주제로 삼아 실질적인 인권문제를 논의하는 데까지 나아갔다.[401] 2010년 4월 방콕에서 열린 15차 워크숍의 주제는 "최상의 실천과 경험을 공유하여 지역적 인권 메커니즘을 강화"하는 것이었다.[402] 이처럼 유엔 후원의 국제 포럼에서 이루어진 논의와 합의는 국가인권기구의 발전과 아시아-태평양 국가들이 '인권이행계획'을 수립하는 데 크게 기여해왔다.

아태국가인권기구포럼과 아태법률가자문위 참고문서의 논의들

아시아-태평양 지역에서 가장 활력있는 인권조직 중의 하나인 '아태국가인권기구포럼'[403]은 지역 인권규범의 발전에 크게 기여했다.[404] 아태국가인권기구포럼은 매년 아시아-태평양 지역에서 가장 크고 포괄적인 정규 인권회의를 주최하고 있다.[405] 참가자들은 지역 내의 인권 증진·보호와 관련된 다양한 문제들에 대해 광범위하게 논의하고, 결론문(Concluding Statements)을 채택한다. 이 결론문은 유엔이 후원하는 지역협력 워크숍과 유엔 사무국을 통해 유엔 총회에 보고된다. 예를 들어 2008년 쿠알라룸푸르에서 열린 제13차 워크숍에는 13개 국가의 정부·의회 대표자들과 60여개의 국내외 NGO들이 참여했는데, 여러 어젠다 가운데 하나로서 이란 이슬람 인권위원회(Iranian Islamic Human Rights Commission)가 인권옹호자들을 보호하고 이란 헌법과 국내법에 따라 그 조직의 활동을 촉진하는 데 노력을 기울여줄 것을 요청했다.[406] 그들은 또한 세계인권선언 제29조 (2)항[407]의 의미와 효과를 검토하고, 기본권과 자유에 대한 제한을 허용하는 경우 그것이 일반적으로 인정된 국제규범에 따라 주의 깊고 면밀히 검토되어야 한다는 점을 강조하였다.[408] 이러한 예가 보여주는 것처럼 아태국가인권기구포럼은 인권에 대한 규범적 합의를 구축하는 데 크게 기여하고 있다.

더욱이 각각의 회원국에서 저명한 법학자들로 구성된 싱크탱크인 아태국가인권기구포럼 법률가 자문위원회(Advisory Council of Jurists of APF, ACJ, 이하 아태법률가자문위)[409]는 주요한 국제 인권주제들을 검토하는 매우 중요한 역할을 담당하고 있다. 아태법률가자문위는 이미 사형제, 아동 포르노, 밀수, 테러, 법의 지배, 교육에 대한 권리, 고문에 관한 보고서들을 권고사항들과 함께 아태국가인권기구포럼에 제출해왔다.[410] 모든 보고서는 웹사이트에 개시되어 있고, 앞으로의 규범적 고려를 위한 참고문서(Reference)로 사용될 것이다. 지난 10년 동안 아태국가인권기구포럼의 이런 주목할 만한 활동은 아시아에 규범적 공동체를 수립하는 데 크게 공헌해왔다.

아태경제협력체가 채택한 성명들

아태경제협력체의 초점은 '회원 경제국'간의 협력에 있기 때문에, 인권에 대한 활동은 상당히 제한되어 있다. 그러나 아태경제협력체 지도자들은 여성의 권리 영역에 대한 매우 진전된 성명을 발표해왔다. 아태경제협력체의 성차별전담관 네트워크(Gender Focal Point Network, GFPN)는 젠더에 관한 고려사항을 아태경제협력체의 활동에 통합하기 위한 메커니즘으로 규정한다. 이런 활동을 바탕으로 2008년 지도자 선언은 성차별의 중요한 영향을 강조하고, 무역과 경제정책의 발전에서 젠더에 관한 고려사항들을 감안하며, 여성이 지역 및 세계 무역에 참여하여 그로부터 이익을 얻는 것을 보장하기 위해 회원국 정상들이 회원국들의 능력을 강화하는 데 헌신해야 한다고 주장했다.[411] 인권과 관련된 아태경제협력체의 역할은 여전히 극히 제한적이지만, 경제적 협력이 경제적·사회적 권리와 밀접하게 관련을 맺고 있기 때문에 아태경제협력체 지도자들도 지역 경제협력과 관련하여 인권문제를 무시할 수 없다는 점을 보여주고 있다.

3.6.4 NGO에 의해 시작된 지역 인권규범들

아시아에는 현재 어떠한 포괄적인 정부 단위의 지역 인권협약이나 인권헌장도 없기 때문에, NGO의 인권규범 확립을 위한 활동이 매우 중요한 의미를 갖는다.

1993년 방콕 NGO 인권선언

아시아 정부들이 1993년 빈 세계인권회의를 위해 방콕 선언 내용을 교섭하고 있을 때,[412] NGO 그룹들 역시 이 과정에서 자신들의 견해를 밝히기 위하여 함께 노력했다. 방콕 NGO 인권선언(Bankok NGO Declaration of Human Rights)은 인권회의를 준비하고 있던 사람들이 직접 초안을 마련하여, 1993년 3월 24~28일 방콕에서 열린 '아시아-태평양 NGO 인권회의'(Asia-Pacific NGO Conference on Human Rights)에서 110개 NGO의 240명 참여자들에 의해 채택되었다.[413]

NGO 선언과 정부의 선언 사이에는 흥미로운 차이가 있다. 국가주권을 강조하는 정부의 선언과는 달리, 아시아 NGO들은 인권 영역에서 국제적 연대의 필요성과 정당성을 강조했다. 동시에 정부와 마찬가지로 인권의 상호의존성, 개발권, 민주주의에 대한 권리, 문화적 다양성에 관한 권리를 강조하고 있기도 하다. 이는 그들에게 지배적인 정서가 인권에 관한 서구의 시각이라기보다는 그들 자신의 정체성과 문화의 존중에 있다는 점을 보여주는 하나의 좋은 사례다.

1996년 아시아-태평양 NGO 인권대회결의

1996년 12월 6~8일 28개국 이상에서 117개 NGO 대표들이 함께 모여 아시아-태평양 NGO 인권대회결의(Asia-Pacific NGO Human Rights Congress Resolutions)를 채택했다.[414] NGO들은 특히 국가보안법, 인권옹호자의 보호, 아동 밀매 및 모든 형태의 아동 착취, 인권의 보편성 등에 초점을 맞추어 인권에 대한 그들의 입장을 집단적으로 결의에 담았다.

1998년 아시아인권헌장

1998년 아시아인권헌장(Asian Human Rights Charter)이 이루어낸 성과는 좀더 흥미롭다. 왜냐하면 이 헌장은 당시의 아시아 NGO공동 체가 도달한 일반적인 규범적 합의의 내용을 보여주기 때문이다. 아시아인권헌장은 아시아인권위원회(Asian Human Rights Commission, AHRC)를 비롯한 200개 이상의 NGO들이 초안 작성에 참여했으며, 1998년 대한민국 광주에서 공식적으로 채택되었다. 아시아 시민사회의 시각을 반영하고 있는 이 헌장은 정부의 시각과는 사뭇 다른 것이었다. 아시아인권헌장은 인권의 보편성에 동의하면서도, 인권을 틀짓는 데 사용되는 아시아의 특수한 접근법과 언어들을 포함하고 있다.

아시아인권헌장의 서문은 아시아 여러 나라에서 식민통치 기간 동안 자행되었던 권리와 자유에 대한 중대한 인권침해 행위를 언급하는 것으로 시작하여, "개인과 집단의 평등하면서도 양도 불가능한 권리가 인정되고 보호될 때에만 평화와 존엄성의 보장이 가능하다"는 점을 강조한다. 헌장 제1조 1항은 시민사회에 대한 억압과 식민주의의 정치적 압박에 맞서는 싸움, 그리고 민주주의의 실현이나 회복을 위한 싸움의 과정에서 권리와 자유를 위한 아시아의 투쟁의 깊은 역사적 근원을 인정한다.

헌장 제2조 2항은 세계인권선언, 사회권규약, 자유권규약과 여타의 권리 및 자유의 보호를 위한 여러 국제규범을 지지한다. 또한 "문화적 전통이 한 사회 내에서 여러 관계를 구성하는 방식에 영향을 미치지만, 그러한 전통이 권리의 보편성을 약화시켜서는 안된다"고 명시하여 보편주의와 문화상대주의에 대한 입장도 표명하고 있다. 그러나 헌장 제

2조 3항은 "권리의 보편성과 불가분성에도 불구하고, 권리의 향유와 중요성은 사회적·경제적·문화적 맥락에 달려 있다"고 덧붙인다. 이런 방식으로 아시아의 NGO들은 권위주의 정권이 취해온 입장과 다르면서 보편주의적 접근과 완전히 동일하지도 않은 그들 자신의 균형잡힌 시각을 표명하고자 하였다. 제6조 2항은 "아시아에서 문화적 정체성이 다양하게 존재한다는 점은 인권의 보편성에 반하는 것이 아니라, 인간존엄성의 수많은 문화적 표상으로서 보편적 규범을 풍요롭게 해주는 것"이라고 선언한다. 아시아인권헌장의 또다른 주목할 만한 특징은 민주주의에 대한 권리(right to democracy)를 강조한 점에 있다. 제5조 1항은 "국가의 민주화와 인간화는 인권의 존중과 보호를 위한 전제조건"이라고 선언한다. 헌장은 또한 제15조 1항에서 인권규범에 담겨 있는 권리와 그러한 권리를 부정당하는 사람들로 넘쳐나는 비참한 현실 간에 큰 괴리가 있다는 점을 강조하고 있다.

아시아인권헌장에 표현된 관점은 1990년대 후반에 도달한 공감의 수준을 반영하고 있고, 만일 오늘날 새로운 헌장을 쓰게 된다면 몇몇 조항들에 대해서는 개정이 필요할 것이다. 그러나 아시아 NGO들이 인권헌장에서 표명했던 관점들은 아시아 지역의 규범적 합의를 구축하는 과정에 지속적으로 영향을 미치고 있다고 하겠다.

3.7 결론

제2차 세계대전 이후 전지구적 인권이라는 돌풍이 몰아치기 오래전부터, 동아시아는 이미 국제 인권규범을 수용하기 위해 반드시 필요한 개념적 토대를 마련해두고 있었다. 인권이 아시아 문화와 양립하지 않는다는 주장은 동아시아의 역사적 현실을 정확하게 반영한 입장이 아니다. 다수의 세계적 인권규범이 탄생하기 이전부터 이미 많은 동아시아 국가들에서 근대적·시민적 권리 개념과 규범이 채택되었고, 인권규범의 구성요소들이 헌법의 일부로서 자리 잡고 있었다.

국제 인권조약의 비준은 일국 내에서 권리 개념과 가치 및 규범에 새로운 활력을 불어넣고 이를 향상시킨다. 국제인권법과 국내의 시민적·헌법적 권리가 상호작용하면서 실제적 규범의 발전이 일어나는 것이다. 이와 같이 인권규범이 편입되고 발전하는 과정에서 아시아적 특성이 나타나는 것은 부인할 수 없다. 마찬가지로 많은 아시아 국가들이 인권규범의 유효성과 효용성에 대해 의문을 제기해왔지만, 인권을 스스로의 규범으로 포용해냈다는 점 역시 분명한 사실이다. 외부의 힘과 내적 역동성, 그리고 국내 요소들과 국제적 요소들 간의 상호작용이 이런 발전을 촉진시키고, 이런 의미에서 국내화된 인권규범은 국내법 체계와 국제적 가치의 융합으로 이해할 수 있다. 그에 따라 아시아 국가들은 다양한 과정 속에서 여과된 보편적 규범을 만들어왔다. 1993년 빈 회의의 과정이 보여주는 것처럼, 아시아 국가들은 불가분성과 상호의존성이라는 요소를 첨가함으로써 인권의 보편성을 주장하기 위한 공통의 규범적 토대를 만들어냈다.[415]

동아시아 국가들은 이미 지역 인권규범의 토대가 될 여러 층의 인권규범을 보유하고 있다. 국가에 의해 채택된 국제 인권조약, 헌법의 기본권 조항들, 빈 회의를 통해 광범위하게 진행된 토론을 포함한 지역 내의 협정 및 기타 규범들, 소지역 차원의 규범을 채택하기 위해 진행되는 협상 등 무수히 많은 규범적 대화가 진행되어왔으며 지역 인권규범에 대한 합의의 길을 열어가고 있다.

어떤 형태에 지역 전체가 동의할 것인지는 아직까지 불분명하지만,

아시아인권헌장이나 인권협약을 채택하기 위해 수십년 동안 지속되어
온 운동은 최근 더욱 강력한 계기를 맞고 있으며, 결국 아시아 전체 지
역이 채택하는 인권규범을 만드는 방향으로 나아갈 것이다.

 이 책이 강조하고자 하는 바는 아시아에서 인권규범의 진전과정을
정당화하거나 과장하자는 것이 아니다. 하지만 이런 규범적 변화를 정
확하게 이해하지 못한다면, 아시아 지역에서 진행되는 인권 발전의 현
상태를 정확하게 평가할 수 없다. 국제 인권규범과 국내법규의 상호작
용, 그리고 그에 수반되는 규범의 특수성과 한계마저도 정확히 이해해
야 한다. 그렇게 할 때에만 우리는 현지의 정서와 규범의 특수성을 보다
잘 이해할 수 있을 것이며, 동시에 보편적 인권의 본질을 더욱 풍요롭게
만들어주는 데 기여할 것이다.

 동아시아에서 인권규범의 현 상태는 절반 정도 물이 찬 유리컵과 같
다. 동아시아 국가들은 이미 일정 정도 공통의 규범적 기반을 공유하고
있으며, 각 사회에서도 인권규범이 계속해서 진화하고 있다. 이러한 과
정을 지속적으로 예의 주시하면서 모든 국가가 지역적 인권규범의 보
다 높은 형태로서 인권의 보편성을 받아들일 수 있도록 북돋아주어야
할 것이다.

제4장

아시아에서
새롭게 등장하고 있는
인권기구들

EMERGING

REGIONAL

HUMAN RIGHTS

SYSTEMS

IN ASIA

4.1 서론

이 장에서는 시스템 접근법의 틀에 따라 아시아에서의 인권기구 발전에 관해 살펴볼 것이다. 제3장에서 살펴보았듯이 동아시아, 더 넓게는 아시아 전역에 걸쳐 인권과 관련된 공통의 규범적 기반이 발전해나가고 있다. 이러한 관점에 따라 이 장에서는 지역적·소지역적·국제적 차원에서 성장하고 있는 다양한 인권 관련 기구들을 살펴본다. 그리고 이러한 논의를 바탕으로 아시아 혹은 동아시아에서 지역 인권기구의 발전으로 나아가는 가능한 경로를 탐색해보고자 한다.

한 지역의 인권기구는 그 지역의 통합과 떼어놓고는 생각할 수 없다.[1] 유럽, 미주, 아프리카에 현재와 같이 여러 인권 관련 기구들이 설립되고 성장할 수 있었던 것은 그러한 기구들이 지역 내의 정치적·경제적 협력 과정에서 지원을 받고 그와 일정한 연관성을 유지할 수 있었기 때문이다.[2] 유럽인권재판소는 유럽평의회(Council of Europe)라는 견고한 틀을 바탕으로 창설되었는데, 이는 제2차 세계대전이 남겨준 통합성과 공통적 이해라는 유산에 기반했기 때문에 가능한 일이었다.[3] 미주인권위원회의 설립 역시, 쿠바의 영향력을 봉쇄하려는 미국의 전략적 갈망[4]과 미주 국가들의 지역 내 관심사를 반영하여 1948년 설립된 미주기구라는 지역 정치조직이 있었기에 가능했다.

이러한 여타 지역과 달리 동아시아에서는 냉전이 끝날 때까지 지역통합을 추구할 만한 강한 동기가 존재하지 않았다.[5] '아시아화'(Asianization)[6] 과정은 냉전의 종식 이후, 특히 1997~98년 금융위기[7]를 겪은 아시아 국가들의 경제적 요구에서 출발하였고, 세계화가 가속되면서 더욱 빠르게 발전했다. 아시아 국가들은 전통적으로 지역 차원에서 인권과 관련된 제반 기구를 도입하고 발전시켜나가는 데 큰 관심이 없었고, 특히 경제발전의 초기 단계에 머물러 있던 과거에는 더욱 그러했다. 그러나 아시아 국가들간의 지역협력 수준이 높아지고 지역통합이 진행됨에 따라 아시아 역시 지역 차원의 인권협력과 인권기구의 성장 가능성을 모색하지 않을 수 없게 되었다.

아시아 지역에서 통합의 진행을 보여주는 징후는 여러 영역에서 확인할 수 있다. 첫째, 지역 내에서 경제협력의 증가는 누구도 부인할 수 없는 명백한 경향이다. 특히 아태경제협력체,[8] 유엔 아태경제사회위원회,[9] 아세안+3,[10] 동아시아정상회의[11] 같은 역내 기구들이 지역통합을 가속화하고 있으며, 그에 영향을 받아 인권문제에 관한 대화와 인권협력도 폭넓게 진행되고 있다. 둘째, 유엔의 여러 기구, 특히 유엔헌장 및 인권조약에 기반한 인권기구, 또 아시아–태평양 지역에서의 인권 증진과 보호를 위한 지역협력 워크숍,[12] 아태국가인권기구포럼[13] 등의 기구를 통해 아시아 지역 차원에서 인권문제와 관련한 활발한 의사소통이 진행되고 있으며 지역 내의 인권기구화가 진행되고 있다. 아세안, 남아시아지역협력연합, 태평양제도포럼(Pacific Islands Forum, PIF) 같은 소지역조직들 역시 해당 지역 내에서 국가간 협력의 한 부분으로 인권문제를 고려하고 있다. 마지막으로, 일국 차원에서 전통적으로 가장 영향력 있는 인권기구인 법원[14]이 인권을 보호하는 기본적인 사법기관으로서 그 기능을 점차 확대해가고 있다. 권위주의 정권하에서 인권보호를 위한 본연의 역할에 충실하지 못했던 법원은 헌법주의와 법의 지배가 발전함에 따라 인권침해의 피해자들에게 구제조치를 제공하는 역할을 점진적으로 확대해왔다.[15] 한국과 태국에서 위헌법률심판의 권한을 가진 헌법재판소가 설립되어 헌법주의의 발전과 법치주의의 확장에 크게 기여하는 것도 이와 같은 맥락이다.[16] 또한 국가인권기구와 '전환기 정의'(transitional justice)의 문제를 다루기 위해 설립된 다양한 진실위원회들 역시 법원과 더불어 인권보호에 크게 기여하고 있다.[17]

이렇듯 동아시아 국가 들도 지역적 통합을 향해서 나아가는 중이고 이에 힘입어 지역 내의 인권협력도 기구의 모습을 갖추어가고 있다. 현재 진행되고 있는 이러한 변화는 다양한 영역에서 전개되고 있는 조율되지 않은 여러 활동들의 결과물이며, 여러 층위로 진행되는 이러한 변화 속에서 단일한 구조를 찾아내기란 쉽지 않다. 그럼에도 불구하고 머지않은 장래에 아시아 또는 동아시아 지역에서도 다른 지역과 마찬가지로 지역적 정치기구가 발전할 개연성이 매우 크다.

이 장에서는 동아시아, 범아시아, 또는 더 넓게 아시아-태평양 지역에서 인권기구의 발전이 어느 정도 진행되고 있는가를 평가할 것이다. 우선, 지역기구의 문제를 일반적으로 검토하기 위해 다른 지역의 경험을 살펴보고 그를 통해 아시아 기구와 관련하여 유용한 교훈을 도출하고자 한다.[18] 이어서 동아시아 혹은 범아시아를 망라하는 지역 인권기구의 실현을 가능하게 할 기구적 토대의 발전과 성장 정도를 검토해보고자 한다.[19] 전세계적 차원, 혹은 지역적 내지 일국적 차원에서 작동하는 관련 기구들을 검토함으로써, 아시아의 지역통합과 인권기구의 설립이 지역공동체라는 지향점을 향해 느리지만 지속적으로 발전해나가고 있음을 확인할 것이다.

4.2 유럽, 미주, 아프리카의 경험

왜 아시아에 지역 인권기구를 설립하는 것이 필요한가? 지역 인권위
원회나 인권법원을 설립하면 이것이 실제로 인권보호를 증진할 수 있
을 것인가?[20]

1966년 유엔에서 지역 인권기구의 역할에 대한 공식 논의가 진행될
당시, 지역 인권기구의 실제적 효용성에 관해 회의적인 시각이 존재했
던 것이 사실이다. 지역 인권기구에 반대한 주장 중 하나는, 인권이 그
본질적 특성상 전세계적인 것이므로 인권기구는 전지구적 차원의 기구
여야 하며 지역 차원의 기구가 되어서는 안된다는 것이었다.[21] 또한 지
역기구의 일이 유엔 기구의 일과 중복될 수 있고, 그로 인해 자유권규약
이나 사회권규약 같은 기구들로 가야 할 공식적·대중적 관심을 약화시
킬 수 있다는 우려도 제기되었다.[22] 재정적인 부담 역시 무시할 수 없는
요인이었다.[23] 그러나 결국 유엔경제사회이사회는 유엔인권위원회(UN
Commission on Human Rights, UNCHR)와 지역 인권기구 간의 협력
을 지지하는 결의안을 채택하는 데 동의했다.[24] 유엔에 의해 설립된 특
별연구위원회(Ad Hoc Study Group)도 역시 특정한 지역의 국가들간
에 형성된 지역조직이 지리적·역사적·문화적 유대관계를 갖고 있기 때
문에 전세계적 기구에 비해 저항을 덜 받을 것이며 더 큰 관심을 얻을
수 있을 것이라고 인정했다.[25] 1977년 유엔 총회는 회원국들에게, 지역
인권체제가 존재하지 않는 지역에 "인권의 증진과 보호를 위해 적절한
지역기구의 설립을 위한 협정을 고려하도록" 공식적으로 호소하였다.[26]

실제로 유럽, 미주, 아프리카 등지에서의 인권기구의 발전과 활동은 지역 인권기구의 역량뿐만 아니라 그 한계 역시도 분명하게 보여주고 있다. 지역 인권기구들은 상이한 역사적 배경을 바탕으로 지역별로 독특한 단계를 거쳐 발전해왔으며, 이 지역들에서 발견할 수 있는 다채로운 발전 양상은 향후 아시아의 지역 인권기구를 구축하는 과정에서 맞부딪히게 될 문제들과 그에 대한 실제적 해법을 고려하는 데 시사점을 줄 수 있다는 점에서 그 함의가 크다 할 것이다.[27]

4.2.1 유럽의 인권체제

유럽에서는 현재 인권체제로서 유럽평의회, 유럽안보협력기구, 유럽연합이 기능하고 있다.[28]

4.2.1.1 유럽평의회

1949년에 유럽평의회가 설립되면서 세계인권선언에 담겨 있는 인권원리들과 유럽인권협약[29]의 원리들이 구성되었다.[30] 유럽평의회는 이 협약을 토대로 유럽인권재판소를 설립했고, 나아가 유럽사회헌장,[31] 고문 방지에 관한 유럽협약,[32] 소수민족 보호를 위한 기본협약[33] 같은 인권 메커니즘을 발전시켰다.

유럽인권재판소

유럽평의회에서 가장 효과적이고 중요한 인권 관련 기능을 하는 구성 요소인 유럽인권재판소는 유럽인권위원회(European Commission of Human Rights)와 함께 유럽인권협약에 근거하여 1953년 설립되었으며,[34] 유럽인권협약 의정서 제11조에 근거하여 1998년 11월 1일 상설적이고 단일한 인권재판소로 대체되었다.[35] 유럽평의회 47개 회원국 모두가 유럽인권협약을 비준하거나 그에 가입했으며, 재판소는 모든 회원국들에 대해 관할권을 갖는다. 각료회의(Committee of Ministers) 는 판결의 집행을 감독한다. 유럽인권재판소는 유럽 지역의 여러 협약 의정서를 추가적으로 채택하는 과정을 거치면서 지역 전체에 대한 사실상의 사법적 상소기구로서 기능하고 있다.[36]

유럽사회헌장

1965년에 발효된 유럽사회헌장(European Social Charter)[37]은 유엔 차원의 사회권규약과 유사한 장치로서 기능한다.[38] 사회권규약과 마찬가지로, 유럽사회헌장은 유럽 내의 47개 참여국에 대해 경제적·사회적 권리를 보장하도록 요구한다.[39] 유럽사회헌장의 조항들은 사회권규약의 조항에 비해 보다 구체적이고 상세하다. 각 회원국은 당사국 보고서를 의무적으로 제출하도록 되어 있고, 독립전문가위원회(Committee of Independent Experts)가 이를 검토한다. 또한 각료회의는 유럽평의회 자문회의(Consultative Assembly of the Council of Europe)의 자문을 거쳐 유럽사회헌장에 규정된 권리의 이행을 위한 방안을 제안한다.[40] 1995년 부가의정서(1995 Additional Protocol)가 채택되면서 헌장 위반과 관련된 문제에 대해 집단청원을 제출할 수 있게 되었다.[41]

유럽평의회하의 인권체제는 제소과정, 조사절차, 회원국이 제출한 보고서의 검토 등 지역 인권기구의 기능을 보여주는 하나의 좋은 사례다.

4.2.1.2 유럽안보협력기구

유럽안보협력기구는 유럽 시민들을 위한 또 하나의 중대한 권리 보호기구다. 1972년 냉전 시기에 설립된 이 기구는 1975년 헬싱키 최종

합의서(Helsinki Final Act)[42]를 채택한 바 있는 유럽안보협력회의(Conference on Security and Cooperation in Europe, CSCE), 이른바 헬싱키 프로세스의 후속 기관이다.[43] 현재 유럽안보협력기구에는 유럽 국가들 뿐만 아니라 미국과 캐나다를 포함한 57개국이 가입해 있다.[44] 이 조직의 원래 주요 목적은 "서유럽과 쏘비에뜨블록 간의 대화와 상호접촉을 촉진함으로써 긴장을 완화하는 것"이었다.[45] 이후 이러한 목적은 크게 확장되어 "군비축소, 예방적 외교, 신뢰형성 및 안전보장 조치, 인권 및 소수자의 권리, 선거감시와 경제 및 환경 안보" 등을 포함하게 되었다.[46] 냉전 이후 유럽안보협력기구는 인권 분야에서 막중한 역할을 떠맡게 되었고, 현재는 바르샤바에 위치한 민주적 기구 및 인권사무소(Office for Democratic Institutions and Human Rights)를 통해 인권과 민주주의를 위한 영구적인 포럼으로서 기여하고 있다.[47] 또한 1992년 설립된 소수민족에 관한 인권최고대표와 1989년 채택된 인간 차원의 메커니즘(Human Dimension Mechanism)을 포함하여 여러가지 인권보호 수단을 가지고 있다.[48]

4.2.1.3 유럽연합

유럽연합 역시 유럽평의회와 유럽안보협력기구의 인권보호 기능을 보완하는 중요한 제도적 기능을 한다. 유럽연합조약(Treaty on EU, 1992)[49]은 그 전문과 본문 조항에 인권보호에 관한 규정을 두고 있으며[50] 28개 유럽연합 회원국 모두 현재 유럽평의회와 유럽안보협력기구의 회원국이다.[51] 냉전 이후 유럽연합이 이루어낸 중대한 진전 중 하나는 인권의 보호를 그 기능 중 하나로서 표방한 것이었다. 1952년 유럽공동체의 사법기구로서 설립된[52] 유럽사법재판소(European Court of Justice, ECJ)는 유럽연합 회원국 내의 정부간 분쟁을 주로 다루었고[53] 사적 당사자(개인)들과 관련된 사건을 직접 다루지는 않았다. 그러나 현재는 사적 행위자들이 로마조약(Treaty of Rome, 1957)의 해석문제와 관련된 경우, 그 행위로부터 발생하는 인권문제를 검토할 수 있다.[54] 이것이 가능해진 것은 유럽사법재판소가 로마조약의 특정 조항을 일국 내의 법체계에 귀속되어 있는 개인들에게 직접 적용할 수 있다는, '직접적 효과'라는 원칙을 수용했기 때문이다.[55] 이에 따라 유럽연합은 유럽연합조약과 유럽사법재판소의 법체계를 통해 유럽연합 국가의 인권보호에 기여하고 있다.[56] 나아가 유럽의회는 지역 인권문제를 다루는 인권 소위원회를 두고 있으며,[57] 옴부즈맨(ombudsman) 제도를 통해 유럽연합 기구들의 행정상의 문제와 관련된 제소를 수용하고 있다.[58] 이러한 유럽의 다층적 인권체제는 유럽인들의 인권을 보호하는 데 크게 기여하고 있다.

4.2.2 미주 인권체제

미주기구는 1948년 21개 회원국으로 설립되었고, 현재는 35개 회원국으로 크게 확대되었다.[59] 미주기구는 그 헌장과 함께 '인간의 권리와 의무에 관한 미주인 선언'(American Declaration of Rights and Duties of Men)[60]을 채택했는데, 이는 유럽인권협약보다도 2년 반이나 빠른 것이었다. 당시 회원국들의 일치된 합의에 기초한 이 선언은 인권에 관한 회원국의 의무를 분명하게 적시하고 있다.

1959년 미주기구하에 창설된 미주인권위원회는 억압적인 정권하에서 인권을 유린당하고 있는 사람들을 보호하는 데 기여함으로써 민주화투쟁에서 중심적인 역할을 수행했다.[61] 미주인권위원회는 인권침해를 주장하는 개인들의 제소를 받아 이를 직접 조사, 분석하고, 회원국의

전반적인 인권 상황을 감시하며, 이와 관련한 특별보고서를 정기적으로 펴내고 있다.[62]

미주인권재판소는 1978년 채택된 미주인권협약에 따라 코스타리카에 설치되었으며,[63] 현재까지 35개 미주기구 회원국 가운데 25개국이 미주인권협약을 비준하였다.[64] 미주인권재판소에 사건을 제출할 권한은 당사국과 미주인권위원회만이 가지고 있다.[65] 모든 미주기구 회원국이 인권침해 사건이나 청원을 미주인권위원회에 제출할 수 있는 반면, 미주인권재판소의 경우 오직 위원회가 제기한 사건만을 다룬다. 재판소의 사법적 관할권이 미주인권협약을 비준한 국가로 한정되어 있으므로 미국이나 캐나다의 문제에 대한 관할권은 없다. 이처럼 회원국에 대한 관할권이 불완전하다는 점은 인권문제를 다루는 재판소의 권위에 부정적 영향을 미친다. 반면에 미주인권위원회의 경우에는 완전한 사법 관할권을 가졌기 때문에 이 지역에서 인권을 옹호하는 데 중심적인 기능을 할 수 있었다.

미주인권위원회는 현재까지 수천건에 달하는 인권 관련 제소를 받았으며, 이미 처리되었거나 계류 중인 사건도 12,000건에 이른다.[66] 반면 미주인권재판소에서 최종 판결이 이루어진 사건의 수는 비교적 적은 편이다. 1979년부터 2008년까지 미주인권재판소가 내린 판결은 단 192건에 불과하다.[67]

4.2.3 아프리카 인권체제

아프리카경제공동체(African Economic Community, AEC)와 아프리카통일기구의 통합조직을 계승하여 창설된 아프리카연합은 2001년에 54개 회원국으로 출범했다.[68] 아프리카 지역기구들은 최근 들어 주목할 만한 변화와 활성화의 과정을 거쳤고, 새로이 재조직되고 강화된 지역조직인 아프리카연합은 아프리카통일기구가 추구해온 국제기구로서의 목표를 대부분 받아들이고 있다.[69]

아프리카의 지역 인권체제는 '인간 및 인민의 권리에 관한 아프리카 헌장'[70]에 입각하여 설립되었으며, 시민적·정치적 권리, 경제적·사회적 권리, 제3세대 권리를 포함하는 광범위한 영역의 인권보호를 규정하고 있다.[71] 아프리카인권위원회는 감비아의 수도인 반줄에 설립되었고, 2004년 출범한 아프리카인권재판소가 아프리카인권위원회의 역할을 보충하고 있다.[72] 2005년 열린 아프리카연합 정상회의에서는 각국의 정상들이 모여 아프리카인권재판소와 아프리카연합 사법재판소(Court of Justice of the AU)를 통합하기로 결정했다. 아프리카인권재판소는 당분간 계속해서 현재와 같은 방식으로 작동하다가, 이 과정이 완성되면 단일한 아프리카 사법 및 인권 재판소로 통합될 것이다.[73]

아프리카 국가들은 인권규범과 인권기구의 설립과 관련하여 유럽의 경험에서 많은 것을 배웠고, 인권재판소가 실제 활동을 시작함에 따라 아프리카 인권체제는 그러한 목표를 향하여 계속 나아갈 것으로 예상된다. 하지만 아직까지는 인권규범에 규정된 언어의 수준에 머무르고 있고, 인권기구로서 실질적인 효과를 크게 거두고 있지는 못한 실정이다.

4.2.4 동아시아 인권체제를 위한 함의

유럽 인권체제의 역사적 경험은 아시아 인권기구의 설립과 제도화에 관해 의미있는 교훈을 제공해준다. 처음에는 유럽평의회 산하의 작은 기구로 출발했던 유럽인권재판소는 현재 유럽평의회의 가장 중요한 기구 중 하나가 되었다.[74] 그러한 성공은 부분적으로 유럽평의회 정책의 공이 크다. 즉 유럽평의회가 정책적으로 회원국에게 민주주의와 법치주의를 실질적으로 구현하고 기본적인 인권보호를 인정할 것을 요구하면서, 이를 중대하게 위반하는 회원국에 대해서는 회원 자격을 정지시키고 궁극적으로는 유럽평의회에서 축출하도록 규정하고 있기에 가능했던 것이다.[75] 유럽인권재판소는 동유럽 국가들을 포함해 모든 회원국에 대한 관할권을 가지게 되었고, 이처럼 회원 자격 기준이 빠르게 확장되었다는 사실은 유럽인권재판소가 갖는 정통성과 강력한 권위를 보여준다. 유럽인권재판소는 상근 판사가 있는 상설 사법기구로서, 유럽에서의 인권보호에 크게 이바지하고 있다.

유럽안보협력기구는 본래 안보문제에 초점을 둔 조직이 인권보호를 위해서도 활용될 수 있음을 시사한다는 점에서 중요하다. 이 기구는 원래 외교적 의사교환 수단으로서 비정기적으로 개최되던 회의였다.[76] 그러나 점차적으로 인권과 소수자 권리로 그 활동영역을 확장했고[77] 현재 북미 국가들을 포함한 광범위한 회원국이 참여하고 있다.

유럽 인권체제의 또다른 중요한 측면은 각각의 중첩된 기구들이 다른 인권기구들을 상호 성공적으로 보완하고 있다는 점이다. 서로 다른 조직하에 있는 다양한 인권기구의 조화로운 운용은 인권보호를 강화하는 데 성공했고, 이는 인권체제를 기구화하려는 아시아 국가들의 다층적 노력에 의미심장한 선례를 남겼다.

미주기구는 냉전 초기에 이 지역의 정치상황을 반영하여 설립되었으나 현재는 인권보호 체제의 한 부분이 되었다. 미주 인권체제의 약점으로는 인권협약을 체결하지 않은 국가들의 경우 미주인권재판소의 지배를 받지 않는다는 점을 들 수 있다. 특히 지역 내의 강대국인 미국과 캐나다에 대한 미주인권재판소의 제한된 권한은 지역체제의 기능을 축소하는 원인이 되고 있다. 이런 한계에도 불구하고 이 기구는 여전히 이

대륙에서 인권보호를 위한 중요한 함의를 지니는데, 이는 인권침해를 감시하고 다루는 미주인권위원회의 완전한 권위가 이 체제를 하나의 유용한 메커니즘으로 지탱하고 있기 때문이다. 따라서 그 제도적 효율성과 권한을 보다 향상시키기 위하여 주요 국가들의 참여가 계속해서 추구되고 고무될 필요가 있다고 하겠다.[78]

아프리카의 인권기구를 위한 노력과 발전은 동아시아가 기능적인 지역 인권기구를 위해 분투하는 유일한 지역은 아니라는 점을 보여준다. 아프리카 국가들도 아프리카인권재판소 설립에 충분한 비준을 얻는 데는 오랜 시간이 걸렸다. 그리고 이 과정에서 국가 행위자, NGO, 지역기구의 잘 계획된 노력을 살펴볼 수 있는데, 이러한 아프리카 국가들의 경험은 아시아 지역 인권기구의 설립에 있어 점진적이고도 다층적인 노력이 필요하다는 점을 시사하고 있다.

4.2.5 지역 인권기구의 이익과 실현 가능성

지역주의는 유럽과 미주에서 긍정적 결과를 이뤄냈다.[79] 지역의 인권향상은 가장 주목할 만한 성과라고 할 수 있다. 포크(Richard Falk)의 지적처럼, 지역적 협의는 개입의 정당성을 향상시키게 마련이다. 한 국가의 국내문제에 다른 국가가 일방적으로 개입하는 것은 일군의 국가들이 한 회원국에 대해 연합된 의지를 가지고 지역 차원에서 개입하는 것에 비해 그 정당성을 인정받기 어렵다.[80] 예를 들어 과거 헝가리에 대한 소련의 개입은 쿠바에 대한 미주기구의 지역 차원의 개입과 비교했을 때 그 정당성의 수준이 낮은 것으로 간주되었다.[81] 정당성 확보라는 측면에서 유엔은 지역기구에 비해 좀더 큰 권위를 가질 수 있지만, 유엔의 개입은 그만큼 더딜 수밖에 없고 또한 항상 가능한 것도 아니다. 따라서 지역적 협의는 상대적으로 국제적 개입의 정당성을 인정받기 어려운 개별 국가의 일방적 행위와, 보다 높은 수준의 정당성을 확보할 수 있지만 실제로 이용 가능성이 떨어지는 유엔의 개입 사이의 중간에 위치지을 수 있다고 하겠다.[82]

동아시아에서 지역 인권기구 역시 인권의 향상에 기여할 수 있을 것인가? 만일 지역 인권기구가 설립될 수 있다면, 동아시아 국가들은 확실히 지리적 근접성과 역사적·문화적 유대로부터 도움을 얻을 수 있을 것이며 향후 좀더 높은 수준의 인권기준이나 인권의 효과적인 보장을 기대할 수 있을 것이다. 지역 인권체제는 전세계적 차원의 인권 메커니즘이 무력하다는 좌절로부터 출현했다.[83] 세계 인권체제는 지역 기구에 비해 각 지역의 다양성과 특수성을 반영할 역량이 부족하다. 유엔헌장과 세계적 인권조약들은 그 보편적 특성으로 인해 지역적 맥락들을 통합하는 데 한계가 있을 수밖에 없다.[84] 그러한 측면에서 유럽과 미주의 경험은 지역적으로 채택된 인권조약과 그에 기반한 지역기구가 그 지역의 특정한 감정을 반영하고, 고위급에서의 지나친 정치화(politicization)를 피하면서 좀더 향상된 접근방식으로 문제의 맥락을 고려할 수 있다는 것을 보여준다. 더욱이 지역 인권기구는 새로운 인권보호를 추가해야 하거나 보다 향상된 방식을 제공할 필요가 있을 때 발전하는 양상을 보이기 때문에, 일반적으로 전세계적 기구보다 조항이 구체적이며 보다 높은 수준의 인권보호를 기대할 수 있다.

게다가, 지역기구는 아시아 국가들에게 '근린 효과'(neighborhood effect)[85]를 통해 인권협력에 참여할 수 있는 보다 나은 기회를 제공한다. 동일한 지역체제 내에서 비슷한 사회경제적·환경적·안보적 관심사를 지닌 국가들이 주변 국가를 포럼에 초대할 수 있고, 포럼에서 지속적으로 의사교환을 함으로써 정치적 긴장을 줄이면서 각국이 국제 인권의무에 순응하도록 강제하는 것이 가능해진다. 지역 인권기구는 좀더 많은 아시아 회원국들이 그 기구에 참여하도록 추동하고 이들 국가가 좀더 개방적인 자세를 가지고 다층적인 인권대화로 나아가도록 유도할 것이다.

지역기구에서는 또한 인권규범의 집행절차가 강화되는데, 이를 통해 좀더 유연하고 융통성 있는 방식으로 문제에 접근할 수 있으며 동시에 문제의 특수한 맥락을 고려하는 데도 강점을 가진다. 따라서 지역기구는 보다 강한 설득력을 가지고 인권규범을 시행할 수 있으며, 인권 상황을 다루는 데 좀더 정치적으로 논란이 될 수 있는 국제기구들에 비해 보다 공정하고 우호적인 방식으로 작동하고 있다. 동아시아 국가들은 유엔 기구들이 지나치게 정치적으로 문제에 접근하고 이중잣대를 적용한다고 비판해왔는데, 이는 서구 국가들의 선택성과 편견에 대한 동아시아 국가들의 우려를 보여준다.[86] 이와는 달리 아시아에서 특유하게 형성될 지역기구들은 그 지역에서 공유된 법적·정치적·사회경제적·지적·문화적 전통들에 기초하여 특수화됨으로써 이와 같은 부작용 없이 보다 효과적으로 인권보호에 기여할 수 있을 것이다.[87]

마지막으로, 지역기구는 인권침해 피해자들을 위해 보다 나은 자원을 제공할 수 있다. 대부분의 유엔 기구는 아시아로부터 너무 멀리 떨어진 제네바나 뉴욕에 본부를 두고 있고, 따라서 아시아 국가들은 국제 포럼에서 자국 내 문제들을 제기하는 데 어려움을 겪어왔다. 아시아에 위치하게 될 지역기구는 적절하게 활동할 수 없는 아시아 지역 국가들에게 좀더 근원적이고도 편리한 해결책을 제공함으로써 이들 지역에서 인권보호 활동을 좀더 용이하게 해줄 수 있을 것이다.[88] 전반적으로 지역조직은 이미 존재하는 인권기구의 활동을 보충하고 이를 크게 강화할 것이다.

보다 도전적인 질문은 아시아나 동아시아에서 지역 인권기구를 설립하는 것이 가능하냐는 것이다. 그 실현 가능성을 보여주는 첫번째 결정적 증거는 현재 아시아에서 성장하고 있는 지역조직들의 토대에서 발견할 수 있다. 아시아에서 세계적, 지역적, 혹은 소지역적으로 활동하고 있는 다양한 국제조직들은 아시아 국가들이 서로 협력하기 위한 견실한 기반을 갖추고 있다는 점을 보여준다.[89] 유엔의 활동은 아시아 국가들에 중요한 영향을 미치는데, 왜냐하면 아시아는 유엔 소속 기구와 기관에서 능동적인 역할을 해왔기 때문이다. 더욱이, 아시아의 (소)지역조직들은 이 지역에서 인권협력을 촉진하고 있다. 유엔 아태경제사회위원회, 아태경제협력체, 아시아-유럽 정상회의(Asia-Europe Meeting, ASEM, 이하 아셈), 남아시아지역협력연합, 아세안과 새로이 등장하고 있는 여타의 지역 조직 및 기구는 인권 요소들이 이미 이런 협력의 일부로서 자리매김했다는 것을 보여준다. 그들이 사용하는 표현은 다를 수 있지만,[90] 인권협력은 외교관계에서 없어서는 안될 구성요소들 중 하나가 되었다. 외교 담화에서 인권문제를 완전하게 거부할 수 있는 국가는 존재하지 않는다.

둘째, 이 지역 내에서 이루어지고 있는 인권에 관한 대화는 실제로 동아시아에서 지역기구의 설립을 독려하고 있다. 인권과 관련되어 진행 중인 정부간 대화는 다층적 구조로 이루어져 있다.[91] 유엔이 후원하는 '아시아-태평양 지역에서의 인권 증진과 보호를 위한 지역협력 워크숍', 아태국가인권기구포럼, 아세안 및 남아시아지역협력연합의 소지역적 활동들이 그것인데, 이들은 인권보호와 인권을 위한 협력을 강화하는 방향으로 움직이고 있다.

셋째, 지역협력을 촉진하기 위한 아시아 NGO들의 열정적인 노력은 지역 인권기구를 향한 다양한 움직임의 한 층으로서 강한 추동력으로 작용해왔다. 아시아 NGO들은 아시아인권헌장을 넘어 아시아에 적확한 인권 메커니즘을 구축하고 설립하기 위해 지속적으로 노력을 기울이고 있다.[92]

　이상의 논의에서 살펴본 바와 같이 아시아 혹은 동아시아에서 지역인권기구는 더이상 불가능한 목표가 아니다. 최근 10년 동안의 관련 기구 구축은 가속화되었고 이제 곧 몇몇 가능한 결과들이 가시화될 듯이 보인다.[93]

4.3 전세계적 인권기구와 아시아

　현재 아시아에는 지역 인권기구의 설립을 명시하는 지역 인권협약은 없지만 인권대화와 관련된 여러 기구들이 존재한다. 예를 들어, 유엔과 그 인권기구들은 아시아를 포함한 국제적인 수준에서의 인권협력을 구축하고 있다. 지역적·소지역적 기구들이 정치적·경제적 협력의 영역과 인권 분야에서 발전하고 있으며, 이는 국가들간의 보다 진전된 협력을 위한 긍정적인 변화다. 각국 내 법원과 국가인권기구 역시 지역 인권기구를 위한 토대를 굳건히 다져가고 있다.

4.3.1 유엔과 동아시아

　무엇보다도 동아시아에서 유엔과 그 인권기구들을 인권체제의 중요한 부분으로 인정할 필요가 있다. 아시아 국가들이 국제조직의 이중잣대나 서구중심적 접근법에 관해 종종 불평해오긴 했지만,[94] 동아시아에서 국제조직의 역할은 역사적으로나 지정학적으로 두드러진 것이었다.

국제조직은 그 활동에 있어 항상 동아시아를 포함했고, 유엔헌장, 세계 인권선언, 여타의 인권 협약 및 조약 같은 국제 인권규범은 이 지역에서 법치주의의 발전에 지대한 영향력을 끼쳤다. 유엔은 동아시아에서 가장 높이 평가되는 조직들 중 하나다.

유엔은 6개의 주요 기관으로 이루어져 있다. 총회(General Assembly), 안전보장이사회(Security Council),[95] 신탁통치이사회(Trusteeship Council),[96] 경제사회이사회, 국제사법재판소,[97] 사무국(Secretariat)이 그것이다(도표 4.1 참조). 유엔은 다양한 인권기구들을 산하에 두고 있는데, 이는 유엔헌장에 기반을 둔 기구와 조약에 기반을 둔 기구로 분류된다. 점차 더 많은 아시아 국가들이 이러한 유엔 산하 인권기구들에 참여하고 있다.

유엔헌장 전문은 "기본권에 대한 신념, 개인의 존엄과 가치에 대한 신념, 남성과 여성 및 큰 국가와 작은 국가의 동등한 권리에 대한 신념"을 재차 천명하고 있다. 유엔헌장 제1조 역시 "경제적, 사회적, 문화적, 혹은 인도주의적 성격의 국제문제를 해결하고, 인권과 인종, 성, 언어, 종교의 차이에 상관없이 모든 이를 위한 인권과 기본권을 존중하도록 장려하는 데 있어 국제적 협력을 성취"하는 것을 유엔의 목적으로 적시하고 있으며, 제55조와 제56조는 국가가 인권의 성취를 위하여 행동할 것을 의무로 규정하고 있다. 이런 합의들에 기초하여 유엔헌장에 기반을 둔 다양한 인권기구들이 설립되었고, 여기에는 인권이사회(그리고 이전의 인권위원회와 인권의 촉진 및 보호에 관한 소위원회), 인권상황 정례 검토(Universal Periodic Review), 주제별 수임사항(Thematic mandates), 국가별 수임사항(Country mandate), 1503절차(1503 Procedure) 등이 포함되어 있다.[98] 유엔인권최고대표사무소, 사무총장, 여타의 전문기구들 역시 유엔헌장하에서 인권문제를 다루는데,[99] 이들은 보

도표 4.1 유엔의 6개 주요 기관

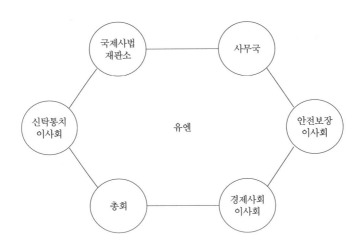

다 큰 기구적 기능의 일부로서 회원국의 인권에 관한 실천을 감독하는 기능을 하고 있다.

조약에 기반을 둔 기구들로는 자유권규약 산하의 자유권규약위원회 (HRC)와 사회권규약·아동권리협약·고문방지협약·여성차별철폐협약 등의 산하에 있는 다수의 위원회들이 있다. 국제노동기구, 유엔교육과 학문화기구(UNESCO, 이하 유네스코), 여타의 전문기관들 역시 몇몇 특정한 인권 분야에서 각각의 기구적 기능을 수행한다. 조약기구 위원회들은 일반적으로 당사국 보고서를 검토하고, 국가들의 순응을 감시하며, 협약에서 개인들에게 허용하고 있는 청원을 받아 검토한다.

현재 모든 아시아 국가가 유엔 회원국이며, 이 가운데 가장 최근에 회원국이 된 국가는 2002년에 가입한 동티모르다(표 4.1 참조). 남북한은 냉전 상황에서 벌어진 상대 진영에 대한 미국과 소련의 오랜 거부권 행사 끝에 1991년 유엔에 동시 가입했다.

아시아 국가들은 다섯개의 관습적인 지정학적 지역 분류 — (1) 아

표 4.1 동아시아 국가들의 유엔 회원 가입(가입일 순)

	국명	유엔 회원 가입 일자
1	중국	1945년 10월 24일
2	필리핀	1945년 10월 24일
3	인도	1945년 10월 30일
4	태국	1946년 12월 16일
5	파키스탄	1947년 9월 30일
6	미얀마	1948년 4월 19일
7	인도네시아	1950년 9월 28일
8	스리랑카	1955년 12월 14일
9	캄보디아	1955년 12월 14일
10	네팔	1955년 12월 14일
11	라오스	1955년 12월 14일
12	일본	1956년 12월 18일
13	말레이시아	1957년 9월 17일
14	몽골	1961년 10월 27일
15	싱가포르	1965년 9월 21일
16	몰디브	1965년 9월 21일
17	부탄	1971년 9월 21일
18	방글라데시	1974년 9월 17일
19	베트남	1977년 9월 20일
20	브루나이	1984년 9월 21일
21	북한	1991년 9월 17일
22	한국	1991년 9월 17일
23	동티모르	2002년 9월 27일

프리카 국가, (2) 아시아 국가, (3) 동유럽 국가, (4) 중남미 국가, (5) 서유럽과 기타 국가 ─ 를 활용하는 유엔 조직들과 밀접하게 결합되어 있다. 아시아 국가들은 그 통합된 체제의 일부를 이루며, 유엔의 주요 기관들은 아시아 국가들이 그 절차에 참여할 수 있도록 자리를 마련해왔다. 안전보장이사회는 아시아 국가들을 대표하기 위해 10개 비상임이사국 자리 중 두 자리를 아시아 국가들에 할당하고 있다. 안전보장회의 부속기구들인 상설 및 임시 위원회(Standing Committee and its ad hoc bodies), 구 유고 국제형사재판소(ICTY), 르완다 국제형사재판소(ICTR) 등은 아시아를 포함, 다양한 지역에서 신중하게 직원들을 선발한다. 총회의 상설위원회 역시 회원국을 선발하는 데 있어서 지역간 균형을 유지하려고 노력하고 있다. 국제노동기구, 유네스코, 국제식량농업기구(FAO), 세계보건기구(WHO), 세계은행(World Bank), 국제통화기금(IMF), 국제민간항공기구(ICAO), 국제해사기구(IMO) 같은 유엔경제사회이사회에 속한 전문기구들 역시 그들이 활동하는 지역에 일정한 쿼터의 아시아 국가들과 아시아 출신 직원들을 포함함으로써 지역적 균형을 유지하고 있다.

몇몇 아시아 국가들은 국제조직에 그다지 능동적으로 참여하지 않고 있다. 이는 관심이 부족하기 때문이기도 하지만 재정 상황 같은 실제적인 이유들 때문이기도 하다.[100] 그럼에도 동아시아 국가들이 인권기구를 포함한 유엔의 활동에서 완전히 배제되었던 것은 아니며, 최근 아시아 국가들의 참여뿐만 아니라 동아시아에서의 직원 선발도 급격하게 증가하고 있다.[101] 동아시아 국가들과 유엔의 관계는 단지 이론적인 것에 그치지 않고 실제로 밀접하게 기능하고 있다. 동아시아 국가들은 세계화하고 있는 지구촌의 구성원으로서 그들 국가에 주어지는 일정한 책임을 방기할 수 없으며, 국제적 규범과 기준의 존중 및 국제사회의 정당한 일원이 되기 위하여 국제적 인권기준을 충족시켜야 할 의무가 있다.

4.3.2 동아시아 국가들의 인권기구 참여

유엔인권이사회는 2006년에 설립되었고 47개 회원국으로 이루어져 있다.[102] 2016년 9월 현재 아시아 지역에서는 13개국이 회원국으로 선출되었는데, 방글라데시, 중국, 인도, 인도네시아, 키르기스스탄, 몰디브, 몽골, 필리핀, 카타르, 한국, 사우디아라비아, 아랍에미리트, 베트남 등이다(표 4.2 참조).

아시아 국가들은 인권을 적극적으로 보호하겠다는 서약서를 제출하는 등 유엔인권이사회의 회원 자격 선거에 매우 능동적으로 참여해왔다. 유엔인권이사회의 구성에 관해서는 몇가지 비판할 점이 있지만, 아시아 국가들이 회원국 참여에 열정적이었다는 사실을 볼 때 이들이 적어도 인권의 보호와 증진에 적극적임을 드러내 보이길 원한다는 것만큼은 알 수 있다.

인권 상황 정례 검토는 4년마다 한번씩 모든 유엔 회원국의 인권 상황과 그에 대한 기록을 검토하기 위한 정례화된 절차다.[103] 이 메커니즘은 각국의 인권 상황을 검토하고 개선하기 위한 수단을 논의할 기회를 제공하고 있다. 첫해(2008년 4월~2009년 2월)에 검토된 48개 국가들 가운데는 총 10개의 아시아 국가가 포함되었다.[104]

동아시아 국가들은 또한 조약에 기반한 인권기구에도 참여하고 있다. 이들 국가는 인권조약 체제에 가입한 이후에 조약의 위원회에 구성원을 파견한다. 특정 시점에 동아시아 국가가 파견한 위원회 구성원의 수는 〔표 4.3〕에서 살펴볼 수 있다.

이러한 동아시아 국가들의 다양한 참여와 활동은 이 국가들이 인권

표 4.2 인권이사회의 아시아 회원국

국가(회원기간 만기)
몰디브(2016)
몽골(2018)
방글라데시(2017)
베트남(2016)
사우디아라비아(2016)
아랍에미리트(2018)
인도(2017)
인도네시아(2017)
중국(2016)
카타르(2017)
키르기스스탄(2018)
필리핀(2018)
한국(2018)

체제에 통합되어 활동하고 있다는 점을 보여준다. 1976년 자유권규약 산하에 설립된 자유권규약위원회에는 현재 18명의 독립전문가들이 활동하고 있으며 아시아 국가 출신으로는 일본인이 포함되어 있다.[105] 이뿐만 아니라 동아시아 회원국들은 사회권규약위원회, 여성차별철폐위원회 등 다른 협약들하의 국제기구에도 참여하고 있다. 총 77개 국가들이 적어도 하나의 인권조약기구에 가입해 있는데, 이 중 동아시아 국가

표 4.3 인권기구에 참여하는 동아시아의 조약 위원회 위원

국가	가입한 조약 위원회
네팔	1
말레이시아	1
방글라데시	2
스리랑카	1
인도	3
일본	3
중국	5
태국	1
파키스탄	1
필리핀	3
한국	2

* 9개 위원회 총 164명 위원 중 동아시아 국가 출신 위원은 23명(14퍼센트)이며, 위원을 배출한 총 77개국 중 동아시아 국가는 11개국이다.
* 9개 위원회는 다음과 같다. 자유권규약 산하의 자유권규약위원회, 사회권규약 산하 사회권규약위원회, 인종차별철폐협약위원회, 여성차별철폐협약위원회, 고문방지협약위원회, 아동권리협약위원회, 이주노동자협약위원회, 장애인권리협약위원회, 강제실종협약위원회.

출처: 유엔인권최고대표사무소 홈페이지 http://www.ohchr.org (2016년 9월 30일 검색).

는 11개국이다.[106] 즉 현재 동아시아 국가들은 국제 인권기구위원회의 전체 회원국 중 대략 14퍼센트 정도를 차지하고 있다.

아시아 국가들은 국가별 수임사항이라는 특별한 절차와도 능동적으로 결합되어 있다. 이 아시아 국가들 역시 조사 대상에서 예외는 아니다. 지금까지 국가별 수임사항이 검토한 국가들 가운데는 아시아 3개국이 포함되어 있다(표 4.4 참조).

표 4.4 아시아 국가에 대한 국가별 수임사항, 인권위원회의 사례

수임 내용	수임 성립		현 수임자 (출신 국가)
	연도	결의안	
미얀마 인권 특별보고관	1992	결의안 1992/58	이양희 (한국)
캄보디아 인권 담당 유엔 사무총장 특별대표	1993	결의안 1993/6	로나 스미스
북한 인권 특별보고관	2004	결의안 2004/13 (기간은 명시되지 않음)	또마스 오헤아 낀따나 (아르헨티나)

1503절차가 다루고 있는 인권침해 유형은 종합적이면서도 확실히 입증된 것인데, 2004년 현재 13개 아시아 국가들이 1503절차에 따른 검토과정을 거쳤다(표 4.5 참조).[107] 이와 유사하게 아시아 국가들의 인권 침해를 검토하기 위해 주제별 수임사항이 사용되었는데, 이 절차에 따른 몇몇 수임자 역시 아시아 국가 출신이다.[108]

아시아 국가들이 인권기구에 광범위하게 참여하고 있다고 하더라도 그 국가들이 실제로 인권 향상에 매진하고 있는 것은 아니다. 이들 국가의 참여에 대해서는 다른 방식으로 설명할 수 있는데, 예를 들어 실제 몇몇 국가들은 자국 내 인권 향상에 헌신하는 모습을 대외적으로 보여줌으로써 그들 국가의 낮은 인권보장 수준을 감추려고 하는 경우도 있다.[109] 이런 국가들의 궁극적인 관심은 국제 인권기구에서 자국의 열악한 인권 상황에 대한 국제적 비난이나 비판을 줄이려는 데 있을지 모른다. 일반적으로 아시아 국가들은 인권 수준과 그 기록에 대해 공세를 취하기보다는 방어하는 입장에 있기 때문에, 아시아 국가의 대표자들이 국제적 비판에 대해 노골적으로 자국을 위해 방어하거나 로비하는 것을 심심치 않게 볼 수 있다. 중국과 북한의 대표자들은 어떤 결의안이 그들의 인권침해를 비판하면, 그 결의안을 기각시키거나 완화하기 위

표 4.5 1503절차가 검토한 아시아 국가들

국가	연도	회의
네팔	1996 1999	52차 55차
라오스	1995	51차
말레이시아	1984	40차
몰디브	2001	
미얀마	1979~80 1990~92	35~36차 46~48차
베트남	1994 2000	50차 56차
브루나이	1988~90	44~46차
인도네시아 (동티모르 포함)	1978~81 1983~85	34~37차 39~41차
일본	1981 1998	37차 54차
캄보디아	1979	35차
태국	1995 1996	51차 52차
파키스탄	1984~85 1988	40~41차 44차
필리핀	1984~86	40~42차
한국	1977~82	33~38차

출처: http://olddoc.ishr.ch/handbook/Annexes/CommProcs/1503outcms.pdf.

해 주저없이 그들 정부의 입장을 방어하곤 한다.[110] 이와 유사하게, 종종
숨은 정치적 동기를 가지고 이웃 국가의 상황을 비판하는 데 국제 인권
포럼이 이용될 수도 있다.[111] 일례로 중국을 비롯한 일본의 주변국들은
제2차 세계대전 동안 일본이 저지른 국제범죄와 인권유린을 비판한다.
하지만 일본은 과거 전쟁기간 동안의 모든 문제들이 법적으로 완전히

해결되었다는 입장을 고수하면서, 대신에 위안부와 강제노동 문제에 대한 북한의 주장에 쏠리는 국제적 이목을 돌리기 위해 일본인 납치문제를 가장 중요한 관심사로 부각시켜왔다.[112] 이처럼 인권은 정치적으로 큰 논쟁거리가 될 수도 있고, 자국의 이익을 위해 다른 국가에 압력을 행사하는 방식으로 남용될 수도 있다.[113] 이렇게 본다면, 현재의 국제정치적 맥락에서 인권은 그다지 중요한 문제가 아닐 수도 있다.[114] 각 국가들은 유엔 기관들에서 그들의 외교관계와 국익에 따라 투표할 수 있기 때문에[115] 아시아 국가들의 인권에 대한 협력은 이들이 인권을 자신들의 목적을 위한 도구로 사용하고 있다는 비판으로부터 자유로울 수 없을 것이다.

그러나 앞서 언급한 모든 문제들에도 불구하고, 여전히 우리는 전세계적 인권기구들에 대한 동아시아 국가들의 참여로부터 몇가지 긍정적인 면을 도출해낼 수 있다. 무엇보다도 인권체제에 가입한 회원국은 그 국가에서 자행되는 인권침해를 정당화하기 어렵다. 인권기구에 참여하고 선출되기 위해 회원국으로서는 인권 상황을 개선하는 행동을 취할 필요가 있기 때문이다.[116] 둘째로 좀더 핵심적으로 인권공동체에 참여하면서 인권에 대해 공헌하지 않기는 어렵다. 국가는 국제사회의 일부로서 적합하게 행위하도록 지속적으로 훈련되는데, 이런 경험들이 인권의 진전을 위한 해당 국가의 실천을 향상시키는 데 도움이 된다.[117] 지난 수십년간 유엔 인권기구들에 대한 아시아 국가들의 참여는 크게 신장되었고, 인권문제에 관한 그들의 국내외적 인식 역시 높아졌다.[118]

유엔과 여타의 세계적 인권기구들은 아시아 국가들의 인권기준을 보다 향상시키고 이를 보호할 중요한 버팀목으로서 공헌하고 있다. 아직까지도 아시아에 일부 남아 있는 권위주의 정권들은 인권을 국가적으로 침해하고 있지만 공공연히 그것을 정당화하는 것은 더이상 불가능하다.[119] 권위주의 정권이 그 사회의 특수성을 반영하는 정당화될 만한 차이들을 강조할 수는 있겠지만, 기본적인 인권의 가치에는 동의할 수밖에 없다. 유엔에서의 아시아 국가들의 이러한 경험은 만일 아시아에서 지역 인권기구가 설립된다면 아시아 국가들 역시 그 기구하에서 공존해나갈 수 있을 것이라는 전망을 품게 해준다.

4.4 아시아 혹은 아시아-태평양의 지역기구들

아시아 국가들은 유엔 같은 전세계적 기구들의 회원국인 동시에 동아시아, 아시아, 혹은 아시아-태평양 지역의 다양한 지역조직이나 기구의 회원국이기도 하다. 다음 절에서 자세하게 논의할[120] 아세안 및 남아시아지역협력연합 같은 소지역조직은 물론이거니와 몇몇 범지역적인 정치·경제기구들도 점차 그 역할을 확장하는 추세에 있다. 이러한 기구로는 유엔 아태경제사회위원회, 아태경제협력체, 아세안지역포럼(ASEAN Regional Forum, ARF), 아세안+3, 동아시아정상회의 등을 들 수 있다. 이 기구들의 주된 목적이 인권에 있지 않기 때문에, 이 기구들의 인권을 위한 기능은 제한적이다. 그럼에도 불구하고 이 기구들의 역할은 다음의 두가지 이유 때문에 주의 깊게 살펴보아야 한다. 첫째, 이 기구들은 미래의 좀더 커다란 지역통합을 위한 토대가 될 것이며, 둘째, 각각의 기구는 인권에 대한 협력에 공헌할 수 있을 것이라는 점이다.

이에 더하여 아시아의 대표적인 두 인권 주도기관 — 유엔이 후원하는 아시아-태평양 지역에서의 인권 증진과 보호를 위한 지역협력 워크숍과 아태국가인권기구포럼 — 역시 그 역할을 확장하고 있다는 점에 주목해야 할 것이다. 이 기구들은 미래에 아시아에서의 인권협력이 어떠할 것인가를 실제로 보여주고 있다. 우리는 우선 지역적인 정치·경제 기구들의 인권과 관련한 역할을 검토할 것이다. 그리고 그 연후에 아시아에서 인권협력을 위해 성취한 발전을 살펴보고자 한다.

4.4.1 아시아-태평양의 지역적인 정치·경제기구들

4.4.1.1 유엔 아시아-태평양 경제사회위원회

유엔 아태경제사회위원회는 1947년 유엔 아시아-극동 경제위원회 (UN Economic Commission for Asia and the Far East)로서 설립되었으며 1974년에 현재의 형태를 갖췄다.[121] 아태경제사회위원회의 목적은 본래 전후의 경제재건을 원조하는 데 있었지만 이 지역에 주요한 경제적·사회적 발전을 위한 센터를 설립하는 것으로 그 목적이 확장되었다. 방콕에 소재하는 이 유엔 기구가 특히나 중요해진 것은 지역적인 통치기구가 아시아에 전무하기 때문이었다. 고위급 정부회합으로서는 아시아-태평양 지역에서 가장 크고 포괄적인 유엔의 지역기구인 아태경제사회위원회에는 53개의 회원국과 9개의 준회원국이 가입해 있다.

아태경제사회위원회는 그동안 경제적·사회적 발전의 촉진이라는 목표하에 빈곤 퇴치, 지구화 관리, 지속적으로 등장하는 사회문제 대처라는 세가지 주제에 우선순위를 두고 활동을 전개해왔다.[122] 그 산하에 별도로 인권을 전담하는 부서나 프로그램이 있는 것이 아니며, 그 목적 역시 일반적인 경제문제에 초점을 맞추고 있다. 따라서 인권의 촉진과 보호를 위한 이 기구의 활동은 매우 제한적이다.

그러나 아태경제사회위원회는 세가지 목적 중 하나인 '새롭게 출현하는 사회문제들'을 다루는 활동의 일환으로 여전히 몇몇 인권문제들을 다루고 있다. 아태경제사회위원회는 "성별, 연령, 장애, 소득이나 기타의 이유로 동등하게 참여할 권리와 온전하게 계발할 권리를 누리지 못하는 경우" 또는 "HIV/AIDS 감염의 증가와 인간 밀매, 여타의 범죄와 관련하여 인간안보(human security)에 위협이 되는 것"을 그들 활동 영역의 한 부분으로서 인정한다.[123] 즉 '새롭게 출현하는 문제'와 '인간안보'라는 주제하에 활동의 영역을 확장하고 있는 것이다.[124] 아태경제사회위원회는 회원국들의 민감한 반응을 고려하여 인권문제를 신중하고 간접적으로 다루고 있다.[125] 이 방식이 충분한 것은 아니지만, '사회적 문제'에 대한 아태경제사회위원회의 활동은 과소평가될 수 없다. 왜냐하면 이러한 활동들이 이 지역에서 인권문제를 다루는 진정한 포럼에 대한 저변의 여론 형성을 독려하고 그에 대한 추구를 강화한다는 점을 보여주기 때문이다.

4.4.1.2 아시아-태평양 경제협력체

아태경제협력체는 아시아-태평양 국가들간에 상호의존도가 높아짐에 따라 1989년에 공식적으로 창설되었다.[126] 아태경제협력체의 목적 중 하나는 "아시아-태평양의 경제적 역동성과 공동체의식을 함양하는 것"이다.[127] 1980년대 후반 아시아 국가들이 지역 경제통합에 관심을 두고 있을 때, 그들 대부분은 아시아의 지역 경제통합에 미국이 참여하는 것을 반대했다.[128] 당시 아태경제협력체 창설을 처음 제안했던 호주와 일본은 아시아 지역 국가들만의 배타적인 통합보다는 미국에 좀더 우호적인 선택지를 마련하기 위해 노력했고, 클린턴 행정부가 아태경제협력체를 미국의 무역정책을 위한 주요한 수단으로 채택함으로써 이 제안이 추진력을 얻게 되었다.[129] 나아가 '열린 지역주의'와 '합의-구축 접근법'[130]을 통해 참여국들은 아태경제협력체를 비공식적이면서도 유연한 기구로 바라보게 되었고, 이로써 구조적 타협을 받아들이는 것이

가능해졌다.

아태경제협력체에는 21개 회원 '경제국'(economies)이 있다.[131] 현재 아태경제협력체는 미주기구나 유럽연합 같은 지역 정치조직으로 발전할 계획이 없으며, 그 활동의 대부분도 경제협력에 초점을 맞추고 있다.[132] 또한 회원국들간의 정치적 긴장을 고조시키는 일을 피해왔다.[133] 그럼에도 불구하고 아태경제협력체는 아시아와 태평양 지역에서 큰 영향력을 행사하고 있으며 매년 이 지역에서 가장 영향력 있는 국가들의 정상들이 참여하는 정상회의를 개최하고 있다. 아태경제협력체 정상회의는 다양한 외교적 현안들을 양자간 혹은 다자간에 논의하기 위한 또 다른 정상회의를 조직할 기회로도 활용되었다.

아태경제협력체는 그동안 정치나 안보, 인권 관련 문제 같은 몇몇 비경제적인 문제들을 논의 대상에 포함하기 위하여 역할을 확장하는 유연성을 보였다. 부시(George W. Bush) 대통령이 2001년 아태경제협력체 정상회의에서 반테러리즘 수단의 중요성에 관한 논의를 제안했을 때, 회원국들은 그것을 논의 항목으로 받아들였고 정상회의 회기 동안 반테러리즘에 관한 지도자성명을 채택했다.[134] 이와 동일한 맥락에서 2002년 정상회의는 북한의 핵문제에 관해 강경한 목소리를 냈으며, 북한에 대한 지도자성명이 그해에 채택되었다.[135] 또한 2006년 하노이에서 열린 정상회의에서도 다시 한번 북한에 대한 지도자성명을 채택했다. 다만 최종적으로 채택한 지도자선언문에는 이를 포함시키지 않았다.[136] 2008년 정상회의의 지도자성명에서는 국제 테러주의와 대량살상무기 확산 방지에 대한 헌신을 재차 확인했다.[137] 이러한 모습은 아태경제협력체가 단지 경제적 협력체로만 기능하는 것이 아니라 다양한 분야에서 활용될 수 있는 융통성 있는 기구라는 점을 잘 보여준다.[138]

이에 반해 인권 관련 활동은 상대적으로 적었다. 인권에 대한 논의는

'인간안보'라는 문구에 해당하는 문제들이나 성차별과 "성별 통합"의 문제 영역으로 제한되었다.[139] 이러한 맥락을 고려하면 아태경제협력체가 대규모 인권 메커니즘으로 전환될 가능성은 극히 낮아 보인다.[140] 오히려 아시아의 통합은 아시아-태평양 각지의 소지역 차원의 지속적인 통합으로부터 나오거나 아세안+3 혹은 동아시아정상회의의 발전으로부터 나올 것으로 예상된다. 이러한 발전이 동아시아 지역 차원의 광범위한 정치적 공동체를 형성해낸다면 아태경제협력체의 장래 역할은 재조정될 필요가 있을 것이다.[141]

4.4.1.3 아세안지역포럼

1994년 설립된 아세안지역포럼은 현재 아시아에서 안보대화를 위한 주된 포럼으로서 기능하고 있다.[142] 동남아시아에서 경제발전과 국가형성을 위한 안보를 유지하는 것이 아세안의 창립 이유였기에,[143] 아세안지역포럼은 아세안 국가들간의 대화에 따른 자연스러운 산물이었다. 일본과 아세안은 중국의 성장에 대응하기 위한 메커니즘으로서 아세안지역포럼을 바라보았다.[144] 아세안지역포럼은 총 25개 국가로 구성되어 있다. 이는 10개의 아세안 국가들(브루나이, 미얀마, 캄보디아, 인도네시아, 라오스, 말레이시아, 필리핀, 싱가포르, 태국, 베트남), 10개의 아세안 대화 파트너(호주, 캐나다, 중국, 유럽연합, 인도, 일본, 뉴질랜드, 러시아, 한국, 미국), 1개의 아세안 참관국(파푸아뉴기니), 그리고 북한, 몽골, 파키스탄, 동티모르 등이다. 아세안지역포럼은 회원국들이 이 지역에서 평화와 안보를 향상하기 위한 협력적 수단을 발전시킬 수 있도록 현재의 지역안보 문제를 토론하는 수단이다.[145] 그 목적은 "이 지역과 지역의 사람들을 위하여 지속적인 평화와 안정, 번영을 보장하는 수단으로서 지역 내에서 정치적 협력과 안보협력을 강화하고 향상시키

는" 방향으로 일하는 데 있다.[146]

유럽안보협력기구와는 달리, 아세안지역포럼은 이 지역에서 인권문제를 다루는 데 있어 주도적인 역할을 하지 않았다. 이는 이 지역이 자본주의와 공산주의 간의 이데올로기적 대결에 따른 안보 관심사보다는 지역의 지속적인 경제적 번영에 있어 절실한 안정에 보다 초점을 두고 있기 때문이다.

다만 아세안지역포럼 외교장관회의에서, 인권문제 그 자체보다는 안보에 초점을 둔 논의의 일부로서 선별된 인권문제를 다루는 경우가 있다. 예를 들어 2005년 회의에서 장관들은 국경을 가로질러 이루어지는 인신 밀매나 불법매매 문제를 논의한 바 있다. 논의를 위한 어젠다 항목들은 포괄적이기 때문에 북한 핵문제와 6자회담도 수차례에 걸쳐 논의되었다. 이 회의는 "주권과 평등에 대한 상호존중의 원리"[147]에 기반을 두고 있다는 점을 강조하고 있어 일반적인 인권문제를 다루기에는 다소 민감한 측면이 있지만, 평화와 안보에 문제가 될 우려가 있는 인권과 민주주의의 문제들은 다루어지고 있다.

4.4.1.4 아세안+3과 동아시아정상회의

동아시아에서 지역조직의 미래를 담보하고 있는 가장 중요한 두개의 정부간 지역조직은 아세안+3과 동아시아정상회의다. 아세안 10개국에 더해 동북아시아 3개국이 모이는 아세안+3은 1997년,[148] 동아시아정상회의는 2005년에[149] 각각 설립되었다. 동아시아에 지역조직을 설립하려는 노력은 말레이시아의 전 총리 마하티르 모하맛이 1990년 제안한 동아시아경제그룹까지 거슬러 올라간다.[150] 아세안 경제장관회의가 그의 제안을 받아들여 논의를 거친 뒤 1992년 동아시아경제협의체(East Asian Economic Caucus, EAEC)를 설립하는 데 동의하게 된다.[151] 그후

1993년 7월 아세안 외교장관회의는 동아시아경제협의체를 아태경제협력체 내의 협의체로 하고 아세안 경제장관회의에서 지원과 지시를 하도록 결정했다.[152] 중국은 대만과 홍콩의 회원 가입을 염려하였기에 동아시아경제협의체에 전폭적으로 동의하지 않았다. 미국은 이를 아태경제협력체와 미국의 주도권에 대한 위협으로 간주하여 강력한 반대를 천명했다.[153] 아세안이 계속해서 지지했음에도 불구하고 앞서 거론한 정치적 맥락에서 중국, 일본, 한국은 그 제안에 그다지 긍정적인 입장은 아니었다.

그러던 와중에 아시아에서 금융위기가 시작되면서 분위기가 극적으로 변화한다.[154] 1997~98년 금융위기는 아시아 국가들에 경제적으로 심대한 타격을 주었고, 아세안, 중국, 일본, 한국은 지역 내의 경제적·재정적 안정을 찾고 재발 위험을 낮추기 위해 긴밀하고 빠르게 대처한다는 합의를 쉽사리 이뤄냈다.[155] 1997년 12월 16일 열린 아세안+3 정상회의에는 10개국의 아세안 회원국 정상들과 중국, 일본, 한국의 정상이 함께 참여해 동아시아 지역의 평화와 번영에 초점을 두고 논의를 진행했다.[156] 이러한 협력을 통해 경제, 통화와 금융, 과학과 기술, 보건, 노동, 환경, 농업, 문화와 발전 문제들, 사람과 사람들 간의 접촉, 테러와 초국가적 범죄 같은 모든 영역에 걸쳐 진전을 이룰 수 있었다.[157]

1998년 12월에 열린 아세안+3 정상회의는 아시아 국가 지도자들이 아시아 협력의 미래에 관하여 논의한 중요한 포럼이었다. 당시 한국 대통령이었던 김대중은 동아시아공동체를 제안했고, 이에 따라 동아시아비전그룹(East Asia Vision Group, EAVG)이 설립된다. 2000년 11월 동아시아비전그룹의 보고서를 받은 뒤 아세안+3 정상회의는 보고서를 검토하기 위한 동아시아연구그룹(East Asia Study Group, EASG)을 설립하는 데 합의했다. 2002년 캄보디아에서 열린 아세안+3 정상회의에 제출된 동아시아연구그룹의 최종 보고서는 동아시아 협력의 미래를 향한 대담하고 중요한 제안을 담고 있었다. 보고서는 단기 과제로서 17개의 구체적인 행동을 제안했고,[158] 연구가 좀더 필요한 문제들과 함께 9대 중장기 과제를 제안했다.[159]

이와 같이 동아시아비전그룹와 동아시아연구그룹이 제안한 계획에 따라, 2003년 12월 아세안 국가들과 중국, 일본, 한국의 정부, 학계, 경영계 대표자들로 구성된 동아시아포럼(East Asia Forum, EAF)의 창립총회가 '동아시아의 평화, 번영, 진보: 도전과 새로운 비전'이라는 기치하에 서울에서 개최되었다. 이러한 발전을 거쳐 지역회의의 가장 종합적인 형태라 할 수 있는 동아시아정상회의가 2005년 최종적으로 실현된다.

제1차 동아시아정상회의는 2005년 12월 12~14일 열린 제11차 아세안 정상회의의 일환으로서 12월 14일 쿠알라룸푸르에서 개최되었다.[160] 참여국을 결정하는 과정에서 중국과 일본 간의 긴장이 있었으나 최종적으로 10개의 아세안 회원국(브루나이, 캄보디아, 인도네시아, 라오스, 말레이시아, 미얀마, 필리핀, 싱가포르, 태국, 베트남)과 중국, 일본, 한국 등의 동아시아 3개국을 비롯해 인도, 호주, 뉴질랜드의 참여가 합의되었다.[161] 회의 마지막에 채택된 쿠알라룸푸르 선언에서는 동아시아정상회의를 "동아시아에서 평화와 안정, 경제적 번영을 촉진할 목적으로 공통의 이행관계와 관심사의 광범위한 전략적·정치적·경제적 문제들에 관해 대화하는 포럼"으로 정의했다.[162] 다만 아세안 회원국들은 아세안이 아세안+3에 대해 가지고 있는 주도권을 동아시아정상회의에 참여할 다른 국가들에게 빼앗길 수도 있다는 우려에서 아세안+3을 동아시아정상회의로 대체하지 않기로 결정했다.[163] 따라서 동아시아정상회의는 아세안+3 정상회의와 연속해서 열리게 되었다.

2007년 1월 필리핀 세부에서 열린 제2차 회의는 동아시아정상회의가 여타의 현존하는 지역 메커니즘을 보완한다는 점을 되풀이하여 확인했다.[164] 2007년 11월 21일 싱가포르에서 열린 제3차 회의는 의장성명을 통해 "동아시아정상회의는 아세안과 함께 동아시아의 통일과 번영을 일구어내는 데 계속해서 일조해야 한다. 아세안은 다른 동아시아정상회의 참여자들과의 긴밀한 파트너십을 통해 추진력을 갖는다"고 밝혔다.[165] 이 성명은 동아시아정상회의가 동아시아공동체를 구축하는 데 도움을 주는, 새로운 지역구조의 중요한 구성요소라는 점을 재확인한 점에 의의가 있다. 2008년 12월 17일 태국에서 열릴 예정이던 제4차 회의는 당시 태국이 겪고 있던 정치적 혼란 때문에 2009년으로 연기되었다. 이후 몇차례에 걸친 장소와 날짜의 변경 끝에 마침내 2009년 10월 25일 태국의 차암 후아힌에서 제4차 회의가 열렸다.[166] 의장성명은 "동아시아정상회의가 아세안 대화 프로세스, 아세안+3 프로세스, 아세안지역포럼 및 아태경제협력체를 포함하는 여타의 지역 메커니즘과 함께 동아시아공동체를 구축하는 데 있어서 서로를 보완하고 강화하는 역할을 해야 한다"는 점을 거듭 확인했다.[167]

제5차 회의는 2010년 10월 30일 베트남에서 열렸다. 회원국들은 "지역의 상황이 빠르게 변화하고 지역구조가 진화하고 있는 상황에서 동아시아정상회의가 나아갈 방향에 관해 심도 깊게 논의"했으며,[168] 공식적으로 "2011년부터 러시아와 미국 정상에게 참여를 요청하기로 결정했다."[169] 또한 지역 내의 평화와 안정뿐만 아니라, 해양 안보 및 안전에 있어 보편적으로 동의된 국제법의 원리에 따라 분쟁의 평화적인 해결을 도모하기 위해 아세안의 중심적인 역할을 강력하게 지원할 것이라고 강조했다.[170]

제6차 회의는 2011년 11월 19일 인도네시아 발리에서 열렸는데, 5차

회의에서 발표한 바와 같이 "공동의 노력을 발전시키기 위하여 동아시아정상회의의 성과를 강화"[171]한다는 명목으로 미국과 러시아가 처음으로 공식 회의에 참여하게 되었다. 의장성명은 회의에서 논의된 세부 주제들을 종합적으로 포함하고 있는데, 에너지 및 환경, 금융, 재난 관리, 교육, 지구적 보건의 문제와 세계적 유행병, 연결성(connectivity), 경제적 통합, 국제무역, 지역적·국제적 문제들, 해양협력, 군비축소와 핵무기 비확산 등의 주제들이다.[172]

　동아시아정상회의 선언들로부터 우리는 아시아의 통합을 위한 완전한 청사진이 아직까지는 존재하지 않는다는 점을 알 수 있다. 그러나 동아시아공동체는 아세안 대화 프로세스, 아세안+3 프로세스, 아세안지역포럼 및 아태경제협력체의 "서로를 보완하고 강화하는 역할"들을 통해 구현될 것이다.[173] 이러한 움직임들은 동아시아 국가들이 '동아시아공동체'라는 목표를 가지고 지역통합을 향해 나아가고 있다는 사실을 분명하게 보여준다.[174] 한가지 더 언급하고 싶은 것은, 지역통합이 지역 내 국가들의 패권경쟁과 이를 획득하기 위한 정치투쟁으로부터 자유롭지 않다는 것이다. 일례로 미국은 2011년 중국의 강한 반대를 무릅쓰고 남중국해 주변의 정치적 문제와 안보문제를 제기했다.[175] 이러한 움직임의 배경에는 동아시아 자유무역지대(East Asia Free Trade Area, EFTA)에 관심을 쏟고 있던 아시아 국가들에 대한 미국의 견제가 있었다.[176] 실제로 미국은 이들을 견제하면서 범태평양파트너십(Trans-Pacific Partnership, TPP)을 주창하고 있었다.[177] 아시아 지역공동체는 이런 정치적 투쟁과 다층적 대화 및 협상이 어우러진 결과로서 그 구체적인 모습을 드러낼 것이다. 확실한 것은, 아시아 지역통합은 회피할 수 없는 추세에 있다는 사실이다. 졸견으로 동아시아공동체가 가까운 장래 ─ 10년 혹은 20년 이내 ─ 에 현실화될 것이라고 조심스럽게 예측

해본다.

앞서 검토한 바와 같이 동아시아공동체가 지역통합이 공고화된 지역 기구로서 자리매김하여 출현한다면, 과연 지역 인권기구는 그러한 동아시아공동체의 일부로서 포함될 수 있을 것인가? 동아시아정상회의 에서 이루어지고 있는 현재의 논의를 감안하면 이러한 희망 섞인 물음에 쉽게 긍정적인 답변을 낼 수 있을 것 같지는 않다. 예를 들어 현재 동아시아정상회의의 어젠다 항목들 중에는 인권이 공식적으로 포함되어 있지 않은 실정이다.[178] 다른 한편, 아세안+3은 여성과 아동의 보호, 빈곤 퇴치, 재난 관리, 광물자원 등에 대한 논의를 진전시켜왔다.[179] 아세안은 이미 동남아시아에 다양한 지역 인권기구들을 설립했다. 만일 동아시아공동체가 가까운 미래에 창설될 수 있다면 우리는 이러한 소지역 인권기구의 기능을 통합하기 위한 인권 메커니즘 형태를 발전시키도록 압력을 넣을 수 있을 것이다. 그러나 이러한 움직임이 가능하기 위해서는 인권이 아세안+3뿐만 아니라 동아시아정상회의의 논의에서도 어젠다 항목에 포함될 수 있도록 국제사회가 보다 큰 노력을 기울여나가야 할 것이다.

4.4.2 아시아−태평양에서의 지역 인권기구

앞에서 언급한 기구들[180] 대부분이 지역의 정치적·경제적 문제들에 초점을 맞추고 있는 반면, 아시아−태평양 지역에서 인권협력에 전념하고 있는 몇몇 지역간 인권협의체가 있다.

4.4.2.1 아시아−태평양 지역에서 유엔이 후원하는 워크숍(유엔 워크숍)
아시아−태평양에서 지역 인권협력을 위해 마련된 가장 포괄적인 포럼은 유엔이 공식적으로 후원하고 있는 '아시아-태평양 지역에서의 인권 증진과 보호를 위한 지역협력 워크숍'(Workshop on Regional Cooperation for the Promotion and Protection of Human Rights in the Asia-Pacific Region)이다. 이 워크숍에서 각국 대표들과 NGO들이 모여 지역 내에서 발생하는 인권문제에 대해 함께 논의한다. 유엔은 1982년 콜롬보에서 최초로 아시아-태평양 지역의 정부간 인권세미나를 개최했다.[181] 약 8년 후인 1990년 마닐라에서 유엔이 조직한 또다른 워크숍이 열렸고 아시아-태평양 지역에서 지역 인권기구를 수립하고자 하는 유엔의 바람이 반영되어 이후에는 정규 행사로 자리 잡게 된다.[182] 제2차 워크숍은 1993년 자카르타에서, 3차는 1994년 서울, 4차는 1996년 카트만두, 5차는 1997년 암만, 6차는 1998년 테헤란, 7차는 1999년 뉴델리, 8차는 2000년 베이징, 9차는 2001년 방콕, 10차는 2002년 베이루트, 11차는 2003년 이슬라마바드, 12차는 2004년 도하, 13차는 2005년 다시 베이징에서, 14차는 2007년 발리, 15차는 3년 후인 2010년 4월 13일과 21~23일에 태국의 방콕에서 각각 열렸다.[183] 현재 이 워크숍은 아시아-태평양 지역에서 인권을 전문적으로 다루는 가장 큰 연례 포럼이 되었으며, 약 30여개 이상의 정부 대표와 국제조직들이 참가하고 있다.

이상에서 살펴본 바와 같이 유엔 워크숍은 지역조직 구축이라는 측면에서 서서히 움직이고 있다. 1990년대 후반 지역기구의 설립을 위한 지역 국가간 합의가 난항을 겪으면서, 느리고 신중하면서도 점진적인, 기본 원칙에 충실한 접근법을 발전시킬 수밖에 없었다.[184]

1998년 제6차 워크숍

협력의 범위에 관한 주요한 전략적 조정은 1998년 2월 28~3월 2일

테헤란에서 열린 제6차 워크숍에서 이루어졌다. 테헤란 워크숍에 참여한 국가들은 소위 '네개의 부분 접근법'[185]을 채택했는데, 이는 이후 아시아-태평양 국가들 사이의 협력에 보다 집중할 수 있는 기반이 된다. 이 접근법은 최우선적인 네가지 영역의 인권협력에 초점을 맞추었는데, 이는 각각 (1) 인권의 촉진과 보호를 위한 국가행동계획과 국가 역량의 강화, (2) 인권교육, (3) 인권의 촉진과 보호를 위한 국가기구, (4) 개발권과 경제적·사회적·문화적 권리의 구현을 위한 전략 등이다.[186] 네개의 부분 접근법은 각 국가가 가진 인권 역량이 효과적이고 지속적인 지역협력을 위한 가장 강력한 토대라는 믿음에 착안한 것이었다. 이러한 계획에 따라 지역의 기술적 협력을 위한 테헤란 프레임워크(Teh-ran Framework for Regional Technical Cooperation)가 채택되었는데,[187] 이는 아시아-태평양 지역의 국가 역량 강화를 위한 3개년 프로그램이다.[188] 앞서 서술한 바와 같이 점진적이면서도 기본 원칙에 충실한 접근법에 기초하여 72만 7,500달러의 예산이 선택된 네개의 기술적 협력 영역들을 위해 마련되었으며, 이후의 워크숍에서는 진전사항들을 검토하고 지역통합을 향상, 촉진시키기 위한 수정안들을 마련했다.

1999년 제7차 워크숍

1999년 뉴델리에서 열린 제7차 워크숍에서는 기술적 협력 활동들과 그에 대한 재정적 후원이 사상 최고 수준에 도달했다는 점이 보고되었다.[189] 자국 내 인권기구를 갖춘 국가의 수가 증가했고, 이러한 국가들의 경험을 경제적·사회적·문화적 권리 구현을 위한 최상의 실천 예로 수입, 전파하기 위해 일련의 지역별·소지역별 회의들이 제안되었다.

2000년과 2001년의 제8차 및 제9차 워크숍

2000년 3월 베이징에서 열린 제8차 워크숍은 기왕의 활동에서 한걸음 더 나아가, 지역협력의 과정을 가속화하기 위한 활동으로 테헤란 워크숍에서 채택된 '네개의 부분 접근법'의 각 항목에 따른 상세한 행동계획을 마련했다. 그 행동계획에서는 지역적·소지역적·일국적 차원에서 지역협력을 확대하기 위해 24개월간 실행할 조처들이 추가로 제안되었다.[190] 2001년 방콕에서 열린 제9차 워크숍은 네 영역간의 긴밀한 관계유지와 상호협력을 강조했다. 지역·소지역 차원에서 협력의 방식을 논의하고, 지역 워크숍이 구체적이고 지속 가능한 소지역적·국가적 활동을 수반해야 한다고 선언했다. 국가기구, NGO, 정부간 조직들의 참여의 중요성 역시 강조되었다.

2002년과 2004년의 제10차 및 제12차 워크숍

2002년 베이루트에서 열린 제10차 워크숍에서 정부 대표들은 전략적인 행동계획을 지속해나가기로 결정하고, 인권의 향상과 보호를 위한 협력에 관해 아시아-태평양 프레임워크의 2002~04년 행동강령을 채택했다.[191] '베이루트 행동강령'은 테헤란 프레임워크의 네 영역이 추구하는 특정한 목표와 이를 위한 활동이 시행되어야 한다는 점을 포함했다. 2004년 3월 4일 카타르의 도하에서 열린 제12차 워크숍에서는 정부 대표자들이 협력에 관한 아시아-태평양 프레임워크의 2004~06년 행동강령에 재차 동의했으며, 계속해서 테헤란 프레임워크의 네개의 영역에 초점을 맞추었다.[192] 그리고 이러한 발전의 일부로서 인권교육을 위한 국가행동계획이 일본, 필리핀, 태국, 파키스탄, 인도에 의해 채택되었다.

2005년과 2007년의 제13차 및 제14차 워크숍

2005년 베이징에서 열린 제13차 워크숍은 "아시아-태평양 지역에서 인권의 향상과 보호를 위한 지역적·소지역적 노력들을 강화하고 발전시키기 위해, 이 지역 국가들뿐만 아니라 아랍국가연맹(League of Arab States), 아세안, 남아시아지역협력연합, 태평양제도포럼의 주도권"을 명시적으로 지지하는 입장을 취했다.[193] 2007년 발리에서 열린 제14차 워크숍은 기존의 입장에서 한걸음 더 나아가 처음으로 '인권과 극빈'에 초점을 맞추어 이 지역에서 실질적인 인권문제를 논의한 점에 의의가 있다.[194]

2010년 제15차 워크숍

제15차 워크숍은 "최상의 실천과 경험의 공유를 통한 지역 인권 메커니즘의 강화"를 주제로 하여 2010년 4월 21~23일 방콕에서 열렸다.[195] 이 워크숍에서는 아프리카, 미주, 유럽은 물론이고 비교적 최근에 지역 발전 논의가 활발했던 아세안 및 아랍국가연맹 등의 지역적 인권 메커니즘도 논의되었다. 참여자들은 또한 제14차 워크숍 이후 성취한 진전을 검토하고, 협력을 위한 새로운 가능성을 열어놓은 아시아-태평양 지역에서의 현재의 지역적·소지역적 인권계획들(initiatives)을 검토했으며, 결론적으로 '방콕 행동방침'(Bangkok Action Points)을 채택하기에 이른다. 방콕 행동계획은 "아시아-태평양 지역의 기술적 협력을 위한 테헤란 프레임워크에 따라, 인권의 촉진과 보호를 위한 국가적 역량을 발전시키고 강화하는"데 헌신할 것을 천명했다.[196]

평가

4대 목표에 집중하여 점진적이고도 기본 원칙에 충실한 접근법을 채택한 1998년 테헤란 워크숍의 결정은 명백히 절충을 택한 것이었지만, 완전히 실패한 것이라고 치부할 수만은 없다. 테헤란 워크숍은 '네개의 부분 접근법'을 이용하여 인권 향상에 공헌했다. 네개의 우선적인 관심 영역들은 아시아-태평양 지역에서 인권문제의 관련성을 강조하는 데 성공했고 지역협력의 중심점으로 역할했다.[197]

그러나 이런 접근법하에서 워크숍의 약점 역시 노출되었는데, 첫째로, 정부간 워크숍은 각국의 실제 인권문제를 논의 안에 조직적으로 포함할 수 없었다는 점을 들 수 있다. 따라서 결과적으로 지역 워크숍은 이 지역의 실제 인권문제들과는 괴리된 정부 대표자들을 위한 클럽으로 간주되곤 했다.[198] 둘째, 워크숍의 준비와 운영에 있어서 NGO의 참여가 그다지 두드러진 역할을 하지 못했다. 워크숍에 참석하는 국가들은 30개국 이상인 반면 NGO는 극소수에 불과했다. 따라서 보다 효율적인 워크숍을 위해서는 정부 당사자들이 좀더 많은 NGO의 참여와 역할을 보장해야 하고, 더불어 NGO 참여에 필요한 기금을 마련하는 데에도 노력을 기울여야 한다. 셋째, 워크숍은 주로 단기적 발전에 초점을 두고 있기 때문에 장기적인 계획과 관련하여 정확한 방향성이 부족하다는 점을 들 수 있다. 워크숍이 보여준 무능력 중의 하나는, 인권협력의 미래를 위해 지역 단위로 일해야 할지 혹은 소지역 단위로 일해야 할지와 같은 단순하고 근본적인 질문에 대해서조차도 합의에 도달할 수 없었다는 점이다. 이는 전망과 관련하여 포럼 내부에 일반적인 합의가 부재하다는 것을 보여준다. 따라서 아시아-태평양 국가들은 향후 제도적 발전을 이룩해나가기 위해 그들의 협력적 에너지를 투자할 분명한 청사진이 필요하다. 넷째, 워크숍은 아태경제협력체, 유엔 아태경제사회위원회, 아세안지역포럼 및 동남아시아, 남아시아, 태평양제도 국가들의 소지역조직 같은 다른 지역기구들과의 조정이 부족했다. 이러한 조정과 협력의 부재는 이 지역에서 혼란과 에너지의 낭비를 부추길 수밖에 없었다.

이러한 한계점에도 불구하고, 워크숍은 아시아 인권협력의 초점을 외교적 협상의 문제에서 실질적인 인권 향상의 과제로 이동시키는 데 중요한 역할을 담당했다. 이러한 활동은 아시아에서 지역 인권기구의 형성을 촉진하는 중요한 요인이었다고 할 수 있다.

4.4.2.2 아시아-태평양 지역의 국가인권기구포럼

빠리원칙(Paris Principles)[199]에 따라 국가인권기구(National Human Rights Institution, NHRI)[200]들로 구성된 아태국가인권기구포럼은 1994년 호주, 인도, 인도네시아, 필리핀, 뉴질랜드의 국가인권기구들이 제안하고[201] 1996년에 공식적으로 출범한[202] 지역 포럼이다. 이후 빠르게 성장을 거듭하여 아시아-태평양의 중심적인 지역 인권조직이 되었다. 현재는 지역 내 총 18개국의 국가인권기구들이 결합되어 있다. 5개 회원국으로 시작된 이후 스리랑카, 피지,[203] 네팔, 몽골, 말레이시아, 한국, 태국, 요르단, 동티모르가 가입했고, 현재는 15개 정회원 국가와 3개 준회원 국가 들로 구성되어 있다.[204] 아태국가인권기구포럼의 연례회의에는 이 지역의 국가인권기구들, 지역 정부의 대표자들, NGO들이 참석하여 역내의 인권문제에 관해 논의한다.[205] 2007년 제12차 연례회의에서는 장애인의 권리 보호와 기후 변화에 대한 인권적 차원의 대응이 주요한 문제로 논의되었고, 몰디브 인권기구(Maldives Human Rights)가 새롭게 준회원으로 가입다.[206] 이 회의의 최종 성명에서는 랑군에서 민주주의를 요구하는 시위대들을 강경 진압한 것과 관련해 미얀마의 인권 상황을 긴급한 문제로 제시했고, 각 회원국들은 자국 정부가 미얀마의 인권침해에 대해 적절한 조치를 취할 것을 촉구하는 데 동의했다. 2008년 제13차 연례회의에서는 인권침해 기업들에 대한 법적 제재의 도입 가능성이 논의되었고, 토착민과 소수민족과 관련 문제들이 제기되었다.[207] 제14차 연례회의에서는 반부패 활동에 있어서 국가인권기구들이 당면한 역할과 다른 종교를 가진 사람들이 서로 공개적이고 교양있게 대화할 필요에 관한 논의가 있었다.[208] 태국 방콕에서 2011년 9월 6일에 열린 제16차 연례회의에 뒤이어 2011년 9월 7~8일에는 아태국가인권기구포럼의 첫번째 격년 콘퍼런스가 열렸다.[209] 여기에서는 인권옹호자와 개발권, 미디어의 역할과 개발, 천연자원과 개발 등의 주제에 초점을 맞추었다.[210]

아태국가인권기구포럼은 국가인권기구의 설립과 발전을 지원하는 것에 목적을 두고 있다.[211] 그러나 그 활동은 인권기구들간의 교류에만 국한되어 있는 것은 아니어서 인권에 대한 논의와 인권의 향상 및 보호를 용이하게 하는 데도 영향을 미친다. 또한 아태국가인권기구포럼은 유엔과 역내 정부들에서도 그 권위를 인정받고 있기 때문에, 보다 많은 국가들이 여기에 가입하기 위해 국가인권기구 설립을 고려한다. 이것 역시 중요한 역할이다.

그러나 아태국가인권기구포럼이 가지고 있는 한계에도 주목해야 한다.[212] 첫째로 포럼을 구성하고 있는 국가인권기구의 대표자들이 반드시 해당 국가의 공식 입장을 대표하는 것은 아니라는 점이다. 둘째, 포럼은 논의의 장으로서 적절하게 기능하고 있지만 그 논의를 실제적 행위로 발전시켜나갈 원동력은 부족하다. 특히 포럼은 사법적 혹은 준사법적 기능을 가지고 있지 않기 때문에 회원국들이 제기하는 사례들은 여기에서 논의될 수 없다. 마지막으로, 일본이나 중국 같은 주요 강대국들이 아직까지도 포럼에 가입하지 않았으며 인권유린 문제가 심각한 일부 국가들 역시 포럼의 밖에 머물러 있다. 그런 국가들을 지역기구에 가입하도록 지속적으로 설득하는 것은 중요한 도전이 될 것이다.

이러한 한계에도 불구하고 아태국가인권기구포럼은 그 기구적 틀을 확장해왔고, 1998년 전문가기구인 아태법률가자문위[213]를 설립하는 중대한 진전을 이루었다. 아태법률가자문위는 인권문제에 대한 참고문서 형식으로 아시아 국가들에서 그 조건에 부응하는 규범을 현지화하는 데 공헌했다. 아태법률가자문위는 이전부터 존재해온 인권규범들을 해석하고 아시아 국가들 공통의 관심사인 다양하고 새로운 주제들을 논의하는데, 이는 장래에 아태국가인권기구포럼하에서 개별적인 사례나 고소를 고려하는 제도적 방법으로 진화할 수도 있을 것이다. 또한 자문의견을 공표함으로써 규범 형성의 기제로서 작동하기도 한다. 아태법률가자문위는 2006년 제11차 아태국가인권기구포럼 기간 동안 '인권에 대한 공통된 지역 접근법을 반영하는 지역적 혹은 소지역적 인권수단을 채택하는 것을 고려하고, 자발적으로 이에 관한 초안을 작성할 것'을 포럼에 권고했다.[214] 또한 2010년 제15차 연례회의에서는 국내법과 회원국 기구의 성별 정체성과 성적 지향에 관한 정책들이 고려되었고 "국제인권법을 국내에 법제화하는 데 있어 일관성의 문제에 대한 조언과 권고"를 제공하도록 요청받았다.[215]

이상의 논의를 고려했을 때, 아태국가인권기구포럼이 아시아의 지역인권기구를 구축하는 과정에 있어서 앞으로도 매우 중요한 역할을 수행할 것이라고 예상해볼 수 있다. 처음 창설되었을 때는 어느 누구도 아태국가인권기구포럼이 이처럼 빠르고 광범위하게 확대되리라고는 생각하지 못했다.[216] 그러나 지금은 국제사회로부터 국내적·국제적으로 능동적인 역할을 하는 기구들로 구성된 가장 성공적인 지역 포럼 중 하나로 평가받고 있다. 회원국들이 빠르게 확대되었으며, 이러한 역할의 확장은 이 지역에서 인권기구가 설립될 큰 잠재력을 보여준다. 아태국가인권기구포럼은 아시아 국가들이 조약을 비준하고 인권을 보호하는 데 도움이 되고 있으며 이 지역 문제들에 대한 개입을 확대하고 있다. 이는 아시아에서 지역 인권체제를 위한 중요한 제도적 토대라고 할 수 있을 것이다.

4.5 아시아에서 소지역 제도들의 발전

아시아-태평양 지역에는 소지역 차원의 정부간 기구들이 있는데, 이는 동남아시아의 아세안, 남아시아의 남아시아지역협력연합, 남태평양의 태평양제도포럼, 서아시아(중동)의 아랍국가연맹 등이다. 소지역조직들은 전통적으로 경제발전을 위한 협력과 주로 관련되어 있었지만, 점차 인권의 영역에서도 협력의 범위를 넓혀가고 있다.

4.5.1 동북아시아

동북아시아 국가들은 아태경제협력체, 아세안지역포럼, 아세안+3, 동아시아정상회의, 유엔 아태경제사회위원회 등의 지역 단위 조직들과 관계를 유지해왔지만, 소지역 차원의 정부간 회의는 상대적으로 새로운 현상이다. 동북아시아 국가들은 그들 사이에 존재하는 역사적 상처로 인해 정치적 합일점을 쉽게 찾지 못하고 분리되는 경향이 있었기 때문이다. 냉전 시기 동안에는 비인접 국가들과의 쌍무적 관계가 인접 국가들과의 관계보다 훨씬 중요한 것으로 간주되었다.[217] 냉전의 와중에 한편을 이뤘던 북한, 중국, 쏘비에뜨 러시아와 이에 대립했던 미국, 일본, 한국의 경쟁적 안보관계는 소지역 차원에서 연대가 형성되는 것을 어렵게 했다. 심지어 1990년대까지도 동북아시아 국가들간의 자유무역지대 창설은 그들의 우선순위에 전혀 존재조차 하지 않았다. 오랫동안 이 지역 국가들은 역내의 협력관계에 관심을 기울이기보다는 미국과의 경제적 관계에 더 큰 가치를 두었다.

이처럼 냉전의 역학에 좌우되던 이 지역의 협력관계는 쏘비에뜨 블록의 붕괴 이후 극적인 변화를 겪기 시작했고 1997~98년 태국에서 시작되어 인도네시아, 한국과 역내 여러 나라들을 휩쓸고 지나갔던 아시아 금융위기는 이를 가속화했다.[218] 이러한 경제위기를 교훈 삼아 이 지역의 국가들은 위기의 재발을 막기 위해서는 지역협력이 중요하다는 점에 동의하게 된다. 외환위기를 기점으로 미국 역시 아시아 지역의 발전을 위한 지원을 점진적으로 확대했고, 지역협력 확대에 대한 강력한 반대 입장도 다소 누그러뜨리게 되었다.[219] 이제 미국은 지역 내에서 미국이 균형자 역할을 하는 지역블록을 통해서도 미국의 이익을 보호할 수 있다고 보고 있다. 아시아 국가들의 오랜 배타적 쌍무주의는 쌍무적, 소지역적, 심지어는 지역간 무역협정까지도 포함하는 다차원적 무역관계로 대체되기에 이르렀다.[220]

중국은 1980년대 이래로 점차 아시아에서의 지역협력에 관심을 기울여왔다. 덩 샤오핑은 중국의 특별경제구역에 대한 그의 지지기반으로서 '태평양 시대'의 출현을 강조했다.[221] 중국은 1993년 동북아시아 국가들간 협력대화(the North East Asia Cooperation Dialogues, NEACD), 즉 '트랙 투'(track two) 포럼이 처음 설립되자 즉시 가입했다. 이 포럼은 중국과 러시아, 남북한, 일본, 유럽의 외교부와 국방부 관료, 장성 및 학자 들에게 지역안보 문제에 관해 허심탄회하게 논의할 기회를 제공하기 위해 설립된 것이었다.[222] 1997년 아시아를 휩쓸고 지나간 위기가 중국에 직접적인 영향을 미치지는 않았지만 중국은 자유무역지대의 창설 및 금융협력을 촉진함으로써 재발을 방지하기 위하여 지역간 협정을 맺고자 했다. 한국 역시 금융위기를 겪은 뒤 지역간 협력을 중요한 외교적 목표 중 하나로서 추구해왔다. 김대중 전 대통령은 지역통합의 열렬한 지지자였으며 아세안+3 정상회의에서 동아시아공동체를 제안하기도 했다. 노무현(盧武鉉) 전 대통령은 2002년 당선 후에 '동북아 시대'라는 슬로건하에 동북아시아 국가들간의 협력적 관계를 옹호했다.

전통적으로 동북아시아 국가들은 동북아 지역 내에서의 협력보다는 동남아시아 국가들과의 협력에 좀더 많은 관심을 기울여왔다. 그럼에도 동북아시아에서의 소지역적 협력 역시 느리긴 하지만 동시에 발전하고 있는데, 예를 들어 중국, 일본, 한국은 1999년 이래로 정상회의를 개최하고 있다. 중국은 헌법에 인권 개념을 채택하고 인권을 위한 유엔 워크숍을 개최하는 등 인권 분야에 관해 어느정도 진일보한 모습을 보여주었지만, 인권을 열렬하게 옹호한다고 하기는 어려울 것이다. 인권에 있어서 일본의 역할 역시 그다지 두드러진 것은 아니었다. 일본은 1980년대 초반까지도 아시아에서 인권을 추구하는 데는 관심이 없었으며,[223] 1982년 유엔인권위원회의 회원이 되면서 인권문제에 보다 능동적으로 접근하기 시작했다. 1984년 외교부 산하에 인권 및 난민국을 설립했고, 1988년에는 미얀마의 열악한 인권 상황을 이유로 원조를 중단했으며, 1989년 톈안먼 사태가 발생하자 중국에 대한 개발원조도 중단했다.[224] 그러나 아직까지도 일본에는 국가인권기구가 부재한 실정인데, 이는 일본이 지역 차원의 인권 향상을 위한 활동에 최소한도로만 개입하고 있다는 점을 보여준다. 한국 역시 1980, 90년대의 민주화 이후로 이전보다 인권활동에 능동적으로 참여하게 되었지만, 외교적 방점은 여전히 경제발전에 두고 있다.

북한의 핵무기 문제를 다루는 6자회담은 향후 동북아시아의 중요한 안보기구로 발전해나갈 잠재력을 가지고 있다. 6자회담은 미국, 중국, 일본, 남북한, 러시아 등 6개 국가의 정부 대표들간 회담으로 2003년에 처음 시작되었다. 이 회담은 북한의 핵무기 문제에 관한 다자간 논의의 장으로서 북핵 개발이 가속화됨에 따라 점차 국제적 관심을 받게 되었다. 그러나 6자회담은 핵보유국의 지위를 얻고자 하는 북한의 욕구를 무력화하는 데 실패했다. 6자회담은 정규 회담으로 자리 잡지 못하고 간헐적으로만 개최되었으며 국제정치 환경에 매우 민감하게 영향을 받았다. 그러나 미국과 한국 정부가 북한의 핵문제가 해결된 이후에도 6자회담을 지역의 안보 포럼으로서 발전시켜나가는 데에 관심을 표명했다는 점은 주목할 만하다.[225] 6자회담은 현재 활동이 중단된 상태지만 만일 북핵문제가 해결된 이후에도 계속 존치될 수 있다면 일부 인권문제에 권한을 갖는 아시아판 유럽안보협력기구 같은 기구로 진화할 수도 있을 것이다.

4.5.2 동남아시아: 아세안

동남아시아에서는 보다 역동적인 움직임이 있었다. 최근 동남아시아에서 지역기구의 발전은 매우 주목할 만하다. 아세안은 1967년 8월 8일 방콕에서 인도네시아, 말레이시아, 필리핀, 싱가포르, 태국 등 5개국을 회원국으로 하여 출범했다.[226] 베트남전쟁 기간 동안 미국이 후원하는 반공산주의 연합으로 처음 창설된[227] 아세안은 시작부터 경제성장과 역내의 평화 및 안정을 최우선 목표로서 강조했다.[228] 그러나 이들 국가는 점차 소지역 단위의 협력을 통해 외교와 지역협력에 있어 그들의 협상 범위와 권한을 현저하게 확대해왔다.

아세안은 아시아의 여타 국가들과 마찬가지로 전통적으로 인권 분야에 협력하고 참여하는 것에 대해 적극적이지 않았다. 이에 따라 조직의 기능은 대부분 정치적·경제적·사회적 문제들에 초점이 맞춰져 있었다. 또한 아시아 국가들은 인권의 보편성에 대한 논의가 불거지는 경우 국제적인 기준을 적용하기보다는 아시아의 역사적 특수성을 강조하는 경향이 있었다. 그러나 1993년 빈 세계인권회의 준비 기간과 그 이후로 놀랄 만한 변화가 일어나기 시작했다. 아세안 외교장관들이 1993년 싱가포르에서 열린 아세안 외교장관회의에서 기본적인 인권의 침해는 어떠한 이유로도 용인될 수 없다는 것에 합의하고 공동성명을 채택한 것이다. 이 공동성명 제18장은 빈 선언을 지지하며 "아세안 역시 인권에 관한 적절한 지역 메커니즘의 설립을 고려해야 한다"는 점을 강조했다.[229]

이 합의가 지역기구의 설립을 담보해준 것은 아니었다. 아시아 정부들은 공동성명에서 경제발전에 대한 자신들의 권리를 강조했으며 경제협력과 개발원조의 전제조건으로 인권이 사용되는 것에 대해 비판했다.[230] 이들은 통제할 수 없는 인권 논의로 들어가는 것을 꺼려했는데, 이러한 입장은 "국가주권, 영토적 통합과 국내문제에 대한 비개입"과 인권이 "특수한 문화적·사회적·경제적·정치적 환경에 관해 균형있고 통합된 방식으로" 다루어져야만 한다는 주장으로 귀결되었다.[231]

그럼에도 불구하고 동남아시아는 지난 10년 동안 놀랄 만한 지역통합을 이루어냈다. 이 지역의 NGO들은 통합과정에 인권기구를 결합시키기 위해 부단히 노력해왔으며, 특히 민간 부문에서 등장한 아세안 인권 메커니즘을 위한 실무그룹(Working Group for an ASEAN Human Rights Mechanism)은 1997년 이래 아세안 인권 메커니즘의 창설을 위해 꾸준히 캠페인을 전개해왔다.[232] 1997년에는 쿠알라룸푸르 아세안

워크숍에서 '아세안 비전 2020'(ASEAN Vision 2020)을 채택함으로써 동남아시아 국가간 협력에 바탕을 둔 아세안 공동의 비전에 합의했다.

나아가 아세안은 2005년 아세안헌장을 만드는 데 동의하고[233] 이를 위해 국가수반과 장관으로 구성된 현인그룹을 설립했다. 현인그룹은 아세안 공동체와 관련된 아세안헌장의 요체와 그 방향성에 대해 권고하고 검토할 권한을 가졌다.[234] 2007년 1월 필리핀 세부에서 현인그룹은 "아세안 인권 메커니즘의 수립은 추구할 가치가 있는 생각"이라고 적시하면서 헌장 권고안에 인권 메커니즘의 필요성을 분명히 했다. 아세안 정상회의는 아세안헌장에 대한 현인그룹의 보고를 지지하고 아세안헌장 초안을 작성할 고위급 특별전문위원회(High Level Task Force)의 설치를 추인했다. 관련 아세안 문서는 현인그룹의 권고와 2007년 11월 싱가포르에서 열릴 제13차 아세안 정상회의에 그 완성 시한을 맞춘 것이었다.[235] 그리고 2007년 3월 아세안 외교장관들은 고위급 특별전문위원회를 아세안의 산하 기관으로 하고 인권위원회를 창설하기 위한 초안 작성 권한을 부여하는 조항을 아세안헌장에 포함시켰다. 아세안 정상회의가 2007년 11월 20일 채택하여 2008년 12월 15일부터 발효된[236] 아세안헌장에서는 "민주주의를 강화하고, 좋은 정부와 법의 지배를 향상시키며, 인권과 기본적인 자유를 촉진하고 보호하는" 것을 기구의 목적이라고 밝혔다.[237] 이러한 진전은 아세안 40년 역사에서 기념비적인 것이었다. 나아가 헌장 제14조는 "인권과 기본적인 자유를 촉진하고 보호하는 데 관련된 아세안헌장의 목적과 원칙에 준거하여, 아세안은 아세안 인권기구를 설립할 것"이라고 규정하고 있다.

아세안에서 지역 인권기구의 설립은 모든 회원국이 헌장을 비준하면서 확정되었다.[238] 아세안 인권기구의 세부 사항은 2008년 설립된 고위급 패널에서 논의되었는데, 고위급 패널은 2009년 그 설립과 관련하여

기구에 대한 위임사항을 마련했다. 본래 아세안 정상회의에서 기구를 그해에 설립할지 여부를 결정하도록 되어 있었으나,[239] 제14차 아세안 정상회의는 태국 시위에 따른 불안정성 때문에 인권기구에 대한 자세한 논의를 갖지 못한 채 도중에 중단되었고[240] 2009년 10월 제15차 아세안 정상회의에서 결국 아세안 인권기구가 탄생하게 되었다.

4.5.2.1 아세안 정부간 인권위원회

아세안 인권기구의 최종적인 형태와 관련하여 여러 논쟁들이 있었다.[241] 쟁점이 되었던 문제들은 아세안 인권기구를 자문기구(advisory body)로 할 것인가 상담기구(consultative body)로 할 것인가, 기구 위원은 개별 회원국 정부가 임명하는 사람들로 구성할 것인가 아니면 아세안 회원국 전체가 임명하는 사람들로 구성할 것인가, 그 권한과 기능은 국가문제에 도움을 줄 수 있게 할 것인가, '아세안 인권수단'을 발전시킬 것인가 등을 포함하고 있었으며[242] 많은 참가자들이 활발한 논의를 벌였다.[243] 그리고 마침내 2009년 아세안 정부간 인권위원회가 설립되면서 동남아시아에서 인권협력의 새로운 장을 열었다.[244] 나아가 2010년 4월 7일 '여성과 아동의 권리 촉진과 보호에 관한 아세안위원회'(ASEAN Commission on the Promotion and Protection of the Rights of Women and Children)가 설립되었다.[245] 동남아시아 정부들은 동북아시아, 남아시아, 태평양 지역과 달리 민간 부문과도 밀접하게 협력하고 있으며[246] NGO들의 건설적인 비판이 기구의 발전에 크게 공헌해 왔다.

아세안 정부간 인권위원회의 유용성을 판단하기는 아직 이르다. 조직요강에 따르면, 아세안 정부간 인권위원회는 자문기구가 아닌 '상담기구'에 불과하며[247] 회원국들이 지명한 대표자들로 구성되고[248] 대표자의 교체는 회원국의 재량에 달려 있다.[249] 따라서 이 기구는 구성 자체에서 취약점을 갖고 있다. 그럼에도 아세안 정부간 인권위원회는 2009년 설립 이후 2년간 일곱차례나 회의를 가졌으며,[250] 이를 통해 절차와 규칙을 논의했다. 또한 향후 5년간의 작업계획 및 아세안 인권선언을 위한 아세안 정부간 인권위원회 초안 작성 그룹의 조직요강 초안을 채택하는 등 활발한 활동을 펼쳤다. 아직까지는 투명성 부족이나 시민사회의 접근성 부족 등으로 비판받고 있기는 하지만,[251] 아세안 국가들에서 인권을 향상시키고 보호하는 데 있어서 그 역할의 폭을 넓히고 있는 것은 분명해 보인다.

4.5.2.2 종합 평가

아세안의 사례에서 살펴볼 수 있듯이 지역의 경제협력 조직들은 회원국들로 하여금 인권 분야에서 협력하도록 강제한다. 비록 그 협력이 아동, 여성, 이주노동자의 권리 등의 문제들로 제한되어 있다고 할지라도, AIDS 문제 등 사회보건 분야뿐 아니라 고문과 정치적 권리 같은 여타의 좀더 민감한 분야로 확장되어갈 수 있다. 이처럼 아세안 정부간 인권위원회와 아세안은 이미 인권협력을 위한 중요한 토대로 기능하고 있다. 나아가, 동남아시아 인권기구는 남아시아의 남아시아지역협력연합 등 다른 행위자들에게도 영향을 미칠 것이고, 태평양제도 국가들의 태평양제도포럼 역시 아세안의 계획에 영향을 받아 전진하게 될 것이다.

그러나 아세안과 중국, 일본, 한국 사이의 점증하는 교류와 지역의 전반적인 크기를 감안할 때, 동남아시아의 소지역적 기구가 장기적인 관점에서 범지역적 인권체제를 대체할 것이라고 기대하기는 어렵다. 이 기구들은 전체 지역기구로 발전해나가는 과정에서 매개 단위로 작용할 가능성이 크다. 중국과 일본, 한국에 초점을 둔 동북아시아의 소지역 차원의 인권기구는 역사적 부정의와 민족주의적 긴장이 해결되지 않은 현재로선 그 설립 가능성이 희박하다. 이들 3개국은 하나의 소지역 단위로서 동북아시아에 초점을 맞추기보다는 아세안+3이나 동아시아정상회의를 통해 범지역적 차원에서 인권 논의를 진행하는 등 높은 단위의 포럼에서 동남아시아의 인권 상황 진전에 대응하는 편이 좀더 나을 것이다. 앞에서 언급한 것처럼 만약 6자회담이 결실을 맺을 경우 그에 따라 또 하나의 인권대화 채널이 생길 수도 있을 것이다.[252] 어쨌든 아세안의 활동은 아시아 지역에서 인권보장을 촉진하는 데 중요한 요소로 작동하고 있다.

4.5.3 남아시아: 남아시아지역협력연합

남아시아지역협력연합(이하 지역협력연합)은 1985년 12월 8일 지역협력연합 헌장에 의해 창설되었다.[253] 회원국은 방글라데시, 부탄, 인도, 몰디브, 네팔, 파키스탄, 스리랑카이며,[254] 삶의 질 개선, 경제성장, 사회 프로그램, 문화발전의 가속화, 남아시아 국가들의 자립 강화, 경제·사회·기술·과학 분야에서의 협력 증진을 목적으로 한다.[255] 지역협력연합의 최고 의사결정 기구는 매해 개최되는 정상회의이며, 1년에 두차례씩 열리는 각료위원회(council of ministers)는 주요한 문제들에 대한 의사결정 단위다. 1993년 지역협력연합 무역 최혜국대우협정(Agreement on SAARC Preferential Trading Arrangement, SAPTA)이 체결되었고,[256] 2004년 1월 이슬라마바드에서 열린 제12차 정상회의에서는 "남아시아 경제연합(South Asian Economic Union, SAEU)을 향해 나아가는 것"을 목표로 남아시아자유무역협정(Agreement on South Asian Free Trade Area, SAFTA)이 체결되어 2006년 1월부터 발효되었다.[257] 이렇듯 대부분의 지역협력연합 활동이 경제협력에 초점을 맞추고 있지만, 회원국들의 이질성과 국가간의 역사적 적대와 갈등을 감안할 때 지금까지의 발전상은 중요한 의미를 갖는다.

지역협력연합 헌장에는 인권 신장이 그 목적의 일부로 포함되어 있지 않으며, 그간의 협력에서 인권문제와 사회적 의제는 주요한 주제가 아니었다. 또한 지역 NGO들 역시 매우 드물게 활동하는 등[258] 남아시아에서 인권규범을 구현하기 위한 기구적 발전은 매우 느리게 진행되었다. 모든 회원국이 아동권리협약과 여성차별철폐협약을 체결했기 때문에,[259] 남아시아 정부들은 여타의 문제들보다는 아동, 여성, 이주노동자의 권리에 좀더 큰 관심을 보여왔다.[260] 이런 권리들 역시 국가의 경제발전이라는 이해관계와 밀접하게 연결된 것들이다. 인권에 관한 지역협력연합 정상회의의 관심은 1998년 7월 31일 콜롬보에서 열렸던 제10차 회의 이후부터 선언을 통해 좀더 자주 표명되었다.[261] 2002년 1월 4~6일 카트만두에서 열린 제11차 정상회의에서는 다수의 지시사항이 발표되었고, 점진적인 방식의 남아시아경제연합을 향한 단계적이고 계획된 비전이 승인되었다. 사회적 주제들에 대한 논의가 활발해짐에 따라 2004년 이슬라마바드에서 열린 제12차 정상회의에서는 지역협력연합 사회헌장이 채택되었는데, 이 헌장은 인구와 안정, 여성의 권한 강화, 청소년 조직화, 인적 자원 개발, 보건과 영양의 촉진, 아동보호 등 사회문제 영역에서의 협력을 강조하고 있다.[262] 이와 더불어 테러, 마약, 향정신성 물질의 억제와 여성 및 아동의 밀매, 남아시아의 아동복지에 관한 규약들이 채택되었다.[263] 2005년 방글라데시 다카에서 열린 제13차 정상회의에서는 "건설적인 지역협력의 보다 활기차고 효과적인 과정의 중요성과 그것을 위한 설득력 있는 논리"가 거듭 강조되었다.[264] 2007년 뉴델리에서 열린 제14차 정상회의는 지역협력연합의 지역 프로젝트가 여성과 아동 관련 문제들을 다루는 데 초점을 맞추어야 한다고 재차 선언했다.[265] 2008년 8월 2~3일 스리랑카 콜롬보에서 열린 제15차 정상회의는 지역협력연합 사회헌장이 점진적으로 시행될 필요성이 있다는 점을 강조했고,[266] 여성에 대한 모든 종류의 차별을 철폐하기 위한 지역협력을 구축하는 데 노력하기로 동의했다.[267] 이러한 지역통합의 과정은 지역협력연합이 인권과 관련된 문제에 보다 수용적인 태도를 취하고 있으며 지역적 논의와 협력에 인권을 포함하기 위해 많은 노력을 기울이고 있다는 것을 보여준다.

그러나 인권보호에 대한 이들 국가의 관심에는 여전히 분명한 한계가 있다. 관심을 받는 문제 영역들은 주로 몇몇 경제적·사회적 권리, 여성과 아동의 권리에 제한되어왔다. 게다가, 회원국들은 여전히 실제 인권의 향상과 보호보다는 선진사회로부터의 불공정한 정치적·외교적 압력에 보다 방점을 두고 있다.[268] 심지어 그들이 사회적 문제를 논의하는 경우라도, 주된 동기는 "이 지역에서 지속 가능한 경제적·사회적 발전을 위한 토대"를 마련하는 것이다.[269]

지역협력연합의 발전과 그 협력 활동은, 동남아시아 국가들이 아세안을 통해 통합을 강화한 것과 마찬가지로 남아시아가 하나의 소지역으로 통합되고 있다는 것을 보여준다. 인권과 관련된 그들의 협력은 보다 확장되고 강화될 필요가 있다. 지역협력연합과 아세안은 통합과정에 대해 서로 영향을 주고받는다.[270] 만일 인권에 관한 아세안의 계획이 성공적인 것으로 증명된다면, 지역협력연합도 그 활동에서 보다 많은 인권의제를 포함하는 방식으로 응답할 것이라고 예측할 수 있다.

4.5.4 태평양제도: 태평양제도포럼

태평양 지역에서 가장 잘 알려진 정부간 지역조직 중의 하나는 태평양제도포럼이다. 이 포럼은 1971년에 남태평양포럼(South Pacific Forum)으로 처음 설립되었고, 2000년 10월에 태평양 지역에서 지역 내 정치조직으로 새롭게 출범했다.[271] 호주, 쿡제도, 피지, 키리바시, 마셜제도, 미크로네시아연방, 나우루, 뉴질랜드, 니우에, 팔라우, 파푸아뉴기니, 사모아, 솔로몬제도, 통가, 투발루, 바누아투 등 16개의 독립적이고 자치적인 회원국으로 이뤄져 있다.[272] 태평양제도포럼은 회원국의 정부 수반에 의해 대표되고, 이들은 지역의 문제들에 대해 집단적 대응책을 마련하기 위하여 매년 회의를 진행한다.

아세안은 태평양제도 국가들을 하나의 그룹으로 간주하지 않는 입장이지만, 이 지역에서는 태평양 소지역을 하나의 그룹으로 다루려는 시도가 점차 관심을 끌고 있다. 호주와 여타 국가들 간의 현격한 크기 차이는 여전히 그들이 극복해야 할 과제지만, 이들 정부간에 단일한 정치조직을 형성하면서 소지역 차원에서 통합을 추구하려는 경향은 부인할 수 없는 현상이 되었다.[273]

실제로 태평양 지역에는 다수의 정부간 지역조직들이 있다. 그중에는 G5로 알려져 있는 5개 조직, 즉 태평양제도포럼 사무국(Pacific Islands Forum Secretariat, PIFS), 태평양공동체 사무국(Secretariat of the Pacific Community, SPC), 태평양제도포럼 수산청(Pacific Islands Forum Fisheries Agency, FFA), 태평양제도 응용지학위원회(Pacific Islands Applied Geoscience Commission, SOPAC), 태평양 지역 환경프로그램 사무국(Secretariat of the Pacific Regional Environment Programme, SPREP) 등이 있다.[274] 태평양공동체 사무국은 비정치적인 기술 원조 및

연구 기관이다.[275] 호주, 프랑스, 뉴질랜드, 네덜란드, 영국, 미국의 6개 정부에 의해 체결된 캔버라 협정에 따라 1947년 설립되었으며[276] 이전에는 '남태평양위원회'로 알려져 있었다. 현재 22개 제도 국가들과 영토가 모두 회원이다.[277] 태평양제도포럼 사무국과 태평양공동체 사무국은 현재 여타의 주요한 정부간 지역조직들과 함께 태평양 지역조직위원회(Council of Regional Organizations in the Pacific, CROP)로 묶여 있는데, 이 위원회는 조정기구로서 유효하게 활동하지 못하고 있다는 지적을 받아왔다. 이에 따라 태평양 국가들은 태평양 지역의 제도적 틀을 개혁하기 위한 방법을 모색하고 있으며, 이 지역 내 단일한 정치조직으로서 태평양공동체의 설립을 열망하고 있다.

2005년 10월, 태평양제도포럼 지도자들은 지역의 협력과 통합을 강화하기 위해 태평양계획(Pacific Plan)[278]을 승인했는데, 이 계획은 네개의 영역, 즉 경제성장, 지속 가능한 발전, 좋은 통치와 안보를 우선시하는 것이었다.[279] 2005년에 태평양제도포럼에서 태평양계획의 일환으로 설립된 태평양계획위원회(Pacific Plan Action Committee)는 현재 G5들간의 장벽을 제거하고 그들의 집합적 역량을 강화하기 위한 수단들을 검토하고 있다.[280] 2006년 태평양제도포럼에 참석한 지도자들은 그 계획이 지역의 장기적인 미래에 대해 논쟁하고 협상하기 위한 '도약대'라는 점을 다시금 확인했다. 태평양계획위원회는 2006년 보고서에서 다음과 같이 권고했다.

현존하는 지역조직들은 네개의 부분에 기초를 둔 지역기구적 틀에서 재조직되어야 한다. (1) 정치적·일반적 정책기구: 태평양제도포럼과 그 사무국, (2) 쎅터에 초점을 맞춘 기술적 기구: 태평양공동체와 그 사무국, (3) 학술·교육 조직들, 즉 피지의과대학, 태평양제도

발전 프로그램과 남태평양대학.[281]

2008 경과보고서(Progress Report of 2008) 역시 네개의 부분 모두에 걸쳐 계획을 시행하는 데 있어서 지속적인 진전이 이루어졌다고 명시했다.[282] 이들 태평양제도 국가들의 미래는 여전히 논의 중에 있으며, 확정된 계획이 있는 것은 아니다. 그러나 인권문제가 기구적 발전의 일환으로 포함되어 있다는 점은 주목할 만하다.

태평양계획은 "민주적 가치의 완전한 준수"와 "인권의 보호 및 향상"이 이루어진 태평양 지역이 되기 위해 태평양제도 국가들이 헌신할 것을 선언했다.[283] 그들은 '좋은 리더십과 책임에 관한 포럼의 원칙'(Forum Principles of Good Leadership and Accountability)을 시행하는 것을 지원하기 위해 지역 옴부즈맨과 인권 메커니즘의 수립을 추진하고 있다.[284] 또한 태평양제도 국가들은 국제 인권협약이 통치체계 향상의 핵심적인 수단이라는 점을 확고히 인식하고 있다.[285]

태평양 지역에서 인권보호 기구를 구현하기 위한 노력은 여전히 초기 단계에 머물러 있다. 이런 정부간 조직들은 피지, 솔로몬제도와 여타 태평양 국가들에서의 인권침해에 대한 NGO들의 비판에 효과적으로 대응하지 못해왔으며, 향후에도 지역기구로의 통합이 인권규범의 완전한 이행을 보장할 것이라고 장담할 수도 없다. 따라서 인권보호를 위한 주의 깊은 관찰과 지속적인 노력이 필요하다.

4.5.5 서아시아(중동): 아랍국가연맹

1945년에 6개 회원국으로 창설된 아랍국가연맹[286]은 현재 22개 회원국으로 구성되어 있다.[287] 중동의 경우, 지역조직의 역사가 오래되었음에도 지역 인권체제의 발전은 매우 더디게 진행되었다.[288] 아랍인권헌장은 1994년 9월 15일 아랍국가연맹위원회(Council of the League of Arab States)에 의해 처음으로 채택되었다. 원래 아랍인권헌장은 일곱번째 국가가 그 헌장을 비준하거나 그 국가가 가입한 두달 후에 발효되기로 되어 있었지만,[289] 개정된 헌장이 2004년에 채택될 때까지 10년 이상 그 발효가 지연되었다.[290] 또한 아랍인권헌장은 국제 인권기준을 충족시키지 못한다는 이유로 많은 비판을 받았다. 헌장에는 당사국이 지명하는 7명의 인권전문가위원회(Committee of Experts on Human Rights)를 구성한다는 조항이 있었지만 이는 실현되지 않았다.[291] 아랍 지역에서 인권체제의 타당성에 거의 관심을 기울이지 않았던 것은 1994년 첫번째 아랍인권헌장의 기반이 약하고 비효율적인 탓이 컸다.

그러나 아랍국가연맹위원회는 다시 '헌장의 근대화'를 추진했고 이 과정에서 인권수단을 부활시키려 노력했다. 이전보다 진전된 인권기준이 포함된 결의안이 2002년 위원회에서 채택되었고, 개정 아랍인권헌장이 2004년 5월 연맹 회원국 수반들의 정상회의에서 채택되었다.[292]

아랍인권헌장을 개정하는 과정은 헌장의 내용을 수정했을 뿐만 아니라 아랍국가연맹 국가들간 인권대화를 촉진했다는 점에서 중요한 의미를 가진다. 이 개정 헌장은 헌장의 시행을 감독하기 위하여 아랍인권위원회(Arab Human Rights Committee)를 제안했다.[293] 7명으로 구성된 이 위원회는 당사국이 주기적으로 제출하는 보고서를 검토하며 인권을 향상시키기 위해 필요한 조처에 관해 권고안을 발표한다. 또한 개정 헌장은 실질적 권리를 추가했고 인권의 집행 메커니즘 확보를 위해 당사국이 현재의 헌장에 부가적인 선택의정서를 제안할 수 있도록 규정하고 있다.[294] 헌장은 최종적으로 2008년 3월 15일에 발효되었지만[295] 이 헌장의 일부 규정은 보편적인 인권규범과 양립할 수 없다는 이유로 비판받

기도 한다.[296] 향후 아랍 인권체제의 기능을 보장하기 위해서는 NGO
들의 활동과 국제사회의 역할이 증대되는 것이 필수적이라 하겠다.

4.5.6 지역간 대화: 아시아–유럽 정상회의

아시아–유럽 정상회의(이하 아셈)는 유럽연합, 아세안 7개국, 그리고
중국, 일본, 한국 3개국 정상이 만나 지역간 협력을 검토하는 조직이다.
1992년 아세안 회의에서 처음 거론되었고, 공식적으로는 1994년 7월
유럽연합 집행위원회(European Commission)에서 '새로운 아시아 전
략'을 발표하면서 시작되었다. 같은 해 11월 싱가포르와 프랑스 양국이
아시아–유럽연합의 정상회의가 새로운 지역간 파트너십의 기회를 열
어줄 것이라고 제안했고, 1996년 3월 방콕에서 '좀더 큰 성장을 위한
새로운 아시아–유럽 파트너십을 향하여'라는 슬로건하에 첫 아셈 정상
회의가 열렸다.[297] 이 지역간 대화는 '정치·경제·문화와 안보 주제'를
다루는 지역 내 국가들을 위한 비공식적·다차원적 포럼이 되었다.[298] 정
상회의는 2년마다 한번씩 열리는데 제2차 정상회의는 1998년 4월 런
던에서, 3차는 2000년 10월 서울, 4차는 2002년 9월 코펜하겐, 5차는
2004년 10월 하노이, 6차는 2006년 9월 헬싱키, 7차는 2008년 10월 베
이징, 8차는 2010년 10월 브뤼셀에서 치러졌다.[299] 유럽연합은 아셈을
아시아와 유럽 간에 좀더 강한 파트너십을 구축하는 대화의 촉매제이
자 협력의 촉진제로서 긍정적으로 평가한다.[300]

아셈은 세개의 부분, 즉 정치 부분, 경제 부분, 사회·문화 부분에 초점
을 맞추고 있다. 사회·문화 부분 활동의 일환으로 사회적 문제들의 새
로운 계획을 논의하는데, 아동학대 방지를 포함하는 아동복지의 옹호,
여성과 아동 밀매 방지계획, HIV/AIDS에 대한 계획, 유럽과 아시아 간

이민 흐름을 관리하기 위한 각료협력회의, HIV/AIDS 통제에 대한 아셈의 협력 등이 이에 포함되어 있다.[301] 그러나 인권이 아셈 협력의 주요 분야는 아니다. 2000년 10월 서울에서 열린 제3차 아셈 회의에서 인권은 의장성명에서만 간략하게 언급되었고[302] 아시아와 유럽 간의 인권협력에서 아셈의 역할은 현재까지도 최소한으로 남아 있다고 보아야 할 것이다.

4.5.7 평가

아시아와 태평양 지역에서 협력과 소지역적 통합의 발전은 획일적인 시각으로는 이해하기 어렵다. 그러나 전체적인 경향으로 보아 포괄적인 소지역적 통합이 아시아와 태평양에서 빠르게 진전되고 있다. 상이한 정치적·경제적·역사적 배경으로 인해 각각의 소지역에서 통합의 속도와 방식은 다르지만, 모든 소지역에서 통합이 일어나고 있다. 이 사실에서 이것이 단지 외적 동기에 기인한 일시적이고 우연한 현상은 아니라는 점을 알 수 있다. 이런 변화는 이 지역 국가들의 내적 필요와 밀접하게 연관되어 있으며 그들의 정치적·경제적 토대에 깊숙이 배태되어 있다.

이러한 소지역적 통합 경향이 가까운 미래에 중단될 것이라는 징후는 아직까지 살펴볼 수 없으며, 동시에 범지역적 조직의 설립도 함께 추구되고 있다. 광범위한 지역을 포괄하는 정부간 조직은 모든 소지역적 계획들을 통합함으로써 구현될 것이다. 두드러진 소지역조직인 아세안 경제는 지역통합에서 지도력을 발휘하고 있다. 그러나 아세안의 경제규모는 상대적으로 작기 때문에, 그 역할을 과장해서는 안될 것이다.[303] 모든 소지역적 합의는 아마도 소지역적 활동들을 통합하게 될 좀더 발전된 지역연합을 위한 토대로서 공헌하게 될 것이다.

인권문제는 직간접적으로 여러 소지역적 조직들에 의해 제기되거나 다루어졌다. 지역 인권기구 역시 소지역의 인권계획들을 강화하기 위해 노력하고 소지역의 발전을 하나의 지역기구로 결합해가는 것을 통해 실현될 것이다.

4.6 성장하는 일국 내의 인권기구

4.6.1 일국 내의 사법기구

헌법주의와 법치주의의 발전은 인권 향상을 위한 중요한 토대다. 동아시아의 많은 권위주의 정권들이 지난 수십년간 민주주의로의 이행 과정을 거쳤다. 1970, 80년대 한국과 대만, 필리핀의 군사정권이나 비상계엄 정권은 종언을 고했고, 권위주의 독재는 점차 민주적으로 선출된 지도자들에게 자리를 내주었다. 다수의 동남아시아 국가들은 권위주의 정권으로부터 보다 공고화된 민주주의를 향해 이행하고 있다. 이 과정에서 벌어진 가장 중요한 변화는 동아시아에서 법치주의와 헌법주의의 출현이라 할 수 있을 것이다.[304] 예를 들어, 1987년 민주헌법에 따라 1988년 설립된[305] 한국의 헌법재판소는 권위주의 정권에서 민주주의로 이행함에 따라 등장하는 각종 쟁점들을 해결하는 데 있어서 중요한 역할을 해왔다.[306] 1997년 헌법에 의해 설립된 태국의 헌법재판소는 2007년 헌법에 따라 위헌법률심사권을 위해 동일한 체제를 채택했다.[307] 이 새로운 헌법기구들은 비교적 최근에 생긴 것이지만 이들 국가에서 헌법주의의 발전에 크게 공헌해왔다. 법원과 사법부는 동아시아의 많은 국가들에서 보다 높은 평판과 권위를 얻고 있고, 대법원이나 헌법재판소는 사회적 갈등의 중요한 중재기관으로 성장했다.[308]

이런 변화는 지역협력을 위한 기구적 발전이라는 면에서 큰 중요성을 갖는다. 유럽 인권체제의 효과적인 기능은 현지 법원들의 강력한 지원에 의해 보장되었다.[309] 사법의 국제화[310]는 아시아에서도 공통적인 현상이 되었고, 인권협력을 강화하는 데 이바지하고 있다.

4.6.2 국가인권기구

국가인권기구는 "헌법이나 법률 또는 법령에 의해 정부가 설립한 기구로서, 그 기능은 인권의 향상과 보호로 분명하게 정의된다."[311] 앞에서 아태국가인권기구포럼에 관해 언급한 것처럼 아시아에서 국가인권기구의 발전은 매우 중요한 제도적 진전이다. 아시아 국가들 중 15개의 국가인권기구 모두가 아태국가인권기구포럼의 정회원 자격을, 3개의 국가가 준회원 자격을 가지고 있다.[312] 전세계적으로 국가인권기구가 총 96개라는 점을 감안하면, 아시아-태평양 지역에 18개의 국가인권기구 —— 이 중 12개는 동아시아 국가들 —— 가 있다는 점은 매우 인상적이다.[313]

유엔은 1940년대 이래로 국가인권기구의 설립을 장려해왔다. 빠리원칙[314]은 한 기구가 국가인권기구로서 자격이 있는지를 판단하는 권위있는 지침이고, 국가인권기구 국제조정위원회(International Coordinating Committee of NHRI, ICC)[315]는 빠리원칙에 따라 국가인권기구들을 승인하는 역할을 담당한다. 1993년 빈 선언[316]은 인권의 향상과 보호를 위한 국가기구의 건설적 역할을 재확인했다.

국가인권기구는 포괄적이고 강력한 권위를 바탕으로 민간 부문의 다양한 문제들에 능동적으로 개입하고 있다.[317] 국가인권기구의 발전과 그 능동적인 역할은 지역 인권통합에 큰 영향력을 발휘했다. 국가인권기구는 인권법에 따라 대중을 교육하면서 국제 인권규범의 통합에 공헌해왔다. 또한 아태국가인권기구포럼을 통해 지역 인권협력을 강화하고 아세안 인권기구 설립을 용이하게 하는 데 건설적인 역할을 수행했다.[318]

4.7 NGO의 주도적 역할

아시아에서 지역 인권기구의 설립은 지역 차원에서 NGO의 지원과 적극적인 요구에 힘입은 바가 크다. 많은 NGO들은 자국 내 활동뿐 아니라 지역 인권기구를 위한 캠페인도 진행하고 있다. 이 가운데 잘 알려진 몇개의 지역 NGO로는 아시아인권위원회, 아세안 인권 메커니즘 실무그룹, 아시아-태평양 지역 법률가협회, 아시아-태평양 인권촉진팀, 아시아-태평양 인권정보센터, 인권과 개발을 위한 아시아 포럼 등이 있다. 이상의 NGO들은 아시아에서 인권가치를 향상하는 데 기여해왔다. 이들은 또한 정부간 지역 인권기구의 설립을 촉진하는 데 협력해왔다.

4.7.1 아시아인권위원회

1986년 설립된 아시아인권위원회는 "인권에 대한 보다 큰 관심과 인식을 촉구하고 (…) 인권침해 희생자들을 위한 구호와 보상을 얻기 위하여 아시아와 국제적인 여론을 조직하는 것"을 목적으로 하고 있다.[319] 홍콩에 본부를 둔 아시아인권위원회는 역내 아시아 NGO들과 지역규범을 논의함으로써 인권헌장이 채택되도록 이끌었다.[320] 1988년 5월 한국 광주에서 열린 '아시아인권헌장 선언대회'에서 채택한 아시아인권헌장은 가능한 인권규범의 실례와 함께 이 지역에서 인권 메커니즘이 필요하다는 점을 강조했다. 아시아인권위원회는 이 지역에서 매우 활동적인 NGO이며 지역 인권협력에서 중요한 역할을 수행하고 있다.[321]

4.7.2 아세안 인권 메커니즘 실무그룹

1995년 설립된 아세안 인권 메커니즘 실무그룹(이하 실무그룹)은 정부기구 및 의회 인권위원회, 학계, NGO로 구성되어 있다.[322] 실무그룹은 아세안 산하 지역 인권위원회를 설립하는 과정에서 정부기구들과 함께 긴밀하게 활동해왔다. 1997년 쿠알라룸푸르 아세안 워크숍 개최 이후에 인권 메커니즘을 수립할 것을 제안했고, 2000년에는 인권에 대한 아세안 협약 초안(Draft ASEAN Convention on Human Rights)을 작성했다.[323] 이 초안은 "회원국들이 국제 인권기준을 고수하도록 인권위원회가 보장할 것"이며,[324] 이 지역에서 인권침해를 다루기 위한 공통의 기반을 제공할 것이라는 내용을 담고 있다.

실무그룹은 아세안과 긴밀한 관계를 유지해왔다. 2001년 7월 아세안 인권기구에 관한 워크숍을 조직했고, 여성과 아동 및 이주노동자에 대한 임시 메커니즘을 구성하여 아세안 인권 메커니즘 설립을 위해 단계별 절차를 밟아나갈 것을 권고했다. 아세안 정상회의는 이러한 권고에 응답하여 '비엔티안 행동강령'을 채택했고, 여성과 아동에 관한 아세안 위원회 설립을 요청했다. 2006년 7월 25일 39개국 아세안 외교장관회의에서 공동성명을 통해 실무그룹을 "아세안에서 지역 인권 메커니즘의 수립에 관한 지속적인 대화를 위해 중요한 포럼"이라고 인정한 뜻깊

은 일도 있었다.[325]

아세안 정상회의는 실무그룹의 활발한 활동에 힘입어 2007년 11월 아세안헌장을 채택했고 아세안 소속의 아세안 정부간 인권위원회를 창설했다. 실무그룹은 또한 아세안 인권선언의 초안을 작성하기 위하여 정부간 인권위원회와 협력하고 있다.[326] 지역기구가 발전하는 데 있어서 실무그룹과 여타의 NGO의 역할은 아무리 강조해도 지나치지 않으며, 그들의 활동은 이 지역에서 높은 수준의 인권기준을 보장하는 데 계속해서 중요한 역할을 할 것이다.

4.7.3 아시아-태평양 지역 법률가협회

아시아-태평양 지역 법률가협회(Law Association for Asia and the Pacific, LAWASIA, 이하 법률가협회)는 아시아와 태평양 지역 24개국에 회원을 가지고 있는 호주 소재의 NGO다. 이 지역에서 오랫동안 인권활동을 해온 법률가협회는 각국의 변호사협회, 법률협회, 개인 변호사, 법률회사와 기업의 대표자로 이루어진 전문협회다.[327] 법률가협회는 아시아-태평양 지역에서 지역 인권 메커니즘의 필요성을 지속적으로 옹호해왔으며[328] 태평양제도 국가들이 1989년 태평양인권헌장 초안을 작성하는 데에도 도움을 주었다. 법률가협회가 주도했던 이 중요한 시도는 그 당시에는 성공하지 못했지만,[329] 법률가협회는 재차 태평양인권헌장 초안을 작성하려 노력하고 있다.[330] 만일 이 시도가 성공한다면 태평양 지역에서 소지역 단위의 인권위원회가 탄생할 수 있을 것이다.

4.7.4 아시아-태평양 인권NGO 협력팀

아시아-태평양 인권NGO 협력팀(Asia-Pacific Human Rights Facilitating Team, 이하 인권협력팀)은 1993년 '아시아-태평양 NGO 인 권회의'(Asia-Pacific NGO Conference on Human Rights)에서 채택 된 '방콕 NGO 인권선언'에 따라, 빈 세계인권회의(1993)의 후속작업 을 조정하기 위해 1994년 설립되었다. 인권협력팀이 조직하여 1996년 12월 뉴델리에서 열린 '아시아-태평양 NGO 인권의회'(Asia-Pacific NGO Human Rights Congress)는 아시아-태평양 및 다른 지역들로부 터 100여개의 NGO들이 참여하는 성공을 거두었다. 의회는 인권의 보 편성, 여성의 권리, 국가보안법상의 인권침해 등의 문제들을 다뤘고, 아 시아-태평양 인권NGO들간의 조정을 위한 기본틀을 발전시키는 데도 기여했다. 인권협력팀은 정책을 형성하는 과정에서 정부가 NGO들과 의 협의를 늘리도록 인권단체들이 정부에 압력을 넣는 활동을 벌이기 도 했다. 인권협력팀은 그 산하에 소지역 분과와 주제별 분과를 두고 아 시아-태평양 전지역을 포괄하는 광범위한 네트워크를 설립했다.[331] 그 러나 그것은 상설화된 것은 아니었고 필요에 따라 작동하도록 되어 있 었다. 아시아-태평양 NGO 인권의회는 NGO와 다른 부문들 간의 자 유로운 정보 흐름을 돕기 위해 인권협력팀의 활동기한을 3년 연장하면 서, 역내 인권에 대한 공통의 관심사와 중요성에 대해 논의하고 네트워 크를 확장할 수 있기를 기대했다. 그러나 불행히도 인권협력팀의 활동 은 3년이 지난 뒤 종료되고 말았다.

4.7.5 아시아-태평양 인권정보센터

아시아-태평양 인권정보센터(Asia-Pacific Human Rights Information Center) 혹은 휴먼 라이츠 오오사까(HURIGHTS OSAKA)는 1994년 일본 오오사까에서 창립되었다. 조직의 목표가 명시하고 있듯 휴먼 라이츠 오오사까는 아시아-태평양 지역에서 인권의 향상을 위해 노력해왔다. 인권에 대한 아시아-태평양 국가들의 관점을 국제사회에 전달하고, 일본의 국제협력 활동에 인권의 기본 원칙들을 포함시키며, 일본 국민들이 국제화 수준에 걸맞은 인권의식을 갖도록 하기 위해 일해왔다.[332] 휴먼 라이츠 오오사까는 아시아-태평양 지역에서 인권을 위한 지역협력 문제에 초점을 맞추고 있는 몇 안되는 NGO 중의 하나다. 이 단체는 교육과 훈련, 출판, 자문 같은 중요한 활동을 하면서 여러 정보를 다루는 동시에 관련 전문가들과 협력하여 조사를 수행하기도 한다. 또한 국제회의에서 중요한 사안들을 논의하고 그들의 성과를 보고하기 위하여 아시아-태평양 지역에서 유엔이 후원하는 워크숍과 아태 국가인권기구포럼에 정기적으로 대표를 파견하고 있다.[333]

4.7.6 인권과 개발을 위한 아시아 포럼

인권과 개발을 위한 아시아 포럼(Asian Forum for Human Rights and Development) 혹은 포럼아시아(FORUM-ASIA)는 1991년 12월 마닐라에서 열린 인권과 개발 문제에 종사하는 아시아 지역 NGO들의 자문회의에 따라 설립되었으며 사무국은 태국 방콕에 있다. 포럼아시아는 회원제 조직으로서, 아시아에서 15개국에 40개의 회원 조직을 두고 있고 2004년 유엔과 자문 지위(Consultative Status)를 맺은 NGO가 되었다. 포럼아시아의 활동은 매우 광범위하며 지역문제에 대한 그 영향력은 점차 증가하고 있다. 포럼아시아는 아시아의 인권 행위자들 사이에서 대화를 용이하게 하고 역량을 강화하며 네트워크를 구축함으로써, 이 지역에서 인권을 향상시키고 인간 계발을 실현하는 것을 목적으로 한다.[334] 이 지역 내의 지배적인 정서를 반영하여 인권과 개발 문제를 동시에 목표로 추구하고 있다. 또한 국제 인권규범과 기준을 아시아에서도 확립하려고 노력하며, 이를 통해 아시아 지역과 세계를 연결하는 매개적인 역할을 수행하고 있다.[335] 포럼아시아의 소식지는 아시아에서 일어나는 포괄적인 인권문제들을 다루고 있으며 적절한 원칙과 기준을 가지고 소지역 단위의 협력을 능동적으로 추구한다. 포럼아시아는 기제안된 메커니즘의 취약점에 관해 강한 비판의 목소리를 내왔고, 아세안 정부간 인권위원회의 활동과 아시아의 인권문제를 밀착 감시하고 있다.[336]

4.7.7 평가

앞에서 언급했던 NGO들은 동아시아에서 지역 인권협력을 촉진하기 위하여 지속적으로 활동하고 있는 단체들이다. 지역협력 활동에 각기 상이한 비중을 두고 있지만, 그중 어떤 NGO도 현지의 인권문제에만 초점을 맞추는 경우는 없다. 그들이 원하는 바가 아시아에서 인권기준을 향상하고 인권에 관한 폭넓은 협력을 구축하는 데 있기 때문이다.

특히, 1993년 방콕 NGO 인권선언,[337] 1998년 아시아인권헌장,[338] 2007년 아세안헌장[339]을 채택하는 과정에서 NGO들이 주도적 역할을 한 것에서 볼 수 있듯, 지역 인권보호와 협력의 방향으로 각국 정부를 유도하는 데 있어 아시아 NGO의 역할은 크게 신장되었다. 그들은 인권침해에 관한 부정적인 비판에만 머물지 않고 긍정적인 규범을 형성하기 위해 노력하고 있다. 이는 아시아 NGO가 지역 인권체제의 발전에 핵심적인 행위자가 될 자질과 역량을 갖추고 있다는 점을 보여준다.

4.8 인권기구 설립을 위한 전략

4.8.1 아시아 지역통합의 특징

4.8.1.1 경제협력 우선의 경향

북미자유무역협정(North American Free Trade Agreement, NAFTA)으로의 통합은 그 회원국들이 미국의 지지를 얻어 단일한 북미시장을 형성하려는 절실한 염원을 공유하고 있었기에 가능했다.[340] 유럽연합의 통합은 전쟁으로 다시는 나아가지 않으려는 회원 경제국들의 강한 염원에 의해 뒷받침되었다.[341] 이에 비해 냉전 시기 동안 동아시아에서 지역통합이 정체되었던 이유는 이렇게 강한 지역적 동기와 주도적인 국가가 존재하지 않았기 때문이다. 앞서 본 바와 같이 동아시아 통합은 아시아 금융위기 이후에 가속화되었는데, 이는 이 지역에서 밀접한 경제적 협력의 필요성이 분명하게 드러났기 때문에 가능했다.[342]

동아시아 국가들은 현재 그들의 외교관계에서 무역, 개발, 경제협력에 우선순위를 두고 있다. 구체적으로 아시아에서는 지역통합의 두가지 중요한 형태로 '자유무역협정'(free trade arrangement, FTA)과 금융협정(financial arrangements)이 우선순위에 올라 있다.[343] 아세안의 창설은 안보에 대한 고려 속에서 이루어졌지만[344] 그 주된 관심은 경제발전으로 변화했다. 현재 '아세안 플러스'를 포함, 아세안의 대부분의 활동은 경제문제에 초점을 맞추고 있다.[345] 이러한 아세안+3의 메커니즘과 동아시아정상회의의 발전은 부분적으로는 참여국들이 이를 통해 경제적으로 이득을 얻길 원했기 때문에 가능했다. 시장 통합을 우선적으로 고려하는 아시아 국가들의 이러한 경향은 식민지 경험과 국가 형성의 역사에 기인하는 바가 클 것이다.

국제관계에서 '경제발전 우선' 접근이 갖는 긍정적인 측면은 경제적 통합이 진행됨에 따라 인권에 대한 대화 역시 가속화될 수 있다는 점이다. 세계화와 지역통합의 발전에 따라 각국은 경제협력을 위한 의제의 일부로 인권을 받아들이는 수순을 밟게 된다. 아시아 국가들이 경제적·사회적·문화적 권리와 개발권을 강조하게 된 것 역시 이러한 맥락으로 해석될 수 있다. 이는 진보의 자연적 결과다. 아세안헌장[346]에 인권의 각 요소들이 통합되어 있다는 점은 인권이 지역통합으로부터 분리될 수 없다는 점을 분명하게 보여준다.

과거 아시아의 권위주의 정권들은 경제발전을 구실로 그들의 인권침해를 정당화하려 했다.[347] 일례로 싱가포르의 초대 총리인 리 콴유는 사회에 대한 엄격한 정부 통제 덕에 동아시아에서 빠른 경제발전이 가능했다고 주장한다.[348] 그러나, 아마르티아 쎈이 '아시아적 가치' 논쟁에서 성공적으로 대응한 바와 같이, 경제발전은 인권보호를 위한 전제조건이 될 수 없다.[349] 싱가포르는 수십년간 경제발전에 우선순위를 두었지만, 정부는 아직까지도 표현의 자유 보장과 인권보호를 위한 적절한 기구를 마련하지 못했다. 오히려 1997~98년 아시아를 휩쓴 금융위기는 적절한 기업경영 감독(corporate governance), 투명성, 법치주의의 확립 등이 없이는 경제발전이 지속 가능하지 않다는 점을 입증했다.

아시아 지역에서 경제의 협력과 통합이 인권에 대한 지역적 대화를 용이하게 할 수 있다는 점은 사실이지만, 인권과 여타 사회적 문제에 속하는 논의들은 그에 비해 부차적인 것으로 간주되고 있다. 인권문제는 쉽게 주변적인 것으로 치부되며 지역통합의 과정에서도 종종 무시되곤 한다. 시장 주도의 통합은 인권협력이 온전한 형태와 규모를 갖추는 것을 어렵게 한다. 따라서 지역 경제협력과 인권보호의 필요성 간의 긴밀한 연관성을 강조하는 것은 전략적으로 매우 중요하며, 이를 통해 지역 통합 과정을 인권기구화와 결합할 수 있도록 노력을 기울여야 한다.[350]

4.8.1.2 규범 채택 이후 기구로의 발전 지체

인권을 보호하는 데 있어 가장 큰 도전은 인권보호가 그저 수사에 머무를 수 있다는 점이다. 단지 인권규범을 채택하는 것만으로는 인권보호를 보장할 수 없다. 규범은 인권 현실을 향상시키기 위한 제도적인 디딤돌이 될 때 의미가 있는 것이다. 그러나 아시아의 경우 규범이 채택된 이후에도 기구를 구축하는 과정은 느리게 진행되어왔다.

또한 아시아 국가들은 국제사회의 날카로운 비판을 피하기 위해 '인권'이라는 단어의 의미를 변용하기도 한다. 예를 들어, 중국은 2004년 헌법 수정안에 '인권'이라는 용어를 포함시켰지만[351] 이 헌법상 권리의 실질적인 보호는 즉각적으로 이루어지지 않았다. 심지어 중국은 자국 내의 인권문제에 대한 국제사회의 비판에 대항하기 위한 면피용 수단으로 수정안을 이용하는 것처럼 보인다. 북한과 미얀마는 열악한 인권 상황에 대한 심각한 국제적 비판에 직면해왔다. 이들 국가는 그들이 인권문제에 신경을 쓰고 있다는 점을 보여주기 위해 당사국 보고서를 유엔 기구에 제출하거나 문제 영역들에 대해 국제사회의 제한적인 접근을 허용함으로써 이러한 비판에 대응했다. 그러나 인권 향상을 뒷받침할 기구가 부족하기 때문에 그런 제스처 이후에도 실질적인 인권 상황의 개선은 요원한 일이었다. 1995년 2개 조약에 가입한 이래 싱가포르와 말레이시아 양국이 비준한 인권조약의 수는 전혀 증가하지 않았다.[352] 일본 역시 그들이 저지른 제2차 세계대전 무렵의 일본군 위안부 문제와 일제치하 식민지 주민들에 대한 강제노동 및 난징대학살 등이 제기하는 문제들을 다루거나 해결하는 데 극히 소극적이다.[353] 일본의 지도자들은 이웃 국가들의 반대와 희생자들의 사과 및 보상 요청에도 불구하고 제2차 세계대전의 전범들이 안치되어 있는 야스꾸니 신사(靖國神社)를 방문하고 있다.

만일 지역 인권기구가 있었다면, 아시아 국가들이 갖추어놓은 기존의 규범들은 보다 효과적으로 사용될 수 있었을 것이다. 지역 내 인권협력은 국가가 자국 내의 인권정책을 재검토할 기회를 제공한다. 아시아 국가들의 국제 인권조약 비준율은 지난 수십년간 꾸준히 증가해왔으며, 인권대화는 이러한 규범을 채택하는 과정을 고양시킬 것이다. 국제규범의 채택은 국내기구의 발전을 촉진하고 이는 다시금 국제기구의 발전을 용이하게 한다. 이 점에서, 기구로의 진전은 규범적 발전과 밀접한 관계를 맺고 있다.

아시아 국가들의 인권에 관한 국제협력은 일반적으로 정치적 부담을 최소화하면서 문제들을 순조롭게 비준할 수 있는 일부 제한된 영역에 초점을 맞추어왔다.[354] 예를 들어, 여성과 아동의 권리 영역에서의 지역 내 협력은 쉬운 편에 속하는 반면에, 정치범, 표현의 자유, 혹은 고문받지 않을 권리의 문제는 여전히 회피되는 실정이다.[355] 따라서 아시아의 경우 모든 형태의 인권규범에 대한 비준을 우선적으로 강조해야 하며, 규범을 채택하는 과정과 그것을 지탱하기 위한 적절한 기구 차원의 발전이 동시에 진행되어야 할 것이다.

4.8.1.3 기구의 발전과정에서 조정 기능의 부재

아시아 국가들은 지역 단위와 소지역 단위에서 동시에 협력을 추구하고 있다. 한편으로는 아태경제협력체, 아세안+3, 동아시아정상회의의 형태로 지역통합이 광범위하게 진행되고 있으며, 나아가 유엔이 후원하는 연례 워크숍과 아태국가인권기구포럼 같은 지역 인권협의체들 역시 의미있는 발전을 성취해왔다.[356] 다른 한편으로는 아세안, 남아시아지역협력연합, 아랍국가연맹, 태평양제도포럼 같은 소지역적 기구들도 활동을 확장하고 있다.[357] 회원국들의 주된 관심은 경제적 이익의 추구에 있기 때문에, NGO와 시민사회는 인권 요소들을 이러한 소지역조직들에 통합함으로써 인권기구의 설립을 뒷받침하기 위해 노력해왔다. 인권기구를 소지역조직에 결부시키려는 이러한 기능적 접근법은 이 지역 내의 주민들에게 매우 설득력을 가지는데, 왜냐하면 지난 수십년간 지역 전체를 포괄하는 어떤 기구도 유엔 캠페인의 외연을 넘어서 실현된 적이 없었기 때문이다. 결과적으로 현재 아시아에서는 지역 차원과 소지역 차원에서 여러 경쟁적인 인권기구들이 발전 중에 있다. 그렇지만 지역 전체를 포괄하는 정부간 정치조직이 존재하지 않는다는 점은 기구 형성의 과정을 좀더 복잡하고 예측 불가능하게 만드는 요인이다.

현재 아시아에는 미래의 계획에 관한 분명한 합의가 없기 때문에[358] 이 시점에서 아시아 통합의 최종적인 형태를 말하기는 어렵다. 유럽, 미주, 아프리카는 지역 정치조직을 형성해왔고, 그들이 발전시켜온 이러한 기능적 토대에 근거해 지역 인권재판소와 인권위원회를 설립했다.[359] 아시아에는 지역을 광범위하게 포괄하는 정치조직이 없기 때문에 지역통합은 주로 민간 부문이 기대하고 있는 이익에 기초하여 강력히 추동되고 있다.[360] 따라서 지역기구와 인권 메커니즘의 발전은 향후 이 지역 내의 다양한 행위자들의 복잡한 상호작용에 따라 달라질 것이다.[361] 그러므로 역내에서 동시에 추구되고 있는 상이하고 다층적인 접근법들을 동시에 추구하는 데 있어 갈등과 그에 따른 에너지의 낭비를 최소화하려는 노력을 기울여야 하겠다. 현재 진행되고 있는 시도들을 적절히 조정해간다면 기구 발전을 위한 씨너지 효과를 창출할 수 있을 것이다.

4.8.2 전략적 원칙

아시아에서 인권기구 형성이 미래에 어떤 과정으로 진행될지 예측할 수 없다는 점은 커다란 도전을 제기한다. 그 과정에서 많은 우연성과 맞닥뜨리게 될 것이기 때문이다. 첫째, 아시아의 인권기구는 소지역 인권기구들의 느슨한 네트워크 형태로 끝나거나 혹은 제대로 된 권한을 지닌 지역 재판소나 위원회가 될 수도 있을 것이다. 둘째, 이 기구는 새롭게 설립되는 독립적인 지역조직에 부속된 기관이 되거나 혹은 이미 존재하고 있는 조직을 기능적으로 확대함으로써 탄생할 수도 있을 것이다. 마지막으로, 아시아의 인권기구는 소수의 국가들에 의해 시작되거나 혹은 이 지역 국가 대부분의 포괄적인 참여에 기반을 둘 수도 있을 것이다.

어떤 경우든 제대로 기능하는 인권기구를 만들기 위해서는 인권보호를 증진하기 위한 의미있고 지속적인 노력의 축적이 필수적이다. 따라서 기구 형성의 과정에 대해 철저하고 원칙에 입각한 접근법을 가지는 것은 대단히 중요하다.

4.8.2.1 인권의 원칙을 희생하지 않는 유연한 접근법
첫째, 가장 중요한 전략적 원칙은 인권의 원칙을 희생하지 않으면서도 유연성을 유지하는 것이다.[362] 지역 인권기구는 인권을 보호할 기술적 역량이 부족한 국가들의 상황을 받아들일 필요가 있다. 그러나 각국의 상이한 역량을 고려하는 것이 인권을 향상시키고자 하는 투쟁을 약화해서는 안될 것이다. 기구 형성의 과정에서 각국의 역량을 구축하기위한 대책을 강구해야 하며, 이러한 과정을 거쳐야만 각국은 완전하게기능하는 지역 인권체제에 참여할 수 있을 것이다.[363] 다만 인권기준에관한 타협이 인권의 규범적 설득력을 약화할 것이라는 점은 명심해야한다. 발전의 초기 단계에서 지역 인권기구는 전체 지역을 포괄하지 않더라도 적은 수의 국가들의 참여로 시작할 수 있을 것이다. 이 점에서,아세안 인권기구의 설립은 좀더 큰 지역 인권기구의 시작이 될 수도 있을 것이라고 조심스럽게 예측해볼 수 있다. 그리고 이렇게 기구가 진화하는 과정에서 그 기구의 규범적 기준을 유지하기 위해 일부 국가의 회원 자격을 박탈해야 할 수도 있다. 그러나 아태국가인권기구포럼의 사례에서처럼, 조직이 운영되는 동안 다음 단계에서 다른 국가들의 참여를 요청하는 수순을 밟을 수도 있을 것이다.[364]

4.8.2.2 열린 지역주의를 지향하는 유연한 기구

둘째, 아시아 지역 국가들의 정치적 이질성과 문화적 다양성을 감안할 때 참여 회원들의 필요를 수용하는 데 있어서 그 개방성을 유지해야만 한다.[365] 지역 인권위원회나 인권재판소를 설립하기 위해서는 국가들이 인권 헌장이나 협약에 관해 협상하는 단계가 필요하다. 이 과정에서 많은 정치적 우려와 반대되는 견해가 제기될 것이다. 일부 국가는 패권을 위해 경쟁할 수도 있고, 일부 국가는 다른 국가의 회원 자격에 이의를 제기할 수 있다.[366] 또 한가지 어려움은 각국이 인권과 법치주의의발전에서 상이한 단계에 있다는 점이다.

이 문제들을 해결하는 데 아태경제협력체의 유연한 기구 설립이라는 접근법이 큰 도움이 될 수 있다.[367] 아태경제협력체가 성공적으로 설립된 것은 열린 지역주의라는 기치하에[368] 기구 형성의 과정이 유연했던 것에 힘입은 바가 크다.[369] 이 접근법을 통해 아태경제협력체는 자신을 비공식적이고 유연한 기구로 규정하면서 회원국들이 구조적 타협을 채택하도록 했다. 이러한 접근방식으로 아세안 국가들과 여타의 회원국들이 그 기구에 쉽게 동의하도록 설득할 수 있었다.[370] 행위자들간의 합의를 달성하기 위한 이같이 **부드럽고** 비공식적인 과정은 아세안헌장의 논의에서 지도원리가 되었으며[371] 향후 아시아 지역이 이 지역을 전체적으로 포괄하는 인권기구를 추구하는 데 있어서도 효과적인 접근법이 될 것이다.

4.8.2.3 점진적 과정

마지막으로, 아시아에서 지역 인권기구의 발전은 향후에도 지속적으로 진화할 것이라는 기대를 가지고 추구해야 할 장기적 과제라는 점을 지적하고자 한다. 지역기구는 일반적으로 혁명적으로 급변하기보다는 점진적인 진화의 과정을 통해 발전한다. 이는 자발적인 참여가 유익하다는 점을 납득할 때까지 국가들을 일관되게 설득할 필요가 있기 때문이다. 또한 인권기구를 구축하기 위하여 되도록 많은 행위자들과 다양한 통로를 통한 상호작용이 필요하다. 동남아시아의 소지역 인권기구에 대한 논의에서도 살펴본 것처럼 각 국가의 상이한 입장은 꾸준한 논의와 협상 속에서만 해결될 수 있다.[372]

동아시아의 지역 인권기구는 이미 존재하는 다양한 기구들의 중첩적인 역할에 기반을 두고 그 위에 더욱 진전된 내용을 더하게 될 가능성이 크다.[373] 다른 지역에서와 마찬가지로, 아시아에서 범지역적 인권기구는 하룻밤 만에 갑자기 만들어지지는 않을 것이다. 여러 지역 내의 행위자들이 함께 참가하는 속에서 인권기구는 서서히 진화해나갈 것이다. 주도 국가들이 열정적으로 헌신하고 이러한 활동이 축적되어감으로써 비로소 기구는 포괄적인 지역조직으로 기능하게 될 것이다.

4.9 결론

이 장에서는 아시아 지역 인권기구의 발전 현황을 살펴보았다.[374] 비록 아시아에는 지역 인권재판소나 인권위원회가 없지만, 이미 다수의 지구적·지역적·소지역적 인권기구나 국내 인권기구들이 존재하고 있다. 현재 인권기구의 활동은 미약하며, 많은 허점이 존재하고 있는 것도 사실이다. 그럼에도 불구하고 이상의 논의를 통하여 우리는 아시아가 지역통합의 큰 틀을 향해 나아가고 있으며 규범적인 공동체를 구축하고 있다고 긍정적으로 말할 수 있다. 아시아 정부들은 다양한 인권대화에 활발하게 참여하고 있다. 특히, 아세안에서 인권기구 설립에 착수한 것은 이 지역에 상당히 고무적인 자극이 될 것이다. 만일 아세안의 인권기구가 성공적으로 구현될 수 있다면 이는 향후에 보다 넓은 지역적 인권기구에 대한 논의를 불러일으키게 될 것이다.

그간 진행되어온 아시아 지역통합은 경제중심적 접근과 얽혀 있으며 인권협력은 최우선 목록에 포함되어 있지 않았다. 채택된 인권규범 역시 항상 기구의 지원과 유기적으로 결합된 것은 아니었다. 그러나 다행스럽게도 아시아에서는 지역 인권 메커니즘을 구축하려는 노력이 지속되어왔고, 지역 행위자들은 인권을 촉진함으로써 이득을 얻을 수 있을 것이라고 생각하고 있다.[375] 지역 인권기구는 인권규범의 보다 높은 기준을 보장하고, 아시아 국가들이 인권협력에 참여할 보다 폭넓은 기회를 부여하며, 규범의 진전된 시행을 제공할 것이다. 역내에서 성장하고 있는 여러 지역조직 및 인권기구, NGO의 지속적인 노력과 함께, 아시아에서 궁극적으로 지역 인권기구가 설립될 것이라고 예상할 수 있다.

현재 아시아에는 지역 인권체제를 발전시킬 잠재력이 있는 세가지 지역통합의 흐름이 진행 중에 있다. 그러한 흐름을 지역통합의 세가지 상이한 시나리오라고 명명할 수 있을 것이다. 첫째, 동남아시아에서의 아세안 인권기구들의 발전에 따라 남아시아와 중동, 태평양제도에서 유사한 기구들이 뒤따라 나올 수 있을 것이다.[376] 그러나 소지역적 통합은 일정한 단계까지 지속되겠지만, 소지역기구의 추구가 이것이 아시아에서 인권협력의 종국적인 형태라는 것을 의미하지는 않는다. 각각의 소지역이 지속 가능할 정도로 충분히 독립적이지 않기 때문이다. 소지역은 이미 아세안+3, 동아시아정상회의, 아태국가인권기구포럼, 아태경제협력체를 통해 보다 넓은 지역 수준의 협력을 향해 움직이고 있다.[377] 따라서, 소지역 인권기구들이 미래에 아시아에서 범지역적 기구의 출현 가능성을 약화시키지는 않을 것이다. 또한 범지역적 기구는 인권 메커니즘의 기능을 통합하게 될 것이다.

둘째, 동아시아에서 지역통합을 위한 촉매로서 아세안의 역할이 점차 중요해지고 있다. 동아시아 국가들은 아세안+3과 동아시아정상회의라는 중첩적인 틀 속에서 상호협력하고 있으며 이 통합은 상당히 빠른 속도로 진행되고 있다. 동아시아의 지역통합이 가능해진다면 역내의 인권기구는 이 지역의 많은 영역을 두루 포괄하면서 진화할 수 있다.[378] 아세안+3의 역할은 특히나 전도유망한데, 그것은 아세안과 중국, 일본, 한국이 자유무역협정의 형태로 강력한 경제통합을 추구하고 있기 때문이다.[379] 동아시아정상회의는 동아시아공동체를 설립하기 전까지는 당분간 아세안+3과 유사하게 기능할 것이다.[380] 이런 임시기구들은 아세안 인권기구의 경험을 조직 내로 포함시킬 수 있는 방법을 강구할 필요가 있다.

마지막으로, 북핵문제에 대한 6자회담이 동북아시아에서 다양한 문제들을 다루는 지역협력 메커니즘으로 진화할 가능성도 있다. 과거 부시 행정부가 제시한 바 있는 이 방안은 당시 한국 정부로부터도 어느정도 지지를 받은 바 있다. 비록 북핵과 관련한 미국의 지역대화 정책은 문제를 해결하는 방향으로 나아가고 있지 않지만,[381] 미국의 장기적인 목표에 비추어보면 6자회담이 중국, 일본, 남북한뿐만 아니라 미국과 러시아를 지역 행위자로 포함하는 유럽안보협력기구 같은 조직으로 성장할 가능성도 배제할 수는 없다. 만일 이런 가능성이 구체적으로 실현된다면 더 많은 국가들이 6자회담의 틀에 참여하는 형식이 될 수 있으며, 일부 아세안 국가들이 이와 함께하기를 원할 수도 있을 것이다.

이상의 세가지 흐름이 상호배타적 관계라고 볼 필요는 없다. 상이한 방향으로부터 여러 계기가 작동함으로써 진행되는 아시아 지역통합의 복잡한 과정이 구체적으로 어떻게 진척될 것인가를 예측하는 것은 여전히 쉽지 않은 일이다. 하지만 지역 내의 여러 구성요소들이 조정의 과정을 거치고 서로 협력하면서 결국은 하나의 지역공동체를 설립하게 될 것이다. 따라서 아시아의 지역 인권 메커니즘을 형성하기 위한 활동 또한 매우 강력하게 요구되고 있다고 말할 수 있다.

제5장

아시아에서
인권의
실제적 보장

EMERGING

REGIONAL

HUMAN RIGHTS

SYSTEMS

IN ASIA

5.1 서론

인권기준의 이행, 즉 인권의 실제적 보장은 인권체제의 본질적 구성 요소 중 하나다. 인권규범의 제정과 기구의 작동도 중요하지만, 인권 규범과 기구의 결정을 실제로 집행하는 과정이 없다면 인권은 그릇된 목적으로 사용되기 일쑤인 무의미한 장식에 불과할 것이다. 코피 아난 (Kofi Annan) 유엔 전 사무총장이 각별히 강조한 것처럼, 이제 인권운 동의 초점은 규범 형성으로부터 실제적 보장으로 변화하고 있다고 할 수 있다.[1]

이 장에서는 아시아에서 인권의 실제적 보장과 인권규범 이행의 현단계를 검토하고 그 어려움을 살펴보고자 한다. 인권규범의 '이 행'(implementation)이라는 용어를 어떻게 정의하는가에 대해서는 여 러 입장이 있을 수 있다. 그중에서도 제이콥슨(Harold K. Jacobson)과 와이스(E. Brown Weiss)는 인권규범의 이행을 "한 국가가 국제적 합의 의 효력을 국내법에 부여하기 위하여 택하는 수단"이라고 정의한다.[2] 이러한 정의에 따라 그들은 국제협약의 국내화에 초점을 두고, 그 실제 적 준수나 효율적 실현이라는 것은 규범 이행에 포함되지 않는다고 생각한다.[3] 하지만 이 장에서 사용되는 규범의 이행이라는 용어는 제이콥슨과 와이스가 정의한 개념보다는 한층 광범위하다. 규범의 이행은 국제협약의 도입만이 아니라 그 실제적 준수와 효율적 실현도 포함하는 개념으로 보아야 한다. 규범의 이행을 보장한다고 할 때에는 국제협약을 국내규범의 일부로 전화시켰는가 여부만으로는 부족하며, 인권보호를 위한 실제 집행 메커니즘을 갖추었는가도 함께 고려해야 한다.

굿맨(Ryan Goodman)과 징크스(Derek Jinks)는 인권규범 집행기제를 강압, 설득, 문화적 동화(acculturation)라는 세가지 범주로 나눈다.[4] 그들은 인권규범의 집행에서 강압적 접근의 경우 해당 국가가 작동하는 복잡한 사회환경을 제대로 파악하지 못하며,[5] 설득의 접근법은 사회적·법적 규범의 융합이 일어나는 데에는 다양한 방식들이 있다는 점을 감안하지 못한다고 비판한다.[6] 따라서 그들은 문화적 동화가 국제관계에서 규범의 실제적 집행이 일어나는 메커니즘을 설명하는 데 가장 좋은 방법론적 도구라고 본다.[7]

이 책은 굿맨과 징크스의 접근과는 달리 이행과정을 강압적 수단과 설득의 수단 모두를 포함하는 것으로 본다. 규범의 이행이라는 것은 사람들에게 인권규범을 교육하거나 그 실행을 위해 로비활동을 벌이거나 변화를 이끌어내기 위해 정부기관을 비난하기도 하며,[8] 만일 필요하다면 개혁을 위해 국제제재를 활용하는 등 모든 활동을 통합하는 개념이기 때문이다.

이 장에서 우리는 국제·지역·국내 수준에서의 다양한 규범 이행의 수단을 살펴볼 것이다. 예컨대 유엔인권이사회와 관련된 절차, 당사국보고서, 개인의 고발, 제안과 협의 등의 인권조약기구의 절차, 법원, 일국 내 기구, NGO를 통한 국내에서의 규범 이행과정 등이 이 수단에 포함된다. 어떤 특정한 집행수단이 다른 수단에 비해 우선하는 것은 아니다. 그러나 행위자들간의 협력관계는 인권규범의 이행과정에서 중요한 역할을 수행한다. 규범의 이행은 강압적일 수도 있고 설득을 통해서 이뤄질 수도 있으며 때로는 상호대립을 유발하는 방법을 통해서도 이루어질 수 있다. 국내외의 행위자들과 초국가적 정부간 행위자나 비정부 행위자 간의 네트워크 형태는 국가의 인권규범의 집행에 큰 영향을 미치는 요인이기 때문에 행위자들간의 특수한 관계들을 이해하는 것이 매우 중요하다.

앞의 여러 장에서 살펴본 바와 같이, 일국 내에서 과거의 규범과 새롭게 도입된 인권규범 간에 일어나는 규범의 역동성, 관련을 맺고 있는 행위자들간의 상호작용 같은 여과과정을 거쳐[9] 인권규범은 현지화된다. 이와 관련하여 리스-카펜은 초국적 인권옹호 네트워크(transnational advocacy networks)[10]라는 개념을 규범의 역동성을 이해하는 데 유용한 방법론으로 제안하고 있다. 그에 따르면 국가는 "블랙박스"(black box)가 아니라, "여러 기구와 개인으로 구성된" 하나의 실체다.[11] 개별 행위자들은 규범적 가치에 영향을 받기 마련이므로[12] 인권이라는 가치의 힘은 결국 국가 행위자의 행태에까지 영향을 미친다.[13] 동일한 맥락에서, 조지프 나이(Joseph Nye)는 인권규범의 실제 이행과정에서 인권이 갖는 부드러운 힘(soft power)을 강조한다.[14]

초국적 인권옹호 네트워크 접근법과 앞에서 언급한 문화적 동화 접근법은 이 책이 바라보는 이행과정에 대한 분석에 시사점을 준다. 전자는 규범이 사회화되는 과정에서 행위자들간의 상호작용을 강조하고,[15] 후자는 다른 행위자들에 의해 강요되거나 또는 스스로 강제한 동화에의 압력의 결과 나타나는 행태상의 변화를 강조하기 때문이다.[16] 이행과정을 이해하는 데 있어서 각 행위자가 취하는 역동적 역할은 핵심적인 요소다. 또한 각 네트워크가 갖는 특성도 적절하게 고려해야 한다.

인권규범의 이행은 많은 행위자들의 다양한 상호작용에 의해 이루어진다. 이 과정에서 국가, 정부기관, 기타 정부 행위자, 개인, 비국가 행위자, 지방조직과 국제조직 등 많은 행위자들이 상이한 의제와 목표를 가지고 각기 다른 역할을 수행한다.[17] 이러한 행위자들간의 관계나 협력 네트워크가 갖는 특성이 인권의 이행이 진행되는 정도와 양식을 결정하는 데 중요한 역할을 한다.

웨이스버드(A. M. Weisburd)는 이행에 있어서 국내 행위자들의 역할을 우선시한다. 국내 행위자들 없이는 국제적인 인권집행 구조가 작동하지 못할 것이다.[18] 때문에 국내 행위자의 역할이 적절한 절차에 따라 인정되어야 한다는 웨이스버드의 의견은 동의할 만하다. 그러나 국제적 행위자와 국내 행위자의 관계, 정부기관과 현지 행위자 간의 밀착 정도가 국가마다 상이하다는 점을 감안한다면, 실제 상황을 보다 주의 깊게 고려하고 협력의 수준을 높이기 위한 최적의 방법을 모색하는 노력은 필수불가결하다.

특히 여기서 강조해두고자 하는 바는, 인권규범을 이행하는 과정은 매우 복잡하며 이러한 특징은 아시아에서 두드러지게 나타난다는 점이다. 인권문제를 대하는 각국의 태도는 단일하지 않으며 각국의 민주주의나 법치주의의 수준, 빈곤의 정도, 시민사회의 성숙도, 여타의 사회적·문화적 요소가 인권규범의 적절한 이행에 결정적인 영향을 준다. 이런 어려움들을 염두에 두면서 동아시아 국가들에 초점을 맞추어 아시아에서의 이행 메커니즘을 살펴보고자 한다. 이 장에서는 우선 세계·지역·현지 수준에서 현존하는 인권 메커니즘을 검토하고, 아시아가 인권을 이행하는 데 있어 직면하고 있는 어려움들을 살펴본 뒤, 이러한 검토를 바탕으로 인권이행에서의 협력적 접근의 중요성을 제기하고자 한다.

5.2 아시아의 이행 메커니즘

5.2.1 이행 의무의 원천

아시아 국가들과 관련하여 세계·지역·국가 단위의 다양한 인권이행 메커니즘이 작동하고 있다.[19] 유엔헌장과 국제 인권조약들에는 이행에 관한 조항들이 있고, 아시아 국가들은 비준한 조약을 집행할 의무가 있다. 조약에 따라 설립된 국제 인권기구들은 그 규범을 이행하는 데 필요한 다양한 권한을 가지며, 아시아 국가들도 인권과 관련한 활동에 참여해야 한다.[20] 이 인권기구들은 해당 조약의 이행을 촉진하기 위해 일반의견(General Comments)을 발표하기도 한다. 지역·소지역의 정부간 회의와 대화의 과정 역시 인권규범의 이행을 촉진하는 데 일정한 역할을 담당한다.

인권규범의 이행과 관련된 국가의 행위는 유엔인권이사회 회원 자격을 얻기 위한 자발적인 행위 및 관련된 조약기구 위원회에 당사국 보고서를 제출하는 것 등을 포함한다.[21] 각국 정부 역시 인권규범의 이행을 위한 이행계획을 수립하고, 국가인권기구나 여타의 특별한 목적을 위한 기구들을 설립한다.[22] 법원, 검찰, 경찰 같은 사법기구는 인권규범의 이행에 기여한다. NGO들과 기타 비국가 행위자들 역시 이행과정에서 중요한 역할을 수행한다.

유엔헌장은 인권규범 이행의 중요성을 강조한다. 헌장은 유엔이 인권에 관해 다음의 사항들을 추구한다고 규정하고 있다.

높은 삶의 기준, 완전고용, 경제적·사회적 발전과 개발의 조건, 경제, 사회, 보건 및 이와 관련된 문제의 국제적인 해결, 문화·교육의 국제적 협력, 인종이나 성, 언어나 종교의 차이에 상관없이 모든 사람들을 위한 인권 및 기본적 자유에 대한 보편적 존중과 보호.[23]

　모든 회원국은 인권을 보호하기 위해 스스로 혹은 공동으로 행위할 의무가 있고[24] 각각의 국가는 유엔 회원국으로서 헌장에 입각하여 신념을 갖고 이러한 의무를 이행해야만 한다.[25] 각 회원국은 유엔이 헌장에 따라 취하는 어떤 행위에라도 아낌없이 원조를 제공해야 하며, 유엔의 집행행위에 반하는 국가에 지원하는 것을 삼가야 한다.[26] 그리고 만일 인권문제가 국제 평화와 안전에 관한 우려가 있는 사안이라면 분쟁의 평화적 해결을 위하여 헌장 제6장에 적시된 수단들이 적용될 수도 있다.[27] 나아가 예외적인 상황에서는 헌장 제7장에 따라 경제적 제재와 군사적 수단 같은 강력한 수단이 사용될 수 있다. 또한 유엔안전보장이사회는 지역의 기구나 기관이 갖는 권한을 그 집행을 위해 활용할 수도 있다.[28]

　자유권규약은 국가들에 "입헌적 과정과 현재 협약의 조약들에 따라 필요한 조처를 취하고, 권리를 실행하는 데 필요한 법이나 여타의 수단들을 채택할 것"을 의무화한다.[29] 또한 국가들이 효과적인 처리 방안과 그러한 방안의 집행을 보장해야 한다고 규정하고 있다.[30] 나아가 자유권규약위원회는 일반의견3에서 "이행은 헌법의 제정이나 입법적 법률 제정에만 의존하지 않는다"는 점을 강조한다. 이처럼 당사국들은 자유권규약에 따라, 개인들이 그들의 권리를 향유할 수 있도록 하기 위하여 특수한 활동을 수행해야 한다.[31]

　사회권규약하에서 당사국들의 법적 의무의 본성은 다음과 같이 제시되어 있다.

각 당사국은 (…) 입법조치의 채택을 포함한 모든 적절한 수단에 의하여 이 규약에서 인정된 권리의 완전한 실현을 점진적으로 달성하기 위하여, 개별적으로 또한 특히 경제적이고 기술적인 국제지원과 국제협력을 통하여 자국의 가용자원이 허용하는 최대 한도까지 조치를 취할 것을 약속한다.[32]

사회권규약위원회는 세 단계로 이루어진 의무를 각국에 부과하는데,[33] 이는 존중의 의무, 보호의 의무, 보장의 의무다. 사회권규약의 점진적 실현이라는 조항은 그 이행을 약화시키는 면이 있지만, 경제적·사회적·문화적 권리를 즉각 실현하는 것이 매우 어렵다는 점을 감안할 때, 국가가 져야 하는 의무를 가볍게 보아도 좋다는 뜻은 결코 아니다.[34]

또한 고문방지협약의 일부 조항은 고문으로부터 사람들을 보호하는 중요한 의무를 국가에 부과한다. 이에 따라 각국은 사법권이 미치는 모든 영토 내에서 고문을 방지하기 위해 효과적인 입법·행정·사법 조치를 취해야 한다.[35] 국가들은 또한 모든 고문행위가 형법하에서 범죄라는 점을 분명히 해야 할 의무가 있다.[36] 아동권리협약, 여성차별철폐협약, 이주노동자협약에도 유사한 이행 조항들이 있으며, 국제인도법에도 이러한 이행을 보장하는 조항들이 있다. 일례로 제네바협약(Geneva Convention)은 국가에 "중대한 위반을 저질렀거나 그렇게 하도록 만든 사람들에 대한 형사처벌을 효과적으로 하는 데 필요한 법률을 제정"[37]하고 "그 조항들에 반하는 모든 행위를 억제하기 위해 필요한 조치를 취하도록"[38] 의무를 부과하는 매우 강력한 규정을 담고 있다. 2002년에 설립된 국제형사재판소(International Criminal Court, ICC)는 로마규정(Rome Statute, 1998)[39]을 비준한 아시아 국가들에 대해 사법권을 가지고 있으며 이 사법권에는 제노사이드 범죄, 비인도적 범죄, 전쟁범죄, 침략범죄 등이 포함되어 있다.[40] 그러나 국제형사재판소는 보충성 원리에 기반을 두고 있기 때문에 각국의 법정이 기소에 실패한 경우에만 조사하고 기소할 수 있다는 취약점이 있다.[41]

이처럼 동아시아의 모든 국가들은 국제인권법과 국내 인권법을 이행할 법적 의무가 있으며 이에 대한 집행의무 역시 가지고 있다.[42] 그러나 우리가 다음에서 살펴볼 것처럼, 동아시아에서 모든 이행 조처들이 기능하고 있는 것은 아니다.

5.2.2 유엔헌장 산하 인권기구들을 통한 규범 이행의 방식

5.2.2.1 유엔인권이사회 회원 선출에서의 서약

동아시아 국가들은 그간 유엔인권이사회 회원 선출에 적극적으로 참여해왔다. 이는 아시아 국가들이 유엔 인권규범의 이행과정에 어떻게 대응하고 있는가를 보여주는 좋은 예가 될 수 있다. 유엔인권이사회 회원국으로 입후보하는 국가들은 인권서약을 하게 되는데, 이 절차는 2006년 4월 채택된 유엔 총회의 결정에 근거를 두고 있다. 바로 "회원국들은 인권의 촉진과 보호에 대한 후보자의 기여와 그들의 자발적인 서약과 헌신을 고려해야만 한다"는 규정이다.[43] 어떤 회원국이 중대하고 체계적인 인권침해를 자행했을 때 총회에 참석한 회원국의 3분의 2가 찬성하면 이사회의 회원 자격이 유예될 수도 있다.[44]

선출과정에서 후보국에 요구되는 자발적인 인권서약은 인권보호 기구에 대한 국가들의 헌신을 장려하는 기능을 한다.[45] 앞에서 언급했듯이[46] 유엔인권이사회의 총 47개 회원국 중 13개국이 아시아 지역에서 선출되었다.[47] 2006년 첫 선거에서는 18개 국가가 아시아 지역에서 입

278

후보했고 인권서약의 과정을 거쳐 13개 국가——바레인, 인도, 인도네시아, 필리핀(이들 국가는 2007년까지), 방글라데시, 중국, 일본, 요르단, 말레이시아, 파키스탄, 한국, 사우디아라비아, 스리랑카(이들 국가는 2008년까지)——가 선출되었다. 임기는 3년이며 두차례 연속으로 선출된 경우에는 더이상 연임할 수 없도록 규정되어 있다. 선출과정에서 제출된 인권서약은 임기가 종료된 뒤에도 여전히 중요하다. 중국은 인권의 보편적 본성을 강조하면서 인권을 보호하고 장려하는 데 있어 유엔의 역할과 활동을 지지할 것을 서약했다.[48] 일본은 특히 강제실종협약의 초안 및 장애인권리협약을 위한 협상을 지지하고 장려한다고 서약했으며 인권 프로그램의 이행에 있어서도 NGO들과 협력하여 인권 프로그램을 장려하고 이행해나갈 것을 약속했다.[49] 태국은 재정적인 기여를 포함, 다양한 수단으로 유엔 인권기관들과 국가기구들을 지원하겠다고 서약했다.[50] 또한 여러 인권기구에 참여를 고려할 것이라고 약속했다. 인도네시아는 2004~09년까지 제2차 인권에 관한 국가계획의 이행을 위해 노력하겠다고 서약했는데, 이는 국제 인권수단들과 관련된 국내 법기구의 개혁 및 강화——예를 들어 여성과 아동의 권리에 대한——를 포함하는 것이었다.[51] 인도네시아는 또한 회원국들 및 여타의 유엔 기관들과 협력적이고 조화로운 관계를 창출하기 위해 함께 일할 것을 제안했으며 새천년 개발목표(Millennium Development Goals), 빈 선언 및 베이징 선언 등을 포함한 국제적으로 합의된 목표를 성취해나갈 것이라고 서약했다. 당연하게도, NGO와 국제사회는 인권을 보장하겠다고 약속한 국가들에 압력을 행사하는 데 이러한 서약들을 사용할 수 있다.

2007년 5월에 인도, 인도네시아, 필리핀이 이사회 회원으로 재선출되었으며 물러나는 바레인을 대신하여 카타르가 선출되었다. 필리핀은 선거기간 동안, 기존의 서약에 덧붙여 국내적인 노력뿐 아니라 지역 인권 메커니즘을 설립하고 향상하는 데 있어서도 최상의 노력을 기울이겠다는 약속을 보충하기도 했다.[52] 필리핀의 사례와 마찬가지로 연임을 노렸던 국가들은 인권 향상을 위한 그들의 열성적인 헌신을 증명하기 위해 원래의 서약에 덧붙여 추가적인 약속을 제시했다. 2007년 선거에서 카타르에 회원 자격을 내어준 바레인은 2008년에 스리랑카를 대체해 다시 회원 자격을 얻었다.[53]

서약체계의 영향을 완전하게 평가하는 데는 좀더 시간이 필요할 것이다. 그러나 국가들이 인권 관련 의무 이행을 자발적으로 서약하는 것이 그들로 하여금 인권규범을 보다 강력하게 이행하도록 한다는 것은 분명하다.

5.2.2.2 국가별 인권 상황 정례 검토의 작용

2006년 유엔인권이사회의 창설과 동시에 국가별 인권 상황 정례 검토 메커니즘이 채택되었다. 이에 따라 인권이사회는 국가들의 인권 관련 의무와 그 이행 여부를 검토해야 한다. 이 정례 검토는 협력적 메커니즘으로 제안되었는데, 보편적이고 평등한 방식으로 관련 국가의 완전한 참여하에 수행되는 상호대화에 기반을 둔 것이다.[54] NGO들은 이 포럼에 정보를 제출하고 의견을 제시할 수 있다. 유엔인권이사회는 1년에 총 48개국의 인권 상황을 한차례씩 검토해야 하기 때문에, 각 국가별 검토에 할당할 수 있는 실제 시간은 매우 짧은 편이다.[55] 그럼에도 불구하고 그동안의 인권 상황 정례 검토 프로세스는 개별 국가의 인권문제를 다루는 포괄적인 포럼으로서 동아시아 국가들에 중요한 영향을 미쳤다는 점을 잘 보여준다.

5.2.2.3 국가별 수임과 주제별 수임

국가별 수임은 원래 유엔인권위원회의 특별절차(Special Procedures) 중 하나였는데, 유엔인권이사회가 이를 아시아에서 인권규범을 이행하기 위한 하나의 방안으로 상정했다. 수임자는 우선 관련 정부에 그 국가를 방문하기 위한 초대를 요청하는 편지를 보내고, 초대를 받은 후 그 국가를 방문하여 인권 상황을 조사한다. 1998~2007년 12월 사이에 특별절차임무수임자(Special Procedures mandate holder)가 거의 모든 아시아 국가를 방문해 인권 상황을 조사한 바 있다(표 5.1 참조).

수임자는 국가 방문 후 그들이 조사한 내용을 토대로 보고서를 작성하고 이를 유엔인권최고대표사무소 사무국에 제출한다. 국가 방문과 보고서는 절차를 통해 다루어지는 인권문제에 국제적인 관심을 불러일으킴으로써 인권규범의 이행을 돕는 중요한 수단으로 작용한다. 일부 국가들은 국가별 수임자의 조사에 비협조적이기도 하지만, 완전하게 국제적 압력을 회피하기는 어렵다. 예를 들어 북한의 경우도 다음과 같은 특별보고관들이 선임되었다.

- 의견과 표현의 자유에 대한 권리 특별보고관, 2002년
- 종교 또는 신념의 자유 특별보고관, 1999년
- 식량 권리 특별보고관, 1999년
- 북한 인권 상황 특별보고관, 2004년부터 현재[56]

북한의 인권 상황에 대해 지속적으로 관심을 가지고 활동했던 특별보고관 위팃 만따폰(Withit Mantaphor)의 경우 북한 당국에 방문 허가를 요청했지만 받아들여지지 않았다. 이후 그는 이웃 국가들을 방문해 조사를 수행하면서 북한에 방문 허가를 계속 요청했다. 위팃 만따폰은

표 5.1 특별절차임무수임자가 방문한 동아시아 국가들

국가	인권 상황 조사의 내용
네팔	초법적, 약식 또는 자의적 처형 특별보고관(2000/2/5~14) 보고서 E/CN.4/2001/9/Add.2
	여성 폭력, 그 원인 및 결과 특별보고관(2000/10/28~11/15) 보고서 E/CN.4/2001/73/Add.2
	강제적 또는 비자발적인 실종 실무그룹(2004/12/6~15) 보고서 E/CN.4/2005/65/Add.1
	국내 이재민 사무총장 대표(2005/4/13~23) 보고서 E/CN.4/2006/71/Add.2
	고문 특별보고관(2005/9/10~17) 보고서 E/CN.4/2006/6/Add.5
	원주민의 인권 특별보고관(2008/11/24~12/2) 보고서 A/HRC/12/34/Add.3
동티모르	(합동방문) 초법적, 약식 또는 자의적 처형 특별보고관. 고문 의혹 특별보고관. 여성 폭력 특별보고관(1999/11/4~10) 보고서 A/54/660
	국내 이재민 사무총장 대표(2000/2/26~3/1) 보고서 E/CN.4/2000/83/Add.3
	국내 이재민 사무총장 대표(2008/12/7~12)
	강제적 또는 비자발적 실종 실무그룹(2011/2/7~14)
	극빈과 인권 특별보고관(2011/11/13~18)
라오스	아동매매, 성매매, 음란물 특별보고관(1998/9/21~25) 보고서 E/CN.4/1999/71/Add.1
	종교의 자유 특별보고관(2009/11/23~30) 보고서 A/HRC/13/40/Add.4
말레이시아	표현의 자유 특별보고관(1998) 보고서 E/CN.4/1999/64/Add.1
	개발권 독립전문가(2001) 공식 보고서 없음
	인도, 인도네시아, 말레이시아, 태국, 미얀마 특별보고관 (2006/2/11~26) 보고서 A/HRC/4/14
	교육권 특별보고관(2007/2/5~14)
	자의적 구금 실무그룹(2010/6/7~18) 보고서 A/HRC/16/47/Add.2
	미얀마 인권 상황 특별보고관(2011/2/17~24)
	식량권 특별보고관(2013/12/9~18) 보고서 A/HRC/25/57/Add.2

	건강권 특별보고관(2014/11/19~12/4)
	인신매매, 특히 여성과 아동의 매매 특별보고관(2015/2/23~28)
몰디브	종교의 자유 특별보고관(2006/8/6~10) 보고서 A/HRC/4/21/Add.3
	판사와 변호사의 독립 특별보고관(2007/2/25~3/1) 보고서A/HRC/4/25/Add.2
	적절한 주거 수준을 누릴 수 있는 권리와 이 맥락에서 차별을 받지 않을 권리의 요소로 적절한 주거 특별보고관(2009/2/18~26)
	표현의 자유 특별보고관(2009/3/1~5)
	국내 이재민 특별보고관(2011/7/15~22) 보고서 A/HRC/19/54/Add.1
	판사와 변호사의 독립 특별보고관(2013/2/17~24) 보고서 A/HRC/23/43/Add.3
몽골	식량권 특별보고관(2004/8/14~24) 보고서 E/CN.4/2005/47/Add.2
	북한 인권 상황 특별보고관(2005/3/5~10) 보고서 A/60/306
	고문 특별보고관(2005/6/4~10) 보고서 E/CN.4/2006/6/Add.4
	북한 인권 상황 특별보고관(2006/12/18~23) 보고서 A/HRC/4/15
	북한 인권 상황 특별보고관(2007/12/15~21)
	교육권 특별보고관(2009/10/1~8) 보고서 A/HRC/14/25/Add.3
	기업 실무그룹(2012/10/8~18) 보고서 A/HRC/23/32/Add.1
	극빈 특별보고관(2012/12/3~7) 보고서 A/HRC/23/36/Add.2
미얀마	미얀마 인권 상황 특별보고관(2001/10) 보고서 E/CN.4/2002/45
	미얀마 인권 상황 특별보고관(2002/2) 보고서 A/57/290
	미얀마 인권 상황 특별보고관(2002/10) 보고서 E/CN.4/2003/41
	미얀마 인권 상황 특별보고관(2003/3) 보고서 A/58/219
	미얀마 인권 상황 특별보고관(2003/11/3~8) 보고서 E/CN.4/2004/33
	미얀마 인권 상황 특별보고관(2007/11/11~15) 보고서 A/HRC/7/24
	미얀마 인권 상황 특별보고관(2008/8/3~7)

미얀마	미얀마 인권 상황 특별보고관(2009/2/14~19) 보고서 A/HRC/10/19
	미얀마 인권 상황 독립전문가(2010/2/15~19) 보고서 A/HRC/13/48
	미얀마 인권 특별보고관(2011/2/17~24)
	미얀마 인권 상황 특별보고관(2011/5/16~23)
	미얀마 인권 상황 특별보고관(2011/8/21~25)
	미얀마 인권 상황 특별보고관(2012/1/31~2/5)
	미얀마 인권 상황 특별보고관(2012/7/30~8/4)
	미얀마 인권 상황 특별보고관(2013/2/11~16)
	미얀마 인권 상황 특별보고관(2013/8/11~21)
	미얀마 인권 상황 특별보고관(2014/2/14~19)
	미얀마 인권 상황 특별보고관(2014/7/17~26)
	미얀마 인권 상황 특별보고관(2015/1/7~16)
	미얀마 인권 상황 특별보고관(2015/8/3~7)
방글라데시	종교 또는 신념의 자유 특별보고관(2000/5/15~24) 보고서 A/55/280/Add.2
	여성 폭력, 그 원인 및 결과 특별보고관(2000/10/28~11/15) 보고서 E/CN.4/2001/73/Add.2
	식량권 특별보고관(2002/10/23~11/4) 보고서 E/CN.4/2004/10/Add.1
	(합동방문) 물과 위생 독립전문가 극심한 빈곤 독립전문가(2009/12/3~10) 보고서 A/HRC/15/55
	여성 폭력 특별보고관(2013/5/20~29) 보고서 A/HRC/26/38/Add.2
	종교의 자유 특별보고관(2015/8/31~9/9)
베트남	종교 또는 신념의 자유 특별보고관(1998/10/19~28) 보고서 E/CN.4/1999/58/Add.2
	극빈과 인권 독립전문가(2010/8/23~31)
	소수자 문제 독립전문가(2010/7/5~15)
	외채 독립전문가(2011/3/21~29) 보고서 A/HRC/20/23/Add.1
	건강권 특별보고관(2011/11/25~12/5) 보고서 A/HRC/20/15/Add.2

베트남	문화적 권리 분야 독립전문가(2013/11/18~29)
	종교의 자유 특별보고관(2014/7/21~31)
부탄	자의적 구금 실무그룹(1996/4/29~5/6) 보고서 EC/N.4/1997/4/Add.3
	교육권 특별보고관(2014/5/26~6/4)
싱가포르	개발권 독립전문가(2001) 공식 보고서 없음
	인종차별주의 특별보고관(2010/4/21~28)
인도	여성 폭력, 그 원인 및 결과 특별보고관(2000/10/28~11/15) 보고서 E/CN.4/2001/73/Add.2
	식량권 특별보고관(2005/8/20~9/2) 보고서 E/CN.4/2006/44/Add.2
	인도, 인도네시아, 말레이시아, 태국, 미얀마 특별보고관(2006/2/11~16) 보고서 A/HRC/4/14
	건강권 특별보고관(2007/11/22~12/3)
	종교 또는 신념의 자유 특별보고관(2008/3/3~20)
	유독성 폐기물 특별보고관(2010/1/11~21)
	인권옹호자 특별보고관(2011/1/11~21)
	약식 처형 특별보고관(2012/3/19~30) 보고서 A/HRC/23/47/Add.1
	여성 폭력 특별보고관(2013/4/22~5/1) 보고서 A/HRC/26/38/Add.1
인도네시아	여성 폭력 특별보고관(동티모르 포함)(1998/11/20~12/4) 보고서 E/CN.4/1999/68/Add.3
	임의구금 실무그룹(1999/1/31~2/12) 보고서 E/CN.4/2000/4/Add.2
	동티모르 초법적, 약식 또는 자의적 처형 합동특별보고관. 고문 의혹 특별 보고관. 여성 폭력 특별보고관(1999/11/4~10) 보고서 A/54/660
	국내 이재민 사무총장 대표(2001/9/24~29) 보고서 E/CN.4/2002/95/Add.2
	개발권 독립전문가(2001) 공식 보고서 없음
	교육권 특별보고관(2002/7/1~7) 보고서 E/CN.4/2003/9/Add.1
	판사와 변호사의 독립 특별보고관(2002/7/15~24) 보고서 E/CN.4/2003/65/Add.2
	이민자 특별보고관(2006/12/12~21) 보고서 A/HRC/4/24/Add.3

인도네시아	인도, 인도네시아, 말레이시아, 태국, 미얀마 특별보고관 (2006/2/11~26) 보고서 A/HRC/4/14
	인권옹호자 상황 사무총장 특별대표(2007/6/5~13)
	고문 특별보고관(2007/11)
	미얀마 인권 특별보고관(2010/8/3~11)
	적절한 주거 특별보고관(2013/5/31~6/11) 보고서 A/HRC/25/54/Add.1
일본	인종차별주의의 현대적 형태 특별보고관(2005/7/3~12) 보고서 E/CN.4/2006/16/Add.2
	북한 인권 상황 특별보고관(2005/2/24~3/4) 보고서 A/60/306
	북한 인권 상황 특별보고관(2006/12/10~14) 보고서 A/HRC/4/15
	북한 인권 상황 특별보고관(2008/1/15~19) 보고서 A/HRC/7/20
	북한 인권 상황 특별보고관(2009/1/23~28) 보고서 A/HRC/10/18
	인신매매 특별보고관(2009/7/12~17) 보고서 A/HRC/14/32/Add.4
	이민자 특별보고관(2010/3/23~4/1) 보고서 A/HRC/17/33/Add.3
	안전한 식수, 위생 관련 인권의무 문제 독립전문가(2010/7/20~28) 보고서 A/HRC/18/33/Add.3
	북한 인권 특별보고관(2011/1/25~28)
	북한 인권 특별보고관(2012/1/16~20)
	건강권 특별보고관(2012/11/15~26) 보고서 A/HRC/23/41/Add.3
	외채 독립전문가(2013/7/16~19) 보고서 A/HRC/25/50/Add.2
	북한 인권 특별보고관(2015/1/19~23)
	아동매매 특별보고관(2015/10/19~26)
중국	자의적 구금 실무그룹(1997/10/6~16) 보고서 EC/N.4/1998/44/Add.2
	교육권 특별보고관(2003/9/9~19) 보고서 E/CN.4/2004/45/Add.1
	자의적 구금 실무그룹(2004/9/18~30) 보고서 E/CN.4/2005/6/Add.4
	고문 특별보고관(2005/11/20~12/10) 보고서 E/CN.4/2006/6/Add.6

중국	식량권 특별보고관(2010/12/15~23) 보고서A/HRC/19/59/Add.1
	법과 실제에 있어 여성차별 실무그룹(2013/12/12~19) 보고서 A/HRC/26/39/Add.2
	외채 독립전문가(2015/6/29~7/6)
캄보디아	캄보디아 인권 상황 사무총장 특별대표 (1997/11/30~12/6, 1998/1/18~30) 보고서 E/CN.4/1998/95
	캄보디아 인권 상황 사무총장 특별대표(1998/4, 1998/6, 1998/7) 보고서 A/53/400
	캄보디아 인권 상황 사무총장 특별대표(1998/10/23~30, 1999/1/9~21) 보고서 E/CN.4/1999/101
	캄보디아 인권 상황 사무총장 특별대표(1999/3, 1999/5) 보고서 A/54/353
	캄보디아 인권 상황 사무총장 특별대표 보고서 A/55/291
	캄보디아 인권 상황 사무총장 특별대표(1999/8/21~26, 1999/10/18~27) 보고서 E/CN.4/2000/109
	캄보디아 인권 상황 사무총장 특별대표(2001/2, 2001/6) 보고서 A/56/209
	캄보디아 인권 상황 사무총장 특별대표(2000/11/26~12/2) 보고서 E/CN.4/2001/103
	캄보디아 인권 상황 사무총장 특별대표(2001/11/18~28) 보고서 E/CN.4/2002/118
	캄보디아 인권 상황 사무총장 특별대표(2002/3, 2002/6) 임시보고서 A/57/230
	캄보디아 인권 상황 사무총장 특별대표(2002/11/12~19) 보고서 E/CN.4/2003/114
	캄보디아 인권 상황 사무총장 특별대표(2003/3, 2003/7) 보고서 A/58/317
	캄보디아 인권 상황 사무총장 특별대표(2003/11/27~2003/12/6) 보고서 E/CN.4/2004/105
	캄보디아 인권 상황 사무총장 특별대표(2004/11/7~14) 보고서 E/CN.4/2005/116
	캄보디아 인권 상황 사무총장 특별대표(2005/11/28~12/5) 보고서 E/CN.4/2006/110 and Add.1
	적절한 주거 특별보고관(2005/8/22~9/3)
	캄보디아 인권 상황 특별보고관(2006/3/19~28) 보고서 A/HRC/4/36
	캄보디아 사무총장 특별대표(2007/5/29~31)
	캄보디아 사무총장 특별대표(2007/12/1~10) 보고서 A/HRC/7/42

캄보디아	캄보디아 인권 상황 특별보고관(2010/1/17~30)
	캄보디아 인권 상황 특별보고관(2010/6/8~18)
	캄보디아 인권 특별보고관(2011/2/15~24)
	캄보디아 인권 특별보고관(2011/5/30~6/3)
	캄보디아 인권 상황 특별보고관(2011/12/5~11)
	캄보디아 인권 상황 특별보고관(2012/5/4~11)
	캄보디아 인권 상황 특별보고관(2012/12/8~15)
	캄보디아 인권 상황 특별보고관(2013/5/19~25)
	캄보디아 인권 상황 특별보고관(2014/1/12~17)
	캄보디아 인권 상황 특별보고관(2014/6/15~25)
	캄보디아 인권 상황 특별보고관(2015/1/17~25)
	캄보디아 인권 상황 특별보고관(2015/9/16~24)
태국	인권옹호자 상황 사무총장 특별대표(2003/5/19~27) 보고서 E/CN.4/2004/94/Add.1
	미얀마 특별보고관(20005/11/5~20) 보고서 E/CN.4/2006/34
	인도, 인도네시아, 말레이시아, 태국, 미얀마 특별보고관(2006/2/11~26) 보고서 A/HRC/4/14
	미얀마 인권 상황 특별보고관(2008/8/6~13)
	미얀마 인권 상황 특별보고관(2010/8/3~11)
	인신매매 특별보고관(2011/8/8~19) 보고서 A/HRC/20/18/Add.2
	북한 인권 상황 특별보고관(2012/6/25~29)
	안전한 식수와 위생 특별보고관(2013/1/31~2/8)
파키스탄	여성 폭력, 그 원인 및 결과 특별보고관(1999/9/9~11) 보고서 E/CN.4/2000/68/Add.4
	판사와 변호사의 독립 특별보고관(2012/5/19~29) 보고서 A/HRC/23/13/Add.2
	강제적 또는 비자발적 실종 실무그룹(2012/9/10~20) 보고서 A/HRC/22/45/Add.2
필리핀	개발권 독립전문가(2001) 공식 보고서 없음
	이주자 인권 특별보고관(2002/5/20~6/1) 보고서 E/CN.4/2003/85/Add.4

필리핀	국내 이재민 사무총장 대표(2002/11/6~13) 보고서 E/CN.4/2003/86/Add.4
	원주민의 인권과 기본적 자유 상황 특별보고관(2002/12/2~11) 보고서 E/CN.4/2003/90/Add.3
	초법적, 약식 또는 자의적 처형 특별보고관(2007/2/12~21) 보고서 A/HRC/8/3/Add.2
	인신매매 특별보고관(2012/11/5~9) 보고서 A/HRC/23/48/Add.3
	식량권 특별보고관(2015/2/20~27)
	국내 이재민 특별보고관(2015/7/21~30)
한국	표현의 자유 특별보고관(1995/6/25~30) 보고서 E/CN.4/1996/39/Add.1
	북한 인권 상황 특별보고관(2005/11/3~10) 보고서 E/CN.4/2006/35
	이민자 특별보고관(2006/12/5~12) 보고서 A/HRC/4/24/Add.2
	북한 인권 상황 특별보고관(2006/12/14~18) 보고서 A/HRC/4/15
	북한 인권 상황 특별보고관(2008/1/19~24) 보고서 A/HRC/7/20
	북한 인권 상황 특별보고관(2008/10/27~31)
	북한 인권 상황 특별보고관(2010/2/10~16)
	표현의 자유 특별보고관(2010/5/5~15)
	북한 인권 상황 특별보고관(2010/11/22~26)
	인권옹호자 특별보고관(2013/5/29~6/7) 보고서 A/HRC/55/Add.1
	북한 인권 상황 특별보고관(2013/11/13~15)
	현대적 형태의 인종주의, 인종차별, 외국인 혐오, 기타 관련한 불관용 특별보고관(2014/9/29~10/6)
	북한 인권 상황 특별보고관(2014/11/10~14)
	북한 인권 상황 특별보고관(2015/9/6~10)
	인권과 유해물질·폐기물 특별보고관(2015/10/12~23)
	북한 인권 상황 특별보고관(2015/11/23~27)

출처: OHCHR, Country and other visits by Special Procedures Mandate Holders since 1998, http://www.ohchr.org/EN/HRBodies/SP/Pages/CountryvisitsA-E.aspx (2016년 10월 23일 검색).

북한의 인권 상황에 관한 정보를 수집하기 위해 일본(2005, 2006)과 몽골(2005, 20006, 2007), 한국(2005, 2006, 2008) 등을 수차례 방문한 바 있다.[57] 2010년 그의 후임이 된 마르주키 다루스만(Marzuki Darusman)은 북한의 인도주의적 문제들을 최우선으로 다루면서 북한 사회에 접근하려는 힘든 노력을 계속해나가는 중이다. 이처럼 국가별 수임자들은 인권규범의 국제적 이행을 확보하기 위해 능동적이고 중요한 역할을 하고 있다.

5.2.2.4 유엔인권이사회 진정절차

유엔인권이사회가 설립되기 이전에 유엔헌장에 기초한 중요한 인권규범의 이행 메커니즘이었던 1503절차[58]는 2006년에 진정절차(Complaint Procedure)로 개정되었다.[59] 새롭게 채택된 유엔인권이사회의 진정절차는 1503절차와 동일한 방식으로, 개인들이 세계의 어느 곳, 어떤 상황에서건 지속적이고 심각하며 확실하게 입증된 유형의 인권침해 및 기본적 자유에 대한 제한이 있을 경우에 진정을 제기하도록 허용한다.

5.2.3 자유권규약위원회와 여타 조약기구들의 활동

5.2.3.1 동아시아 국가들의 당사국 보고서

당사국 보고서(state party report)는 인권의 실제적 보장과 인권규범의 이행을 장려하기 위한 매우 중요한 메커니즘이다. 각 당사국은 조약을 비준하거나 그것에 가입한 후에 각 조약에 따른 당사국 보고서를 제출할 의무가 있다. 자유권규약 제40조에 따르면 "현재의 규약에 대하여 당사국들은 그들이 채택했던 권리를 실행하는 조처들과 그런 권리에 대해 이루어진 진전에 관해 보고서를 제출할 책임이 있다." 각 국가는 규약의 이행에 영향을 미치는 "요인과 난제"를 당사국 보고서에서 설명해야 한다.[60] 아시아 국가들 역시 예외는 아니다.

각 조약기구 위원회는 보고서를 제출받은 다음 각국의 인권 상황을 검토하여 최종 논평을 채택한다. 만일 후속 조치가 필요하다고 판단되면 그에 관한 절차를 채택한다.[61] 당사국 보고서의 제출과 후속 조치의 과정은 각국의 인권 상황을 검토할 기회를 제공함으로써 협약의 이행에 기여한다.

아시아 국가들은 현재 타지역의 국가들과 마찬가지로 당사국 보고서 제출절차를 따르고 있기는 하지만 집행의 정도에서는 다소 차이가 있는 편이다. 제출 마감일과 실제 제출 날짜를 간략히 살펴보면 국제 인권 보장에 대한 각국의 헌신의 정도를 판단해볼 수 있다. 자유권규약, 사회권규약, 인종차별철폐협약, 여성차별철폐협약, 아동권리협약, 고문방지협약에 따른 보고서 제출의 추이를 살펴보면 민주주의가 정착된 국가들의 보고가 평균적으로 더 유능하고 일관성 있다. 일례로 북한 및 베트남 같은 민주주의의 발달 정도가 낮다고 평가되는 국가들[62]은 마감일이 한참 지난 후에도 자유권규약에 따른 당사국 보고서를 제출하지 않았던 반면, 일본이나 한국 같은 자유국가들[63]은 적정한 기간 내에 보고서를 제출했다(표 5.2 참조).

자유권규약, 사회권규약, 여성차별철폐협약 당사국 보고서 제출에서 아시아 국가와 유럽 국가를 비교해보면 유럽 국가들이 제출 마감일을 좀더 준수하고 있다는 것을 알 수 있다. 유럽 국가들은 평균적으로 2년 이상 지연시키지 않는 반면, 아시아 국가들은 2년 이상, 많게는 4년까지도 늦게 제출하는 경우가 있다.[64]

요컨대, 동아시아 국가 역시 이들이 비준한 인권조약의 집행에 관한 당사국 보고서를 제출할 의무를 가지고 있으나 그 제출 속도에 있어서는 타지역 국가들에 비해 느린 편이다.

표 5.2 자유권규약 당사국 보고서 제출 현황

범주	국가	비준	보고서1 마감	보고서1 제출	보고서2 마감	보고서2 제출	보고서3 마감	보고서3 제출
자유롭지 못한 국가	베트남	1982a	1983/12/23	1989/07/07	1991/07/31	2001/04/03	2004/01/08	
	북한	1981a	1982/12/13	1984/04/02	1987/10/13	2000/03/20	2004/01/01	
	중국*	s:1998	1999/08/18	1999/11/01	2001/10/31		2003/10/31	2005/01/14
부분적 자유국가	인도네시아	2006a	2007/05/23	2012/01/19	2017/07/26			
	태국	1997a	1998/01/28	2004/06/22	2009/08/01	2015/06/23		
자유국가	인도	1979a	1980/07/09	1983/07/04	1985/07/09	1989/07/12	1992/03/31	1995/11/29
	일본	1979	1980/09/20	1980/10/24	1986/10/31	1987/12/24	1991/10/31	1991/12/16
	한국	1990a	1991/04/09	1991/07/31	1996/04/09	1997/10/02	2003/10/31	2005/02/10

국가	보고서4 마감	보고서4 제출	보고서5 마감	보고서5 제출	보고서6 마감	보고서6 제출	보고서7 마감	보고서7 제출
베트남								
북한								
중국*	2010/01/11							
인도네시아								
태국								
인도	2001/12/31							
일본	1996/10/31	1996/10/31	2002/10/31	2006/12/20	2011/10/29	2012/04/24	2018/07/31	
한국	2010/11/02	2013/08/16	2019/11/06					

* 중국은 자유권규약을 비준하지 않았다. 여기서 중국의 당사국 보고서는 홍콩이나 마카오에 관한 것이다.
* 'a'는 가입을, 's'는 서명만 했음을 의미한다(이하 표에서 설명 없음).

표 5.3 사회권규약 당사국 보고서 제출 현황

범주	국가	비준	보고서 1 마감	보고서 1 제출	보고서 2 마감	보고서 2 제출
자유롭지 못한 국가	베트남	1982a	1990/06/30	1992/01/23	1995/06/30	2011/09/07
	북한	1981a	1983/09/01	1984/12/18	1992/06/30	2002/04/12
	중국	2001	1999/06/30*	1999/07/04	2002/06/30	2003/06/27
부분적 자유국가	인도네시아	2006a	2008/06/30	2012/01/19	2019/05/30	
	태국	1999a	2002/06/30	2012/08/21	1991/06/30	
자유국가	인도	1979a	1979/09/01	1983/05/30		
	일본	1979	1981/09/01	1981/09/29	1992/06/30	1998/08/28
	한국	1990a	1992/06/30	1993/10/21	1997/06/30	1999/07/01

보고서 3 마감	보고서 3 제출	보고서 4 마감	보고서 4 제출	보고서 5 마감	보고서 5 제출	보고서 6 마감	보고서 6 제출
2000/06/30	2011/09/07	2005/06/30	2011/09/07	2019/11/30			
2008/06/30		2019/05/30					
2010/06/30	2010/06/30						
2020/06/30					2006/10/23		
2006/06/30	2009/12/22	2018/05/31				2011/06/30	
2006/06/30	2007/06/27	2014/06/30	2016/06/02				

5.2.3.2 조약기구의 일반의견 및 권고의 영향

조약기구의 일반의견이나 권고(Recommendations)는 각국의 조약 의무 이행 상황을 분석하고 평가함으로써 인권의 실질적인 보장에 기여하는 기제로, 자유권규약, 사회권규약, 고문방지협약, 아동권리협약 위원회들은 일반의견을 채택하고, 인종차별철폐협약과 여성차별철폐협약 위원회들은 권고를 채택한다. 위원회가 채택하는 실질적인 의견이나 권고의 질은 개별 전문가의 작업에 달려 있지만[65] 기능과 본성에는 큰 차이가 없다.

자유권규약위원회는 인권 조항을 해석하여 주제별 문제들에 대한 일반의견을 발표한다.[66] 지금까지 공표된 일반의견은 2009년 5월 현재 33건에 달한다.[67] 일반의견은 조항들을 해석할 뿐 아니라 인권규범의 이행 관련 조처의 중요성을 환기시킨다. 예를 들어, 2004년 채택된 일반의견31은 당사국에 부과된 규약의 법적 의무의 성격을 논의하였으며 자유권규약 제2조에서 규정한 법적 의무를 이행하기 위해 각 당사국이 입법, 사법, 행정, 교육 및 그외 적절한 조처들을 채택할 의무가 있다고 주장했다.[68] 여기서 더 나아가 자유권규약 제2조 3항은 협약에서 규정한 권리를 효과적으로 보호하는 것뿐만 아니라, 당사국들로 하여금 개인이 권리를 주장할 수 있도록 접근 가능하고 효과적인 방안들을 확보하고,[69] 권리 침해에 책임이 있는 사람들을 재판에 회부하도록[70] 보장해야만 한다고 명시했다. 북한이 1997년 자유권규약 탈퇴를 고려하고 있을 때 자유권규약위원회는 의무의 지속성(Continuity of Obligation)을 일반의견26으로 채택했는데, 이는 협약을 비준했거나 가입했거나 혹은 계승한 국가가 그 협약을 파기하거나 그것으로부터 탈퇴하는 것을 국제법이 용인하지 않는다는 점을 분명히 하는 것이었다.[71]

나머지 협약들 역시 일반의견이나 권고를 채택한다. 이러한 일반의견이나 권고는 국제법의 중요한 원천 중의 하나이자 아시아에서 인권의 실질적 보장에 기여한다.

5.2.3.3 개별 진정이나 커뮤니케이션의 힘

자유권규약, 인종차별철폐협약, 고문방지협약, 여성차별철폐협약의 조약기구들은 각기 개별적인 청원이나 커뮤니케이션에 대한 유사 사법적(quasi-judicial) 메커니즘을 가지고 있으며[72] 개인들이 조약기구에 청원을 제기하는 것을 허용하는 절차를 갖추고 있다. 조약기구들은 개인들로부터 제기된 청원을 검토한 후에 청원을 제기한 개인의 인권이 침해되었는지 여부를 판단한다.[73]

그러나 현재까지 자유권규약 제1선택의정서(Optional Protocol to the International Covenant on Civil and Political Rights, OPT1)를 비준한 동아시아 국가들은 극소수여서 이 메커니즘의 영향력은 동아시아의 극소수 회원국들로 제한되어 있다. 2016년 10월 23일 현재 자유권규약에 가입한 115개국 중 단지 6개의 동아시아 국가들 —— 몰디브, 몽골, 네팔, 필리핀, 한국, 스리랑카 —— 만이 제1선택의정서를 비준했거나 그것에 가입했다(표 5.4 참조). 동아시아에서 제1선택의정서를 비준한 국가들은 실질적으로 인권을 보장하기 위해 상대적으로 강하게 헌신하는 국가들이다. 역설적이게도 이들 비준국의 인권침해 사례는 비준하지 않은 국가들에 비해 개별적인 진정을 통해 보다 광범위하게 알려졌다. 동아시아 국가들이 제1선택의정서의 비준을 꺼린다는 점은 역설적으로 그것이 허용하고 있는 개인 청원 메커니즘이 강력한 수단임을 증명하는 것이다.

여성차별철폐협약위원회는 당사국과 관련하여 개인이 제기한 청원

표 5.4 자유권규약 제1선택의정서하에서 개별적인 청원의 기원에 관한 통계 조사

국가	진행중		판결 종료			총합계
	사전 인정	인정	기각	취하	검증 (1) / (2)*	
네팔	12	2	-	-	12/0	26
몰디브	1	-	-	-	-	1
몽골	1	-	-	-	-	1
스리랑카	5	-	5	-	15/0	25
필리핀	2	-	2	10	12/2	28
한국	4	-	1	2	122/2	131
세계 총합계(115)	540	7	669	385	975/180(1,155)	2,756**
동아시아-총합계(6)	25	9	8	12	161/4(165)	212

* (1) 위반 사실이 확인된 건수 (2) 위반 사실 없음이 확인된 건수.

** 2009년 현재 82개국과 관련하여 1,777회의 청원이 등록되었다.

출처: OHCHR, Statistical Survey of Individual Complaints Dealt with by the Human Rights Committee under the Optional Protocol to the International Covenant on Civil and Political Rights (March, 2016): http://www.ohchr.org/Documents/HRBodies/CCPR/StatisticalSurvey.xls (2016년 10월 23일 검색).

을 다룬다. 여성차별철폐협약에 대한 선택의정서를 비준했거나 가입한 국가는 2009년 4월 7일 현재 186개국에 이르며,[74] 방글라데시, 몰디브, 몽골, 네팔, 필리핀, 한국, 스리랑카, 태국, 동티모르 등의 아시아 국가들이 여성차별철폐협약을 비준했다.[75] 고문방지협약위원회는 협약 제22조에 따라 필수적인 선언을 했던 당사국들과 관련하여 개인이 제기한 청원을 다룰 수 있다. 인종차별철폐협약위원회는 협약 제14조에 따라 선언을 한 당사국과 관련하여 동일한 권위를 가지고 있다.[76] 이주노동자협약 제77조는 이주노동자협약위원회가 개인이 제기한 청원을 다루는 것을 허용하고 있지만, 이 조항은 10개국이 규정에 의해 요구된 선언을 하기 전까지는 발효되지 않을 것이다.[77]

앞에서 살펴본 것처럼, 동아시아 국가들은 일반적으로 자국 시민들이 국제 인권기구에 개별적으로 청원하는 것을 그다지 달갑게 여기지 않는다. 그러나 〔표 5.4〕에서 살펴볼 수 있듯이 일부 국가에서 상당한 수의 시민들이 청원을 하며, 이를 통해 개별적인 청원방식이 인권보호를 향상하는 데 기여한다는 점을 엿볼 수 있다.

5.2.4 동아시아에서의 인권보호를 위한 국내 조치들의 유용성

5.2.4.1 현지 법집행 체계의 변화하는 역할

제3장에서 언급했듯 국제 인권규범은 통합이나 전환을 통해 국내법 체계의 일부로 자리 잡는다. 그러나 현지화된 국제조약들은 그 사회 내에서 저절로 집행되는 것이 아니다. 현지 당국의 집행과정이 없다면 규범들은 빈말일 뿐이다. 특히 이원론적 법체계를 지닌 국가들에서 국제 인권규범이 국내법 체계로 통합되거나 전환되지 못한다면 그것은 구속력을 가지지 못한다. 나아가, 해당 국가의 법치주의의 토대가 약하거나

현지 법집행 당국이 부패했을 때는 도입된 국제규범의 기능이 차단될 수도 있다. 따라서 민주주의와 법치주의의 확고한 정착은 인권규범 이행의 중요한 전제조건이 된다.[78] 정치기구들과 경찰, 검찰, 사법기구 등의 법집행 당국은 인권의 실질적인 보장을 위한 국제규범의 집행을 지원해야 하지만, 권위주의 정권하에서 그들은 오히려 이러한 권리들이 뿌리내리는 데 장애물로 작용한다.[79]

동아시아 국가들은 인권규범의 채택과 촉진, 그 규범 및 권리의 온전한 보호를 위한 규범이행 과정에서 취약점을 노출해왔다. 규범의 채택이라는 면에서도 동아시아는 타지역의 국가들보다 느렸다. 좀더 심각한 문제는, 동아시아의 경우 경찰과 여타의 법집행 단위 같은 정부기구들이 인권침해를 자행한 경우가 허다하다는 점이다. 이는 국제인권법이 각국 내의 법체계, 즉 헌법과 형법, 형사소송법 등에 통합되는 것이 늦어지는 요인이 되었다. 동아시아 민주화가 시사하는 가장 근본적인 중요성은 민주화의 공고화 과정이 경찰과 검찰, 법원 등 각국 내의 법집행 체계의 질적 향상을 수반했다는 점이다.[80] 느리지만 지속적인 법치주의와 민주주의의 발전은 인권을 효과적으로 보장하는 데 있어서 괄목할 만한 긍정적인 변화들이라 할 것이다.[81]

5.2.4.2 동아시아에서 국가인권기구의 성취

국가인권기구는 동아시아 국가들에서 인권규범의 이행에 기여해왔다.[82] 국가인권기구의 힘은 현지의 정치 상황에 크게 좌우되는데, 이에 따라 어떤 국가에서는 그들의 판단을 현실적으로 집행하는 데 있어 보다 강한 힘을 갖기도 하며, 어떤 국가에서는 그 역할에 대한 공중의 기대를 충족시키지 못하기도 한다. 이러한 국가별 역할의 차이에도 불구하고 국가인권기구는 그동안 실제적인 인권보장에 있어 매우 효과적인 기능을 수행했다.[83] 국가인권기구는 현지 수준에서 인권문제에 접근하며 이를 밀착하여 감시할 수 있기 때문에 각 국가에서 국제 인권규범의 확립을 용이하게 한다. 또한 국제 단위의 행위자들이 인권보장을 지원하는 현지 기구들과 소통하기 위한 효과적인 통로이기도 하다.[84]

5.2.4.3 국가인권계획의 채택

인권을 위한 국가계획의 채택은 일부 아시아 국가들이 택하고 있는 또다른 효과적인 인권보장 수단이다. 1993년 빈 선언은 각 국가가 "인권의 촉진과 보호를 향상시킬 단계들을 확인하는 국가계획을 작성하는 것이 바람직하다는 점을 고려"하라고 권고했다.[85] 국가계획은 인권의 향상이 궁극적으로는 해당 국가의 정부와 사람들이 긍정적인 변화를 이루기 위해 선택하는 구체적인 행위에 달려 있다는 확신에 기반을 두고 있다.[86]

현재 필리핀(1996), 인도네시아(1998, 2004, 2011), 몽골(2003), 네팔(2004), 한국(2007), 중국(2009), 태국(2009) 등이 국가인권계획을 채택했다(표 5.5 참조). 1989년 톈안먼 사태 20주년 기념 두달 전에 발표된 중국의 국가인권계획은 인권의 경제적·사회적 측면을 강조했으며 중국 정부의 관리들이 인권문제를 진지하게 취급하고 있다는 점을 보여주었다.[87] 국가계획을 채택하는 이런 자발적인 과정은 인권규범의 이행에 기여한다.

이외에도 앞서 언급하지 않은 여러 인권보장 수단들이 있다. 예를 들어 민간 부문의 주체들은 인권의 실질적인 보장에 있어 중요한 역할을 수행한다. NGO, 학자, 미디어, 기타 관련 그룹 같은 현지의 행위자들은 로비 활동, 미디어의 보도, 출판, 공적 교육, 여타의 행위들을 통해 인권규범의 실천상의 변화를 위한 캠페인을 전개할 수 있다.

표 5.5 아시아 국가들의 국가인권계획

국가	국가인권계획
네팔	National Human Rights Action Plan (2004)
몽골	National Human Rights Action Programme of Mongolia (2003)
인도네시아	National Plan of Action on Human Rights (1998~2003) National Plan of Action on Human Rights (2004~09) National Plan of Action on Human Rights (2011~14)
중국*	National Human Rights Action Plan of China (2009~10)
태국	National Action Plan on Human Rights (2009~13)
필리핀	Human Rights Plan 1996~2000
한국	National Action Plan for the Promotion and Protection of Human Rights (2007~11)

* 중국은 2009년 4월 13일 국가인권계획을 발표했다. National Human Rights Action Plan of China (2009-10) 참조. http://www.china.org.cn/archive/2009-04/13/content_17595407.htm (2016년 10월 23일 검색).

출처: OHCHR, National Plans of Action for the Promotion and Protection of Human Rights, http://www.ohchr.org/EN/Issues/PlansActions/Pages/PlansofActionIndex.aspx (2016년 10월 23일 검색). 일본은 1996년에 인권교육을 위한 국가계획/전략을 채택하려는 캠페인에 참여했지만 아직까지 국가인권계획을 채택하지는 않았다.

5.2.5 보편적 체계의 일부로서의 아시아 인권

아시아의 인권체제[88]는 다양한 인권 규범과 기구 및 이행의 과정으로 구성되어 있다.[89] 그리고 각 요소들은 법체계 및 문화와 서로 긴밀히 연결되어 있으며[90] 규범과 기구의 발전 정도는 각양각색이다.[91] 인권체제는 법적 구속력이 있는 국제조약, 법적 구속력이 있는 지역적·소지역적 기구들, 구속력이 없는 국제규범과 국내의 헌법 및 법령 등 그 형식이 다양하다. 아시아의 일부 기구들은 지구적·지역적·소지역적·국내적 수준에서 동시에 발전하고 있지만, 아직까지 다른 지역들과는 달리 범지역적 인권재판소나 인권위원회를 설립하는 단계까지는 이르지 못했다.

그래도 여전히 아시아에 인권체제가 존재한다고 말할 수 있을까? 이 질문에 대한 필자의 답은 긍정적이다. 인권체제는 완전하게 발전하지 못한 것이 사실이지만 인권 규범과 기구, 이를 뒷받침하는 인권보장 절차가 출현하고 있다는 점은 분명하다.[92] 물론 아직까지 많은 한계들이 있지만 그렇다고 해서 이러한 한계들이 인권체제 자체가 존재하지 않는다는 증거는 아니다. 오히려, 그것들은 이 지역 국가들이 앞으로 추구해나가야 할 과제가 남아 있다는 것을 보여준다.

5.3 아시아에서 인권체제상의 도전들

5.3.1 취약한 인권규범

앞에서 살펴보았듯이, 인권규범은 지구적·지역적·국내적 수단들을 통해 이행된다.[93] 그런데 그 집행과정에는 몇가지 난제가 존재한다.

가장 큰 어려움 중 하나는 국제규범의 취약성으로 인해 규범의 집행을 방해하는 현지의 저항을 무력화하기 어렵다는 점이다. 많은 아시아 국가들은 아직까지 몇몇 핵심적인 인권조약들을 비준하지 않았다.[94] 아시아 국가들이 채택한 집행수단이라 하더라도 다양한 이유로 각국 내에서 법적 강제력이 없거나 판결을 내릴 수 없는 경우가 있다.[95] 정부와 법원은 문화적 배경, 정치적 특수성, 여타의 사회적 조건들을 핑계로 이미 도입한 인권규범의 집행을 거부할 수 있다. 일부 국가는 정치적 이익을 위하여 인권을 재물로 삼기도 한다.[96] 특히, 국제 인권조약의 이행을 위한 구체적인 집행수단이 제대로 갖추어지지 못한 경우에 인권의 효

과적인 보장은 요원해진다.[97]

　사실 인권규범의 이행은 사회가 합의하고 있는 도덕적 기반에 크게 의존한다. 따라서 상대적으로 약한 구속력을 지닌 인권수단들은 이행을 보장하기 위한 행위자들의 강한 네트워크에 의해 뒷받침될 필요가 있다고 하겠다.[98]

5.3.2 권위주의 정권

　다수의 아시아 국가들은 세계열강의 식민지배를 거쳐 제2차 세계대전 이후 독립국이 되었다. 이들 국가가 전통적으로 형성해온 사회체제는 식민지 시기 이후에 새로운 정권들로 대체되었고, 근대화의 영향으로 급격한 변모를 겪었다. 민주주의 경험의 부족과 이러한 빠른 사회적 변화 속에서 기회를 잡은 일부 국가의 권위주의 정권들은 자국민의 인권과 민주주의 원칙을 희생하면서 아직까지도 정권을 유지하고 있다.

　정부는 국제조약의 집행에 있어 가장 중요한 보증인이다. 입법기구나 여타의 국가기구들 역시 비준과 관련되어 있지만, 정부는 조약을 직접 협상하고 체결하는 주체다. 또한 비록 입법적·사법적 통제를 받기는 하지만 인권규범을 집행할 일차적 의무 역시 정부의 손에 달려 있다. 이처럼 정부는 국제 인권규범의 집행력을 행사하는 가장 중요한 제도적 행위자이기 때문에, 권위주의 정권의 존재는 인권의 이행을 매우 어렵게 만드는 요인이 된다.[99]

　앞에서 언급했듯이,[100] 프리덤 하우스의 2008년 자유지수에 따르면 23개 아시아 국가 가운데 10개국(43퍼센트)이 비자유 국가이고, 8개국(35퍼센트)이 부분적 자유국가이며, 오직 5개국(22퍼센트)만이 자유로운 국가로 간주된다.[101] 반대로, 전세계 193개국 가운데 43개국(22퍼센트)은 비자유 국가로, 60개국(31퍼센트)는 부분적으로 자유로운 국가로, 90개국(47퍼센트)는 자유로운 국가로 분류되었다.[102] 이처럼 세계 다른 지역에 비해 동아시아 지역의 경우 그 국민들이 자유를 거의 누리지 못하거나 제한적으로만 자유를 누리는 비자유국과 부분적 자유국가의 비중이 더 높은 실정이다. 여러 아시아 국가들에서 민주주의가 제대로 작동하지 못한다는 사실은 국제 인권규범의 구체적인 실행을 가능하게 하는 집행수단을 고안하는 데 있어 큰 어려움으로 작용한다.

많은 아시아 국가에서 국가안보라는 이름으로 인권유린이 정당화되곤 한다. 물론 인권의 보장이 절대적인 것은 아니며, 일부 인권은 현재의 국제인권법 체계하에서도 국가안보를 위해 불가피한 경우에는 법에 의해 정당하게 제한될 수 있다.[103] 그러나 아시아에서 국가보안법은 종종 정치적 반대자들을 체포하고 구금하기 위하여 악용되었다.[104] 냉전은 아시아에서 민주주의, 법치주의, 인권을 질식시켜온 파괴적인 역사적 조건이었다. 자본주의 진영과 공산주의 진영이 서로 적대시하는 와중에 등장했던 권위주의 정부들은 냉전의 프레임을 이용해 그들의 억압적인 정권을 정당화하고 인권의 원칙을 쉽게 무시하곤 했다. 예를 들어, 북한의 위협은 한국에서 권위주의 정권을 정당화하기 위해 이용되어왔으며, 대만의 경우에는 공산주의 중국의 위협이라는 평계로 1990년대까지 50년 이상 선거 자체가 없었다. 국내의 군사적 갈등들(필리핀, 인도네시아, 말레이시아, 파키스탄), 국가적 적의 존재(남북한, 중국과 대만, 인도와 파키스탄 등), 국제적 긴장이나 지역적 긴장의 문제들(북한, 미얀마 등), 혹은 보다 최근의 '테러와의 전쟁'(인도네시아와 말레이시아) 등은 국가가 국가안보를 최우선 사항으로 강조하는 데 도움을 주었고, 이에 따라 인권규범의 효과적인 집행은 어려움을 겪을 수밖에 없었다.

인권침해를 자행하는 권위주의 정권은 동아시아에 국제 인권규범을 적용하는 데 있어 주요한 반대세력이다. 이 국가들에서 민주화와 법치주의의 진전이 없다면 인권의 실제적 보장은 불가능하다. 그러나 동시에 지금 이 순간에도 인권은 보장되어야만 하고 인권유린의 희생자들을 보호하기 위한 조치들이 취해져야만 한다. 따라서 상이한 국가들에서 인권의 정치적 맥락을 이해하는 것은 이 과정에서 피할 수 없는 일이다.

5.3.3 빈곤과 경제우선 정책

빈곤은 인권침해의 주요한 요인 중의 하나이자 인권을 보호하는 데 있어 극복해야 할 핵심 장애물이기도 하다.[105] 빈곤 때문에 사람들은 인권침해의 희생자가 된다. 빈곤 때문에 태국과 캄보디아 사람들은 성산업을 위해 이웃 국가들로 인신매매를 당하며, 베트남과 필리핀 사람들은 다른 국가에서 불법 이주노동자로 살아간다. 빈곤과 관련된 인권침해는 다루기가 쉽지 않은데, 왜냐하면 정부로서도 그 문제를 해결하기 위한 충분한 재정수단이 없을 수 있기 때문이다. 정부는 종종 그들이 인권침해 대책을 세우지 않는 것에 대한 핑계로 가난을 사용하며, 인권보다는 경제적·사회적·문화적 권리와 개발권을 강하게 강조하는 경향을 보인다.[106]

아시아 국가들은 지난 수십년간 급속한 경제성장을 이루었다. 세계은행의 통계는 "세계 인구의 30퍼센트를 차지하고 있는 동아시아와 태평양 지역에서 1981년 이래로 가난이 가장 큰 폭으로 감소했다"고 명시하고 있다.[107] 〔도표 5.1〕이 보여주는 것처럼 동아시아, 태평양, 남아시아 지역은 경제적으로 세계에서 가장 빠르게 발전하고 있는 지역이다.

그러나 GDP 세계 순위가 보여주듯이 아시아의 경제는, 여전히 선진

국가들에 비해 덜 발전했다(표 5.6 참조). 아시아 지역에서 살고 있는 개인들의 소득은 유사한 국부를 가진 세계 다른 지역 사람들의 소득에 비해 적다(표 5.7). 일부 국가의 경우 총 GDP 순위는 높을 수 있지만 1인당 국민 총소득(GNI)은 조밀한 인구구조 때문에 여전히 다른 지역의 국가들에 비해 낮은 형편이다.

정부는 종종 인권침해를 경제발전 과정에서 피할 수 없는 행위로 정당화하곤 한다. 이런 캠페인들은 대중의 의식에 효과적으로 영향을 미친다. 중국의 경제적 팽창은 중국인들 사이에서 경제발전에 좀더 강조점을 두는 이해관계를 만들어냈지만, 인권침해 문제는 간과되는 경향이 있다. 이처럼 빈곤과 경제발전 과정은 인권의 실제적 보장을 방해할 수 있다.

물론 경제발전은 적극적인 시민사회운동과 조직적인 노동운동을 강화함으로써 민주적 정치체계의 발전에 긍정적인 영향을 줄 수도 있을 것이다.[108] 그러나 어떤 국가의 경제가 발전한다고 해서 그 국가가 반드시 인권규범이 이행되는 민주적 법체계가 정착된 국가라고 단언할 수는 없다. 〔표 5.6〕과 〔표 5.7〕이 보여주듯이, GDP와 1인당 GNI라는 면에서 국가의 순위는 아시아 국가들의 자유지수 순위와 부합하지 않는다(표 2.1 참조).

더욱이 경제성장 자체가 경제적·사회적·문화적 권리 보장을 담보하는 것도 아니다. 일례로 인도는 그간의 급속한 경제성장에도 불구하고 높은 수준의 가난과 심각한 식량 불안정이 지속되고 있다.[109] 동시에 부패와 비능률, 분배상의 차별로 인해 국제사회로부터 끊임없이 비판받고 있다. 이러한 사회의 다양한 적폐들은 특히 빈곤·소외계층이 충분한 식량을 얻지 못하게 하고 국가의 경제성장의 과실로부터 그들을 배제하는 요인이 된다.[110]

도표 5.1 평균 성장률(1975∼2005)

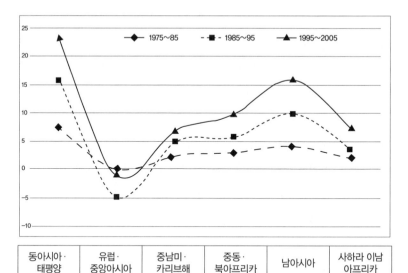

출처: The World Bank, Regional Fact Sheet from the World Development Indicators 2007: East Asia and Pacific. http://siteresources.worldbank.org/DATASTATISTICS/Resources/eap_wdi.pdf (2011년 9월 15일 검색).

5.3.4 식민지 유산과 전환기 정의의 문제

대부분의 아시아 국가들이 과거에 경험한 식민지배는 인권의 실질적 보장을 방해하는 또다른 요인이다. 식민지 시기에 피식민지 주민에 대한 인권유린이 수없이 자행되었으며 이러한 인권침해는 세계열강과 그들에게 협력했던 현지 지배계층에 의해 저질러졌다. 아시아의 여러 국가들에서는 식민지 시대의 적폐가 제대로 청산되지 못한 까닭에 현재까지도 지속적인 인권침해의 원인으로서 작용하고 있다.

표 5.6 아시아 국가들의 총 GDP(세계은행, 2010)

아시아 순위	국가	순위 (세계 193개국 중)	국내 총생산(GDP) (백만 USD)
1	중국	2	5,878,629
2	일본	3	5,497,813
3	인도	9	1,729,010
4	한국	14	1,014,483
5	인도네시아	18	706,558
6	태국	30	318,847
7	말레이시아	35	237,804
8	홍콩	38	224,458
9	싱가포르	39	222,699
10	필리핀	44	199,589
11	파키스탄	47	174,799
12	베트남	56	103,572
13	방글라데시	57	100,076
14	스리랑카	73	49,552
15	네팔	107	15,701
16	캄보디아	121	11,343
17	브루나이	122	10,732
18	라오스	134	7,491
19	몽골	140	6,083
20	부탄	168	1,516
21	몰디브	169	1,480
22	동티모르	180	701

* 북한과 미얀마, 대만은 포함되지 않았다. 세계은행은 홍콩과 대만을 순위를 평가하는 데 있어서 독립적인 단위로 간주하고 있다.

출처: The World Bank, Total GDP 2006, http://siteresources.worldbank.org/DATASTATISTICS/ Resources/GDP.pdf (2016년 10월 23일 검색).

표 5.7 아시아 국가들의 1인당 GNI(세계은행, 2010)

아시아 순위	국가	순위 (세계 215개국 중)	1인당 국민총소득(GNI) (USD)
1	일본	52	42,150
2	싱가포르	54	40,920
3	홍콩	59	32,900
4	한국	72	19,890
5	말레이시아	99	7,900
6	몰디브	134	4,270
7	중국	136	4,260
8	태국	137	4,210
9	인도네시아	164	2,586
10	필리핀	118	1,420
11	부탄	119	1,410
12	스리랑카	122	1,300
13	동티모르	136	840
14	인도	137	820
15	파키스탄	140	770
16	베트남	145	690
17	라오스	154	500
18	방글라데시	156	480
19	캄보디아	157	480
20	네팔	171	290

* 북한, 브루나이, 미얀마, 몽골은 포함되지 않았다.
* 구매력평가지수(PPP) 기준 1인당 GNI 수치.
* 세계은행은 최근 3년간 평균환율을 적용하는 '아틀라스 방식'(Atlas method)을 사용한다.

아시아 지역은 식민지 문제 외에도 다양한 분야와 층위에서 '전환기 정의' 문제가 존재한다. 여기서 말하는 전환기 정의란 권위주의 정권과 이로 인한 내부 갈등을 겪었던 시기로부터 민주적 지배로 이행하는 기간에 정의를 보장할 수 있는 원칙과 그 메커니즘이라고 정의할 수 있다.[111] 현재 아시아는 민주화 기간 동안과 민주화로의 이행 이후에도 해결되지 않은 여러 전환기 정의 문제에 직면하고 있다.[112] 전쟁범죄, 한국전쟁 및 베트남전쟁의 와중에 자행된 각종 비인도적 범죄, 권위주의 정권하에서의 국가에 의한 살인 같은 인권침해는 반드시 해명되어야 한다.

실제로 아시아에서 전환기 정의와 관련한 문제들은 곳곳에 편재하며, 여기에는 캄보디아 킬링필드의 유산, 중국의 대약진운동으로 인한 수많은 죽음과 고통, 중국의 문화혁명과 최근의 톈안먼광장 학살, 제2차 세계대전 동안 일본과 관련된 위안부·강제노동·난징대학살의 문제들,[113] 대만에서의 표현의 자유 억압,[114] 한국의 제주도 4·3 사건[115]과 노근리 및 광주 학살,[116] 베트남전쟁 기간 동안의 전쟁범죄와 비인도적 범죄, 북한의 인권침해 같은 것들이 포함된다.

이처럼 아시아가 현재 직면하고 있는 불행한 역사는 실로 해결하기가 쉽지 않다.

5.3.5 문화적 장벽

아시아의 문화나 종교는 때때로 인권보장에 있어 장애가 될 수 있다. 아시아인권헌장(1998)은 아시아 문화에 인권의 보편적 원리와는 양립하기 어려운 특징들이 있다고 주장한다.[117] 헌장이 적시하고 있듯이 아시아는 인권의 적절한 보장에 배치되는 것처럼 보이는 문화·가치·종교상의 부정적인 요소들을 가지고 있다. 개인간의 위계적인 관계, 신분 차별, 집단주의(collectivism)같이 문화에 깊이 자리 잡은 많은 문제들이 있다. 이런 문제들은 권위주의 정권, 군사독재의 지원을 받는 군국주의, 사회의 여성 구성원들에 대한 편견, 도외시되는 아동의 권리, 불법적인 정부를 보호하기 위한 수단으로서 법치주의의 남용 등을 정당화하는 이데올로기로서 기여한다. 이렇게 문화적으로 배태되어 있는 문제들은 베트남, 캄보디아, 태국의 인신매매, 성적 착취, 다른 형태의 여성의 권리에 대한 침해의 원인이기도 하다. 이러한 차별의 문화는 중국과 한국의 남아 선호, 여타 아시아 국가들에서의 종교나 신분(카스트)에 기반을 둔 차별 등을 포함하여 다양한 영역에서 발견할 수 있다.

그러나 '아시아적 가치'[118]의 추구를 포기하는 것은 잘못된 일이다. 아시아 국가들의 시민사회는 문화적 차이를 인정하고 건강한 아시아적 보편주의를 유지하기 위한 방식들을 지속적으로 발전시켜나가고 있다.[119] 아시아적 가치를 부정확하게 사용하는 방식은 실패했다. 리 콴유의 아시아적 가치 주장은 아시아 사회의 학자들을 포함한 많은 학자들에 의해 광범위하게 논박되었으며, 아시아의 권위주의 정권들이 아시아적 가치와 아시아적 민주주의 주장으로 그들의 인권침해를 정당화하려는 노력은 그다지 성공적이지 못했다. 분명, 아시아의 시민사회는 국민의 인권을 보장하지 않는 정부가 경제를 지속적으로 성장시킬 수 없다는 점을 이해하고 있다.

이에 대한 온전한 해법은 문화의 이식에 있지 않을 것이다.[120] 그것은 아시아의 문화, 언어, 종교, 음식, 생활, 자의식의 긍정적인 측면들을 확인하는 과정에 있을 것이다. 그리고 이 모든 것들은 인권의 확장에 기여한다.

5.3.6 취약한 시민사회

NGO의 역할은 인권을 보장하는 데 있어서 대단히 중요하다. NGO 들은 국내외 인권기구들에 정보를 제공할 수 있고 카운터 보고서 (counter-reports)를 제출하여 당사국 보고서를 논박함으로써 정부에 대한 그들의 반대 목소리를 낼 수 있다. 또한 인권규범의 적용을 감독하고, 인권을 보장하고 보호하며 이행하기 위한 행동을 취할 수 있다.

아시아의 경우 NGO의 활동은 미약한 편이고 그 수 역시 다른 지역에 비해 적다. 2007년 현재 유엔과 포괄적 협의 지위(General Consultative Status)에 있는 총 3,050개의 NGO 중 아시아 NGO의 수는 단지 16퍼센트를 차지할 뿐이다(도표 5.2 참조). 포괄적 협의 지위나 특별협의 지위는 유엔과 밀접한 관계를 수립할 정도로 충분히 자격을 갖춘 국제 NGO에만 부여되기 때문에, 그 수가 적다는 것만으로도 아시아 NGO 들이 덜 발전해 있다는 것을 증명하기에 충분하다.[121] 그들은 여전히 그 수가 절대적으로 적을 뿐만 아니라 국제무대에서의 활동도 충분하지 못한 실정이다. 자금 역시 충분하지 못하며 활동영역도 포괄적이지 않다.

그러나 아시아 NGO의 비율이 1996년에 1,041개 NGO 중 9퍼센트에 불과했다는 점을 감안하면 지난 10년 동안 그 수가 상당히 빠르게 증가해왔다는 사실은 지적할 만하다(도표 5.3 참조). 이는 아시아 NGO들이 민주주의 및 법치주의의 발전과 더불어 점차 그 역할을 확대해나가고 있다는 것을 의미한다. 아시아에서 지역 인권기구를 발전시키기 위해서는 강한 토대에 바탕을 둔 NGO의 활동이 핵심적일 것이다.

도표 5.2 포괄적 협의 지위에 있는 3,050개의 NGO(2007)

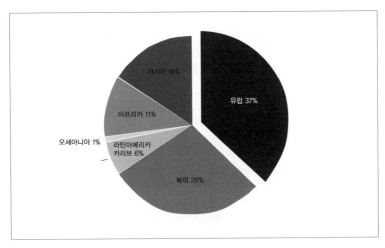

출처: United Nations Department of Economic and Social Affairs, Number of NGOs in Consultative Status with the Council 1996, http://eas.un.org/coordination/ngo/new/index.asp?page=pie2007 (2009년 5월 1일 검색).

도표 5.3 포괄적 협의 지위에 있는 1,041개의 NGO(1996)

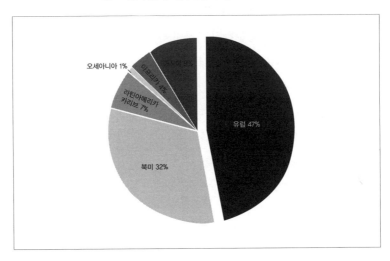

출처: 도표 5.2와 같음.

5.3.7 국제사회의 영향력

국제 인권기구가 정기적으로 아시아 국가의 인권 상황을 감시함에 따라, 인권 분야에 관한 그들의 영향력은 점차 증가하고 있다. 많은 국제 NGO의 활동 지역에 아시아가 포함되고 있다. 프리덤 하우스[122]는 그 프로젝트의 일환으로 아시아 국가들의 인권 상황을 정기적으로 감시하고 자유지수를 측정한다. 휴먼 라이츠 워치[123]는 연례 보고서를 출간하고 아시아 인권에 관한 소식지를 발간한다. 국제사면위원회[124]는 연례 보고서를 출간하고 인권 소식지를 발행한다. 미국 국무부(US Department of State) 역시 인권에 대한 국가보고서를 매년 출간하는데,[125] 이 또한 아시아를 다루고 있다. 아시아인권위원회, 포럼아시아(FORUM-ASIA) 등의 지역 NGO들도 인권 상황을 감시하고, 소식지를 발행하며, 관련 문서들을 출간하고 있다. 현재 아시아의 NGO들과 인권활동가들은 이전보다도 더욱 긴밀하게 국제 인권공동체와 상호작용하고 있다. 나아가, 인터넷과 여타의 커뮤니케이션 수단이 발전하면서 아시아공동체가 바깥 세계에 보다 쉽게 접근할 수 있는 기회가 늘어났다.

국내외 NGO들간의 협력관계를 구축하는 과정에서, 아시아 NGO들은 국제 행위자들의 활동이 자신들의 문화적 정체성과 국익에 해가 될 수 있다고 염려하면서 국제 활동가들의 의도를 의심할 수도 있다. 식민주의라는 역사적 경험과 결부된 민족주의적 감정은 이렇게 협력관계를 늦추는 요인이 될 수 있다. 또한 국제정세와 개별 국가의 상황에 따라 일부 문제들이 다른 문제들에 비해 우선적으로 취급될 수 있다. 동일한 문제라 하더라도 국제 NGO들이 관점을 달리하거나 다른 문제들에 비해 어떤 한 문제에 보다 많은 관심을 가지고 있을 수도 있고,[126] 현지

NGO들이 그들의 국가적 이해관계 때문에 특정한 문제에 우선권을 둘 수도 있다.[127] 따라서 국제사회의 활동은 지역의 이해관계나 정치 상황 등에도 주의를 기울여야 한다.

5.3.8 요약

요약하면, 아시아에서 인권을 실제적으로 보장하는 데는 많은 난점이 있다. 이는 인권규범의 취약성, 권위주의 정권의 존재, 가난 및 경제 우선 정책의 문제, 식민지 유산과 전환기 정의의 문제, 문화적 장애물, 약한 시민사회, 국제사회의 제한된 영향력 등이다. 이 모든 도전들은 아시아에서 인권의 이행이 쉬운 과정이 아니라는 점과 인권문제에 대한 정교하고 사려 깊은 접근이 필요하다는 점을 보여준다.

5.4 동아시아에서의 인권이행을 위한 협력적 접근

5.4.1 대립 혹은 협력

전통적으로 국가주권의 존중은 국제법에서 가장 우선시되는 원칙 중의 하나다.[128] 국제사회는 한 국가가 외부의 개입 없이 자국 내 문제를 결정하는 데 있어서 재량을 유지할 정당한 권리를 가지고 있다는 데 합의하고 있다. 그러나 동시에, 국가주권이 절대적일 수는 없으며 국가가 보편적인 인권원칙을 위반할 경우에는 그 행위의 정통성이 도전받을 수 있다는 점에 대해서도 동의하고 있다.[129] 채택된 인권원칙은 그 국가를 상대로 인권보장을 요구하는 데 사용될 수 있기 때문이다.[130]

그렇다고 해서 규범의 채택이 반드시 그 이행까지 보장하는 것은 아니다. 정부의 거부, 침묵, 국제적인 기만,[131] 혹은 피해자들의 억압[132] 같은 난제들이 있다. 실제 인권규범의 이행은 국내외 활동가들에 의해 지지를 받을 때만이 가능하다.

리스-카펜과 씨킹크가 제안한 '나선형 모델'[133]은 인권규범을 집행하는 과정에서 시민사회, 국가, 국제 행위자를 주요 당사자로 간주하고, 각 행위자의 역할과 태도가 민주화 과정에 따라 어떻게 변화하는가를 보여준다.[134] 이 모델에 따르면, 민주화 과정이 항상 긍정적인 방향으로만 진행되는 것은 아니기 때문에, 인권보호의 매 단계마다 다양한 변수들을 추가로 고려하는 등의 면밀한 검토가 필요한 것이 사실이다. 그러나 이 모델은 민주화와 인권보호에서 행위자들의 역할에 관한 좋은 실례를 제공하는 데 의의가 있다. 행위자들은 변화를 일으키기 위해 긴밀히 상호작용하고 있으며, 변화의 과정에서 인권협력이 핵심적인 요소라는 점을 보여준다.

로스티앨러(Kal Raustiala)도 인권규범의 적용에 대하여 이와 유사하게 접근한다. 그는 '분할된 사회'(disaggregated society)라는 개념을 사용해 국가를 기능적 요소들로 해부한다.[135] 그의 틀은 현지의 요소들이 초국가적 네트워크를 통해 국외의 행위자와 정기적으로 접촉하며, 일국 내부적 요소 및 초국가적 상대와 국내기구 간의 관계가 의사결정 과정에 결정적인 영향을 미친다는 점을 보여준다.[136] 그는 기구의 네트워크는 정부의 형태를 취하지 않고서도 정부의 기능을 수행하며, 조약이 아닌 네트워크가 "진정한 새로운 세계질서"를 대표한다고 주장한다.[137] 다양한 인권 행위자들은 네트워크 안에서 상이한 역할을 하면서 변화를 위해 협력한다. 물론 그 행위자들은 그들의 정치적·역사적·문화적 맥락의 영향력하에 있기 때문에 상호작용의 메커니즘이 그렇게 단순하지는 않다. 그러나 분명한 사실은 인권이 대립의 문제라는 일반적인 이해와는 반대로, 인권규범의 이행은 협력의 네트워크에 결정적으로 의존한다는 점이다.

궁극적으로, 인권보호를 위한 변화는 오직 보호를 위한 내부 역학이 그 사회에 형성되었을 때만 가능하다. 오직 건강한 협력행위 네트워크가 수립되었을 때만 변화를 이룰 수 있다. 어떤 문제에 대해 대립적인 상호관계가 지배적인 것처럼 보일지라도, 행위자들간의 협력의 그물이 그 장면의 배후에 얽혀 있는 것이다.[138] 국가의 인권유린에 대항하는 캠페인의 성공은 그 의제에 관해 작업하는 행위자들 사이의 협력 네트워크의 힘에 달려 있다.[139] 인권침해 행위를 완전히 없애버리기 위해서는 건강한 협력 네트워크를 구성하는 것만이 답이라 하겠다.

5.4.2 협력의 다양한 층위

인권규범의 적용에는 정부기관, 이웃 국가, 해외 국가의 행위자들, 국제조직, 인권기구, 개인, 미디어, 여타의 사회세력을 포함한 다양한 행위자들이 참여한다.

현지 NGO들이 정부에 대항하여 싸울 때, 그 대의를 지지하는 다른 행위자들도 그 활동에 참여한다(도표 5.4 참조). 현지 NGO들은 국내외의 NGO 및 여타 사회적 부문들의 다양한 행위자들과 협력관계를 발전시킬 수 있다. 예를 들어 한 NGO가 시작한 운동이 이웃 국가의 정부로부터 지원을 받을 수도 있으며 이러한 협력관계는 국내적 동맹에서 국제적인 동맹으로 확장될 수 있다. 인권을 위한 활동은 국가기관에 대척하는 측면을 가질 수도 있지만, 또한 국가기관을 포함한 국내외의 다양한 행위자들과 협력관계와 동맹을 넓혀나가기도 한다.

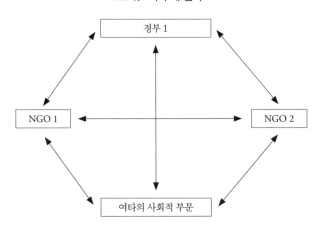

도표 5.4 국가 내 협력

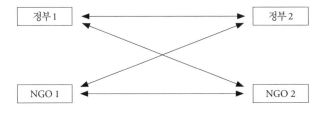

도표 5.5 국제적 협력

　　나아가 정부간, 정부와 국내 NGO 간, 국제 NGO와 정부기관 간, 국내외 NGO들간에 복합적인 협력관계가 있을 수 있다(도표 5.5 참조). 그리고 이 관계는 보다 많은 국가들을 포함하는 방향으로 확장될 수 있다. 다른 국가의 인권문제를 다루는 데 공통의 이해관계를 가지고 있는 몇몇 국가의 정부들은 당사국이 아닌 다른 국가와 함께 일함으로써 당사국 내의 인권규범의 집행을 꾀할 수 있다. 그들은 또한 국내 인권 행위자들과 함께 접촉할 수 있다. 이 문제가 유엔이나 국제 인권조약기구들 같은 국제 포럼에서 다루어질 수도 있으며 국제사회는 특정한 문제들에 관해 집합적인 의지를 가지고 행동을 취할 수 있다. NGO들간의 협력 역시 동일한 방식으로 그 과정을 시작할 수 있다. 그리고 어떤 경우이든 간에 인권규범의 집행과정에서 드러나는 다양한 활동들은 협력을 구축하는 과정의 결과이자 토대가 된다.

인권규범은 국제사회의 협력에 기반하여 발전해왔고, 협력적 접근은 권리 개념이 시작된 이래 인권을 향상시켜나가기 위해 사용된 주요한 방법이었다. 유엔헌장은 유엔의 목적 중의 하나가 국제문제를 해결하고 인권을 촉진하는 데 있어서 '국제적 협력'을 성취하는 것이라고 규정하고 있다.[140] 헌장은 또한 인권과 기본적 자유를 위한 협력행동을 강조한다.[141]

그러나 인권협력이라고 해서 행위자들간의 이해가 모두 같지는 않다. 인권규범의 강제를 위한 비판과 압력에 대해서는 상호논쟁적인 관점들이 있다. 중국 대사인 장 이산(張義山)은 유엔경제사회이사회 회의 연설에서 인권문제에 대한 대립 대신에 대화와 협력을 우선시하고자 하는 그의 바람을 강력하게 표명했다.[142] 인도네시아의 전 외교장관 알리 알라타스(Ali Alatas) 역시 협력의 맥락에서 인권논의의 틀을 마련하고자 했으며,[143] 국가주권과 국가 정체성을 보호하기 위하여 인권문제에 관한 국가들간의 대결은 자제되어야만 한다고 강조했다.[144] 나아가, 쿠바는 2003년 '인권 분야에서 국제협력의 향상'이라는 제목하에 유엔인권위원회에 결의안을 제출했는데, 이는 "헌장의 목적과 원리에 부합하는 방식으로 보편성, 비선택성(non-selectivity), 객관성과 투명성의 원리"를 강조했다.[145] 이 사례들은 인권협력이 국제 포럼에서 오용될 수 있다는 점을 분명하게 보여준다. 유엔인권위원회는 2003년에 찬성

36표, 반대 14표, 기권 2표로 이와 유사한 결의안을 채택했는데, 이는 모든 국가가 "국제법, 국제인도법, 유엔헌장과 일치하지 않는 일방적인 수단들을 채택하거나 이행하는 일"을 삼가하도록 촉구하는 것이었다.[146] 이 결의안은 치외법권적 효과를 지닌 강압적 수단들이 인권의 완전한 실현을 방해하고 "국가들간에 무역장벽"을 창출할 수 있다고 보았다.[147] 대부분의 선진국가들이 이 결의안에 반대투표를 했음에도 이 결의안은 비동맹국가들의 강력한 지지를 받고 채택되었다. 그러나 이 결의안이 담고 있는 대결과 협력에 대한 관점은 별로 설득력이 없다. 협력을 한다는 것이 비판이나 외교적 압력을 사용하거나 인권침해를 언급함으로써 해당 국가를 비난하는 일을 배제하진 않기 때문이다. 그럼에도 불구하고, 많은 국가가 자국 내 인권 상황에 대한 비판에 협력 거부로 대응한다는 점에 주의를 기울여야 한다.

제3세계 국가들과 비동맹국가들이 그처럼 인권과 관련한 표현을 둘러싼 대립에 크게 우려하는 까닭은 인권이나 인도주의적 문제들이 정치적 목적에서 잘못 사용되었던 전례가 있기 때문이다. 프랭클린 루스벨트(Franklin Roosevelt) 대통령은 니카라과의 독재자 쏘모사(Anastasio Somoza García) 장군에 대해 다음과 같이 말한 것으로 유명하다. "그는 개자식일 수 있지만, 우리의 개자식이다."[148] 냉전기 동안, 선진국의 개발원조는 기부국가의 전략적 이해관계를 기반으로 제공되었다. 실용주의가 원칙보다 우선시되었으며, 미국은 필요한 경우에는 주저없이 중남미에서 무장세력과 동맹을 맺었다.[149] 국가주권제한론의 발전과 함께, 인권은 종종 다른 국가의 정치에 개입하기 위한 도구로서 오용되었다. 자국 인권 상황에 문제가 있는 작은 국가들은 자연스럽게 힘의 정치에서 희생양이 될 수 있다는 우려를 할 수밖에 없었고[150] 이러한 국제정치 상황에서 권위주의 정권들은 인권의 가치를 보호하기 위해 노력하기보다는 정치적 안정을 유지하기 위해 강한 국가들과 동맹을 맺으려고 시도했다.

카터(Jimmy Carter) 행정부의 이른바 '인권외교'는 국제사회에서 이와 유사한 우려를 낳았다.[151] 카터 행정부는 인권의 가치를 강조했고 그것을 외교정책의 원칙으로 삼았는데, 이러한 정책은 제3세계 국가들의 민주주의 공고화와 인권 수준의 향상에 어느정도 기여했다. 그러나 외교적 목적 달성의 수단으로 인권을 이용하는 방법에는 외적 개입이 해당 국가의 정치체계를 위태롭게 한다는 비판이 뒤따랐다.[152] 해당 국가에서 실질적인 인권 수준의 향상이 이루어졌을 때조차도, 그 향상이 카터 행정부의 인권외교 때문이 아니라 현지의 강력한 인권운동 때문이라는 분석도 있었다. 더욱이, 카터 행정부가 정치적 이유로 관련국에 적용하던 인권기준을 갑자기 낮추면서 이 국가의 인권 상황이 현저하게 악화되자 현지 주민과 NGO 들이 심각한 배신감을 느끼고 미국을 비난한 경우도 있었다.

인권의 향상은 협력과 대립을 동시에 필요로 한다. 진정한 변화를 위해서는 국가 외부로부터의 압력이 국가 내부의 노력과 결합되어야만 한다. 다행스럽게도 아시아에서는 1978년 베트남의 캄보디아 침공을 제외하면 외교 목적으로 인권을 이용한 선례가 없다. 대신에 아시아의 외교는 경제활동이나 기술적 원조 영역의 협력에 보다 많은 초점을 맞추어왔다. 아시아 국가들은 자국의 인권 상황에 대해 이야기할 때 직접적인 표현을 삼가고 보다 부드러운 어조를 사용하는 경향이 있다. 따라서 인권을 아시아에서 협력 어젠다 중의 하나로서 제시하는 것은 그렇게 어려운 일이 아니다. 인권협력은 권위주의 정부들간의 정치적 부정행위로 사용되어서는 안된다. 인권협력은 비판이나 압력 같은 대결을 거부하지 않는다. 능동적으로 협력을 추구하면서도 인권을 침해하는 행위에 대한 비판을 억누를 필요는 없다. 여전히 인권은 상호간의 만족스러운 협력을 위한 토대여야 하고, 국가들간의 관계를 향상시키기 위한 촉매로서 기여할 것이며, 아시아에서 지역 인권체제의 수립으로 나아가는 길을 열어갈 것이다.

5.4.3 갈등하는 이해관계와 협력의 유형

아시아는 많은 인권문제들이 상이한 행위자들의 이해관계 및 다양한 가치들과 얽혀 있는 지역이다. 행위자들의 대립적인 이해관계는 때때로 협력 네트워크의 형태를 변화시킨다. 다음의 네가지 사례는 인권의 실제적 보장을 방해하는 갈등의 유형과 그 과정에서의 협력관계의 현실을 보여준다.

5.4.3.1 사례 1: 최우선적인 국가 어젠다의 갈등, 한국

인권문제는 긴급한 국가적 사안이 등장하게 되면 관련된 문제들에 비해 상대적으로 관심을 받지 못한다. 1970, 80년대 한국에서 군사독재는 두가지 국가적 어젠다를 강조하면서 불법적인 체포와 억압으로 국가를 통제했다. 하나는 공산주의 적 북한이라는 위협의 존재였고, 다른 하나는 지속적인 경제발전을 통해 국가적 빈곤을 퇴치해야 한다는 긴급한 필요였다. 이에 한국의 시민사회는 민주주의를 지켜나가기 위해서 안보와 경제 어젠다가 인권을 경시하는 정당한 이유가 될 수 없다고 국민들을 설득해야 했다.

권위주의 정권은 한국의 민주주의운동을 좌경 반국가조직이 주도하는 적을 이롭게 하는 운동으로 매도했다. 또한 자유를 포함해 기본적인 인권을 제한하는 것이 지속적인 경제발전에 필수적이라는 점을 주

표 5.8 최우선적인 국가 어젠다의 갈등: 한국

	협력의 행위자들	인권 어젠다	갈등하는 어젠다	변화
국내 수준	현지 NGO, 민중의 힘, 개인, 시민사회	인권, 민주주의	국가안보, 경제발전	군사정권 및 권위주의 정권
국제 수준	유엔 기구, 국제 NGO, 초국가적 네트워크	인권, 민주주의	지역의 안정성, 경제협력	안보관계에 기반을 둔 국제적 지원
결과	강력한 협력 네트워크	목적의 성취	지속적인 발전과 안정	인권을 존중하는 민주화된 정권

지시키려고 애썼다. 이러한 정부의 억압적인 태도에도 불구하고 한국의 시민사회는 변화를 위한 지속적인 투쟁과 캠페인을 계속했다. 남한의 NGO들은 민주화 기간 동안에 강력한 연대를 형성했고, 학생운동, 노동조합, 급진적 노동운동, 인권조직, 여타의 사회조직들이 다층적인 동맹 네트워크를 구축했다. 나아가 이들은 국제사면위원회 등의 국제 NGO들과 긴밀한 협력관계를 형성하면서 인권기구를 위한 캠페인을 전개했다. 유엔인권위원회, 유엔인권이사회, 국제노동기구 및 여타의 국제 NGO들은 긴 민주화 기간 동안 다양한 수준에서 협력했고, 궁극적으로 한국은 민주사회로 전환될 수 있었다(표 5.8 참조).

  민주화는 법치주의를 발전시킴으로써 인권을 실제적으로 보장하는 데 기여했다. 군사정권은 경제발전과 국가안보를 이유로 인권문제를 외면했지만, 한국에서 인권문제는 국가안보와 양립할 수 없는 것이 아니었고, 군부 지도자들의 주장과 달리 민주화는 실제로 경제발전에 기여했다. 오늘날 싱가포르와 중국은 경제발전에 강조점을 두면서 인권문제를 도외시하고 있다. 이들 국가가 한국과 동일한 변화를 낳기 위해서는 아마도 한국이 겪었던 경험과 동일한 과정이 필요할 것이다. 국내 행위자와 국제기구들 간의 좋은 협력 네트워크는 그런 변화를 위한 중

표 5.9 국제 행위자들의 갈등하는 이해관계: 북한

	협력의 행위자들	인권 어젠다	갈등하는 어젠다	변화
국내 수준	약한 시민사회	인권, 민주주의, 여타의 사회문제들	기아, 핵위기, 관계정상화	군부 및 권위주의 정권
국제 수준	유엔 기구, 국제 NGO, 초국가적 네트워크, 관련 국가	인권, 민주주의, 상이한 국익에 기반한 조정되지 않은 접근	지역 안정, 경제협력 미국·일본·중국·한국의 국익	인권유린 정권에 대한 혼합된 대응
결과	약한 협력 네트워크	지체된 진보	상이한 영역에서의 산발적인 발전	크게 지체된 인권의 이행

요한 기반이 된다.

5.4.3.2 사례 2: 국제 행위자들의 갈등하는 이해관계, 북한

북한의 핵무기 문제를 다루는 데 있어 중국, 일본, 한국, 러시아와 미국의 상충하는 이해관계는 크고 작은 갈등을 만들어왔다. 이러한 상황은 인권의 영역에서도 그렇게 다르지 않다. 심지어 북한이 인권유린을 자행하고 있을지라도,[153] 상이한 국익을 지닌 이웃 국가들은 이에 대해 각기 다른 입장을 취하고 있다.

미국은 2004년에 북한인권법을 제정했으며 핵무기 문제의 완전한 해결과 이에 기초한 진정한 변화를 추구하기 위하여 노력했다. 러시아는 일반적으로 미국의 입장을 지지했고 6자회담 과정에서 그다지 목소리를 높이지는 않았다. 한국 정부는 '햇볕정책'을 채택하여 북한과의 관계개선을 모색했다. 더욱이 한국은 북한 정권이 붕괴할 경우 경제적으로 한국에 파괴적인 영향을 미칠 것을 염려하면서 북한 경제가 연착륙하기를 원했다. 한국은 또한 남북한간의 군사적 긴장의 점진적 완화를 최우선적인 목표로 해왔는데, 여기에는 두 국가의 통일을 이루고자 하는 궁극적인 희망이 놓여 있었다. 일본은 코이즈미(小泉純一郎) 총리가 2002년 평양을 방문하면서 북한과의 관계정상화를 꾀했지만 북한의 일본 국민 납치문제가 불거지면서 입장을 바꿨다. 중국은 북한에 영향력을 유지하고 싶어하기 때문에 북한의 인권 상황에 상관없이 북한 정권을 전폭적으로 지지해왔다.[154] 이러한 이유들로 인해 2003년 유엔 인권위원회에 북한에 대한 인권결의안이 상정되었을 때 중국과 한국은 그 움직임에 참여하지 않았다. 한국 정부는 북한인권결의안에 지지하기를 꺼려왔다.[155]

〔표 5.9〕가 보여주듯이, 북한의 상황에서 국내 행위자들은 허약하고 국제 네트워크는 상이한 어젠다에 의해 나뉘어 있다. 덧붙여, 북한 정권은 안보 관심사와 갈등하는 국제적 이익 등을 포함한 다양한 수단을 통해 이웃 국가들을 임기응변식으로 다루고 있으며, 국내적으로는 변화에 대한 어떠한 요구도 용납하지 않고 있다. 강력한 협력 네트워크 없이는 북한에서 변화를 만들어내기가 극히 어려울 것이다. 인권의 원칙을 훼손하지 않으면서도 북한 같은 정권과 관계를 맺기 위해서는 이러한 건전한 협력을 발전시키는 것이 중요하다.

5.4.3.3 사례 3: 국제사회와 현지 레짐의 갈등하는 입장들, 캄보디아

국제사회의 입장은 인권규범 이행을 위한 조처들을 추구하는 데 있어 현지 정부의 입장과 배치되기도 한다. 이를 잘 보여주는 사례로 캄보디아 특별재판소(Extraordinary Chamber in the Courts of Combodia, ECCC)의 도입과정을 들 수 있다. 캄보디아 특별재판소는 킬링필드의 가해자들을 처벌하기 위하여 국제 재판관들과 현지 행위자들이 혼합된 형식을 채택했다.[156]

1975~77년 폴 포트(Pol Pot)가 이끈 크메르루주 세력이 민주캄푸치

아 정권하에서 수백만명의 사람들을 처형한 이후, 유엔이 1999년 크메르루주의 범죄를 재판하기 위한 국제재판소와 진상규명위원회의 창설을 요청하기까지 20여년 이상이 걸렸다. 캄보디아 정부는 국제적 압력에 대응하여 2000년 민주캄푸치아 시기 동안 저질러진 범죄를 기소하기 위하여 캄보디아 법원 내에 전범재판소 설치에 관한 법을 채택했지만 이 법은 어떤 실제적인 결과도 만들어내지 못했다.

2003년 3월 유엔과 캄보디아 정부는 마침내 민주캄푸치아 시기에 저질러진 범죄를 캄보디아 법 내에서 기소하는 것과 관련된 합의에 도달했고, 이를 유엔과 캄보디아 정부 간의 합의 초안으로 명명했다.[157] 그러나 이 합의는 국제사회로부터 폭넓은 지지를 얻지 못했다. 그 주된 이유는 이 재판소의 혼합적 구성방식 때문이었다. 국제사회의 역할에 주된 초점을 맞추었던 구 유고 국제형사재판소와 르완다 국제형사재판소의 경험을 통해 국제전범재판소의 취약점을 인식하고 있던 유엔은 캄보디아의 경우에 과거의 인권유린 사건들을 다루는 데 있어 혼합적 형식의 재판소를 채택했다. 이같이 현지 행위자의 요소를 국제 전문가와 결합하자는 유엔의 생각은 일반적으로 지지를 받고 있었다. 그러나 그 구성원의 다수를 현지 판사들에게 부여하는 형태로 타협이 되면서, 캄보디아 현지 판사들의 적격성 여부와 관련하여 강한 국제적 비판에 직면했다. 휴먼 라이츠 워치는 2003년 3월 크메르루주 전범재판소가 심각한 결함을 가지고 있다고 선언했다.[158] 유엔 사무총장 코피 아난 역시 다음과 같이 강한 우려를 표명했다.

저는 저의 특별대리인이 캄보디아에서 인권과 관련하여 제출한 보고서를 떠올릴 수밖에 없습니다. 이 보고서에 따르면 캄보디아 법정에서는 공정한 재판을 받을 권리의 가장 기본적인 요건조차도 존중되지 않고 있습니다. 결론적으로 저는 우리의 합의 초안에 있는 이러한 중요한 조항들이 캄보디아의 전범재판소에서 완전하게 존중되지 않을지도 모른다는 점과, 이 과정에서 확립된 국제적인 정의의 기준과 공정성의 기준, 정당한 법절차의 기준이 보장되지 않을 수도 있다는 점에 관하여 우려를 표명합니다.[159]

그럼에도 불구하고 혼합적 재판소 형식의 타협을 강력하게 지지하는 주장들도 있었다. 예를 들어, 제노사이드 프로젝트의 책임자인 그레고리 스탠턴(Gregory Stanton)은 이 타협을 단호하게 옹호했는데, 그는 "완벽함이라는 것은 정의의 적"이라고 이의를 제기했다.[160] 미국 정부 역시 "인류에 대한 크메르루주의 범죄에 있어 그 구성원들을 재판에 회부하기 위한 노력을 지지하는 것이 미국의 정책"이라며 이러한 타협을 지지하는 입장이었다.[161]

캄보디아 특별재판소는 2006년에 설립되었지만, 캄보디아 재판관 17명과 외국인 재판관 및 검사 12명은 재판 지침에 관한 불일치로 6개월을 허비했다. 최종적으로 2007년 6월 13일이 되어서야 규칙들을 발표했고, 이에 따라 악명 높은 S-21 고문센터의 우두머리이자 두치(Duch)라는 이름으로 알려졌던 카잉 구에크 에아브(Kaing Guek Eav)가 2007년 7월에 기소되었다. 재판은 2009년 2월 17일에 시작되었고, 35년형이 선고되었다. 그가 항소했기 때문에, 이에 따른 항소절차는 계속해서 진행될 것이다.[162]

유엔은 오랫동안 처벌이 이루어지지 않았기 때문에 캄보디아 정부와 타협에 기반한 합의로 돌파구를 마련하고자 했다. 타협과정에서 국제사회의 입장에 다소 차이가 있었던데다 현지 정부가 비협조적인 태도로 일관했기 때문에 인권규범의 적용은 매우 느리고 복잡한 방식으로

표 5.10 국제사회와 현지 정권의 갈등하는 입장들: 캄보디아

	협력의 행위자들	인권 어젠다	갈등하는 어젠다	변화
국내 수준	약한 시민사회, 훈센 정부의 제한된 협력	킬링필드 가해자의 처벌	주권	권위주의 정권
국제 수준	유엔 기구, 국제 NGO, 초국적 네트워크, 관련 국가	인권, 민주주의, 법치주의, 상이한 국익에 기반한 조정되지 않은 접근	편의주의, 절차적 공정성, 전환기의 정의	인권재판에 대한 혼합된 대응
결과	강한 협력 네트워크	타협	타협	혼합된 국제재판에서의 법의 지배 시험

이뤄질 수밖에 없었다(표 5.10 참조). 국제사회의 몇몇 구성원들은 그 합의를 불만족스러운 것으로 비판해왔고, 법원체계의 부패와 관련된 우려가 제기되었다.[163] 게다가 정부 관리가 더이상의 기소는 이루어지지 않을 것이라고 성명을 발표하는 일도 있었다.[164] 당시 일을 진전시키기 위해 만들어낸 타협이 불가피한 것이었는지는 이 책에서 할 수 있는 논의의 범위를 넘어선다. 그러나 캄보디아에서 시민사회의 허약함이 국내 행위자들과 국제사회의 협력을 방해했으며, 이로 인한 제한된 협력 때문에 타협을 채택할 필요가 있었다는 점은 짚고 넘어가야 할 것이다.

5.4.3.4 사례 4: 과거와 현재 간의 갈등, 일본

역사적 잔혹행위를 다루는 데 있어서 과거 정권의 유산이 현재의 협력을 방해할 수도 있다. 제2차 세계대전 동안 일본 군부에 의해 자행된 역사적 잔혹행위의 사례들은 이러한 딜레마를 분명하게 보여준다. 일본은 잘 발전된 경제를 바탕으로 인권보호에 힘쓰는 국가로 알려져왔다. 그러나 일본은 여전히 지역 내에서는 도덕적 지도력이 부족한데, 그

표 5.11 과거와 현재 간의 갈등: 일본

	협력의 행위자들	인권 어젠다	갈등하는 어젠다	변화
국내 수준	나누어진 시민사회, 나누어진 정당	희생자에 대한 보상, 인권보호, 지역의 지도력	정치적 분열, 예산상의 제약, 민족감정	과거 인권 악행을 저지른 민주적 정권
국제 수준	유엔 기구, 국제 NGO, 초국적 네트워크, 관련 국가	전환기 정의, 평화로운 지역질서	경제협력, 갈등하는 국익	최우선 정책으로서 경제협력
결과	보상을 추구하는 국제화된 협력의 지속	지속적인 논쟁	공식적 사죄 없는 제한적 보상	문제에 대한 영구적 해법의 부재

이유는 과거의 인권유린을 바로잡기 위한 적절한 조치를 취하지 않았기 때문이다.[165]

　'위안부'라는 용어는 납치·강제·속임수를 통해 징집되어 성노예의 목적으로 제2차 세계대전 동안 전선으로 보내진 나이 어린 소녀와 젊은 여성을 가리킨다.[166] 일본군은 한국, 중국, 필리핀, 대만, 인도네시아, 일본에서 13~17살의 젊은 여성들을 이러한 불법적인 방법으로 징집한 뒤 그들을 점령지인 동아시아 영토 내에 설치한 '위안소'들로 보냈다.

　이 위안부들은 일본 군인들을 위해 강제로 성적 노예가 되었다. 이렇게 불행한 위안부들에 대한 성적 착취는 1931년 혹은 1932년부터 시작되어 전쟁이 끝날 때까지 계속되었다.[167] 20만명 이상의 여성들이 일본군에 의해 위안소에서 성노예가 된 것으로 추산되고 있다.[168] 이러한 반인륜적 범죄는 오랫동안 알려지지 않다가 1991년 8월 한국에서 위안부였던 김학순(金學順) 씨가 45년의 침묵을 깨고 그 사실을 증언함에 따라 만천하에 드러나게 되었다. 그 증언에 뒤이어 여러 위안부 여성들이 증언에 '나서게' 되었고, NGO와 유엔 및 국제노동기구 등 국제조직들이 활발하게 그 조사를 후원하고 희생자들을 위한 보상을 지원하기에 이른다.[169] 그리고 유엔은 정부에 의한 조직적인 강간, 성적 노예, 노예제 같은 관행 등에 대한 보고서를 작성하기 위하여 특별보고관을 임명했다. 이에 따라 임명된 특별보고관 라디카 쿠마라스와미 (Radhika Coomaraswamy)와 게이 맥두걸(Gay J. McDougall)은 1996년 과 1998년 유엔인권위원회에 위안부와 관련된 보고서를 제출했다. 유엔은 이에 기반하여 위안부에 관한 결의안과 권고안들을 내놓았다. 국제노동기구 역시 공식적으로 위안부 여성의 취급이 국제노동기구 강제노동협약(Forced Labor Convention, 1930)의 위반사항인 '성적 노예'로 묘사되어야 한다고 적시했다.[170]

이렇게 국제사회가 활발하게 사실을 확인하는 동안, 일본 정부는 1994년 8월 위안소의 설치 및 운영과 위안부 문제에 이전의 자국 정부가 직간접적으로 연루되어 있었고, 군 인사가 모집과정에 참여해서 여성들의 의지에 반하여 징집했다는 사실을 공식적으로 인정했다. 나아가 이것이 많은 여성들의 명예와 존엄을 심각하게 손상시킨 행위라는 점을 명시했다.[171] 그러나 일본은 일본 정부가 국제인도법을 위반한 데 대한 책임이 없다고 주장하며 희생자들에게 공식적으로 보상하기를 거부했다.[172] 대신에 일본 정부는 보상을 위해 민간 부문으로부터 기부 명목으로 1천만 달러를 걷었는데, 이 프로그램에는 위안부 여성에 대한 정부의 직접적인 보상이 포함되어 있지 않았다.[173] 일본 정부가 위안부 여성들에게 보상하기 위한 어떠한 법적 의무도 일관되게 거부했기 때문에, 생존해 있는 희생자들은 일본과 미국에서의 소송 등을 포함한 다양한 방식으로 일본 정부에 대한 투쟁을 계속해오고 있다.

일본 정부의 법적 배상책임과 관련한 위안부 여성의 사례는 지역 인권문제의 중요한 사례다. [표 5.11]이 보여주듯 일본 정부는 자국에 대한 국제사회의 비판에도 불구하고 이 문제를 해결하는 것에 주저하는 데, 왜냐하면 과거의 문제와 현재의 문제에 관해 일본은 갈등하는 이해관계를 가지고 있기 때문이다.

일본 정부의 책임 인정과 법적 배상 문제를 비롯한 위안부 문제를 마무리 짓기 위한 논의에서, 이해관계가 있는 당사국들은 민족주의적인 태도로 접근했다.[174] 앞의 표에서 살펴볼 수 있듯이 일본 정부는 어떠한 직접적인 책임도 인정하려 하지 않는다. 국제적 비판이 점차 고조되면서 외교적으로는 사과했지만 희생자들에게 보상하기 위한 직접적인 조치를 취하는 것은 거부했다. 게다가 자유민주당 정권의 보수적인 정서와 함께, 일본 정부는 사죄 철회로 비칠 수 있는 조치들을 취했다. 난징 대학살과 강제노동 문제처럼 아직까지 해결되지 않은 전쟁 관련 문제들이 있기 때문에, 이러한 일본 정부의 입장에는 그러한 문제들과 직면해야만 하는 것에 대한 두려움이 숨어 있다. 일본 정부가 전쟁 관련 논쟁이라는 판도라의 상자를 열고자 하지 않았음에도 불구하고, 시모노세키 지방법원은 1998년 4월 3명의 위안부 여성이 제기한 소송에서 헌법 전문에 따른 정부의 의무에 근거해, 일본 정부가 위안부에게 보상해야 할 법적 의무가 있다고 판결했다.[175] 그러나 고등법원과 대법원은 후에 이 판결을 번복한다.[176]

이웃 국가들은 이 문제를 일본 군국주의의 위협이 다시 등장할 것인지 아닌지를 판단하는 시금석으로 바라본다. 이 지역에서 점증하는 일본의 군사적 역할을 두려워하는 이웃 국가들은 일본이 변화하고 있다는 분명한 신호를 보지 못한다면 일본에 도덕적 지도력을 부여하지 않을 것이다. 심지어 위안부 여성의 사례가 근본적으로는 인권의 문제임에도 불구하고, 그들은 이 문제를 정치적·민족적 관심사로 바라보는 경향이 있다.

이 문제에 관한 대안적인 시각으로 페미니스트적 접근법을 들 수 있다. 페미니스트적 접근법은 위안부 문제를 남성지배적인 사회의 결과물로 바라보면서,[177] 남성중심의 아시아 문화와 여성을 희생양으로 삼았던 전시 전술이 결합한 결과로 위안부 문제를 인식한다. 따라서 그들이 제안하는 해법은 여성의 권리를 강화하는 조치를 강구하는 것이다. 위안부 여성과 관련된 문제는 지역적 해법을 필요로 하는 아시아 지역의 식민 과거사 문제의 상징이다. 인권 접근법은 수십년 묵은 이 오랜 문제를 아시아에서 역사적인 적대감으로 나뉜 국가들간에 교량을 놓기 위한 매개로 만들어줄 것이다.[178] 위안부 희생자들 역시 이 문제가 외교적 협상거리가 되기를 원하지는 않지만, 이 지역 내의 보편적인 인권규범과 지역 인권체제를 발전시키기 위한 협력의 매개로서 불행한 역사가 되풀이되는 것을 막는 중요한 역할을 하는 데에는 반대하지 않을 것이다.

그러나 현실적으로 위안부 문제의 피해자들이 지역 내의 다양한 행위자들과 강한 협력관계를 구축하는 것은 쉬운 일이 아니었고, 과거와 현재의 갈등은 여전히 지속되고 있다. 만일 지역 행위자들이 이 문제를 해결하기 위한 협력을 시작한다면 위안부 문제는 그 악랄한 국제적 범죄를 불법화하기 위한 보다 나은 방식을 발견하는 데 기여할 수 있을 것이다. 나아가 최종적으로는 아시아에서 인권을 보호하기 위한 새로운 지역체제를 구축하여, 역사적 범죄를 청산하기 위한 보다 진전된 계획에 기여하는 긍정적인 힘으로 전환될 수도 있을 것이다. 희생자들에 대한 보상을 추구하는 것은 대단히 중요한 일이다. 그러나 동시에 그것이 이 지역에서 인권협력을 강화하기 위한 과정으로서 이해되어야 한다는 점 역시 강조되어야 할 것이다.

5.4.4 평가

 앞에서 논의한 네가지 유형의 협력을 바탕으로 우리는 다음의 두가지 결론을 내릴 수 있다. 첫째, 협력 네트워크는 인권규범의 실천을 통한 목적 달성의 중요한 토대가 된다. 이 네트워크에서 개별 행위자들은 각자의 역할을 수행하며, 네트워크의 힘은 인권을 보장하기 위한 행위에서 실천적인 중요성을 갖는다. 과거 한국의 민주화 과정을 되짚어보면, 비록 갈등하는 국익들이 있었지만 NGO와 지식인, 시민사회 등 현지 행위자들의 긴밀한 네트워크가 그 어젠다를 뒷받침했으며 국제사회 역시 이 네트워크의 목적을 성공적으로 지원했다. 북한에서는 시민사회의 토대가 튼튼하지 않았고 국제 네트워크마저도 각국의 상이한 이해관계가 복잡하게 얽혀 있어 북한 정부의 변화를 유도하는 데 실패할 수밖에 없었다. 캄보디아에서는 국제 네트워크를 통한 협력이 제한될 수밖에 없었기 때문에 전환기 정의와 관련하여 타협이 필요했다. 다만 아직까지도 이러한 조처들이 실천되고 있는 중이어서 그 타당성에 대한 판단을 내리기는 시기상조라 할 것이다. 일본에서는 현지 행위자들과 국제사회가 상충하는 이해관계로 인해 약한 네트워크를 형성할 수밖에 없었고, 위안부와 관련한 그들의 목적을 성취하는 데 실패했다. 이상의 사례와 같이 행위자들의 역할과 그들의 연합 네트워크는 변화의 과정에 상당한 영향을 미친다. 둘째, 인권의 실제적 보장을 위한 활동에서 어젠다와 목적의 조정은 변화를 달성하는 데 필수적이다. 현지 행위자와 국제 행위자 간의 네트워크가 잘 연결되어 있으며 긴밀하게 조정된 어젠다를 공유할 수 있을 때 변화를 향한 활발한 움직임이 가능해진다. 그러나 행위자들의 입장이나 이해관계가 나뉘고 잘 조직되어 있지 않을 경우에는 쉽게 목적을 달성할 수 없게 된다.

5.4.5 협력의 과정에서 지켜야 할 원칙들

5.4.5.1 인권이행의 정치적 성격과 인권규범의 비정치적 성격에 대한 균형잡힌 이해

인권규범의 이행은 필연적으로 정치적 과정이다.[179] 인권침해는 일반적으로 정부, 정부기관, 혹은 정부의 기능을 수행하는 데 관계된 사람들과 관련이 있으며, 인권의 실제적 보장은 인권침해를 종식시키기 위한 정부의 조치를 필요로 한다. 따라서 인권이 정치적 질문과 과정을 다루는 것은 피할 수 없는 일이다. 그러나 아직까지 일부 아시아 국가들은 주권을 명분삼아 그들의 인권유린을 정당화하고 있기 때문에,[180] 이 지역에서는 인권에 대한 비정치적이고 비당파적인 규범적 접근을 유지하는 것이 중요하다.[181] 개인의 특권인 인권은 인간존재 그 자체이기 때문에 부여된 것이고,[182] 국가는 주권을 명분으로 하여 국가의 이러한 인권유린을 정당화해서는 안된다.[183] 국가주권과 국제적 의무 간에 균형을 유지하는 것은 어려운 과제다.[184] 그러나 인권규범의 이행과정에서 나타나는 정치적 특성은 그 규범의 비정치적 본성에 의해 인도되고 초월되어야만 할 것이다.

5.4.5.2 특수성을 통합하는 판단의 재량 원칙

인권은 융통성 없는 원칙들이 아니다. 인권은 특수성을 받아들일 수 있는 있는 유연한 가치들이어야 한다. 그리고 인권의 보편적 기준은 특수한 상황에 맞도록 현지의 맥락에서 구체화되어야 한다. 우리는 제3장에서 현지의 인권규범이 국제적 기준과 개별적인 법체계를 융합함으로써 발전해나가는 변증법적 보편성에 관해 논의했다.[185] 이 점에서, '판단의 재량' 원칙을 사용하는 유럽인권재판소의 법원칙은 아시아에서도 중요한 지도원리가 될 수 있다.[186] 판단의 재량 원칙은 각국의 입법권자와 사법기구에 법을 해석하고 적용할 재량을 허용한다. 하지만 그와 동시에 각 회원국이 민주사회의 일반적인 원칙의 틀에 따를 것 또한 요구한다. 이 원칙은 여과장치를 거친 보편성이 지역 내의 규범이 되도록 하면서 동시에 개별 국가가 보편적인 규범적 기준을 더욱 존중하도록 고무한다.[187]

아시아 지역의 경우 판단의 재량 원칙을 그대로 적용할 때 인권규범의 국제적 기준을 유지하도록 할 수 있는가라는 의문을 가질 수 있다. 유럽 국가들의 사례에서 볼 수 있듯이,[188] 판단의 재량 원칙은 보편적 인권규범의 기준을 낮춰서 각국이 모두 동의할 수 있는 가장 낮은 공통분모만을 인권의 규범으로 삼게 된다는 비판을 받을 수도 있고, 이 원칙을 적용함으로써 인권 증진이라는 원래의 목적 달성이 더 어려워지는 모순되는 결과를 산출할 수 있다는 비판도 나올 수 있다.[189] 특히 개별 국가가 국제적 규범의 획일적인 적용을 회피함으로써 잘못된 현지 규범이 도리어 정당화될 수도 있다. 특수성을 고려하는 것이 인권유린 국가들에 대한 무제한적인 재량권을 부여하는 것으로 간주되어서는 안될 것이다.[190]

유럽인권재판소의 경우, 일국 내의 판단의 재량은 민주사회의 허용범위 내에서만 용인된다는 판례법이 형성되고 있으며[191] 일국의 국가권력에 의해 강제되는 조처나 제재가 부과될 때에는 가장 엄격하게 고려하도록 되어 있다.[192] 유럽의 맥락에서는 유럽연합이 채택하고 있는 보충성의 원리[193]가 판단의 재량 원칙과 함께 더욱 큰 설득력을 얻어가고 있다. 이에 따르면, 개별 국가는 인권에 영향을 미칠 수 있는 현지 기구에 의존할 수 있지만 동시에 광범한 지역을 아우르는 기구에 권위와 책

임을 부여해야 한다.[194]

만일 아시아에 판단의 재량 원칙이 도입된다면, 재량의 경계는 민주주의와 헌법주의 그리고 법치주의에 의해 감시, 지도되며 억제되어야만 할 것이다.

5.4.5.3 다자주의에 대한 강조

냉전 시기에 인권문제는 자유세계가 러시아, 중국, 쿠바, 북한 등의 공산주의 정권을 비판하는 표적이었다. 이러한 비판에 대하여 공산세계는 인권이 부르주아를 위한 권리에 불과하다고 주장하면서 인권의 권위를 묵살했다. 이후 테러가 세계 안전의 주요 위협요인으로 부상함에 따라 인권의 중요성을 강조하는 입장은 그 입지가 약화되었고, 이라크의 아부 그라이브 교도소와 쿠바의 관타나모 수용소에서 미군에 의한 인권유린이 자행되기도 하였다.[195] 이에 따라, 제3세계와 비동맹국가들은 인권이 이중잣대와 정치적 관점에 의해 그 순수성을 상실했다고 주장해왔다. 일부 아시아 국가들은 국제적으로 합의된 보편적 인권기준의 자국 내 적용 거부를 정당화하는 수단으로서 국제 인권체제에 대한 불신을 피력해왔다.

인권문제에 대한 다자적 접근은 이러한 우려를 줄이는 하나의 방법이 될 수 있다. 또한 다자적 협력은 인권을 다루는 데 있어 나타날 수 있는 정치적 우려를 최소화해준다. 인권운동이 완전히 비정치적일 수는 없다. 하지만 바로 그 이유 때문에 정치적 중립성을 유지하려는 노력이 보다 중요하고 또한 필요하다. 다자주의는 도덕규범의 보편적 적용을 강화할 것이다. 강대국뿐만 아니라 약소국의 주장도 존중받는 다자적 협력 방식은 보편적 인권규범의 설득력을 높일 수 있다. 다자적 접근은 인권의 문제들에 있어 정치적으로 편향된 일방주의적 접근에 비해 인권규범의 정통성을 향상시키는 데 기여할 수 있을 것이다.

5.4.5.4 가치 공유 과정

인권을 둘러싼 국가간 협력은 가치를 공유하는 과정이 되어야 한다.[196] 인권규범의 이행은 도덕적 가치에 의존하는 면이 크기 때문에, 그 가치를 해당 국가가 공유하는 공통의 목적으로 삼도록 만드는 어려운 과정이 필수적이다. 이러한 협력과정은 다른 국가의 사회를 일방적·정치적으로 좌지우지하고 조작하는 것이 되어서는 안되며, 행위자들간의 협력에 근거하여 인권을 실질적으로 향상하기 위한 과정이어야 한다. 협력과정에 참여하는 세력과 사회단위 들은 긴밀한 네트워크를 형성함으로써 서로를 지지하고 변화를 추구하며 서로간에 도움을 제공하는 방식으로 상승효과를 낸다.

물론 어떤 정치권력이 자국 내의 인권보호 요청을 묵살하거나 외면할 때 NGO와 국제사회는 그에 맞서 권력세력을 고립시킬 수 있다. 인권운동은 보편적인 인권의 가치를 추구하는 것이기 때문에 각국의 정치 상황과는 상관없이 인권을 외면하는 정부와의 투쟁은 끊임없이 지속되어야 한다. 이러한 투쟁과정에서 참여자들은 대화와 협력을 통해 가치를 공유하고 인권의 궁극적인 보장에 기여하게 될 것이다.

5.4.5.5 구체적 맥락에 부합하는 균형잡힌 접근

인권문제를 둘러싼 행위자간의 협력은 규범적인 가치에 근거하여 구체적 맥락에 부합하는 대화과정을 필요로 한다.[197] 인권은 외적 가치가 그대로 관철되는 것이 아니며, 외부적 가치가 현지의 가치로 전화되거나 현지의 가치와 융합되는 과정을 거친다. 인권규범을 적용시키려는 타국의 계획이 해당 국가 내의 지지를 얻지 못한다면 결코 성공하기 어렵다.[198] 이러한 계획은 지속적인 대화의 과정을 필요로 한다. 인권의 발전은 하룻밤에 성취될 수 없다. 진정한 인권 향상을 위해서는 일관된 원칙에 입각한 지속적인 참여가 필수적이다. 이런 유연성은 인권규범을 폭넓게 적용하는 데 도움이 될 것이다.

5.5 결론

인권규범의 이행은 창조성을 필요로 한다. 인권규범의 이행과정은 압박이나 대결뿐만 아니라 능동적인 참여와 대화를 수반한다. 이 장에서는 국제·국내 단위에서 나타나는 다양한 형태의 이행 메커니즘을 검토했다. 덧붙여 동아시아에서 보편적 인권규범을 적용하는 데 있어서의 장애물들—권위주의 정권, 국가안보 문제, 빈곤과 경제우선 정책, 식민지 유산과 전환기 정의 문제, 문화적 장벽, 약한 시민사회, 비효율적인 국제활동—을 논의했다. 문화적 특수성과 저발전된 사회체계가 인권의 유린을 정당화할 수는 없다. 그러나 실천적인 이행조처들을 고려하는 데 있어서 이런 맥락을 이해하는 것은 필수불가결하다.

이 과정에서 인권의 협력적 측면을 인식하는 것은 특히나 중요하다. 비판은 협력과 결합될 수 있으며, 그렇게 되어야만 한다. 일차원적인 대결적 접근은 성공적인 이행을 보장하지 않는다. 사회의 맥락에 대한 이해와 함께 균형잡힌 포괄적 전략은 보편적인 인권규범을 적용하는 데 도움이 될 것이다.

이 점에서 현재 대두하고 있는 지역 인권공동체는 동아시아 내에서 더욱 큰 의미를 얻는다. 앞에서 논의했듯이, 지역 인권 규범, 기구, 이행조처는 동아시아에서 일국 단위뿐만 아니라 지역 차원에서도 성장하고 있다. 그러나 지역협력의 향상이라는 측면에서 동아시아 지역 인권공동체는 좀더 발전할 필요가 있다. 현재 진행되고 있는 지역협력 속에서 아시아 국가들은 더 많은 인권조약에 가입하게 될 것이며, 동시에 인권기구에서 활발하게 활동하면서 궁극적으로 인권보호에 기여하게 될 것이다.

이 책의 목적은 동아시아 곳곳에 산재한 여러 인권문제의 현실을 두 둔하거나 변명하려는 것이 아니다. 또한 아시아에 출현하고 있는 인권 체제가 이상적인 모습을 갖추고 있다고 주장하려는 것도 아니다. 이 책 의 진정한 목적은 아시아 지역 인권체제의 취약점과 현재까지의 발전 정도를 분석해보고 그 현단계를 정확히 평가하려는 것이다.

책의 서두에서 아시아 지역에도 인권체제가 있는가라는 질문으로 논 의를 시작했다. 그 질문에 대해 이 책은 결론적으로 "그렇다"라고 답한 다. 오늘날 아시아 지역에도 인권체제는 현실 속에서 자리를 잡아가고 있다. 특히 주목할 점은 동아시아의 여러 나라들이 이러한 인권체제를 발전시키는 방향으로 일정한 동기를 부여받고 있다는 점이다.

이 책은 시스템 접근법을 활용하여 인권체제의 개별 구성요소인 규 범, 기구, 이행과정을 분석했다. 각 구성요소를 다루는 제3, 4, 5장에서 는 아시아에서도 다양한 종류의 인권규범이 발전하여 규범적 공동체를 형성하기 시작했고, 다양한 기구들을 통해 빠르게 지역통합을 이루어 가고 있으며, 국내적·국제적 상호작용을 통해 인권규범의 이행이 점차 가속화되어가고 있다는 것을 보여주었다. 아시아 지역 인권체제는 동 아시아 지역을 중심으로 하고 있지만, 동아시아뿐만 아니라 태평양 지역 국가까지도 포함할 가능성을 보여주고 있다. 인권규범의 발전과 인권기구의 진화, 인권이행의 진전이라는 세가지 측면 모두에서, 아시아는 지난 시기 세계적 차원의 인권운동이 이룬 성과를 꾸준히 따라잡고 있다. 아시아의 인권체제는 여전히 발전과정에 있기 때문에, 아직도 여러가지 혼란스런 측면이 있고 제도상의 취약점과 모호함도 보인다. 특히 국가 단위, 소지역 단위 및 범아시아 지역 단위에서 진행 중인 여러 모색과 변화들을 아시아 전지역을 아우르는 거대한 기획으로 통합하고 조정해나가는 일이 매우 중요하지만, 아직까지는 제대로 진행되지 못하고 있다. 다만 우리가 분명히 깨닫기도 전에 아시아의 통합은 이미 진행되어왔고, 동아시아 지역이 하나의 지역기구로 연결되는 방향으로 나아가고 있음은 분명하다. 이러한 지역적 변화에 발맞추어 아시아 지역 인권체제에 대한 상상력을 고무하고 그 구체적인 경로를 고민하지 않으면 안되는 시점이 바로 지금이라 할 수 있겠다.

이 책에서 우리는 시스템 접근법을 활용하여 동아시아 23개국을 중심으로 한 지역 인권체제의 변화 발전의 현단계를 살펴보았다. 이러한 분석을 통해 동아시아에서 진행되고 있는 인권체제의 발전과정이 다른 지역에서 인권체제가 발전하는 과정과 완전히 동일하지는 않다는 점을 확인할 수 있었다. 동아시아 인권 규범과 기구에는 이 지역의 문화와 역사적 경험의 특수성이 담겨 있고, 인권체제의 발전 도정 또한 다른 지역이 걸어온 길과는 다른 경로를 밟아나가고 있다. 아시아의 인권체제가 지역 내의 구체적 상황에 맞게 인권위원회나 인권법원이라는 안정된 형태를 갖추고 활발하게 기능하기까지는 아직 극복해야 할 많은 도전들이 있는 것도 사실이다.

동아시아의 정부 관료와 일부 정치가 들은 아시아 사회는 인권과 양립할 수 없다고 주장하기도 한다. 그렇지만 아시아에서도 이제 인권규범은 낯선 개념이 아니다. 인권과 관련된 많은 가치들은 이미 이들 국가의 법체계 내부에 깊게 각인되어 있다. 아시아 신생 국가들도 국제인권법이 구체화되기 훨씬 이전부터 아시아에 존재해온 인본주의나 인간 존중의 사상에 근거하여 헌법과 국내법 체계에 국제 인권규범을 반영할 토대를 만들어왔다. 아시아 국가들도 세계인권선언, 자유권규약, 사회권규약의 채택에 일정 정도 참여해왔고, 국제인권법의 발전과정에서 중요한 행위주체로 역할을 해왔다. 또한 동아시아 사회는 헌법주의의 발전과 국제법의 수용과정에서 보편적 인권을 국내법 체계의 한 부분으로 받아들이고 있다. 이러한 국제 인권규범의 도입과정은 오래된 구조물의 표면에 새로운 장치를 부착하는 것 같은 단순한 장식의 과정이라고 볼 수 없다. 새로운 규범적 요소가 종래의 구성요소들과 융합되는 과정은 일종의 선택적 여과과정을 통해 이루어졌다. 아시아의 인권 개념은 각 사회의 국내 규범체계에 비추어 여과의 과정을 거쳤고, 보편적 인권 개념도 이러한 여과 메커니즘을 통해 각 사회의 문화적·역사적 특수성을 반영하는 형식으로 변형되어 수용되었다. 이런 과정을 이해할 때, 우리는 동일한 인권규범이 각 사회에 따라 어떻게 상이한 인식으로 발전하게 되었는가를 이해할 수 있다. 이러한 과정을 거치면서 일부 국가에서는 특정 인권을 다른 인권보다 더 강조하기도 했다. 물론 이들 국가에서 벌어지고 있는 인권유린을 이러한 문화적 특수성이라는 이유로 정당화할 수 없다는 것은 주지의 사실이다.

1980년대에 유엔이 아시아-태평양 지역의 인권을 논의하기 위한 아시아 지역 단위의 포럼을 만들자고 처음 제안했을 때, 그것이 NGO뿐만 아니라 30개국 이상의 정부 대표자들이 매년 참여하는 국제적 회의로 자리 잡게 될 것이라고는 누구도 상상조차 하지 못했다. 1997년 이후 소위 '네개의 부분 접근법'은 일부 선택된 영역의 인권협력에 초점을 맞추어왔지만, 지난 시기의 인권협력을 위한 활동들은 아시아에서도, 나아가 아시아-태평양 지역 전체에서도 인권협력이 가능하며 계속 발전하고 있다는 것을 보여주었다. 마찬가지로 아태국가인권기구포럼의 확장은 아시아에서 지역 인권기구가 가능하다는 것을 보여주는 좋은 사례라 할 수 있다.

또한 지역조직과 소지역조직의 지속적인 성장은 아시아가 보다 포괄적인 지역통합을 향해 빠르게 움직이고 있다는 것을 분명히 보여주고 있다. 아시아-태평양 지역 단위에서 기능하고 있는 아태경제협력체와 유엔 아태경제사회위원회뿐만 아니라, 소지역 단위의 기구들 — 동남아시아의 아세안, 남아시아의 남아시아지역협력연합, 태평양제도의 태평양제도포럼 — 은 지역공동체에 대한 해당 지역의 열망을 바탕으로 그 기능을 점차 확장해나가고 있다. 동남아시아와 동북아시아 국가들을 포함하는 광범위한 포럼으로 아세안+3 13개국이 회의를 진행하고 있고, 나아가 동아시아정상회의라는 이름으로 18개국 정상회의가 매년 열리고 있다. 아시아가 동아시아공동체를 향해 나아가고 있다는 것은 매우 분명해 보인다. 또한 경제적 영역에서의 아시아 지역협력 역시 아세안이 주도하는 포괄적지역동반자협정(Regional Comprehensive Economic Partnership, RCEP)과 미국 주도의 환태평양경제동반자협정(Trans-Pacific Partnership, TPP)에서 살펴볼 수 있듯이 다른 지역에서 진행된 것보다 더욱 빠른 속도로 발전해가는 중이다.

앞에서 언급한 여러 기구들은 인권보호라는 측면에서는 아직까지 만족스러운 역할을 하지 못하고 있다. 하지만 향후에는 아시아 지역 전체에 걸친 인권보호를 위한 광범위한 사회적·문화적 협력체계를 형성하는 과정에서 인큐베이터로서 작동할 수 있을 것이다. 2008년에 이루어진 아세안헌장의 채택과 비준, 그리고 아세안 정부간 인권위원회의 설립과 아태국가인권기구포럼 등 동아시아에서 그동안 진행되어온 기구 차원의 발전은 아시아 지역에서 인권협력의 가능성을 보여주는 매우 고무적인 표지이다.

현재 동남아시아에서 출현하고 있는 다양한 인권기구들은 다른 분야 의 협력에서도 그랬던 것처럼 아시아 내의 지역 인권기구의 설립과정 에 나름대로 역할을 하게 될 것이다. 그리고 아세안+3에서 시작된 동아 시아공동체라는 비전은 동아시아정상회의를 거치면서 더욱 발전하여 지역통합을 촉진해나갈 것이며, 이러한 발전과 함께 인권 차원에서 협 력을 담당하는 요소를 함께 만들어낼 조건을 마련하고 그러한 방향으 로의 적극적인 노력을 요구할 것이다. 아시아에서의 지역통합과 더불 어 NGO와 국제 인권공동체가 담당해야 할 역할은 더욱 중요해질 것이 다. 이러한 변화야말로 인권 메커니즘과 지역 및 소지역 단위의 협력을 아시아 전체 차원으로 통합시켜내면서 아시아 전체를 아우르는 인권체 제를 만들어낼 진정한 원동력이기 때문이다.

이 책에서 우리는 동아시아에 이미 존재하거나 형성되고 있는 여러 측면에 걸친 인권이행의 기제를 살펴보았다. 유엔을 비롯한 전세계적 메커니즘과 국가 단위의 이행절차 및 다양한 국내적 장치들이 인권규 범의 이행을 위해 사용된다. 인권규범의 이행과정에는 권위주의 정권 의 존재라든가 빈곤의 문제, 인권보장을 방해해온 청산되지 못한 과거 사회의 유산이나 기타 인권보장에 방해가 되는 사회적·문화적 요소 등 여러가지 어려운 점이 존재하며, 이러한 어려움의 원천과 구체적 내용, 그리고 그러한 문제가 해당 사회의 맥락에서 갖는 의미 등을 매우 주의 깊게 분석하고 이해하기 위한 노력이 필요하다. 또한 여러가지 상이한 방향으로의 노력이 공존하는 상황에서 여러 목표와 접근방법을 잘 조 정하고 이를 바탕으로 인권개선의 목표를 공유하는 행위자들이 만들어내는 협력 네트워크가 인권규범의 성공적인 이행을 위해 필수불가결하다는 점을 강조하였다. 인권의 증진과 보장이라는 원칙에 입각해 일관되게 인권의 목표를 추구하는 협력 네트워크가 존재한다면 이는 지역 인권체제의 발전에 크게 도움이 될 것이며, 이러한 방향에서 설립되는 지역기구는 보다 높은 수준의 인권보호에 크게 기여할 것이다.

이 책은 아시아 인권체제와 관련하여 보다 광범위하게 발전해나가야 할 연구의 출발점이라고 할 수 있다. 이러한 연구를 더욱 심화하기 위해서는 첫째, 이 책에서 제기한 기본적 접근방법에 근거하여 여러 개별 국가의 구체적인 인권체제에 관한 세부적인 사실 분석을 더욱 폭넓게 수행해나가는 것이 필요하다. 이러한 작업은 동아시아 인권 발전의 현 상태에 대한 우리의 이해를 더욱 풍부하게 해줄 것이다. 둘째, 아시아 지역에서 지역 인권규범의 틀을 구축하고 지역 인권기구의 설립 과정을 강화하기 위해 지역기구 설립을 위한 구체적인 내용을 정책적 권고의 형식으로 정립해나갈 필요가 있다. 국제사회는 이미 국제무역과 경제 협력의 영역에서 아시아에 보다 확장된 역할을 기대하고 있다. 아시아는 인권규범과 지역협력 메커니즘에 존재하는 공백을 메워냄으로써 세계의 기대에 좀더 부응해야 할 것이다.

현재 동아시아에서 출현하고 있는 인권체제는 여전히 매우 허약한 상태다. 이런 의미에서 아시아라는 유리컵에는 아직까지 절반 정도의 물만 채워져 있을 뿐이다. 나머지 절반을 채워나가는 진전이 이루어질 때, 아시아는 궁극적으로 지역 인권 규범과 기구 및 이행 메커니즘 모두를 갖춘 제대로 기능하는 인권체제를 지니게 될 것이고, 세계 사회의 한 부분으로서 더욱 능동적으로 기여하게 될 것이다.

주

제1장

1 이 책에서 '아시아'라는 용어는 느슨하게 정의된 개념이다. 아시아의 정의에 관해서는 이 책 2.2의 아시아에 관한 논의를 참조하라. 이 책은 전반적으로 동아시아 23개국에 초점을 맞추고 있지만 이 국가들에만 한정된 것은 아니다. 이 국가들은 보다 광범위한 아시아 지역에서 인권 발전의 경향을 보여주는 예라고 말할 수 있다.

2 동남아시아국가연합(ASEAN, 이하 아세안)은 아세안 정부간인권위원회(AI-CHR)를 발전시켰다. 하지만 이는 동남아시아 10개국에 한정된 기구로, 소지역 차원에서 진행된 활동에 불과하다.

3 Louis Henkin et al., *Human Rights* (Foundation Press 1999), 338~39면 참조.

4 유럽인권협약은 1953년 9월 3일 발효되었다. Nov. 4, 1950, ETS 5; 213 UNTS 221.

5 미주기구헌장은 1951년 12월 13일 발효되었다. 119 UNTS 3.

6 미주인권협약은 1978년 7월 18일 발효되었다. OAS Treaty Series No. 36, 1144 UNTS 123.

7 인간 및 인민의 권리에 관한 아프리카헌장은 1986년 10월 21일 발효되었다. OAU Doc CAB/LEG/67/3/Rev. 5.

8 아프리카 정의와 인권재판소의 지위에 관한 의정서(Protocol on the Statute of The African Court of Justice and Human Rights) arts. 1과 2를 참조. 아프리카 인권재판소는 당분간 현 상태로 운영되지만, 궁극적으로는 그 완성단계에서는

'정의와 인권을 위한 아프리카재판소'로 통합될 예정이다. 이 책 4.2.3을 참조.

9 Anne-Marie Slaughter Burley, "40th Anniversary Perspective: Judicial Globalization," 40 Virginia Journal of International Law 1103 (2000).

10 Robert F. Drinan, *The Mobilization of Shame: A World View of Human Rights* (Yale University Press 2001), 109면 참조. 또한 Andrew Drzemczewski, *European Human Rights Convention in Domestic Law* (Oxford University Press 1998) 232~34면을 보라.

11 James L. Cavallaro and Stephanie Erin Brewer, "Re-evaluating Regional Human Rights Litigation in the Twenty-First Century: The Case of the Inter-American Court," 102 *American Journal of International Law* 768 (2008) 참조.

12 Anne F. Bayefsky, *How to Complain to the UN Human Rights Treaty System* (Transnational Publishers 2002), 173~74면 참조. 또한 Thomas Buergenthal et al., *Protecting Human Rights in the Americas: Cases and Materials* (N. P. Engel 1995), 24~35면을 보라.

13 Dinah Shelton, "The Promise of Regional Human Rights Systems," in Burns H. Weston, and Stephen P. Marks eds. *The Future of International Human Rights* (Transnational 1999), 363면 참조. 또한 George William Mugwanya, "Realizing Universal Human Rights Norms through Regional Human Rights Mechanisms: Reinvigorating the African System," 10 *Indiana International & Comparative Law Review* 35 (1999)를 보라.

14 바예프스키(Anne F. Bayefsky)는 많은 청원자들이 유엔인권위원회(UNCHR) 보다는 유럽인권재판소와 미주인권위원회·인권재판소 같은 지역적 절차를 선호한다고 강조한다. 그 이유는 그 결정이 법적 구속력을 가지기 때문이다. 유럽 인권재판소의 청원자들은 대부분 효과적인 구호를 받았고 미주인권재판소의 판결 역시 구속력을 가지고 있다. Bayefsky, 앞의 책 173면(주12).

15 지역 인권체제의 장점과 그 실현 가능성에 대한 좀더 구체적인 논의는 이 책 4장을 참조.

16 아시아-태평양 경제협력체(APEC), 유엔 아시아-태평양 경제사회위원회 (UNESCAP), 아세안+3(APT), 아세안지역포럼(ARF) 같은 지역조직들과 동아시아정상회의(EAS)는 아시아에서 지역통합을 가속화해왔다.

17 유엔인권최고대표사무소는 빈 세계인권회의 직후인 1994년에 설립되었다.

18 아세안에 관한 논의는 이 책 3.6.2.1과 4.5.2를 참조.

19 Sidney Jones, "Regional Institutions for Protecting Human Rights in Asia," 50 *Australian Journal of International Affairs* (1996), 273면.

20 Vitit Muntarbhorn, "Asia, Human Rights and the New Millennium: Time for a Regional Human Rights Charter?" 8 *Transnational Law & Contemporary Problems* 407 (1998), 417면 참조.

21 인권을 논의하기 위해 이 책은 전반적으로 동북아시아, 동남아시아, 남아시아 등 세 소지역에 초점을 맞춘다. 그러나 중앙아시아, 서아시아, 태평양 지역 등을 이 논의에서 전적으로 배제하는 것은 아니다. 중요한 지역협력이 동아시아 국가들에 의해 시작되고 있기 때문에, 이 국가들에 주안점을 두고 있을 뿐이다. 아시아에 관한 논의와 그에 대한 보다 많은 정보를 위해서는 이 책 2.3을 참조.

22 이 책 2.3 '인권에 대한 시스템 접근법'을 참조.

23 이 책에서 '동아시아 국가들'이란 동북아시아, 동남아시아, 남아시아에 있는 23개국으로, 방글라데시, 부탄, 브루나이, 캄보디아, 북한, 인도, 인도네시아, 일본, 중국, 라오스, 말레이시아, 몰디브, 몽골, 미얀마(버마), 네팔, 파키스탄, 필리핀, 한국, 싱가포르, 스리랑카, 태국, 동티모르, 베트남을 가리킨다.

24 점진적으로 진행되어온 비준과정에 대해서는 이 책 3.4.1에 있는 표 3.8 국제인권조약의 비준과정(2016년 9월 1일 현재) 참조.

25 아동권리협약은 1989년 11월 20일 발효되었다. 1577 UNTS 3.

26 여성차별철폐협약은 1980년 3월 1일 발효되었다. 1249 UNTS 13.

27 자유권규약은 1966년 12월 16일 발효되었다. preamble, 993 UNTS 3.

28 사회권규약은 1966년 12월 16일 발효되었다. preamble, 993 UNTS 3.

29 이 책 표 3.3을 참조.

30 제9차 아시아-태평양 지역에서의 인권 증진과 보호를 위한 지역협력 워크숍의 개막선언에서, 유엔인권최고대표였던 메리 로빈슨(Mary Robinson)은 여러 계획들이 상충할 수도 있다는 점을 강조하면서 유엔 워크숍이 "지금 성취해가고 있는 것을 점검하고, 소지역 내지 지역 차원의 협력기구를 지향하는 계획의 근본적인 원칙들에 관한 이해를 증진시키는 기회"로서 고려되어야 한다고 강조했다.

31 이 워크숍에 대해서는 이 책 4.4.2.1 참조.

32 제4차 워크숍에서 처음으로 '한걸음, 또 한걸음'이라는 단계적 접근법이 채택되었다.

33 Shelton, 앞의 글 363면(주13) 참조.

34 Pamela A. Jefferies, "Human Rights, Foreign Policy, and Religious Belief: An Asia/Pacific Perspective," 2000 *Brigham Young University Law Review* 885 (2000), 889면 참조.

35 제6차 워크숍(테헤란 1998년 2월 28일~3월 2일)의 결론, *Regional Arrangements for the Promotion and Protection of Human Rights in The Asian and Pacific Region*, UN Doc. E/CN. 4/1998/50 (1998).

36 제10차 워크숍의 결론, *Regional Arrangements for the Promotion and Protection of Human Rights in The Asian and Pacific Region*, UN Doc. E/CN. 4/2002/WP3 (2002).

37 제6차 워크숍의 개회사에서 메리 로빈슨은 새로운 접근법의 타당성을 적극적으로 옹호하며 다음과 같이 주장했다. "광대하기 그지없고 그만큼 다양하기까지 한 지역에서 인권기구를 설립하는 데 여러 난점이 있다는 것은 전혀 놀라운 일이 아닙니다. 그러한 난점들이 우리의 진전을 방해할 이유도 없고, 방해하게 해서도 안됩니다. 한걸음, 또 한걸음이라는 단계적 과정을 통해 우리는 정보와 경험, 그리고 최적의 사례들을 공유하고, 인권의 보호와 증진을 위한 국가적 역량을 강화하는 데 많은 성과를 얻을 것입니다."

38 제6차 워크숍의 결론, 주37 참조.

39 Wahyudi Soeriaatmadja, "Cheer over ASEAN Charter," *The Straits Times*, Dec. 16. 2008.

40 보다 구체적인 내용은 이 책 3.6.2.1과 아세안에 관해 논의하는 4.5.2를 참조.

41 시스템 접근법의 정의에 대해서는 이 책 2.3.2을 참조.

42 YAB Dato' Seri Abdullah HJ Ahmad Badawi, "Towards an Integrated East Asia Community," Keynote Address at the Second East Asia Forum, Kuala Lumpur, Dec. 6, 2004. www.asean.org/16952.htm (2011년 9월 15일 검색).

43 Australian Government, Department of Foreign Affairs and Trade, The East Asia Summit. http://www.dfat.gov.au/asean/eas/index.html (2011년 9월 15일 검색).

러시아와 미국이 2011년 11월에 정상회의에 가입한 이후, 인구의 규모는 훨씬 커졌다.

제2장

1 이 책 2.2.6 참조.

2 Lynn M. LoPucki, "The Systems Approach to Law," 82 *Cornell Law Review* 479 (1997).

3 Dinah Shelton, "The Promise of Regional Human Rights Systems," in Burns H. Weston and Stephen P. Marks eds. *The Future of International Human Rights* (Transnational 1999), 363면 참조. 셸턴 교수는 인권 메커니즘의 분석에 사용할 수 있도록 시스템 접근법을 면밀히 검토한 소수의 학자들 중 한명이다.

4 이러한 개념 정의를 기반으로 저자는 인권이 단순한 철학적 개념들과는 다른 것이며, 현재의 국제법 체계하에서 일정한 법적 함의를 담아 채택된 규범이라는 점을 강조하고자 한다. 이 점에 대한 보다 상세한 논의는 이 책 2.4 참조.

5 Jack Donnelly, *International Human Rights* (Westview Press 1998), 4~7면.

6 Bruce Cumings, *Korea's Place in the Sun: A Modern History* (W. W. Norton 1997), 9면.

7 Georg Wiessala, *The European Union and Asian Countries* (Sheffield Academic Press 2002), 2면. 또다른 신화 해석도 있는데, 예컨대 헤로도토스는 그의 책 『역사』(*Histories*)에서 "프로메테우스의 딸인 아시아가 아시아 대륙의 이름의 기원일 수 있다"고 언급했다.

8 Paul Evans, "The Concept of Eastern Asia," in Colin Mackerras ed., *Eastern Asia: An Introductory History* (Longman 2000), 8면 참조.

9 Amartya Sen, *Human Rights and Asian Values* (Carnegie Council on Ethics and International Affairs 1997), 13면 참조.

10 '서방'(occident)이라는 용어와 그 파생어는 미국 로스앤젤레스에 있는 옥시덴탈대학의 경우처럼 미국의 서부 지역을 지칭하면서 동시에 그것을 강조하기를 원하는 일부 미국인을 제외하곤 거의 사용되지 않았다.

11 Evans, 앞의 글 8면(주8).

12 콜럼버스 이전 시대의 지도에는 미주 대륙이 아예 포함되어 있지 않았다.

13 예를 들어, 브루스 러셋(Bruce M. Russett)은 (i) 사회문화적 동질성, (ii) 유사한 정치적 태도나 대외적 행태의 공유, (iii) 정치적 상호의존, (iv) 경제적 상호의존, (v) 지리적 근접성 등을 지역의 범주를 구분하는 지표로 사용한다. 반면에 제이콥과 테뉴(Philip E. Jacob and Henry Tenue)는 다음의 10가지 요소들을 고려한다. (i) 지리적 근접성, (ii) 동질성, (iii) 개인이나 집단간의 거래나 상호작용, (iv) 상호인지 정도, (v) 기능적 이해관계의 공유, (vi) 집단적 특징이나 동기 유형, (vii) 권력과 의사결정의 구조적 유형 및 체계, (viii) 주권-공동체의 의존적 지위, (ix) 정부의 효율성, (x) 과거의 통합 경험. Hidetoshi Hashimoto, *The Prospects for a Regional Human Rights Mechanism in East Asia* (Routledge 2004), 18면 참조.

14 한국의 노무현 전 대통령은 2002년에 취임한 이래로 이러한 접근을 취했다.

15 이 책 4.5.5 참조.

16 이 책 4.5.4 참조.

17 UNGA, UN Doc. A/60/100, June 15, 2005 참조.

18 유엔안전보장이사회(UNSC)는 매년, 2년 임기의 5개 비상임이사국을 선출한다. 총 10개인 비상임이사국은 다음과 같은 지리적 소속에 따라 배분된다. 아프리카와 아시아에서 5개국, 중남미와 카리브해 국가들에서 2개국, 유럽에서 2개국, 나머지 서구 지역에서 1개국 등이다. 유엔 회원국들에 대한 일반적 지역구분이 여기서 고려되기는 하지만, 실제 지역구분을 적용하는 과정은 소지역 요소들까지도 고려하므로 매우 복잡하다. 반면에 유엔경제사회이사회의 방법은 보다 간단해 보인다. 아프리카에서 4개국, 아시아에서 4개국, 동유럽에서 3개국, 중남미와 카리브해 국가들에서 3개국, 서유럽과 기타 국가들에서 4개국으로 18개 이사국을 선출하는 것이다. 유엔 통계국(UN Statistics Division)이 사용하는 국가들의 일반적인 분류에 관한 보다 구체적인 정보를 위해서는 Composition of Macro Geographical (Continental) Regions, Geographical Sub-Regions, and Selected Economic and Other Groupings, http://unstats.un.org/unsd/methods/m49/m49regin.htm (2011년 9월 1일 검색) 참조. 유엔인권이사회(UNHRC)는 2006년 유엔인권위원회를 대체했다. 유엔인권이사회는 47개 회원국으로 이루어져 있는데, 이들 국가는 기존 인권위원회에서 사용되던 것과 동일한 지역 분류에 따라 선출되었다. '아프리카 국가들'은 이집트에서 남아프리

카까지를 포함하고, '아시아 국가들'은 사우디아라비아와 카타르 등 중동에 있는 국가들과 러시아를 제외한 남아시아 국가들을 포함한다. '서유럽과 기타 국가들'에는 캐나다, 미국, 호주, 그리고 대부분의 유럽 국가들이 포함되어 있다.

19 5개의 지역 경제사회위원회는 다음과 같다. 아프리카경제위원회(ECA); 유럽경제위원회(ECE); 라틴아메리카-카리브해 경제위원회(ECLAC); 아시아-태평양 경제사회위원회(ESCAP); 서아시아 경제사회위원회(ESCWA).

20 이에 대한 보다 자세한 내용은 유엔 아태경제사회위원회에 관해 논의하는 이 책 4.4.1.1을 참조.

21 유엔 아태경제사회위원회 회원국은 다음과 같다. 아프가니스탄, 아르메니아, 호주, 아제르바이잔, 방글라데시, 부탄, 브루나이, 캄보디아, 중국, 피지, 프랑스, 조지아, 인도, 인도네시아, 이란, 일본, 카자흐스탄, 키리바시, 한국, 북한, 키르기스스탄, 라오스, 말레이시아, 몰디브, 마셜제도, 미크로네시아, 몽골, 미얀마, 나우루, 네팔, 네덜란드, 뉴질랜드, 파키스탄, 팔라우, 파푸아뉴기니, 필리핀, 러시아, 사모아, 싱가포르, 솔로몬제도, 스리랑카, 타지키스탄, 태국, 동티모르, 통가, 터키, 투르크메니스탄, 투발루, 영국, 미국, 우즈베키스탄, 바누아투, 베트남. 이 53개국에 덧붙여, 다음의 국가들은 준회원국이다. 미국령 사모아, 쿡제도, 프랑스령 폴리네시아, 괌, 홍콩(중국), 마카오(중국), 뉴칼레도니아, 니우에, 북마리아나제도. 이 책 4.4.1.1을 참조.

22 이에 대한 좀더 자세한 정보를 위해서는 Wiessala, 앞의 책 3면(주7) 참조. 유럽연합은 소위 '서아시아'를 지중해 정책과 중동 평화에 개입하는 과정의 일환으로 다루어왔다. 반면 남아시아, 중앙아시아, 몽골, 다수의 구소련 국가들은 독립국가연합(CIS)의 정책틀 안에서 취급되었다.

23 이스라엘은 아시아-태평양 그룹이나 서아시아 그룹의 일부로 간주될 수도 있었겠지만, 아랍 국가들의 적대적 태도 때문에 그 어느 그룹에도 가입할 수 없었다. 이스라엘은 결국 1991년 임시조치로 유럽경제사회위원회에 가입했다. 이스라엘은 또한 2000년까지 여러 유엔 기구에 회원국으로 선출되지 못하였는데, 지역조직의 멤버십을 가지고 있지 않았기 때문이다. 2000년에 서유럽 및 기타 그룹(WEOG)이 임시조치로 이스라엘을 받아들인 뒤 자격이 인정되기 시작했고, 이스라엘이 최종적으로 유엔 내에서 서유럽 및 기타 그룹 지역의 영구 멤버십을 얻은 것은 2004년에 이르러서였다.

24 인권최고대표사무소는 빈 세계인권회의 직후인 1994년에 설립되었다.

25 아랍인권헌장은 아랍국가연맹이사회(the Council of the League of Arab States)에 의해 1994년 9월 15일에 채택되었다.

26 아랍에미리트연합(UAE)이 2008년 1월 15일 요르단, 바레인, 알제리, 시리아, 팔레스타인, 리비아에 이어 일곱번째로 비준서를 기탁하였고, 이에 따라 2008년 3월 15일 아랍인권헌장이 효력을 발생하게 되었다. Emirates News Agency, UAE Ratifies Arab Charter on Human Rights, UAE Interact, Jan. 16, 2008. http://www.uaeinteract.com/docs/UAE.ratifies.Arab.charter.on.human.rights/28218.htm (2011년 9월 15일 검색).

27 아태경제협력체에 관해서는 이 책 4.4.1.2 참조.

28 2011년 9월 15일 현재 아태경제협력체의 21개 회원 경제국은 다음과 같다. 호주, 브루나이, 캐나다, 칠레, 중국, 홍콩, 인도네시아, 일본, 한국, 말레이시아, 멕시코, 뉴질랜드, 파푸아뉴기니, 페루, 필리핀, 러시아, 싱가포르, 대만, 태국, 미국, 베트남. APEC. http://www.apec.org/About-Us/About-APEC/Member-Economies.aspx 참조(2011년 9월 15일 검색).

29 아태경제협력체는 가장 큰 지역 경제협력체 중의 하나로서, 그 큰 규모 때문에 국제적 관심사에 제대로 신속히 반응하지 못하는 측면이 있다. APEC, http://www.apec.org 참조. 아태경제협력체는 현재 추가 회원 가입을 받지 않고 있지만, 회원 가입 기회가 열릴 경우 더 많은 아시아 국가들이 그 모임에 가입하려고 할 것으로 예상된다.

30 아태국가인권기구포럼에 관해서는 이 책 4.4.2.2 참조.

31 아태국가인권기구포럼의 회원국은 2011년 9월 15일 현재 다음과 같다. 정회원: 아프가니스탄, 호주, 인도, 인도네시아, 요르단, 말레이시아, 몽골, 네팔, 뉴질랜드, 팔레스타인, 필리핀, 카타르, 한국, 태국, 동티모르. 준회원: 방글라데시, 몰디브, 스리랑카. APF. http://www.asiapacificforum.net 참조(2011년 9월 15일 검색).

32 아세안+3에 관해서는 이 책 4.4.1.4를 참조.

33 동아시아정상회의의 회원국은 다음과 같다. (1) 아세안의 10개국: 브루나이, 캄보디아, 인도네시아, 라오스, 말레이시아, 미얀마, 필리핀, 싱가포르, 태국, 베트남, (2) 아세안+3에 포함된 세 국가: 중국, 일본, 한국, (3) 인도, 호주, 뉴질랜드.

34 당시에는 미국의 참여를 공개적으로 제안할 정도의 상황은 아니었다.

35 이러한 과정은, 한 지역을 나누는 경계선을 어떻게 설정할 것인가를 두고 앞으로도 계속해서 긴장이 존재할 것이라는 점을 시사한다.

36 Edward W. Said, *Orientalism* (Penguin 2003), 1~9면을 참조.

37 Sen, 앞의 책 13면(주9).

38 Evans, 앞의 글 8면(주8).

39 Martin W. Lewis, and Karen Wigen, *The Myth of Continents: A Critique of Metageography* (University of California Press 1997), 171면.

40 같은 책 173면.

41 같은 책 176면.

42 Samir Amin, *Accumulation on a World Scale* (Monthly Review Press 1974).

43 Immanuel Maurice Wallerstein, *Unthinking Social Science: The Limits of Nineteenth-Century Paradigms* (Polity Press 1991), 237면.

44 Evans, 앞의 글 9~11면(주8).

45 같은 글 9~10면.

46 같은 글 12~13면.

47 실제로 '유럽'이라는 용어 역시 흔히 유럽이라는 지리적 영역 전체를 지칭하는 것이 아니라 일부 유럽 국가들이 위치한 장소를 언급하기 위해 느슨하게 사용된다. David P. Fidler, "The Asian Century: Implications for International Law," 9 *Singapore Yearbook of International Law* 19 (2005).

48 아시아의 경우 통합을 향한 역동적 움직임은 동아시아에서 가장 잘 살펴볼 수 있다. 따라서 이 책은 이 지역에 있는 23개국에 주된 초점을 맞출 것이다. 그러나 실제 분석 내용은 아시아 전체에서 진행되고 있는 광범위한 변화를 이해하는 것과 직결되어 있다.

49 Richard Falk, "Regionalism and World Order after the Cold War," 49, *St. Louis-Worsaw Transatlantic Journal* 71 (1995), 72면.

50 같은 책 75면.

51 Richard M. Nixon, *Beyond Peace* (Random House 1994), 104면을 참조.

52 YAB Dato' Seri Abdullah HJ Ahmad Badawi, "Towards an Intergrated East Asia Community," Keynote Address at the Second East Asia Forum, Kuala Lumpur,

Dec. 6, 2004. http://www.asean.org/16952.htm (2011년 9월 15일 검색).

53 Australian Government, Department of Foreign Affairs and Trade, The East Asia Summit. http://www.dfat.gov.au/asean/eas/index.html (2011년 9월 15일 검색).

54 APEC, *Region Trade and Investment* (2010), APEC, http://www.dfat.gov.au/publications/stats-pubs/downloads/APEC.2010.pdf에서 재인용(2011년 9월 15일 검색).

55 같은 곳.

56 Fidler, 앞의 글 19면도 참조하라(주47).

57 Falk, 앞의 글 75면(주49).

58 이 책 4.5.1 참조.

59 Yoshi Kodama, "Development of Inter-State Cooperation in the Asia Pacific Region: Consideration for Regional Trade Compacts," 2 *NAFTA: Law & Business Review of the Americas* 70 (1996), 85면.

60 John Yukio Gotanda, "Regional Institutions in East Asia and the Pacific: Is the Time Ripe?" 89 *American Society of International Law Proceedings* 471 (1995), 471~72면을 참조.

61 Kodama, 앞의 글 89면(주59).

62 Glen Hook, "Japan and the Construction of Asia-Pacific," in Andrew Gamble, and Anthony Payne eds., *Regionalism and World Order* (St. Martin's Press 1996), 172면.

63 Kodama, 앞의 글 90면(주59).

64 Chalermpalanupap, Termsak, "Towards an East Asia Community: The Journey Has Begun," *ASEAN Staff Paper* (2002, October). http://asean.org/towards-an-east-asia-community-the-journey-has-begun-by-termsak-chalermpalanupap (2017년 1월 2일 검색).

65 아세안은 1967년 냉전의 완충제로서 설립되었고, 미국은 안보상의 목적으로 그 설립을 지지했다. 이 책 4장 참조.

66 Jagdish Bhagwati, "Beyond NAFTA: Clinton's Trading Choices," 91 *Foreign Policy* 155 (1993) 참조.

67 이 책 4.4.1.2 참조.

68 이 책 4.4.1.4 참조.

69 같은 곳 참조.

70 동아시아정상회의는 아세안 회원국이 정상회의를 주최하고 의장국이 되는 데 동의했다. Kuala Lumpur Declaration on the East Asia Summit, Dec. 14, 2005. http://www.asean.org/18098.htm 참조(2011년 9월 15일 검색).

71 보다 자세한 내용은 이 책 4장을 참조.

72 대중의 인식이 그것을 받아들일 만큼 충분히 성숙되지 않았더라도, 공통의 적이 있다면 국가들 스스로 조직화를 이뤄낼 수도 있다. Christina M. Cerna, "The Inter-American System for the Protection of Human Rights," 16 *Florida Journal of International Law* 195 (2004), 197면.

73 '정상국가'라는 용어는 오자와 이치로(小沢一郎)가 헌법 개정을 통해 그가 바라는 방향으로 일본이 나아가야 한다는 뜻을 나타내기 위해 처음으로 사용한 용어다. Edward J. L. Southgate, "From Japan to Afghanistan: The U.S. Japan Joint Security Relationship, the War on Terror, and the Ignominious End of the Pacifist State?" 151 *University of Pennsylvania Law Review* 1599 (2003), 1638면.

74 Chalermpalanupap, 앞의 글(주64) 참조.

75 ASEAN Plus Three Summit, *Final Report of the East Asia Study Group* (2002), 3면.

76 같은 책 4면.

77 Byung-Woon Lyou, "Building the Northeast Asian Community," 11 *Indiana Journal of Global Legal Studies* 257 (2004), 261면.

78 이 책 4.4.2.1 참조.

79 이 책 4.4.2.2 참조.

80 이 책 5.4 참조.

81 Melissa Gerardi, "Jumpstarting APEC in the Race to 'Open Regionalism': A Proposal for the Multilateral Adoption of UNCITRAL's Model Law on International Commercial Arbitration," 15 *Northwestern Journal of International Law & Business* 668 (1995), 670면을 보라.

82 '동아시아'라는 용어는 때때로 동북아시아를 지칭하기 위해 사용된다. 예를

들어, Cerna, 앞의 글 206면(주72)을 참조. 다른 한편, 아세안+3 정상회의에 제출된 동아시아연구그룹 최종 보고서(the Final Report of the East Asia Study Group)는 동아시아를 동북아시아와 동남아시아를 포함하는 지역으로 간주한다. ASEAN Plus Three Summit, 같은 책 3면(주75) 참조.

83 대만과 홍콩은 여기에 포함되어 있지 않다. 그 이유는 현재 대만과 홍콩이 국제사회에서 주권국가로서 인정받지 못하고 있기 때문이다.

84 러시아 동부 지방이 아시아의 일부로 간주될 수도 있다. 그러나 그 지역은 '동북아시아'보다는 '북아시아'가 적합할 듯하다.

85 중앙아시아 국가들에는 카자흐스탄, 키르기스스탄, 타지키스탄, 투르크메니스탄, 우즈베키스탄 등이 있다. 아프가니스탄과 이란 역시 이 소지역에 포함될 수 있다.

86 서아시아 국가로는 알제리, 바레인, 코모로, 지부티, 이라크, 이스라엘, 요르단, 쿠웨이트, 레바논, 리비아, 모리타니, 오만, 팔레스타인, 카타르, 사우디아라비아, 소말리아, 수단, 시리아, 튀니지, 아랍에미리트, 예멘 등이 있다. 그들이 중동이나 아랍 국가들로 분류될 경우, 이집트, 모로코 같은 몇몇 다른 북아프리카 국가들도 여기에 포함된다.

87 태평양 지역 국가들로는 호주, 쿡제도, 피지, 키리바시, 마셜제도, 미크로네시아연방, 나우루, 뉴질랜드, 니우에, 팔라우, 파푸아뉴기니, 사모아, 솔로몬제도, 통가, 투발루, 바누아투 등이 있다.

88 Freedom House, *Freedom in the World: The Annual Freedom in the World Survey* (Rowman & Littlefield Publishers 2011) 참조.

89 프리덤 하우스의 자유지수에 대한 비판도 있다는 점을 밝혀두어야 할 것이다. 프리덤 하우스 예산의 80퍼센트 정도는 미국 정부에서 나오고 있다. Freedom House Annual Report 2006 (2006), 26면, https://freedomhouse.org/sites/default/files/inline_images/2006.pdf (2017년 1월 2일 검색).

90 Freedom House, 앞의 책(주88).

91 루이스 헨킨은 다음과 같이 말한다. "거의 모든 국가들이 거의 모든 경우에 거의 모든 국제법의 원칙과 의무를 준수한다." Louis Henkin, *How Nations Behave* (Pall Mall Press 1968), 42면.

92 Harold Hongju Koh, "Why Do Nations Obey International Law?" 106 *The Yale*

Law Journal 2599 (1997), 2600면.

93 Glenn D. Hook and Ian Kearns, *Subregionalism and World Order* (St. Martin's Press 1999), 2~3면.

94 Anne-Marie Slaughter Burley et al., "International Law and International Relations Theory: A New Generation of Interdisciplinary Scholarship," 92 *American Journal of International Law* 367 (1998).

95 케네스 애벗(Kenneth Abbott)은 국제관계이론이 현실주의, 제도주의, 자유주의, 구성주의 등 네개의 그룹으로 나뉜다고 본다. Kenneth W. Abbott, "International Relations Theory, International Law, and the Regime Governing Atrocities in Internal Conflicts," 93 *American Journal of International Law* 361 (1999), 364~67면을 참조. 해럴드 고는 다음과 같은 네개의 학파를 제시한다. 합리적 도구주의 학파(Robert Keohane, Duncan Snidal, and Oran Young), 칸트적인 자유주의 학파(Andrew Moravcsik and Anne-Marie Slaughter), 구성주의 학파(Rriedrich Kratochwil, John Reggie, Nicholas Onuf, Hayward Alker, Richard Ashley, Ernst Haas, and Alex Wendt), 그리고 자신을 포함하는 초국적 법과정 학파. Koh, 앞의 글 2632~34면(주92) 참조. 다른 한편, 크리스토퍼 조이너(Christopher Joyner)는 다음과 같은 네개의 지적 흐름을 제안한다. 이상주의, 현실주의/신현실주의, 자유주의/신자유주의, 구성주의. Christopher Joyner, "International Law Is, as International Relations Theoty Does?" 100 *American Journal of International Law* 248 (2006), 250~55면 참조. 로렌스 헬퍼(Laurence Helfer)는 국제관계론을 현실주의적 이론, 이상주의적 이론, 자유주의적 이론 등 세개의 그룹으로 구분한다. Laurence R. Helfer, "Overlegalizing Human Rights: International Relations Theory and the Commonwealth Caribbean Backlash against Human Rights Regimes," 102 *Columbus Law Review* 1832 (2002), 1842면. 오나 해서웨이(Oona Hathaway)는 합리적 행위자 모델과 규범적 모델이라는 두개의 큰 그룹을 제시한다. 합리적 행위자 모델에는 현실주의, 제도주의, 자유주의가 포함되어 있고, 규범적 모델로는 행위조작 모델, 공정성 모델, 초국적 법과정 모델이 포함되어 있다. Oona A. Hathaway, "Do Human Rights Treaties Make a Difference?" 111 *The Yale Law Journal* 1935 (2002), 1944~60면 참조. 마지막으로, 웨이스버드(A. M. Weisburd)는 국제관계론을 다음과 같은 세개의 범주로 바라본

다. 이해관계에 기반을 둔 이론, 힘에 기반을 둔 이론, 인지이론. A. M. Weisburd, "Implications of International Relations Theory for the International Law of Human Rights," 38 *Columbus Journal of Transnational Law* 45 (1999), 87~101면.

96 Joyner, 앞의 글 250면(주95).

97 Anne-Marie Slaughter Burley, "International Law and International Relations Theory: A Dual Agenda," 87 *American Journal of International Law* 205 (1993), 207면.

98 Hatahway, 앞의 글 1944~45면(주95) 참조. 또한 Ken I. Kersch, "The Supreme Court and International Relations Theory," 69 *Albary Law Review* 771 (2006), 778~84면을 보라.

99 Hathaway, 앞의 글(주98) 참조.

100 Weisburd, 앞의 글 87면(주95) 참조.

101 Helfer, 앞의 글 1842면(주95).

102 Hathaway, 앞의 글 1945면(주98).

103 Weisburd, 앞의 글 87~88면(주95).

104 Slaughter Burley, 앞의 글 218면(주97) 참조.

105 Weisburd, 앞의 글 87~94면(주95) 참조. 또한 Kersch, 앞의 글 778~84면(주98)을 보라.

106 David P. Forsythe, *Human Rights in International Relations* (Cambridge University Press 2000), 232~33면.

107 Janne Haaland Matlary, *Intervention for Human Rights in Europe* (Palgrave 2002), 84면.

108 Helfer, 앞의 글 1842면(주101) 참조.

109 Slaughter Burley, 앞의 글 227~28면(주97) 참조.

110 Immanuel Kant, *Perpetual Peace: A Philosophical Sketch* (1795). 또한 Kersch, 앞의 글 783~90면(주98).

111 현대적 자유주의자라고 주장하는 포사이스는 "과거의 자유주의자들은 국내적이든 국제적이든 법원에 의한 판결의 역할을 지나치게 강조했다. 그들은 또 강압 조처와 분리한 채 외교가 성취할 수 있는 것을 지나치게 강조했다"고 말한다. 그러면서 그는 현대적 자유주의는 "인권담론을 넘어서는 도덕성이나 윤리

적 기준이 있다"고 강조한다. Forsythe, 앞의 책 232~33면(주106).

112 Helfer, 앞의 책 1842~43면(주101) 참조.

113 Martha Finnemore and Kathryn Sikkink, "International Norm Dynamics and Political Change," 52 *International Organization* 887 (1998), 916면.

114 Asbjørn Eide et al., *Economic, Social, and Cultural Rights: A Textbook* (Martinus Nijoff 2001) 참조.

115 Risse-Kappen et al. eds., *The Power of Human Rights: International Norms and Domestic Change* (Cambridge University Press 1999), 17면 참조.

116 같은 책 20면.

117 같은 책 22~35면.

118 그 좋은 사례는 북한이 핵을 개발하는 상황에서 각 관련국이 상이한 방식으로 북한의 인권문제를 다루었다는 점에서 찾아볼 수 있다.

119 Weisburd, 앞의 글 111면(주95).

120 Koh, 앞의 글 2645~46면(주92).

121 같은 책 2635면.

122 같은 책 2656~57면.

123 인권을 통한 접근법은 사회운동을 진전시키는 데 매우 효과적인 도구다. 왜냐하면 인권이 사람들에게 민주주의와 사회진보를 위한 투쟁에 대의명분의 법적 틀을 제공하기 때문이다. 데이비드 케네디(David Kennedy)는 인권이 문제해결의 방안이라기보다는 도리어 문제를 악화시키는 요인이라고 주장한 바 있지만(David Kennedy, "The International Human Rights Movement: Part of the Problem?" 15 *Harvard Human Rights Journal* 101 〔2002〕 참조), 저자의 생각으로는 인권에 기반한 접근법은 여전히 유효하다. 다만 이러한 인권적 접근법은 개별 이해관계에 기반한 운동적 접근에 의해 보충되고 강화되어야만 한다. 노동운동과 종교운동, 여성운동과 소수자 권리운동 등 여러 사회운동은 스스로 추구해나갈 고유한 이해관계를 가지고 있으며, 인권 접근법은 사회 내에서 진정한 변화를 성취하기 위해 이들 풀뿌리운동과 결합해야 한다.

124 Balakrishnan Rajagopal, "International Law and Social Movements: Challenges of Theorizing Resistance," 41 *Columbia Journal of Transnational Law* 397 (2003), 411~12면. 또한 Rosemary Foot, *Rights beyond Borders: The Global Community*

and the Struggle over Human Rights in China (Oxford University Press 2000), 6면을 보라.

125 Alison Brysk, *Human Rights and Private Wrongs: Constructing Global Civil Society* (Routledge 2005), 230면 참조.

126 Tony Evans, *US Hegemony and the Project of Universal Human Rights* (Macmillan Press; St. Martin's Press 1996), 15~16면. 에번스는 크래스너를 레짐 접근법의 대표적인 이론가로 파악한다.

127 같은 책 16면 참조. 또한 크래스너의 원래 논문인 Stephen D. Krasner, "Structural Causes and Regime Consequences: Regimes as Intervening Variables," 36 *International Organization* No. 2, 185 (Spring, 1982) 참조.

128 Jack Donnelly, "International Human Rights: A Regime Analysis," 40 *International Organization* 599 (Summer, 1986), 640면.

129 같은 글 602면.

130 같은 글 639면.

131 같은 글 614면.

132 레짐 분석의 문제점에 관해서는 Friedrich Kratochwil and John G. Ruggie, "International Organization: A State of the Art on an Art of the State," 40 *International Organization* 753 (1986), 34, 55면, 그리고 Susan Strange, "Cave! Hic Dragones: A Critique of Regime Analysis," at 34, in Paul F. Diehl ed., *The Politics of Global Governance: International Organizations in an Interdependent World* (Lynne Rienner Publishers 1997) 참조.

133 Donnelly, 앞의 글 628면(주128).

134 Hathaway, 앞의 글 2002면(주98).

135 Michael P. Sullivan, *International Relations: Theories and Evidence* (Prentice-Hall 1976) 참조. 설리번은 하나의 시스템이 작동하는 데 거리를 중요한 요소로서 강조한다. 그 이유는 지리적·정치적 거리가 한 제도가 작동하는 데 영향을 미칠 수 있기 때문이다. 기능주의는 시스템 접근법의 발전과 긴밀한 관계를 맺고 있고, 하나의 시스템을 평가하는 데 기능주의자들이 고려하는 제반 요소 또한 적절하게 고려할 필요가 있다.

136 이에 대한 일반적인 입문서로는 Oran R. Young, *A Systemic Approach to Inter-*

national Politics I (Center of International Studies 1968) 참조. 시스템 분석을 사용하는 학자들로는 레이먼드 애런(Raymond Aron), 케네스 불딩 (Kenneth Boulding), 스탠리 호프먼 (Stanley Hoffmann), 모턴 캐플런(Morton Kaplan), 찰스 매클리랜드(Charles McClelland), 조지 모델스키(George Modelski), 리처드 로세크랜스(Richard Rosecrance), 데이비드 씽어(David Singer), 케네스 왈츠 (Kenneth Waltz) 등이 있다.

137 LoPucki, 앞의 글 481면(주2).

138 상이한 시스템 접근법의 예로는 Zdzisław Bubnicki, *Analysis and Decision Making in Uncertain Systems* (Springer 2004); George Kuttickal Chacko, *The Systems Approach to Problem Solving: From Corporate Markets to National Missions* (Praeger 1989); C. West Churchman, *The Systems Approach and Its Enemies* (Basic Books 1979); William James Metcalf, *The Environmental Crisis: A Systems Approach* (University of Queensland Press 1977); Shih Yen Wu and Margaret S. Wu, *Systems Analysis and Design* (West Group 1994); Young, 앞의 글(주136); James L. Hildebrand, "Complexity Analysis: A Preliminary Step toward a General Systems Theory of International Law," 3 *Georgia Journal of International and Comparative Law* 271 (1973); LoPucki, 앞의 글(주2).

139 Kathryn R. Heidt, "Taking a New Look at Secured Transactions," 96 *Columbus Law Review* 759 (1996), 759면.

140 *Merriam_Webster's Collegiate Dictionary*, Eleventh Edition (Merriam-Webster 2003).

141 Metcalf, 앞의 책 35면(주138)에서 재인용.

142 같은 책 36면.

143 같은 곳 참조.

144 통풍 시스템은 좀더 큰 시스템의 일부일 수 있다.

145 LoPucki, 앞의 글(주2)을 보라.

146 Hildebrand, 앞의 글 291~93면(주138).

147 예를 들어 Weisburd, 앞의 글 111~12면(주138).

148 코르텔(Andrew P. Cortell)은 "왜, 언제, 어떻게 제도들이 변하는가"를 설명하고자 한다. 그의 논문에서 코르텔은 스테판 크래스너의 입장인 "단속평형", 즉

"제도적 변화는 지속적이고 점진적이라기보다는 일시적이고 극적으로 진행된 다"는 입장을 논박한다. 그는 "점진적인 변화 역시 기구의 구성을 해체하거나 변경시킬 수 있다"고 주장한다. 또한 "일시적인 변화와 마찬가지로 점진적인 변화 역시 이해되고 설명되어야만 하는데, 왜냐하면, 그것이 정책 형성과 연합 형성의 과정, 미래의 정책 선택에 중요한 영향을 미칠 수 있기 때문"이라고 강조한다. Andrew P. Cortell and Susan Peterson, "Altered States: Explaining Domestic Institutional Change," 29 *British Journal of Political Science* 1 (1999), 177~79면. 코르텔의 접근법은 이미 확립된 레짐에 너무 많은 초점을 맞추고 있는 구래의 제도주의를 극복하도록 도움을 준다는 점에서 의미가 크다. 이처럼 시스템 접근법은 한 시스템에서 점진적으로 진행되는 변화와 현재 진행 중인 경향들을 분석할 수 있게 해주기 때문에 특히 의미가 있다.

149 Dinah Shelton, "The Promise of Regional Human Rights Systems," in Burns H. Weston and Stephen P. Marks eds. *The Future of International Human Rights* (Transnational 1999), 351~52면.

150 Donnelly, 앞의 글 628면(주128).

151 하나의 시스템은 새로운 요소들에 열린 시스템일 수도 있고 닫힌 시스템일 수도 있다. Hildebrand, 앞의 글 306면(주138) 참조.

152 Young, 앞의 글 2면(주112) 참조.

153 일반시스템 이론을 확립하기 위한 노력과 그 한계에 관한 보다 풍부한 논의로는 Alex Viskovatoff, "Foundations of Niklas Luhmann's Theory of Social Systems," 29 *Philosophy of the Social Sciene* Issue 4, 481 (1999) 참조.

154 상이한 시스템 접근법들의 예로는 주138 참조.

155 Wu and Wu, 앞의 글 11면(주138).

156 Chacko, 앞의 글 3면(주138).

157 같은 글 6면.

158 같은 곳.

159 Shelton, 앞의 글 351~52면(주149).

160 같은 곳.

161 인권시스템의 행위주체에 초점을 맞춘 연구들로는 다음을 들 수 있다. Foot, 앞의 책(주124); Anne F. Bayefsky, *How to Complain to the UN Human Rights*

Treaty System (Transnational Publishers 2002).

162 지리적 구성 차원에 초점을 맞춘 연구로는 A. Glenn Mower, *Regional Human Rights: A Comparative Study of the West European and Inter-American Systems* (Greenwood Press 1991) 참조.

163 내면적인 구조 차원에 초점을 둔 연구로는 Gennady M. Danilenko, "Implementation of International Law in Russia and Other CIS States," 10 *European Journal of International Law* 51 (1999) 참조.

164 이 책 3.4 참조.

165 이 책 3.6 참조.

166 이 책 4.4.2.1 참조.

167 이 책 4.4.2.2 참조.

168 이 책 4.5.2 참조.

169 이 책 4.5.3 참조.

170 이 책 4.4.1.2 참조.

171 이 책 4.4.1.1 참조.

172 이 책 5.2.3.1 참조.

173 이 책 5.2.3.2 참조.

174 한 시스템 아래에는 다수의 하위 시스템이 있을 수 있다. LoPucki, 앞의 글 497(주2) 참조.

175 이 책 4.2.1 참조.

176 이 책 4.2.2 참조

177 Conference on Security and Co-operation in Europe Final Act (1975). http://www.osce.org/documents/html/pdftohtml/4044.en.pdf.html (2011년 9월 15일 검색). 또한 이 책 4.2.1.2 참조.

178 Cerna, 앞의 글 197면(주72). 미주 시스템에 관한 논의로는 이 책 4.2.2 참조.

179 같은 책 197면.

180 이 책 3.6.2.1과 4.5.2 참조

181 이 책 3.6.2.2 과 4.5.3 참조.

182 인권의 규범적 측면들에 관한 분석틀로는 이 책 3.2 참조.

183 Universal Declaration of Human Rights, GA Res. 217A. Dec. 10, 1948, pmbl.,

UNGAOR, 3rd Sess., pt. 1, Res., at 71, UN Doc. A/810 (1948).

184 같은 글.

185 이런 접근법은 너무 법실증주의적이라고 보일지도 모른다. 그러나 여기서 강조하고자 하는 바는 법규범을 받아들이는 법적 과정보다는 오히려 규범적 가치의 발전과 가치 공유의 과정이 더 중요하다는 것이다. 왜냐하면 그것이 아시아적 인권규범의 특수성을 충분하게 고려할 수 있도록 해주기 때문이다. 국제법학파(the International Legal School)와 뉴헤이븐 학파(New Haven School) 간에 벌어진 논쟁에 관해서는 Koh, 앞의 글 2623면(주92) 참조.

186 여과과정에 대한 논의는 이 책 3.2 참조.

187 Abdullahi A. An-Na'im, "'Area Expressions' and the Universality of Human Rights," in David P. Forsythe and Patrice C. McMahon, *Human Rights and Diversity: Area Studies Revisited* (University of Nebraska Press 2003) 참조.

188 Louis Henkin et al., *Human Rights* (Foundation Press 1999), 7~8면. 루이스 헨킨은 인권이 "18세기 정립(thesis)과 19세기 반성립(anti-thesis)이 20세기에 들어와 이룩한 종합(synthesis)"이라고 서술한다.

189 Sen, 앞의 책 13면(주9); Abdullahi A. An-Na'im, Reconciliation in the New Millennium, in Amy Benson Brown and Karen Poremski, *Roads to Reconciliation: Conflict and Dialogue in the Twenty-first Century* (M. E. Sharpe 2005); William Theodore De Bary, *Asian Values and Human Rights: A Confucian Communitarian Perspective* (Harvard University Press 1998).

190 Joseph S. Nye, *Power in the Global Information Age* (Routledge 2004), 68면.

191 1999년 출간된 책에서 적시한 바와 같이(Henkin et al., 앞의 책 2면[주188]) 헨킨은 1978년에 출간된 그의 초기 책(Louis Henkin, *The Rights of Man Today*, Westview Press 1978)에 비해 제3세계의 역할을 좀더 의식하고 있다. 그는 서양 철학 전통보다 국제사회의 동의가 형성되는 과정을 좀더 강조하고 있다. Henkin et al., 앞의 책 7~9면(주188) 참조. 아마르티아 센(Amartya Sen) 역시 "정치적·개인적 자유와 권리에 관한 현대 사상은 최근에 이르러서야 현재와 같은 형태를 취하게 되었다"고 말하며 이런 입장을 뒷받침한다. Sen, 앞의 책 30면(주9) 참조.

192 여기서 '영토주권'이란 한 국가가 자신의 영토에서 그 국가의 시민들에 대한

통제를 행사하는 최상의 권위를 의미한다.

193 제2차 세계대전 이전까지, 몇몇 제한된 상황 — 예를 들어 해적과 노예 — 을 제외하면 주권에 대한 제약은 거의 발생하지 않았다. Donnelly, 앞의 책 4면 참조(주5); Forsythe, 앞의 책 21면(주106) 참조.

194 1945년 8월 8일 발효. http://avalon.law.yale.edu/imt/imtconst.asp (2011년 9월 15일 검색).

195 Convention on the Prevention and Punishment of the Crime of Genocide, 1951년 1월 12일 발효. 102 Stat. 3045, 78 UNTS 277.

196 1945년 10월 24일 발효.

197 Mary Ann Glendon, *A World Made New: Eleanor Roosevelt and the Universal Declaration of Human Rights* (Random House 2001) 참조. 또한 Theodore William De Bary, "Constructive Engagement with Asian Values," *Columbia East Asian Review* (Fall 1997)를 보라.

198 Glendon, 앞의 책 43면(주197).

199 같은 곳.

200 제1조에 나오는 '양심'(conscience)이라는 말이 그 예다. 같은 책 67면 참조. 또한 Melanne Andromecca Civic, "A Comparative Analysis of International and Chinese Human Rights Law-University versus Cultural Relativism," 2 *Buffalo Journal of International Law* 285 (1999), 293면을 보라.

201 Glendon, 앞의 책 224~25면(주197).

202 Sen, 앞의 책 30면(주9) 참조.

203 김대중은 인권과 민주주의의 아시아적 기원으로서 중국 학자인 맹자와 한국의 종교인 동학을 거론한다. 그는 "고대 중국의 철학인 민본정치, 또는 '백성에 기반을 둔 정치'는 '백성의 뜻이 하늘의 뜻'이라는 점과 '백성을 하늘 그 자체로 존중해야 한다'고 가르친다"는 점을 강조했다. Dae-Jung, Kim, "Is Culture Destiny? The Myth of Asia's Anti-Democratic Values," *Foreign Affairs* (Nov. Dec. 1994). 불교는 자비와 인과응보, 해탈, 열반과 같이 인간의 존엄성을 고취하는 개념들을 가지고 있다. 일반적으로 불교는 사적이고 개인적인 윤리를 강조하지만, 때때로 정치적 권위에 저항하기도 한다. 막스 베버(Max Weber)가 불교에 대해 갖고 있던 시각과는 달리, 불교는 아시아 사회에 중대한 인본주의적 영

향을 미쳤다. 힌두교 또한 인간의 존엄성을 베다스(Vedas), 즉 진리(Satya)와 영원한 질서(Rta)의 기초가 되는 기본적인 사유로 강조한다. 비록 샤리아(전통적인 이슬람 법)는 여성에 대한 차별로 악명이 높지만, 꾸란(the Holy Quran)과 예언자 마호메트(Mahomet)의 가르침 및 실천은 인간 존재를 존엄하게 다루어야 한다는 가르침을 담고 있다. 공자는 인의예지신(仁義禮智信)을 가르쳤고 맹자는 혁명할 권리를 옹호하였다. De Bary, 앞의 글 12~29면(주189) 참조. 또한 Emile Sahliyech, "The Status of Human Rights in the Middle East," in Forsythe and McMahon, 앞의 책 252~69면(주187) 참조.

204 Mark Freeman and Gibran Van Ert, *International Human Rights Law* (Irwin Law 2004), 25~26면.

205 Jack Donnelly, "Human Rights and Asian Values: A Defense of 'Western' Universalism," in Joanne R. Bauer and Daniel Bell eds., *The East Asian Challenge for Human Rights* (Cambridge University Press 1999), 66면.

206 같은 곳.

207 Alan Thomas Wood, *Asian Democracy in World History* (Routledge 2004), 2~3면.

208 여성 투표권은 미국에서 1920년에야 비준되었고, 아프리카계 미국인들은 1964년 시민적 권리법 이전에는 대부분 선거권을 부여받지 못했다. 영국에서는 1832년까지 인구의 5퍼센트만이 투표에 참여할 수 있었다. 1930, 40년대 독일과 이딸리아에서는 파시즘이 횡행했고, 전체주의적 공산주의는 냉전 기간 내내 동유럽 블록 전역에 퍼져 있었다. 같은 책 참조.

209 Sen, 앞의 책 30~31면(주9) 참조. 김대중이 말한 것처럼 "아시아는 서양 못지않게 심오한 민주적 철학을 가지고" 있으며, 인권의 진정한 장애물은 "아시아의 문화적 유산이 아니라, 권위주의적 지배자들과 그 옹호자들이 벌이는 저항이다." Dae-Jung, Kim, 앞의 글(주203).

210 Henkin et al., 앞의 책 120면(주188).

211 같은 책 236~38면.

212 Thomas Buergenthal, "International Human Rights in an Historical Perspective," in Janusz Symonides ed., *Human Rights: Concepts and Standards* (Ashgate 2000), 3면.

213 Hahm, Pyong-choon, *Korean Jurisprudence, Politics, and Culture* (Yonsei University Press 1986), 125면 참조. 한국은 근대화 과정에서 권리 개념을 수용했다. 1899년 대한제국 헌법인 대한국제와 1919년 상하이 임시정부의 10개조 임시헌장은 이미 핵심적인 가치로서 시민적·정치적 권리를 수용했다. 1922년 일본 수평사(水平社) 선언, 1899년 필리핀의 마롤로스 헌법(the Malolos Constitution), 1945년 인도네시아 헌법 등의 초안자들은 대부분 서구에서 교육을 받은 엘리트들이었는데, 그들은 서구 철학이 그들 자신의 토착적 관념을 보완한다는 점을 발견했다. 그들은 그런 철학들을 자기 국가의 맥락에 맞추어 수정했고 그것을 헌법 등의 문서에 삽입했다. Nandini Mascarenhas, "The Synthesis of Western and Eastern Thought in Asian Declarations and Constitutions Preceding the 1948 UDHR," 17 *Fows* (Sept, 1999) 참조. 서구로부터의 도전에 대한 중국의 반응 또한 국가를 개혁하는 것이었다. 캉 유웨이(康有爲)와 량 치차오(梁啓超), 그리고 이후 대만의 창시자인 쑨 원(孫文) 등은 중국의 이념과 사회를 개혁하려고 시도했고, 공통적으로 시민적 혁명을 지지했다. H. Y. Chen, "Civil Liberties in China: Some Preliminary Observations," in Raymond Wacks ed., *Civil Liberties in Hong Kong* (Oxford University Press 1988), 109~10면 참조. 또한 David Curtis Wright, *The History of China* (Greenwood Press 2001), 120면을 보라.

214 Andre Schmid, *Korea between Empires, 1895-1919* (Columbia University Press 2002), 13면 참조.

215 최종고, 「한국에서의 서양법의 수용과 변용」, 『법학』 33권 2호 (1992) 참조. 또한 Michael D. Barr, *Cultural Politics and Asian Values: The Tepid War* (Routledge 2002), 168면을 보라. 영어를 아시아의 언어로 번역하는 과정을 보면 융합이 어떻게 일어나는가를 부분적으로나마 살펴볼 수 있다. 국제적인 법적 개념들이 처음 중국어로 번역되던 1860년대에 'rights'라는 말은 '權利, 즉 권력과 이익'이라는 한자어로 번역되었다. 'rights'에 담겨 있던 '옳은 것'이라는 의미에서의 도덕이라는 요소와 그 용어가 갖고 있는 법률적 개념으로서의 함의를 분명하게 담아내지 못했던 것이다. 그 대신 이러한 번역을 통해서 아시아 지식인들은 서구의 법적 개념을 자국 내에서 통용되는 토착적인 개념으로 변환시켰다. 마찬가지로 'human rights'라는 말은 '人權, 즉 인간 존재의 힘'이라는 말로 번역되었는데 이 또한 완전하거나 정확한 번역이라고 말하기 어렵다. 그러나 이러한 번역

은 당시 중국, 일본, 한국의 지식인들이 인권 개념을 어떻게 이해하고 있었는가를 분명하게 보여준다. 인권은 인본주의와 인간존엄성이라는 토착적 개념과 결합되었고, 아시아 국가들에 내재한 인간존엄을 중시하는 전통을 기반으로 서구 사회로부터 도래한 인권 개념이 토착화되었던 것이다. Stephen C. Angle, *Human Rights and Chinese Thought: A Cross-cultural Inquiry* (Cambridge University Press 2002), 107~10면 참조.

216 아시아는 민주주의, 민족자결, 근대화, 경제발전 등을 특별히 강조한다. 봉건적 폭정과 권위주의 정권에 대항한 투쟁은 민주적 열망을 불러일으켰다. 제국주의와의 투쟁에서 민주주의 및 민족자결주의는 대단히 중요한 가치로 부상했다. 빈곤에 시달리던 사회환경 때문에 이 지역에서는 다른 어떤 사안들보다도 경제발전과 근대화가 우선시되었다. 마찬가지로 사회주의적 접근 역시 근대화의 수단으로 폭넓은 대중의 지지를 받았다. 아시아인들의 인권에 대한 관념은 그들 자신의 역사적 경험에 큰 영향을 받았다고 할 수 있다.

217 정부 입장과 NGO들의 입장의 차이는 1993년 빈 세계인권회의를 준비하는 과정에서도 극명하게 드러났다.

218 이 점에서, 일국 내 NGO의 보편적인 전략들 중의 하나는 법의 지배를 보장하라고 정부에 요구하는 것이다. 예를 들어 한국에서의 1970년대 민주화운동 기간 동안 노동운동이 제기한 중요한 요구사항들 중의 하나는 정부가 근로기준법을 준수해야 한다는 것이었다. 그들은 또한 그들의 헌법적 권리를 보장하라고 요구했다. 그러나 그러한 법은 제대로 준수되지 않았고, 반대로 정부는 권위주의 정권이 시민사회를 억압하는 것을 정당화하기 위해 법을 부당하게 사용했다.

219 Fiona Fox, "Conditioning the Right to Humanitarian Aid?" in David Chandler ed., *Rethinking Human Rights: Critical Approaches to International Politics* (Palgrave Macmillan 2002), 20면 참조.

제3장

1 이 책 3.5.1 참조.

2 이 책 3.3 참조

3 이 책 3.4 참조.

4 Weisburd, A. M. Weisburd, "Implications of International Relations Theory for

the International Law of Human Rights," 38 *Columbus Journal of Transnational Law* 45 (1999), 46~47면.

5 Simon Halliday and Patrick D. Schmidt, *Human Rights Brought Home: Socio-Legal Perspectives on Human Rights in the National Context* (Hart Pub 2004), 10면.

6 프리덤 하우스의 자유지수에 따르면, 이 가운데 일본, 한국, 인도, 인도네시아는 자유로운 국가로, 태국과 파키스탄은 권위주의 정권에서 민주 정권으로의 이행기에 있는 국가로, 중국은 비자유적인 국가로 분류된다.

7 인권의 정의에 대해서는 이 책 2.4 참조.

8 Jack Donnelly, *International Human Rights* (Westview Press 1998), 32~33면 참조.

9 Eva Brems, *Human Rights: Universality and Diversity* (Martinus Nijhoff 2001), 3~5면 참조.

10 같은 책 23면.

11 김대중, 압둘라히 안나임(Abdullahi A. An-Na'im), 윌리엄 테오도르 드 베리 (William Theodore De Bary), 뚜 웨이밍(杜維明) 및 다른 많은 학자들은 아시아의 종교 및 여타의 전통적 가르침에 기반을 둔 고대의 형태들로부터 아시아의 인권을 개념화하려고 시도했다.

12 Jack Donnelly, "Human Rights and Asian Values: A Defense of 'Western' Universalism," in Joanne R. Bauer and Daniel Bell eds., *The East Asian Challenge for Human Rights* (Cambridge University Press 1999), 66면 참조. 아시아에는 인권을 존중하는 토착적인 문화적 전통이 있었다. 그러나 이 점이 한 국가가 현대 인권규범에 순응하는 것을 보장하는 것은 아니다.

13 Christina M. Cerna, "East Asian Approaches to Human Rights," 2 *Buffalo Journal of International Law* 201 (1995), 210면 참조.

14 같은 곳 참조.

15 Mary Ann Glendon, *A World Made New: Eleanor Roosevelt and the Universal Declaration of Human Rights* (Random House 2001) 참조. 또한 Theodore William De Bary, "Constructive Engagement with Asian Values," *Columbia East Asian Review* (Fall 1997); J. J. Clarke, *Oriental Enlightenment: The Encounter between Asian and Western Thought* (Routledge 1997) 참조.

16 Onuma Yasuaki, "Toward an Intercivilizational Approach to Human Rights," in Bauer and Bell eds., 앞의 책(주12) 참조.

17 Brems, 앞의 책 295면(주9) 참조.

18 Joseph Chan, "Thick and Thin Accounts of Human Rights: Lessons from the Asian Values Debate," in Michael Jacobsen and Ole Bruun eds., *Human Rights and Asian Values: Contesting National Identities and Cultural Representations in Asia* (Curzon 2000) 참조.

19 Donnelly, 앞의 글(주12) 참조.

20 Pitman Potter, "Legal Reform in China: Institutions, Culture, and Selective Adaptation," 29 *Law & Social Inquiry* 465 (2004) 참조.

21 유럽사법재판소(ECJ)는 유럽 사회의 특수성을 위한 여지를 남겨두기 위하여 판단여지 독트린(the margin of appreciation doctrine)을 고려해왔다.

22 인권 접근법에 관한 다른 형태의 비판들도 있다. 여기에는 맑스주의와 새롭게 독립한 제3세계 정권들이 제기한 비판이 포함되어 있다. 맑스주의는 인권을 '부르주아의 권리'라고 비판했고, 새롭게 독립한 제3세계 정권들은 인권이 경제적·사회적 권리를 댓가로 시민적·정치적 권리를 강조한다는 점에서 너무 유럽 중심적이라고 비판했다. 그러나 이런 비판들도 인권규범의 지속적인 발전을 막지 못했다. Micheline R. Ishay, *The History of Human Rights: From Ancient Times to the Globalization Era* (University of California Press 2004) 참조.

23 Michael D. Barr, *Lee Kuan Yew: The Beliefs Behind the Man* (Georgetown University Press 2000).

24 같은 책 3면.

25 Fareed Zakaria, "Culture is Destiny: A Conversation with Lee Kuan Yew," *Foreign Affairs* (March/April 1994).

26 같은 글.

27 같은 글.

28 같은 글.

29 같은 글.

30 아시아적 가치가, 근대적이고 민주적인 아시아의 맥락에서 자신의 민족적·문화적 정체성을 찾고자 하는 일부 정부에 반하는 것만은 아니다. 많은 자유주의

적 지식인들은 정치적·경제적 진보를 희생시키지 않고도 전통적인 뿌리를 유지하기 위한 방식을 발견하는 것이 가능하며 심지어는 매우 중요하다는 점을 믿으면서 그 비전을 공유해왔다. 식민지 시기 동안 많은 아시아 국가들은 무엇보다도 자결의 목적에 높은 가치를 부여했다. 아시아 국가들이 권위주의적 지배를 경험할 때, 야당 지도자들과 NGO들은 민주주의를 위해 투쟁했다. 아시아인들이 계속해서 희망해왔던 것은 그들 자신의 독립적이고 민주적인 정부를 수립한다는 관념이었다. 아시아 사회는 이 지역 내에서 자신의 정체성을 강화하기 위해 자신의 문화적 특성을 보존하는 방법을 발견할 필요가 있다.

31 Dae-Jung, Kim, "Is Culture Destiny? The Myth of Asia's Anti-Democratic Values," *Foreign Affairs* (Nov. Dec. 1994).

32 Aung San Suu Kyi, "Freedom, Development, and Human Worth," 6 *Journal of Democracy* No. 2, 11 (1995).

33 유엔인권위원회의 중국 대표였던 장 평춘은 1848년 세계인권선언의 초안을 마련하는데 공헌했다. Glendon, 앞의 책(주15) 참조. 또한 이 책 2.4.1 참조. 그러나 그의 역할은 제한되어 있었고, 아시아 국가들의 대표로서 간주되지도 않았다. 1993년 빈 세계인권회의를 준비하는 회의에서 아시아 국가들은 빈 선언과는 다른 지역 차원의 정부간 공식 성명에 동의했다. 그러나 아시아 정부와 NGO들이 선언의 문구를 협상하는 동안에도 그들의 목소리는 그들이 원했던 것만큼 심각하게 취급되지 않았다.

34 Randall P. Peerenboom, "Beyond Universalism and Relativism: The Evolving Debates about 'Values in Asia'," *UCLA Research Paper Series* No. 02-23 (2002). 피렌붐에 따르면 "아시아적 가치 논쟁의 2차전"은 추상적인 이론적 논의에서 좀더 구체적인 상황으로 이동하고 있다.

35 Stephen C. Angle, *Human Rights and Chinese Thought: A Cross-cultural Inquiry* (Cambridge University Press 2002), 101~10면. 앵글에 따르면, 상이한 정체성이 서로 조우할 때, 거기에는 인식할 수 있는 세가지 태도가 있다. 바로 회피, 억제, 또는 관여다.

36 Alan Watson, "Legal Transplants and European Private Law," vol. 4.4 *Electronic Journal of Comparative Law* (2000).

37 같은 글 2면. 또한 Prakash Shah, "Globalization and the Challenge of Asian

Legal Transplants in Europe," 4 *Singapore Journal of Legal Studies* 348 (2005), 348~49면 참조.

38 Shin, Gi-Wook and Michael Robinson eds., *Colonial Modernity in Korea* (Harvard University Asia Center 2001), 10면.

39 최종고, 「한국에서의 서양법의 수용과 변용」, 『법학』 33권 2호 (1992), 129~31면. 아시아의 지식인들은 근대화 시기에 서양 사상 배우기에 열을 올렸다.

40 Hahm, Pyong-choon, *Korean Jurisprudence, Politics, and Culture* (Yonsei University Press 1986), 125면.

41 Andrew P. Cortell and James W. Davis Jr., "Understanding the Domestic Impact of International Norms: A Research Agenda," 2 *International Studies Quarterly* 65 (2000).

42 같은 글 72~84면.

43 Hahm, 같은 책 126~30면(주40) 참조. 일제강점기에 일본이 강요한 창씨개명, 단발령, 일본어 교육 등이 격렬한 저항을 불러왔던 사실이 그 예라 할 것이다.

44 정부 장학금을 받은 중국, 일본, 한국의 많은 학자들이 유럽과 미주로 파견되어 발전된 서구 문명에 관한 모든 것을 배우고자 했다. 외국인들은 정부의 고문으로 중용되었고, 법학서를 포함한 많은 서구의 책들이 아시아 언어로 번역되었다. 그리고 19세기 후반 아시아인 필자들이 저술한 서구의 법체계와 규범적인 개념을 소개하는 책들이 많이 출간되었다.

45 하나의 좋은 예는 1945년 일본의 식민지배가 끝나자 그것이 부과했던 일본의 법체계가 폐지된 데에서 발견할 수 있다. Hahm, 같은 책 144면(주40).

46 이 과정은 1960년대부터 20세기 말까지 한국에서의 법 의식에 관한 설문조사에 반영되어 있다. Shin, Kwang Shik and Chang, Seung Wha, "The Role of Law and Legal Institutions in Asian Economic Development: The Case of Korea," *Development Discussion Paper* No. 661 (The Harvard Institute for International Development, 1998), 42~46면 참조.

47 Park, Byung Ho, "Traditional Korean Society and Law," in 송상현, *Korean Law in the Global Economy* (박영사 1996), 1~20면 참조.

48 인권체제에 참여하는 아시아 국가들이 지난 수십년간 크게 증가했으며, 인권은 특히 1980년대 민주주의의 제3의 물결 이래 중요한 내적 가치가 되었다. 심

지어 중국도 2004년 새롭게 개정된 헌법에 인권이라는 표현을 포함시켰다.

49 William Theodore De Bary, *East Asian Civilizations: A Dialogue in Five Stages* (Harvard University Press 1988), 96면 참조.

50 그들은 중국의 틀 내에서 서구의 실천을 적용하려 시도했고(중체서용, 中體西用), 동양의 원칙들을 유지하면서 서양의 기술을 수용하고자 했다(동도서기, 東道西器). 나아가, 중국의 지식인들은 법과 체계를 변화시켜 국가를 강화하려는 운동을 전개했고(변법자강, 變法自彊), 서구 문명을 배우자는 운동을 시작했다(양무운동, 洋務運動).

51 Albert H. Y. Chen, "Civil Liberties in China: Some Preliminary Observations," in Raymond Wacks ed., *Civil Liberties in Hong Kong* (Oxford University Press 1988), 109~10면을 참조. 또한 David Curtis Wright, *The History of China* (Greenwood Press 2001), 120~22면 참조.

52 Write, 같은 책 128~30면(주51) 참조.

53 Mao, Zedong, *Collected Writings of Chairman Mao, Vol. III: On Policy, Practice and Contradiction* ed. Shawn Conners (El Paso Norte Press 2009).

54 같은 책.

55 De Bary, 같은 책 98~102면(주49) 참조.

56 같은 책 79면 참조. 5개조 서문(五箇条の御誓文, 1868년)과 메이지 헌법 (1889년)은 어떻게 일본이 급속하게 서구화를 향하여 움직였는가를 보여주는 좋은 예들이다. 5개조 서문의 제4조는 "제국 지배의 토대를 강화하기 위하여 전 세계에서 지식을 찾아야 할 것"이라고 규정하고 있다.

57 Norio Tamaki, *Yukichi Fukuzawa, 1835-1901: The Spirit of Enterprise in Modern Japan* (Palgrave Macmillan 2001) 참조.

58 Shin and Robinson, 앞의 책 367면(주38).

59 오영섭, 「개항 후 만국공법 인식의 추이」, 『동방학지』 124 (2004), 492면.

60 최종고, 앞의 글 130면(주39). 또한 Hahm, 앞의 책 124면(주40) 참조.

61 Choi, Chongko, "Traditional Legal Thoughts in Korea," 3 *Journal of Korean Law* No. 1, 75 (2003), 95~96면.

62 조선에 관한 논의로는 Martina Deuchler, *The Confucian Transformation of Korea: A Study of Society and Ideology* (Harvard University Asia Center 1992) 참조.

63 Hahm, 앞의 책 124면(주40) 참조.

64 Andre Schmid, *Korea between Empires, 1895-1919* (Columbia University Press 2002), 36~54면 참조. 또한 정용화, 「개화기의 '인민의 권리' 개념 수용」, 한국 인권재단 엮음, 『일상의 억압과 소수자의 인권』(사람생각 2000) 참조.

65 Theodore Friend, *Indonesian Destinies* (Belknap Press of Harvard University Press 2003), 8~12면 참조.

66 John Gillespie, "Evolving Concepts of Human Rights in Vietnam," in Randal P. Peerenboom et al. eds., *Human Rights in Asia: A Comparative Legal Study of Twelve Asian Jurisdictions, France, and the USA* (Routledge 2006), 452면.

67 Raul C. Pangalangan, "The Philippines, The Persistence of Rights Discourse vis-à-vis Substantive Social Claims," in Peerenboom et al., 앞의 책 346면(주66).

68 Lucian W. Pye and Mary W. Pye, *Asian Power and Politics: The Cultural Dimensions of Authority* (Belknap Press of Harvard University Press 1985), 97면 참조.

69 같은 책 108면.

70 Hahm, 앞의 책 125면(주40); Chen, 앞의 글 109~10면(주51) 참조. 또한 Wright, 앞의 책 120면(주51)을 보라. 아시아 국가의 지도자들은 심지어 정권이 그들이 서약한 바를 지킬 수 없을지라도 대내외적으로 민주주의와 인권의 가치를 존중하겠다고 약속했다. 그러나 많은 아시아 국가들이 그것의 완전한 실제 의미를 헌법 조항들에 부여하고 헌법의 원문대로 시행하는 데는 오랜 시간이 걸렸다.

71 인도네시아의 예로는 Pye and Pye, 앞의 책 112~13면(주68) 참조.

72 최종고, 『한국 법사상사』(서울대학교출판부 1989), 19~23면.

73 Angle, 앞의 책 104~10면(주35). 앞서 2장에서 언급했듯이, 아시아 국가들에 소개된 '권리'라는 법적 용어는 중국과 일본, 한국에서 '권력과 이해관계'로 번역되었다. 일본어로는 한때 '通義, 즉 정의를 향한 돌파구'로 번역되기도 했다. '법'은 중국어로 '처벌상의 평등'으로 번역되었다. 형법의 고대 중국어는 문자 그대로 '죽형(竹刑)'이나 '삼족(三族)'으로 번역되는데 왜냐하면 형법은 세 발 정도 넓이의 대나무 판자에 써졌기 때문이다. 인권의 번역 용어는 '인간 존재의 권력'이다. 정확하게 일치하는 단어로 그 용어들을 번역하는 것은 불가능하다.

74 Watson, 앞의 글 1~4면(주36).

75 Alison Brysk, *Human Rights and Private Wrongs: Constructing Global Civil Society* (Routledge 2005), 6면 참조.

76 Yu, Haocheng, "On Human Rights and Their Guarantee by Law," in Davis, Michael C. ed., *Human Rights and Chinese Values: Legal, Philosophical, and Political Perspectives* (Oxford University Press 1995), 93면.

77 실제로 서구 국가들은 그들이 인권을 취급했던 방식에 대한 비판으로부터 자유롭지 않다. 일반적으로 서구 사회들은 경제적·사회적 권리들을 그다지 존중하지 않았는데, 이는 냉전 시기 동안 그런 권리들이 사회주의와 연관되어 있었기 때문이다. 그러나 이 상황은 지구화가 가속화됨에 따라 점차 변하고 있으며, 그런 권리들과 연관된 인권규범도 진화해왔다. 인권담론에 대한 사회주의의 영향력에 관해서는 Ishay, 앞의 책(주22) 참조.

78 Potter, 앞의 글(주20) 참조.

79 이 책은 여과된 보편성을 지역적 맥락과 결합된 보편적인 규범적 기준들을 충족시키는 규범적 발전의 상황으로 정의한다.

80 Chan, 앞의 글 61면(주18) .

81 같은 글 61~63면.

82 Mark Freeman and Gibran Van Ert, *International Human Rights Law* (Irwin Law 2004), 38면.

83 European Convention for the Protection of Human Rights and Fundamental Freedom. 유럽인권협약은 1950년 11월 4일 체결되어 1953년 9월 3일 발효되었다.

84 Handyside v. United Kingdom, 24 ECHR (ser. A) (1976).

85 Protocol No. 1 to the European Convention for the Protection of Human Rights and Fundamental Freedoms, 1951년 3월 20일 채택(1954년 5월 18일 발효), ETS 9.

86 UK Obscene Publications Act 1959, 7&8 Eliz. 2 c. 66 (Eng.).

87 Handyside v. United Kingdom, 24 ECHR (ser. A) (1976) para 43.

88 같은 글 para. 48.

89 같은 곳.

90 같은 글 para. 49.

91 R. St. J. Macdonald, "The margin of appreciation" (1993) in Louis Henkin et al., *Human Rights* (Foundation Press 1999), 564~65면.

92 Paolo G. Carozza, "Subsidiarity as A Structural Principle of International Human Rights Law," 97 *American Journal of International Law* 38 (2003), 38~40면을 참조.

93 같은 글 38면.

94 Carozza, "Uses and Misuses of Comparative Law in International Human Rights: Some Reflections on the Jurisprudence of the European Court of Human Rights," 73 *Notre Dame Law Review* 1217 (1998), 1226면.

95 Brems, 위의 책 295면(주9).

96 같은 책 295면.

97 같은 책 314면.

98 같은 곳.

99 국제사법재판소 규정은 1945년 6월 26일 채택되어 10월 24일 발효되었다. 59 Stat. 1055, TS No. 993, 3 Bevans 1179.

100 Adamantia Pollis and Peter Schwab eds., *Human Rights: New Perspectives, New Realities* (Lynne Rienner Publishers 2000), 199면.

101 러시아와 독립국가연합(CIS)의 사례에 대해서는 Danilenko, Gennady M., "Implementation of International Law in Russia and Other CIS States," 10 *European Journal of International Law* 51 (1999).

102 Laurence R. Helfer and Anne-Marie Slaughter, "Toward a Theory of Effective Supranational Adjudication," 107 *The Yale Law Journal* 273 (1997), 306면.

103 같은 곳.

104 모든 체계가 이 분류에 적합한 것은 아니다. 예를 들어, 미국은 이원론이나 일원론 그 어느 쪽으로도 분류되지 않는다. Tshosa, Onkemetse, *National Law and International Human Rights Law: Cases of Botswana, Namibia and Zimbabwe* (Ashgate 2001).

105 미국 헌법 제6조 2항.

106 Foster v. Nelson. 27 US 253, 314 (1829). 자동 발효될 수 있는 조약과 자동 발효될 수 없는 조약 간의 구분이 어떻게 발전했는가를 이해하기 위해서는 Roger

S. Clark, "How International Law Affects Domestic Law," in Adamantia Pollis and Peter Schwab eds., *Human Rights: New Perspectives, New Realities* (Lynne Rienner Publishers 2000) 참조.

107 미국대외관계법 부가설명문(Restatement (Third) of Foreign Relations Law of the United States, 1987) para. 111(4). 자동 발효되지 않는 조약들은 (a) 그런 조약들이 입법 행위를 통한 법률 제정 없이는 국내법으로 효력을 발휘할 수 없다는 점을 분명하게 명시한 협정들, (b) 상원이나 하원이 입법 행위를 통해 동의해야 하는 협정들, (c) 헌법이 입법 행위를 거치도록 요구하는 협정들이다.

108 Clark, 앞의 글(주106).

109 변형은 일반적인 변형과 특별한 변형으로 구분할 수 있다. 일반적인 변형은 헌법의 조항에 의해 비준된 조약의 자동적인 통합을 의미하는데, 이는 국내의 법적 집행을 보장하기 위하여 비준 이상의 입법 행위를 필요로 하지 않는다. 반면에, 특별한 변형은 조약이 국내에서 효력을 발휘하기 위해서 법률의 제정이 필요하다.

110 일본 헌법 제98조 2항: "일본국이 체결한 조약 및 확립된 국제법규는 이를 성실히 준수함을 필요로 한다."

111 한국 헌법 제6조 1항: "헌법에 의하여 적절한 절차에 따라 체결, 공표된 조약과 일반적으로 승인된 국제법규는 국내법과 같은 효력을 지닌다."

112 캄보디아 헌법 제31조: "캄보디아는 유엔헌장과 세계인권선언, 인권과 관련된 규약과 협약, 여성과 아동의 권리에 규정된 인권을 인정하고 존중할 것이다. 캄보디아는 이 조항이 국내법에 비해 인권협약들을 우선시하는 것으로 해석되어야 한다는 점을 확고히 한다." Initial Reports of States Parties Due in 1993 참조. Cambodia, CCPR/C/81/Add.12., Sept. 23, 1998, para. 46.

113 Zhaojie Li, "The Role of Domestic Courts in the Adjudication of International Human Rights: A Survey of the Practice and Problems in China," in Benedetto Conforti et al. eds. *Enforcing International Human Rights in Domestic Courts* (Martinus Nijhoff 1997), 340면.

114 Core Document Forming Part of the Reports of States Parties, HRI/CORE/1/Add.21/Rev.2 June 11, 2001, para 51.

115 Jian Fu, Report on Research in China: China and the WTO—an Australian

Perspective, November 1999 at 5.

116 Shigenori Matsui, "The Protection of 'Fundamental Human Rights' in Japan,"
in Peerenboom et al. eds., 앞의 책 128면(주66).

117 Halliday and Schmidt, 앞의 책 9면(주5). 영국의 경우, 1988년 인권법(the
Human Rights Act)을 수용함으로써 국내의 법적 절차에서 유럽인권협약을 적
용할 수 있게 되었다. 이 법에 따라 영국의 국내 법원들은 국제 인권 법률 문서
를 판결에 적용한다. 국제 인권을 일상적인 국내법에 통합하는 것에 반대하는
주장들도 있었는데, 이런 주장들은 국제인권법을 국내에 적용하는 것이 인권법
의 권위를 약화시킬 수도 있다는 우려를 표명했다.

118 Sara Rowan, "International Human Rights Conventions and the Domestic
Law: Recent Trends in New Zealand and Australia," *ALSA Academic Journal*
(1996) 참조. 호주와 뉴질랜드의 경우 법규정의 해석에 있어서 국내법이 모호할
때는 그 내용이 국제조약과 일치하도록 해석을 해야 한다. 법원은 조약이 법에
나타난 정책을 다룰 경우 조약을 국내법 해석의 보조물로 활용한다. 국제인권조
약이 국내법으로 포괄되기 전에도 법률적 효과를 더 인정하는 경향을 보이고 있
다. 같은 글 참조.

119 인도네시아 헌법 제1조 2항.

120 말레이시아 헌법 제76조 1항 a.

121 인도 헌법 제253조.

122 파키스탄 헌법 제70조 4항; Fourth Schedule, Legislative List Part 1 Section 3.

123 부탄 헌법 제10조 24장.

124 브루나이 헌법 제45조.

125 Consideration of Reports Submitted by States Parties under Article 40 of The
Covenant, CCPR/C/VNM/2001/2 May 14, 2001, paras. 9–18.

126 앞의 주83 참조.

127 Joan Fitzpatrick, "The Role of Domestic Courts in Enforcing International
Human Rights Law," in Hurst Hannum ed., *Guide to International Human Rights
Practice* (Transnational Publishers 1999), 251면.

128 같은 곳.

129 동티모르 헌법 제9장 3절.

130 Initial Reports of States Parties Due in 1993: Cambodia, CCPR/C/81/ Add.12., Sep. 23, 1998, para. 46: "국제 인권 협약이나 규약의 조항에 반하는 국내법의 어떤 조항도 적용될 수 없을 것이다" 참조.

131 Core Document Forming Part of The Reports of State Parties: Japan, HRI/ CORE/1/Add. 111, Dec. 11, 2000, para. 69.

132 같은 글 para. 70: "조약의 조항을 직접 적용할 것인지 그러지 않을지는 각각의 특정한 상황에 따라 판단되어야 하고, 관련된 조항들의 목적, 의미, 자구 표현 등을 참작해야 한다."

133 The Fourth State Party Report: Japan section 11,01/10/97CCPR/C/115/ Add.3, para. 10.

134 Matsui, 앞의 글 128면(주116).

135 Yuji Iwasawa, "International Human Rights Adjudication," in Conforti et al. eds., 앞의 책 223면(주113).

136 Yamamoto, Soji, 박배근 옮김, 『국제법』(Suseong Press 1999), 134면 참조.

137 Iwasawa, 앞의 글 223면(주135).

138 Core Document Forming Part of the Reports of States Parties, 같은 글(주114).

139 같은 글 para. 52.

140 Li, 앞의 글 339~40면(주113).

141 국제법을 존중한다는 점을 보여주는 유일한 조항은 제26조 15항인데, 이는 "네팔의 외교 정책은 유엔헌장, 비동맹, 판츠실(Panchscheel), 국제법, 세계 평화의 가치 등의 원칙들에 근거를 둘 것"이라고 규정하고 있다.

142 네팔 조약법 제9조 1항. http://www.unhcr.org/refworld/docid/3ae6b51724. html (2011년 9월 15일 검색).

143 스리랑카 헌법 제157조.

144 스리랑카 헌법 제157조.

145 스리랑카 헌법 제27조 15항.

146 Core Document Forming part of the Reports of States Parties: Sri Lanka, HRI/Core/1/Add.48, Nov. 8.

147 2006년 9월 15일에 스리랑카 대법원은 자유권규약(ICCPR)의 제1선택의정서를 비준하기 위한 대통령의 행위가 헌법에 반하는 것이라고 판결했다. Singa-

rasa v. Attorney General, SCSpl (LA) No. 182/99 (September 2006) 참조.

148 몽골 헌법 제10조 4항: "몽골은 헌법과 양립할 수 없는 국제조약이나 여타의 법률 문서를 따르지 않을 수 있다" 참조.

149 몽골 헌법 제10조.

150 몽골 헌법 제16조 14항.

151 이 보고서의 제출 시한은 1992년까지였다. CRC/C/3//add.32, Feb. 3. 1995, para. 24.

152 Interpretation No. 329. Council of Grand Justices, in 2002 Human Rights Policy White Paper of the Republic of China (Taiwan) (2002).

153 대한민국 헌법 제6조.

154 정경수, 「국제인권법의 국내 적용에 관한 비판적 분석: 한국의 국가관행을 대상으로」, 『헌법학연구』 8권 4호 (2002).

155 이 책 3.3.3.1 참조.

156 예를 들어, 일본에서 자동 발효되지 않는 조약들은 국내법률에 비해 상위에 있는 것으로 간주되지 않는다. 덧붙여, 만일 조약이 국내법과 동일한 수준에 위치해 있는 국가에서 제정된 새 법률이나 특별법이 있다면, 조약들은 국내법률들로 대체될 것이다.

157 방글라데시 헌법 제25조.

158 The Redress Trust, *Torture in Bangladesh 1971-2004: Making International Commitments a Reality and Providing Justice and Reparations to Victims* (2004), 17면, http://www.univie.ac.at/bimtor/dateien/bangladesh_redress_2004_report_tortureinbangladesh.pdf (2017년 1월 2일 검색).

159 같은 곳.

160 대법원 상고 심리부는 후세인 무하마드 엘샤드 대(對) 방글라데시 사례에서 다음과 같이 판결했다. "법원은 한 국가가 동의한 국제적 의무를 바로 무시해서는 안된다. 만일 국내법이 분명하지 않거나 존재하지 않는다면, 법원은 국제적 수단들에 통합되어 있는 원리들을 이용해야 한다. 그러나 국내법이 분명하고 관련된 국제적 의무와 상충하는 경우, 법원은 국내법을 존중해야만 할 것이다. 그러나 그런 상충은 입법가들의 관심을 끌게 될 것이다." Hussain Mohammad Ershad v. Bangladesh & other, 21 BLD(AD) 2001-69, para. 2 참조. 또한 Lang-

ford, Malcolm, *Social Rights Jurisprudence: Emerging Trends in International and Comparative Law* (Cambridge University Press 2008), 127면을 참조.

161 The Redress Trust, 앞의 책 17~18면(주158).

162 인도네시아 헌법 제11조 (2)항: "대통령이 국민의 삶에 포괄적이고 근본적인 영향을 미치는 국제적 합의를 하거나 법의 수정이나 제정을 요구하는 국제적 합의를 하는 경우, 대통령은 의회(DPR)의 승인을 얻어야 한다."

163 Indonesia, The Second Amendment to the 1945 Constitution, 2000, Article 28A-28J.

164 Vienna Convention on the Law of Treaties, opened for signature May 23, 1969, Articles 20-23, 1155 UNTS 331 참조.

165 국제사법재판소 규정 제38조 (1)항 참조.

166 Hugh M. Kindred et al., *International Law Chiefly as Interpreted and Applied in Canada* (Emond Montgomery Publications 2006), 186~88면 참조.

167 같은 책 86~88면.

168 대한민국 헌법 제6조 (1)항.

169 Langford, 앞의 책 127면(주160).

170 때때로 유보는 조약의 중요 조항들을 무효화할 수 있다. 이 책 3.4.2 참조.

171 Laurence R. Helfer, "Overlegalizing Human Rights: International Relations Theory and the Commonwealth Caribbean Backlash against Human Rights Regimes," 102 *Columbus Law Review* 1832 (2002), 1834면 참조. 그러나 조약 비준의 실제 효과는 국가마다 상이할 수 있다. Kenneth W. Abbott, "International Relations Theory, International Law, and the Regime Governing Atrocities in Internal Conflicts," 93 *American Journal of International Law* 361 (1999), 373면 참조.

172 스리랑카(1980)와 북한(1981)이 그 뒤를 따랐다.

173 세계인권선언은 유엔 회원국들에 의해 1948년 찬성 48, 반대 0, 기권 8로 채택되었다. 기권한 사우디아라비아를 제외한 모든 아시아 회원국이 세계인권선언에 찬성했다. Mary Ann Glendon, *A World Made New: Eleanor Roosevelt and the Universal Declaration of Human Rights* (Random House 2001) 참조.

174 The International Convention on the Elimination of All Forms of Racial Dis-

crimination, Jan. 7, 1966, 660 UNTS 195 (1969년 1월 4일 발효).

175 Convention against Torture and Other Cruel, Inhuman or Degrading Treatment or Punishment, UN Doc. A/39/51 (1984).

176 아시아 국가들이 다른 지역에 있는 국가들에 비해 인권조약을 적게 비준했다는 것을 보여주는 데이터로는 Anne F. Bayefsky, *The UN Human Rights Treaty System: Universality at the Crossroads* (Transnational Publishers 2001), 6, 554~68면 참조.

177 C. H. Heyns and Frans Viljoen, *The Impact of the United Nations Human Rights Treaties on the Domestic Level* (Kluwer Law International 2002), 11면 참조.

178 제5조에서 7조까지, 그리고 10조 (2)항과 (3)항, 15조 (1)항, 19조, 20조, 27조, 47조에 대해서는 보류했고 2조 (1)항, 4조 (1)항, 7조, 9조 (5)항, 14조 (3)항과 (6)항, 26조에 대해서는 합의했다.

179 유엔인권이사회와 여타의 인권기구에서는 중국, 일본, 한국과 대부분의 동남아시아 국가들의 인권문제가 거론되어왔다. 중국은 자국의 인권문제를 안건으로 상정하려는 시도를 종종 좌절시켰다.

180 The Final Declaration of the Regional Meeting for Asia of the World Conference on Human Rights, Mar. 29–Apr. 2, 1993. 이는 Report of the Regional Meeting for Asia of the World Conference on Human Rights, Bangkok, March 29–April 2, 1993 GENERAL A/CONF.157/ASRM/8A/CONF.157/PC/59 (1993), 2~9면에서 볼 수 있다.

181 조약기구 위원회에 참여하는 아시아 국가의 수가 현저하게 증가했다는 점 역시 사실이다. 이 책 4.3.2 참조.

182 Oona A. Hathaway, "Do Human Rights Treaties Make a Difference?" 111 *The Yale Law Journal* 1935 (2002).

183 Andrew P. Cortell and James W. Davis, Jr., "How Do International Institutions Matter? The Domestic Impact of International Rules and Norms," 40 *International Studies Quarterly* 451 (1996).

184 Heyns and Viljoen, 앞의 책 8~11면(주177).

185 같은 책 9면.

186 같은 책 10면.

187 같은 곳.

188 같은 책 11면.

189 같은 곳.

190 같은 책 11~12면.

191 같은 책 2면.

192 유엔헌장 제1조, 55조, 56조 참조.

193 세계인권선언은 다음과 같은 인권을 보호한다. 제1조: 인간의 자유와 존엄과 평등; 2조: 권리와 자유의 평등한 향유; 3조: 생명·자유·안전에 대한 권리; 4조: 노예제 금지; 5조: 고문, 또는 잔혹하고 비인간적이거나 굴욕적인 처벌 금지; 6조: 모든 장소에서 법 앞의 자연인으로 인정받을 권리; 7조: 차별 금지와 법 앞의 평등; 8조: 실질적인 구제에 대한 권리; 9조: 임의적인 체포, 구금이나 추방 금지; 10조: 공정하고 공적인 심리 앞의 평등; 11조: 무죄 추정의 권리; 12조: 죄형법정주의; 12조: 사생활·가족·집·통신을 침해받지 않을 권리; 13조: 이동과 거주에 대한 권리; 14조: 국가를 떠날 권리; 15조: 국적에 대한 권리; 16조: 결혼하고 가족을 구성할 권리; 17조: 재산에 대한 권리; 18조: 사상·양심·종교의 자유에 대한 권리; 19조: 의사와 표현의 자유에 대한 권리; 20조: 평화적 집회와 결사의 자유에 대한 권리; 21조: 정부에 참여할 권리; 22조: 사회보장에 대한 권리; 23조: 일할 권리, 고용을 자유롭게 선택할 권리, 정당하고 우호적인 노동조건에 대한 권리; 24조: 휴식과 여가에 대한 권리; 25조: 적합한 생활수준에 대한 권리; 26조: 교육에 대한 권리; 27조: 문화생활에 참여할 권리; 28조: 사회적·국제적 질서에 대한 권리.

194 자유권규약은 다음과 같은 조항들을 포함한다. 제6조: 생명에 대한 권리; 7조: 고문, 또는 잔혹하거나 비인간적이거나 굴욕적인 처우 또는 형벌을 받지 않을 권리; 9조: 자유와 개인의 안전에 대한 권리; 12조: 이주의 자유와 거주지를 선택할 자유에 대한 권리, 언론의 자유에 대한 권리; 14조: 법정과 조사위원회 앞에서의 평등에 대한 권리; 무죄추정의 권리; 이중위험 금지; 15조: 소급해서 처벌받지 않을 권리; 17조: 사생활·가족·집·통신에 대한 임의적이거나 불법적인 개입 금지, 명예와 명성에 대한 불법적인 공격 금지; 18조: 사상·양심·종교의 자유에 대한 권리; 19조: 표현의 자유에 대한 권리; 21조: 평화적 집회의 권리; 22조: 결사의 자유에 대한 권리; 26조: 법 앞의 평등한 보호에 대한 권리; 27조: 문화에

대한 권리.

195 표 3.3 참조.

196 사회권규약은 다음과 같은 조항들을 포함한다. 제6조: 일할 권리; 7조: 정당하고 우호적인 노동조건을 향유할 권리; 8조: 노동조합을 결성하고 선택에 의해 노동조합에 가입할 권리; 9조: 사회보험을 포함한 사회보장에 대한 권리; 12조: 육체적·정신적 건강의 최고로 획득 가능한 기준을 향유할 권리; 13조: 교육에 대한 권리; 15조 (a) 문화생활에 참여할 권리 (b) 과학적 진보와 그 적용의 혜택을 향유할 권리 (c) 과학적이거나 문학적, 혹은 예술적 생산으로 생긴 도덕적·물질적 이익의 보호로부터 혜택을 누릴 권리.

197 아동권리협약은 아동을 위하여 다음과 같은 권리들을 보호한다. 제6조: 생명에 대한 권리; 7조: 이름을 갖고 태어날 권리, 국적을 취득할 권리; 8조: 정체성·국적·이름·가족관계를 보존할 권리; 10조: 부모와 개인적인 관계 및 직접적인 접촉을 유지할 권리; 12조: 자유롭게 견해를 표현할 권리; 13조: 표현의 자유에 대한 권리; 14조: 사상·양심·종교의 자유에 대한 권리; 15조: 결사의 자유와 평화로운 집회의 자유에 대한 권리; 16조: 사생활·가족·집·통신에 대한 개입이나 공격을 금지하는 법의 보호에 대한 권리; 23조: 특별한 보살핌을 받을 수 있는 장애인 아동에 대한 권리; 24조: 건강에 대한 권리와 치료를 위한 시설에 대한 권리; 26조: 사회보장의 혜택을 누릴 권리; 27조: 삶의 기준에 대한 권리; 28조: 교육을 받을 권리; 31조: 휴식과 여가에 대한 권리, 놀이와 레크리에이션에 참여할 권리, 문화생활과 예술에 자유롭게 참여할 권리; 32조: 경제적 착취 등으로부터 보호받을 권리; 37조: 고문, 또는 잔혹하거나 비인간적이거나 굴욕적인 처우 또는 형벌 금지.

198 여성차별철폐협약은 여성을 위하여 다음과 같은 권리들을 보호한다. 제7조: 투표권 등; 9조: 국적을 취득하거나 변경하거나 혹은 보유하는 데 있어서 남성과 동등한 권리; 10조: 교육의 영역에서 남성과 등등한 권리; 11조: 동등하게 일할 권리 등; 12조: 의료 서비스에 접근할 동등한 권리; 13조: 경제적·사회적 삶에 대한 동등한 권리; 14조: 농촌 지역에서의 여성에 대한 차별 금지; 15조: 법 앞에서 남성과의 평등; 16조: 결혼과 가족관계에 관련된 차별 금지.

199 인종차별철폐협약은 다음과 같은 권리들을 보호한다. 법원과 정의를 관리하는 다른 모든 기관 앞에서 평등하게 취급될 권리; 공무원이나 개인단체 혹은 제

도가 가하는 폭력이나 신체 상해에 대한 국가의 보호 및 개인의 안전을 지킬 권리; 보편적이고 평등한 참정권에 근거하여, 어느 수준에서라도 공적인 일을 수행하는 것뿐만 아니라 정부에 참여하기 위한, 또한 공공서비스에 평등하게 접근하기 위한 정치적 권리, 특히 투표권과 피선거권 같은 선거에 참여할 권리; 여타의 사회적 권리, 특히 국가의 영토 내에서 이주와 거주의 자유에 대한 권리; 국적에 대한 권리; 결혼과 배우자를 선택할 권리; 재산을 홀로 혹은 다른 사람들과 공동으로 소유할 권리; 상속을 받을 권리; 사상·양심·종교의 자유에 대한 권리; 의견과 표현의 자유에 대한 권리; 평화적 집회와 결사의 자유에 대한 권리, 또한 경제적·사회적·문화적 권리, 특히 일할 권리, 고용을 자유롭게 선택할 권리, 정당하고 우호적인 노동조건에 대한 권리, 실업에 대해 보호받을 권리, 동일 노동에 동일 임금을 받을 권리, 정당하고 우호적인 보수; 노동조합을 결성하고 가입할 권리; 주거에 대한 권리; 공중보건·의료·사회보장·사회서비스에 대한 권리; 교육과 훈련에 대한 권리; 문화활동에 동등하게 참여할 권리; 운송과 호텔, 레스토랑, 카페, 극장과 공원 등과 같이 일반 공중이 사용하도록 의도된 장소나 서비스에 접근할 권리.

200 고문방지협약은 다음과 같은 내용을 포함한다. 국가가 고문행위 방지조치를 취할 의무, 고문위험국으로의 추방·송환·인도 금지, 고문행위의 범죄화 및 그에 대한 관할권 확립, 고문혐의자의 구금 및 법적 조치, 고문혐의자의 인도 또는 기소, 범죄인 인도 조약 대상 범죄로 포함, 고문방지에 관한 교육, 고문방지를 위한 구금제도 심문규칙·지침·방법 및 관행 검토, 고문에 대한 신속·공평한 조사, 피고문자가 부당한 취급 및 협박을 받지 않을 데 대한 보장, 고문피해자 구제·재활·배상의 실효적 권리, 고문에 의한 증거가 소송에서 원용되지 않을 것, 기타 잔혹하거나 비인도적이거나 굴욕적인 대우와 처벌 방지.

201 자유권규약 제22조 (2)항.

202 United Nations Treaty Collection. http://treaties.un.org/Pages/ViewDetails.aspx?src=TREATY&mtdsg-no=IV-4&chapter=4&dong=en (2012년 5월 31일 검색).

203 같은 글.

204 같은 글.

205 같은 글.

206 같은 글.

207 몇몇 아시아 국가들의 유보 상황은 다음과 같다. 일본: 자유권규약 제22조, 23조(4)항, 14조(7항), 14조(5)항에 대한 유보는 각각 1991년 3월 15일, 1993년 1월 21일, 2007년 4월 2일 철회되었다. 말레이시아: 여성차별철폐협약 9조(2)항, 16조(1)(a)항, 16조(1)(f)항, 16조(1)(g)항에 대한 유보. 11조에 대한 선언. 태국: 자유권규약 1조(1)항, 6조(5)항, 9조(3)항, 20조에 대한 선언. 여성차별철폐협약 16조와 29조(1)항에 대한 유보. 7조와 10조에 대한 유보는 1996년 8월 1일 철회되었다. 포괄적 유보(모든 유보는 1996년 8월 1일 철회되었다); 포괄적 선언. 인도: 자유권규약 1조, 9조, 13조에 대한 유보. 12조, 19조(3)항, 21조, 22조에 대한 선언. 사회권규약 1조, 4조, 7조(c)항, 8조에 대한 선언. 인종차별철폐협약 22조에 대한 선언; 파키스탄: 여성차별철폐협약 29조(1)항에 대한 유보; 포괄적 선언. 출처는 The United Nations Human Rights Treaties. www.bayefsky. com/bystate.php/alist/pu (2012년 6월 1일 검색).

208 Matsui, 앞의 글 128면(주116).

209 Anthony N. Bishop, "The Death Penalty in the United States: An International Human Rights Perspective," 43 *South Texas Law Review* 1115 (2002), 1121면. 민법체계에서는 사법적 인지(judicial notice)가 일반적으로 추정되는데, 국제법에 관한 지식의 부족은 그 적용을 어렵게 만든다.

210 캄보디아와 인도네시아의 경우는 Human Rights Watch, *World Report 2009* (Seven Stories Press 2009), 230, 259면 참조.

211 중국의 경우는 같은 책 238면 참조.

212 Heyns and Viljoen, 앞의 책 8~11면(주177).

213 같은 책 5~7면.

214 Samuel Edward Finer et al., *Comparing Constitutions* (Clarendon Press; Oxford University Press 1995), 1면 참조.

215 Pollis and Schwab eds., 앞의 책 148면(주106).

216 Henkin et al., 앞의 책(주91).

217 Geoffrey R. Stone et al., *Constitutional Law* (Little, Brown & Co. Law & Business 1996); Daniel A. Farber et al., *Cases and Materials on Constitutional Law* (Foundation Press 1998).

218 같은 책.

219 같은 책. 헌법의 권위가 자리 잡는 과정에서 Marbury v. Madison 사건이 중요한 역할을 했다. 이 사건은 위헌법률심사권의 권한이 대법원에 속한다는 판결을 내렸다. 따라서 대법원은 헌법 수정에 관한 경우를 제외하면 미국 헌법의 해석에 있어서 최종 결정권을 가지고 있다.

220 같은 책 5면. 또한 Snowiss, Sylvia, *Judicial Review and the Law of the Constitution* (Yale University Press 1990), 4면 참조.

221 표 3.9, 3.10, 3.11, 3.12를 참조.

222 미얀마의 경우, 첫 헌법은 1948년에 채택되었지만 1962년에 유예되었고, 이후 1974년 헌법에 의해 대체되었다. 그러나 이 헌법은 1988년 쿠데타가 발생한 이후에 국법과 질서 회복 위원회(SLORC)에 의해 다시 유예되었다. 헌법을 제정하기 위한 협의회는 1993년 이래 간헐적으로 열렸으며, 국제사회와 국내의 활동가들은 미얀마의 민주화와 헌법을 위한 로드맵을 이행할 것을 정권에 계속 요구해왔다. 심각한 억압 속의 오랜 연기 끝에, 군부지배세력은 마침내 2008년 5월 헌법을 수용했다. Peter Church, *A Short History of South-East Asia* (John Wiley & Sons (Asia) 2006), 116~21면.

223 태국의 경우에 첫 헌법은 1932년에 채택되었고 이를 통해 입헌군주제를 확립했다. 그러나 그 이후에 헌법이 유예되고 복원되는 일이 반복되었다. 같은 책 166~79 참조. 1997년에 채택된 헌법은 2006년 군사쿠데타에 의해 유예되었고, 군부 지도자들에 의한 논쟁적인 초안 작성의 과정을 거친 후에 2007년 새로운 헌법이 채택되었다. 정권의 정치적 불안정과 불확실성은 오늘날까지도 지속되고 있다. Wood, Alan Thomas, *Asian Democracy in World History* (Routledge 2004), 73면 참조. 또한 이 책 3.5.3.6 참조.

224 파키스탄 헌법은 1999년 무샤라프(Pervez Musharraf) 장군의 쿠데타와 긴급사태 선언에 의해 유예되었다. 헌법은 2002년과 2003년 지방의회, 국회, 상원에 대한 선거 이후인 2003년 12월에 회복되었다. 이 헌법은 2007년 11월 또다시 유예되었고, 2007년 12월에 회복되었다. 이 책 3.5.3.8 참조.

225 Interim Constitution of Nepal, 2063 (2007), section 167.

226 The Constitution of The Kingdom of Bhutan, 2008.

227 스리랑카는 영국의 식민지배하에서 이미 헌법을 가지고 있었다. 1931년 헌

법은 수차례 개정되었고, 완전하게 새로운 헌법은 스리랑카공화국(the Republic of Sri Lanka)이 건국한 1972년에서야 제정되었다. 그리고 1972년 헌법은 스리랑카가 1978년 8월 16일 국호를 스리랑카민주사회주의공화국(Democratic Socialist Republic of Sri Lanka)으로 변경함에 따라 새로운 헌법으로 대체되었다. 스리랑카는 2000년 이래로 새로운 헌법 초안을 준비해왔지만 1978년 헌법은 다수의 수정헌법들과 함께 여전히 효력을 지니고 있다. CIA, The World Factbook. https//www.cia.gov/library/publications/the-world-facebook/index.html (2011년 9월 15일 검색) 참조.

228 식민지를 어떻게 정의하느냐에 따라, 식민주의를 경험하지 않았던 국가의 목록은 달라질 수 있다. 예를 들어, 중국은 그 영토의 일부가 일본에 의해 점령되었거나 영국에 의해 지배되었음에도 불구하고 전체적으로 식민화되지는 않았다. 일본은 식민화되지는 않았지만, 제2차 세계대전 이후 미군정에 의해 수년 동안 외국의 지배를 경험했다. Sompong Sucharitkul, "Asian Perspectives of the Evolution of International Law: Thailand's Experience as the Threshold of the Third Millennium," 2 *Chinese Journal of International Law* 527 (2002), 527~28면 참조.

229 William Case, "New Democratization in Southeast Asia," in Lee, Lai To et al. eds., *Asia in the New Millennium* (Marshall Cavendish Academic 2004), 84~85면.

230 Samuel P. Huntington, *The Third Wave: Democratization in the Late Twentieth Century* (University of Oklahoma Press 1991), 3면.

231 Tom Ginsburg, "Confucian Constitutionalism? The Emergence of Constitutional Review in Korea and Taiwan," 27 *Law & Social Inquiry* 763 (2002), 763~64면.

232 Lazlo Ladany, *Law and Legality in China* (University of Hawaii Press 1992), 52면.

233 대만은 현재 유엔의 '하나의 중국' 정책에 의해 유엔 회원국으로부터 배제되어 있다. 대만은 1946년 12월 25일 중국 난징에서 모인 헌법제정국민의회(National Constituent Assembly)에서 헌법을 채택했다. 그것은 1947년 1월 25일 정부에 의해서 선포되었고 1947년 12월 25일 효력을 발휘하게 되었다. 그 이후에 헌법은 여섯차례에 걸쳐 수정되었다.

234 Michael Jacobsen et al., *Human Rights and Asian Values: Contesting National Identities and Cultural Representations in Asia* (Curzon 2000), 41면.

235 Ladany, 앞의 책 54면(주232).

236 Ann E. Kent, *Between Freedom and Subsistence: China and Human Rights* (Oxford University Press 1993), 55면.

237 Jacobsen et al., 앞의 책 45면(주234).

238 같은 책 47면.

239 M. Ulric Killion, "China's Amended Constitution: Quest for Liberty and Independent Judicial Review," 4 *Washington University Global Studies Law Review* 43 (2005), 56면.

240 중국 헌법 제33조 (3)항.

241 Ladany, 앞의 책 52면(주232).

242 Kent, 앞의 책(주236).

243 중국 헌법 제36조 (3)항.

244 Jacobsen et al., 앞의 책 16면(주234).

245 중국 헌법에서 인권을 다루는 조항들은 다음과 같다. 제33조(시민권 평등) 법 앞의 평등, 인권에 대한 존중과 보존; 34조(선거권과 평등) 투표할 권리; 35조: 언론·출판·집회·결사·행진·시위의 자유; 36조(종교) 종교의 자유; 37조(개인의 자유) 불법적인 자유의 박탈이나 제한, 불법적인 수색 금지; 38조(개인의 존엄성) 개인의 존엄성은 불가침의 것이다; 39조(집) 집에 대한 불법적인 수색이나 무단 침입 금지; 40조(서신) 법에서 규정한 경우를 제외하고 서신의 자유와 프라이버시 보호; 41조(언론의 자유) 어떤 국가기관이라 할지라도 그것에 대해 비판하고 제안할 권리, 이것이 위반되었을 때 보상받을 권리; 42조(일) 일할 권리와 의무; 고용 이전에 직업 훈련의 규정; 43조(여가) 휴식에 대한 권리; 휴식과 회복을 위한 시설 확대; 44조(은퇴) 은퇴한 개인들의 생계 보장; 45조(사회보장) 늙거나 병들거나 불구가 되었을 때 물질적인 원조를 받을 권리; 46조(교육) 교육을 받을 의무와 권리; 47조(연구) 과학적 연구, 문학적·예술적 창조, 여타의 문화적 취미에 참여할 권리; 48조(젠더 평등); 49조(결혼, 가족, 후원); 51조(국익) 자유와 권리의 행사는 국익을 침해할 수 없다; 53조(헌법에 대한 복종) 국가의 비밀을 지키고, 노동 훈육을 준수하며 사회적 윤리를 존중; 55조(국방) 조국

을 방어하고 침략에 저항할 신성한 의무; 56조(조세).

246 중국 헌법 제33조 (2)항: "중국의 모든 시민은 법 앞에 평등하다. 모든 시민은 권리를 향유하고 동시에 헌법과 법에 규정된 의무를 이행해야만 한다."

247 중국 헌법 제36조 (1)항: "중국의 시민은 종교적 신앙의 자유를 향유한다."

248 중국 헌법 제36조 (3)항: "국가는 정상적인 종교적 활동을 보호한다. 어느 누구도 공적 질서를 방해하고, 시민들의 건강을 손상시키거나 국가 교육체계에 개입하는 활동에 참여하기 위하여 종교를 사용할 수 없다."

249 중국 헌법 제41조 (1)항.

250 중국 헌법 제42조 (2)항.

251 중국 헌법 제43조 (2)항.

252 중국 헌법 제35조 참조 .

253 중국 헌법 제45조.

254 중국 헌법 제14조 (4)항.

255 Para. 3, Implementation of the International Covenant on Economic, Social and Cultural Rights: Republic of China, E/1990/5/Add.59, March 4, 2004.

256 Killion, 앞의 글 77면(주239) 참조.

257 National Human Rights Action Plan for of China (2009-2010). http://www.china.org.cn/archie/2009-04/13/content.17595407.htm (2011년 9월 15일 검색).

258 Wood, 앞의 책 65면(주223).

259 같은 책 67면.

260 같은 책 66면.

261 Human Rights Watch, 앞의 책 238면(주210).

262 Matsui, 앞의 글 121면(주116).

263 Ian Neary, *Human Rights in Japan, South Korea, and Taiwan* (Routledge 2002), 17~19면 참조.

264 Wood, 앞의 책 41면(주223) 참조.

265 같은 책 18면.

266 일본 헌법 참조. 제11조(기본적 인권) 변경할 수 없고 불가침한 권리; 12조 (자유와 권리를 보존하기 위한 목적); 13조(개인권) 공공의 복지를 저해하지 않

는 한에서 생명·자유·행복추구에 대한 권리; 14조(차별과 특권 금지) 법 앞의 평등; 15조(선거권); 16조(청원권); 17조(법정에 대한 의지) 공무원의 불법적인 행위를 통해 피해를 입었을 경우 보상 청구 가능; 18조(개인의 자유) 범죄에 대한 처벌을 제외하고 어떤 종류의 속박이나 비자발적인 노예상태에 처하는 것 금지; 19조(사상과 양심의 자유); 20조(종교의 자유, 국가의 세속성); 21조(소통적 권리) 집회·결사의 자유, 언론, 출판, 그리고 모든 형태의 표현의 자유 보장; 22조(이주의 권리, 직업의 자유); 23조(학술적 자유); 24조(부부간의 평등); 25조(복지권); 26조(교육에 대한 권리, 의무교육); 27조(일할 권리와 의무, 아동노동 금지); 28조(노동조합) 조직하고 협상하며 집단적으로 행위할 노동자의 권리 보장; 29조(재산) 재산을 소유할 권리는 불가침하다; 30조(조세); 31조(정당한 법절차); 32조(법원에 대한 의지) 법정에 접근할 권리; 33조(체포) 영장 없이 체포·구금 금지; 34조(구류); 35조(수색, 압수); 36조(고문) 공무원에 의한 고문의 상해와 잔혹한 처벌 절대 금지; 37조(재판) 공정한 재판에 의해 빠르고 공개적인 재판을 받을 권리; 자신을 대신하여 공공 비용으로 증인을 구하는 강제절차의 권리; 38조(피의자의 권리) 자신에게 불리한 증언 강요 금지; 강요, 고문, 혹은 위협이나 오랜 체포 및 구금하에 이뤄진 자백 채택 금지; 피의자에 대한 유일한 증거가 자신의 자백일 경우 판결이나 처벌 금지; 39조(이중위험); 40조(불법 감금) 보상을 위해 국가 고소 가능.

267 Iwasawa, 앞의 글 240면(주135).

268 일본 헌법 제36조: "공무원에 의한 고문의 고통과 잔혹한 처벌은 절대 금한다."

269 Neary, 앞의 책 67면(주263).

270 Piccolo Willoughby, "Japan: Rising Sun Sinks Low on Human Rights," *Human Rights Features*, April 18-22, 2005, 9면.

271 백태웅, 「미국에서의 인권 소송: 일본군 위안부 사건을 중심으로」, 『고려법학』 43호 (2004) 참조. 또한 Gay McDougal, *Systematic Rape, Sexual Slavery and Slavery-like Practices during Armed Conflict: Update to the Final Report*, UN Economic and Social Council, 52nd Sess., Agenda Item 6(a), UN Doc. E/CN.4/Sub.2/21 (2000) 참조.

272 Hahm, 앞의 책 125면(주40) 참조.

273 성낙인, 『헌법학』(법민사 2005), 67면.

274 최종고, 앞의 글 129~31면(주39).

275 Shin and Chang, 앞의 글 41~42면(주46).

276 한국은 시민사회운동을 통해 인권보호를 향상시킨 좋은 사례로, 제2차 세계 대전 이후 민주주의의 실험이 시작된 이래 권위주의 정권에 대항한 운동들을 통해 민주주의와 인권을 성취했다. 북한의 존재는 인권의 순조로운 발전과 사회 변화를 방해하는 중요한 지정학적 도전이었다. 그러나 한국에서의 민주주의는 현재 공고화되어 있는 것처럼 보인다.

277 북한 헌법 제67조는 또한 다음과 같이 규정하고 있다. "국가는 민주적 정당과 사회조직들의 자유로운 활동을 위한 조건을 보장할 것이다."

278 현재의 헌법에는 다음과 같은 기본권 조항들이 있다. 제10조: 인간의 존엄과 가치, 행복추구권, 이를 보장할 국가의 의무; 11조: 법 앞의 평등, 차별 금지; 12조: 개인의 자유, 고문이나 본인의 의사에 반하는 강요된 증언 금지; 13조: 범죄는 오직 법령이 당시에 효력이 있는 경우에만 처벌 가능; 14조: 거주와 이전의 자유; 15조: 직업선택의 자유; 16조: 거주지에 대한 침입으로부터의 자유; 17조: 사생활의 비밀을 침해받지 않을 자유; 18조: 통신의 비밀을 침해받지 않을 자유; 19조: 양심의 자유; 20조: 종교의 자유; 23조: 재산권; 24조: 선거권; 25조: 공무담임권; 27조: 재판을 받을 권리; 28조: 국가로부터의 정당한 보상; 29조: 국가나 공공단체에 정당한 배상 청구 가능; 30조: 국가로부터의 구조; 31조: 교육을 받을 권리; 32조: 근로의 권리; 33조: 자주적 단결권·단체교섭권·단체행동권; 34조: 인간의 가치있는 삶; 36조: 혼인과 가족생활; 37조: 헌법에 열거된 자유와 권리는 국가안전 보장, 질서유지 또는 공공복리를 위해 필요한 경우에 한하여 제한할 수 있다.

279 대한민국 헌법 제12조 (7)항.

280 자유권규약 제18조.

281 대한민국 헌법 제37조 (2)항.

282 한국의 헌법재판소는 9명의 재판관으로 구성되며 3명은 대통령이 지명하고, 3명은 국회, 나머지 3명은 대법원장이 지명한다. 임기는 6년이고 연임할 수 있다. 헌법재판소는 사회에서의 상이한 세력들 — 민간 부문에서의 사회운동, 국회의 입법권력, 사법부 — 을 조정하는 데 의미있는 중재자로서 중요한 역할

을 수행했다. Yoon, Dae-Kyu, "The Constitutional Court System of Korea: The New Road for Constitutional Adjudication," 1 *Journal of Korean Law* No. 2, 1 (2001), 1~16면; Yune, Jin-Su, "Recent Decisions of the Korean Constitutional Court on Family Law," 1 *Journal of Korean Law* 133 (2001), 133~56면 참조.

283 Ginsburg, 앞의 글 795면(주231) 참조.

284 Joyce Moss and George Wilson, *Peoples of the World. Asians and Pacific Islanders: The Culture, Geographical Setting, and Historical Background of* 41 *Asian and Pacific Island Peoples* (Gale Research 1993), 454~55면.

285 1945년 인도네시아 헌법에 포함된 인권 조항들은 다음과 같다. 서문: 인간성과 정의; 제27조: 법 앞의 평등, 존엄권; 28조: 결사와 집회의 자유; 31조: 교육권 등. 또한 CAT 2001 Report, CAT/C/47/Add.3, July 16, 2001 참조.

286 Damien Kingsbury, *The Politics of Indonesia* (Oxford University Press 1998), 36면.

287 Geoff Spencer, "Ousted President Defiant: Indonesia Effects New Leader, but Wahid Won't Step Down," 24/7/01, *Chicago Sun-Times* April 23, 2001.

288 Kingsbury, 앞의 책 35~36면(주286) 참조.

289 Indonesia Act Concerning Human Rights, Act No. 39 of 1999.

290 2002년 인도네시아 헌법의 인권 조항들은 다음과 같다. 제27조: 법 앞에, 그리고 정부에서의 평등한 지위, 일할 권리와 인간의 존엄성에 관한 권리; 28조: 결사·집회·표현의 자유; 28조 A: 생명권과 생명과 존재를 방어할 권리; 28조 B: 가족에 대한 권리, 삶에 대한 권리, 성장하고 계발할 권리, 폭력과 차별로부터 보호받을 권리; 28조 C: 기본적인 필요를 충족시켜 자신을 발전시킬 권리, 교육받을 권리와 과학·기술·예술·문화로부터 혜택을 얻을 수 있는 권리; 28조 D: (1) 정당한 법 앞에 이전·보장·보호·확실성에 대한 권리와 법 앞에 평등하게 취급될 권리 (2) 일할 권리와 고용상에서 적절하고 공정한 보상을 받을 권리 (3) 정부에서 동등한 기회를 얻을 권리 (4) 시민권 지위에 대한 권리; 28조 E: (1) 자신의 선택에 의해 종교를 선택하고 실천할 자유, 자신의 교육을 선택할 자유, 자신의 고용을 선택할 자유, 자신의 시민권을 선택할 자유, 국가 영토 내에서 자신의 거주지를 선택할 자유, 국가의 영토를 떠날 자유, 이후에 국가의 영토로 되돌아올 자유 (2) 자신의 신앙을 믿을 자유에 대한 권리(kepercayaan), 자신의 양심에

따라 자신의 관점과 사상을 표현할 자유 (3) 집회와 결사, 의견을 표현할 자유에 대한 권리; 28조 F: 자신과 자신의 사회적 환경을 발전시킬 목적으로 소통하고 정보를 얻을 권리, 모든 이용 가능한 유형의 경로를 사용하여 정보를 찾고, 구하며, 소유하고, 저장하며, 처리하고, 전달할 권리; 28조 G: (1) 자신과 가족, 명예, 존엄성과 재산을 보호할 권리, 어떤 일을 하거나 하지 않는 데 있어서 공포의 위협으로부터 안전하다고 느끼고 보호받을 권리 (2) 고문이나 비인간적이고 모멸적인 취급으로부터 자유로울 권리, 다른 국가로 정치적 망명을 할 권리; 28조 H: (1) 육체적·정신적 번영 속에서 살 권리, 집을 소유할 권리, 좋고 건강한 환경을 향유할 권리, 의료를 이용할 권리 (2) 평등과 공정성을 성취하기 위해 동일한 기회와 혜택을 가지도록 촉진하고 특별한 취급을 받을 권리 (3) 사회보장에 대한 권리; 28조 I: (1) 생명에 대한 권리, 고문으로부터의 자유, 사상과 양심의 자유, 종교의 자유, 노예제로부터의 자유, 법 앞의 개인으로서 인정, 소추의 효과가 있는 법하에 재판을 받지 않을 권리. 이 모든 것은 인권으로서 어떠한 상황에서도 제한 금지 (2) 차별적인 취급으로부터 자유로울 권리 (3) 문화적 정체성에 대한 권리와 전통적 공동체의 권리 (4) 인권의 보호와 발전, 옹호, 성취는 국가의 의무 (5) 인권의 이행이 법과 규정을 통해 보장되고, 규제되고, 명문화될 필요; 28조 J: (1) 공동체, 민족, 국가의 질서정연한 삶에서 다른 사람들의 인권을 존중할 의무 (2) 민주사회에서 다른 사람들의 권리와 자유의 인정과 존중을 보장하고 도덕, 종교적 가치, 안전, 공공질서 등의 고려사항에 기반을 둔 정당한 요구를 만족시키려는 목적만을 위하여 법에 의해 구축된 제한들을 받아들일 의무; 29조: 자신의 종교에 따른 예배의 자유; 31조: 교육을 받을 권리; 33조: 가족 제도의 원리에 기반을 둔 경제; 34조: 가난하고 궁핍한 아동들은 국가에 의해 보살핌을 받아야 함.

291 인도네시아 인권법(1999) 참조.

292 표 3.3 참조.

293 인도네시아 헌법 제28조 E(3)항.

294 사회권규약 제8조.

295 Wood, 앞의 책 78면(주223) 참조.

296 Moss and Wilson, 앞의 책 464~65면(주284).

297 폭력적인 갈등 이후 1965년에 싱가포르가 분리되었다.

298 Church, 앞의 책(주222).

299 같은 책 99면.

300 이 조항들은 대부분 2부(Part II) 제5조에서 13조 사이에 들어 있다. 5조: 생명이나 개인의 자유; 6조: 노예제; 7조: 죄형법정주의; 8조: 법 앞의 평등; 9조: 이주의 권리; 10조: 언론과 표현의 자유에 대한 권리; 11조: 자신의 종교를 고백하고 실천할 권리; 12조: 차별 금지; 13조: 재산에 대한 권리.

301 자유권규약 제18조.

302 사회권규약 제6조.

303 사회권규약 제7조.

304 사회권규약 제8조.

305 표 3.3 참조.

306 Asian Forum for Human Rights and Development, Asian Governments Must Ratify Treaties, Remove Reservations, Report and Remedy Rights Violations, Dec. 10, 2006. http://www.forum-asia.org (2011년 9월 15일 검색).

307 Asian Human Rights Commission, *The State of Human Rights in Eleven Asian Nations* (Asian Human Rights Commission 2006), 324면 참조. 데닛 아폰수반(Thanet Aphornsuvan)은 다음과 같이 서술했다. "가장 최근의 헌법 공표는 이전 헌법에 대한 또다른 수정이 아니라, 초안을 작성하는 바로 그 시작 단계부터 대다수의 사람들이 참여했던 정치적 개혁이었다."

308 Church, 앞의 책 173면(주222). '관리 민주주의'는 태국에서 선거가 열리기는 하지만, 나이든 엘리트와 군부가 상황을 통제한다는 것을 의미한다.

309 사막 선달라베이(Samak Sundaravej)는 2008년 1월 21일 총리가 되었지만, 헌법재판소가 총리로서 이해관계가 상충하는 죄를 발견한 후에 강제로 사임되었다. 그러나 2008년 9월 18일 국회에 의해 차기 총리로 선출된 솜챠이 웅사왓(Somchai Wongsawat) 역시 선거법을 위반했다는 점이 발견되었다. 아비싯 베자지바(Abhisit Vejjajiva)가 2008년 12월 17일 후임 자리에 올랐다. Eakarach Sattaburuth et al., "Samak Steps Aside After Embarrassing No-vote," Sept. 13, 2008, *Bankok Post* 참조.

310 태국 헌법(임시판) B.E. 2549 (2006) 37장. 또한 Asian Human Rights Commission, 앞의 책 327면(주307) 참조.

311 2007년 헌법의 중요한 인권 조항들은 다음과 같다. 제3조: 권력은 국민에 속한다; 4조: 인간존엄성; 국민의 권리와 자유; 26조: 헌법에 따른 권력의 행사; 27조: 권리와 자유의 보호; 28조: 다른 사람들의 권리와 자유; 29조: 법에 의하지 않은 기본권 제한 금지; 30조: 법 앞의 동등한 보호; 32조: 권리와 자유의 향유; 33조: 거주의 자유; 34조: 여행의 자유; 35조: 가족의 권리, 존엄성, 명성, 또한 사생활을 침해받지 않을 권리; 36조: 커뮤니케이션의 자유; 37조: 종교의 자유; 38조: 법에 의하지 않는 강제노동 금지; 39조: 죄형법정주의; 40조: 사법절차에 있어서의 권리; 41조: 재산권 보호; 42조: 법에 의하지 않은 부동산의 수용 금지; 43조: 기업이나 직업에 참여할 자유와 공정하게, 자유롭게 경쟁할 자유; 45조: 의견을 표현할 자유; 46조: 뉴스를 제공하고 헌법의 제한하에 의견을 표현할 자유; 47조: 국가 텔레커뮤니케이션; 49조: 기본적인 교육을 받을 동등한 권리; 51조: 표준적인 공공 의료 서비스를 받을 동등한 권리; 52조: 아동, 청소년, 가족 구성원의 폭력과 불공정한 취급에 대하여 국가로부터 보호를 받을 권리; 53조: 60세 이상의 노년층; 54조: 장애인; 56조: 공공 정보에 접근할 권리; 57조: 국가 기관으로부터 정보와 설명, 이유를 제공받을 권리; 58조: 국가의 의사결정 과정에 참여할 권리; 59조: 청원권; 60조: 공무원에 의해 저질러진 행위나 누락에 책임이 있는 국가기관을 고소할 권리; 61조: 소비자 권리의 보호; 62조: 국가 공무원의 수행을 알아볼 권리와 정보원의 보호; 63조: 평화적 집회의 권리; 64조: 결사를 연합하고 형성할 권리; 65조: 정당을 연합하고 결성할 권리; 66조: 관습, 지역의 지식, 예술 혹은 공동체의 좋은 문화를 보존하거거나 복구할 권리; 67조: 천연자원, 생물학적 다양성, 환경; 68조: 왕과 민주적 정권을 전복할 권리와 자유는 없다; 69조: 평화롭게 저항할 권리; 70조: 민족을 유지할 의무; 71조: 법에 따를 의무; 72조: 투표할 의무; 73조: 국방의 의무; 74조: 기업이나 지방 정부 조직; 81조: 법과 정의 정책.

312 자유권규약 제7조.

313 자유권규약 제19조.

314 자유권규약 제22조.

315 사회권규약 제6, 7, 8조.

316 사회권규약 제9조.

317 태국 헌법(2007) 제51, 52, 53, 54, 55조.

318 태국 헌법(2007) 64조: "첫번째 항과 두번째 항에서 규정된 자유에 대한 제한은, 공공의 공통된 이익 보호, 공공질서나 선량한 윤리의 유지, 경제적 독점으로부터의 보호 등을 위하여 구체적으로 제정된 법률에 의하지 않고는 부과될 수 없다."

319 Sattaburuth et al., 앞의 글(주309).

320 Wood, 앞의 책 36~37면(주223) 참조.

321 Amnesty International, *Amnesty International Annual Report 2006* (2006), 135~37면.

322 같은 곳.

323 Report of the National Commission to Review the Working of the Constitution (2002), chapter 2, para. 2.4.3.

324 인도 헌법은 다음과 같은 기본권을 포함한다. 제14조: 법 앞의 평등; 15조: 종교, 인종, 카스트, 성, 혹은 출생지에 기반한 차별의 금지; 16조: 공무 관련 고용에서의 기회의 평등; 17조: 불가촉천민 신분의 폐지; 18조: 작위의 폐지; 19조: 언론·의사표현의 자유, 무력에 의지하지 않고 평화롭게 만나 집회할 자유; 20조: 범죄의 유죄 판결과 관련한 보호; 21조: 생명과 개인의 자유 보호; 22조: 특정한 상황에서의 체포·구금으로부터의 보호; 23조: 인신매매와 강제노동 금지; 24조: 공장 등에서 아동 고용 금지; 25조: 양심의 자유, 종교를 밝힐 수 있고 종교생활을 하며 종교를 전파할 자유; 26조: 종교문제의 처리에 대한 자유; 27조: 특정한 종교를 촉진하기 위해 세금을 납부할 자유; 28조: 특정한 교육기관에서 종교적 설교나 예배에 참석할 자유; 29조: 소수자 이익의 보호; 30조:소수자들이 교육기관을 창설하고 운영할 권리; 38조: 국민의 복지 함양을 위해 국가가 사회 질서를 마련할 의무; 39조: 국가가 견지해야 할 특정 정책 원리들; 39조A: 평등한 정의와 무료 법률 원조; 40조: 판차야트 촌락평의회(Panchayats)의 조직; 41조: 노동할 권리, 교육에 대한 권리, 특정한 경우에 공적 지원을 받을 권리; 42조: 공정하고 인간적인 노동과 모성 보호의 조건을 위한 조항들; 43조: 노동자를 위한 생활임금; 44조: 시민을 위한 통일 민법; 45조: 아동을 위한 무료 의무교육에 대한 조항; 46조: 지정한 카스트와 부족 및 여타의 약자들의 교육적·경제적 이익의 촉진; 47조: 영양상태와 생활수준, 공중보건 개선을 위한 국가의 의무; 330조: 인도 하원에 지정한 카스트와 부족을 위한 의석 마련; 331조: 하원에

인도 거주 영국인 주민들의 대표성; 332조: 주 상하양원에 지정한 카스트와 부족을 위한 의석 지정; 333조: 주 상하양원에 인도 거주 영국인 주민들의 대표성; 334조: 60년 이후 의석 지정과 특별대표성 조치의 중지; 제335조: 공공서비스 및 부서에서의 지정한 카스트와 부족의 청구 신청; 336조: 특정한 서비스에 있어서 인도 거주 영국인 주민들을 위한 특별 조항; 337조: 인도 거주 영국인 주민들의 혜택을 위한 교육 보조금 관련 특별 조항; 338조: 지정한 카스트를 위한 국가위원회; 338A: 지정한 부족을 위한 국가위원회; 339조: 지정한 구역의 행정과 지정한 부족의 복지에 대한 연방의 통제; 340조: 낙후한 계층의 조건 조사를 위한 위원회의 임명; 341조: 지정한 카스트; 342조: 지정한 부족.

325 자유권규약 제7조.

326 인도 헌법 제25조.

327 인도 헌법 제19조 (2)항.

328 인도 헌법 제22조.

329 Section 75, The Third Periodic Reports of States Parties Due in 1992: India 17/07/96.CCPR/C//76/Add.6 (1996) 참조. 대법원은 논란이 많은 테러리스트와 파괴적인 활동에 관한 (금지) 법(Terrorist and Disruptive Activities [Prevention] Act, 1987)을 칼탈 싱(Kartar Singh) 대 편잡 주의 사례(JJ 1994(2) SC 423-564)에서 확정했다.

330 Vijayashri Sripati, "Constitutionalism in India and South Africa: A Comparative Study from a Human Rights Perspective," 16 *Tulane Journal of International and Comparative Law* 49 (2007), 98면.

331 Maneka Gandhi v. Union of India, AIR 1978 SC 597.

332 Sripati, 앞의 글 99면(주330).

333 파키스탄 동부는 인도의 지지를 받아 1971년에 방글라데시로 분리되었다. Sumit Ganguly, *South Asia* (New York University Press 2006), 166~67면 참조.

334 같은 책 169면.

335 같은 책 169~70면.

336 같은 책 193~95면.

337 이는 2007년 11월 3일부터 12월 15일까지 42일간 또다시 유예되었고, 몇몇 수정안과 함께 회복되었다. Revocation of Proclamation of Emergency Order,

2007, December 15, 2007 참조. http://www.pakistani.org/pakistan/constitution/ post_03nov07/emergency_revocation_order.html (2017년 1월 3일 검색).

338 예를 들어, 헌법은 대통령에게 국회를 해산할 권한을 부여한다. 파키스탄 헌법 58조 참조.

339 2003년 파키스탄 헌법에는 다음과 같은 인권 조항들이 있다. 제9조: 법에 따른 규제의 경우를 제외한 생명 및 자유에 대한 권리; 10조: 근거를 제시하지 않은 채 진행하는 구속의 금지; 11조: 노예제 금지; 13조: 이중처벌의 금지; 14조: 인간존엄의 불가침성; 15조: 파키스탄 내에 거주, 입국, 또는 자유롭게 이동할 권리; 16조: 평화적 집회의 권리; 17조: 결사의 권리; 18조: 합법적인 직업 또는 일자리를 가질 권리; 19조: 언론과 표현의 자유에 대한 권리, 출판의 자유에 대한 권리; 20조: 종교에 대한 권리; 21조: 의무적인 종교세 금지; 22조: 교육기관에서 종교교육을 강요당하지 않을 권리; 23조: 재산을 획득하고, 소유하며, 처분할 권리; 24조: 강제적 재산 몰수 금지; 25조: 법 앞의 평등; 26조: 법적 절차에서의 차별 금지; 27조: 임용에서의 차별 금지; 28조: 자신의 언어를 보존하고 촉진할 권리; 33조: 시민들 사이에서의 지역, 인종, 부족, 종파, 지방적인 편견 금지; 34조: 모든 국가 영역의 활동에 여성의 완전한 참여; 35조: 결혼, 가족, 모성과 아동의 보호; 36조: 소수자의 정당한 권리와 이해의 보호; 37조: 낙후된 계급이나 지역의 교육적·경제적 이익의 촉진; 38조: 국민의 복리; 106조: 투표권.

340 Candace Rondeaux, "Musharraf Exits, but Uncertainty Remains," Washington Post, Foreign Service, Tuesday, August 19, 2008, A01면.

341 "Iftikhar Muhammad Chaudhry Resumes Office as Chief Justice," *Pakistan Times*, Pak affairs, Politics, Mar 22, 2009.

342 Laura King, "Protesters Savor Victory in Pakistan," *Los Angeles Times*, March 16, 2009.

343 파키스탄 헌법, 앞의 주339의 조항 참조.

344 파키스탄 헌법 서문.

345 서문은 권리가 법과 도덕에 종속되어 있다는 점을 강조한다. 파키스탄 헌법 서문 참조.

346 파키스탄 헌법 제20조(a)항.

347 같은 곳.

348 파키스탄 헌법 제17조 (1)항.

349 자유권규약 제7조.

350 파키스탄 헌법 제14조 (2)항.

351 사회권규약 제8조.

352 사회권규약 제9조.

353 Zahid Hussain, "Matthew Rosenberg, and Jay Solomon, U.S. Urges Pakistan to Repel Taliban," *The Wall Street Journal*, Asia News, A1, Apt. 24, 2009.

354 많은 아시아 국가에서, 국가보안법이나 내부보안법의 수정은 논쟁적인 영역 중의 하나였다.

355 Potter, 앞의 글(주20).

356 Lawyers Committee for Human Rights, *Opening to Reform? An Analysis of China's Revised Criminal Procedure Law* (Human Rights First 1996).

357 같은 책. 여전히 적절한 보호가 미치지 못하는 영역들이 있다. 예를 들면, 무죄 추정의 원칙, 행정적 제재, 불법적으로 수집한 증거의 사용, 상소권, 구제 방법 등이 이런 영역들에 속한다.

358 법무부와 시민사회는 국가인권위원회를 설립하는 과정 동안 그 제도의 본성에 관하여 첨예하게 대립했다. 그들이 빠리원칙(Paris Principles)에 의거하여 합의에 도달한 후에, 국가인권위원회는 사회에서 중요한 변화를 만들면서 한국에서 인권문제를 제기하기 위한 대안적인 경로로서 작동하기 시작했다.

359 Human Rights Watch, *World Report 2006* (Seven Stories Press 2006), 2면 참조.

360 Wood, 앞의 책(주223) 참조.

361 Ann E. Kent, *China, the United Nations, and Human Rights: The Limits of Compliance* (University of Pennsylvania Press 1999), 231면.

362 S. Sothi Rachagan and Ramdas Tikamdas eds., *Human Rights and the National Commission* (Malaysia National Human Rights Society 1999), 134~36면.

363 Harold Hongju Koh, "Why Do Nations Obey International Law?" 106 *The Yale Law Journal* 2599 (1997), 2602면 참조.

364 이 책 3.4.2 참조.

365 해럴드 고는 이를 "초국가적인 법적 과정"으로 강조하는데, 이는 "하나의 국제법 규정이 다양한 법-선언 포럼에서 초국가적 행위자들의 상호작용을 통

해 해석되고, 그 연후에 한 국가의 국내법 체계로 내면화되는 과정"을 의미한다. Koh, 앞의 글 2602면(주363) 참조. 또한 Koh, Harold Hongju, "The 1998 Frankel Lecture: Bringing International Law Home," 35 *Houston Law Review* 623 (1998), 626면 참조.

366 아세안의 사례를 참조.

367 Jack Donnelly, "International Human Rights: A Regime Analysis," 40 *International Organization* 599 (Summer, 1986), 628면 참조.

368 이 책 3.4 참조.

369 Fernand De Varennes, *Asia-Pacific Human Rights Documents and Resources* (Martinus Nijhoff 1998). 아시아 국가들이 참여하고 있는 보편적인 인권조약들은 다음과 같다. 유엔헌장, 세계인권선언, 자유권규약, 자유권규약 제1선택의정서, 자유권규약 제2선택의정서, 사회권규약, 인종차별철폐협약, 여성차별철폐협약, 고문방지협약, 아동권리협약, 이주노동자협약, 제노사이드 협약(Genocide Convention), 전쟁 범죄와 인본성에 반하는 죄에 대한 시효 부적용에 관한 협약(Convention on the Non-Applicability of Statutory Limitations to War Crimes and Crimes against Humanity, 1968), 아파르트헤이트 범죄의 진압 및 처벌에 관한 국제협약(International Convention on the Suppression and Punishment of the Crime of Apartheid, 1973), 스포츠에서 아파르트헤이트에 반대하는 국제협약(International Convention against Apartheid in Sports, 1985), 여성의 정치적 권리에 관한 협약(Convention on the Political Rights of Women), 무력 충돌에서 아동의 참여에 관한 아동권리협약 선택의정서(Optional Protocol to CRC on the Involvement of Children in Armed Conflict), 아동의 안전, 아동 매춘, 아동 포르노에 관한 아동권리협약 선택의정서(Optional Protocol to CRC on the Safe of Children, Child Prostitution and Child Pornography), 노예제 협약(Slavery Convention. 1927), 노예제 협약 수정 의정서(Protocol amending the Slavery Convention, 1953), 교정의 국제적 권리에 관한 협약(Convention on the International Right of Correction, 1952), 결혼에의 동의, 최연소 연령, 결혼신고에 관한 협약(Convention on Consent to Marriage, Minimum Age for Marriage and Registration of Marriages, 1962), 결혼한 여성의 국적에 관한 협약(Convention on the Nationality of Married Women, 1957), 무국적의 감소에 관한 협약

(Convention on the Reduction of Statelessness, 1954), 무국적자의 지위에 관한 협약(Convention relating to the Status of Stateless Persons ,1954), 난민의 지위에 관한 협약(Convention relating to the Status of Refugees, 1950), 난민의 지위에 관한 의정서(Protocol relating to the Status of Refugees, 1966).

370 차별(고용과 직업) 협약(Discrimination (Employment and Occupation) Convention, 1958), 동일 보수 협약(Equal Remuneration Convention, 1951), 강제노동 협약(Forced Labour Convention, 1930), 강제노동 금지 협약(Abolition of Forced Labour Convention, 1957), 결사의 자유와 조직할 권리의 보호 협약(Freedom of Association and Protection of the Right to Organize Convention, 1948), 조직할 권리와 단체교섭 협약(Right to Organize and Collective Bargaining Convention, 1949), 노동자들의 대표 협약(Workers' Representatives Convention, 1973), 노동 관계(공공 서비스) 협약(Labour Relations [Public Service] Convention, 1978), 고용 정책 협약(Employment Policy Convention, 1964), 단체교섭 촉진에 관한 협약(No. 154) (Convention concerning the Promotion of Collective Bargaining, 1981), 고용 촉진과 실업에 대한 보호와 관련된 협약(No. 168) (Convention concerning Employment Promotion and Protection against Unemployment, 1988), 독립국가에서 토착민과 부족민에 관한 협약(No. 169) (Convention concerning Indigenous and Tribal Peoples in Independent Countries, 1989).

371 전장에 있는 군대의 부상자와 병자의 상태 개선을 위한 제네바 협약(Geneva Convention (I) for the Amelioration of the Condition of the Wounded and Sick in Armed Forces in the Field, 1949), 해상에 있는 군대의 부상자, 병자, 난파자의 상태 개선을 위한 제네바 협약(Geneva Convention (II) for the Amelioration of the Condition of Wounded, Sick and Shipwrecked Members of Armed Forces at Sea, 1949), 전쟁 포로의 취급에 관련된 제네바 협약(Geneva Convention relative to the Treatment of Prisoners of War, 1949), 전시에 민간인의 보호에 관련된 제네바 협약(Geneva Convention relative to the Protection of Civilian Persons in Time of War, 1949), 제네바 협약에 대한 부속 의정서와 국제 무력 충돌의 희생자의 보호와 관련된 의정서(Protocol Additional to the Geneva Conventions of 12 August 1949, and relating to the Protection of Victims of International Armed

Conflicts (Protocol I) 1977), 제네바 협약에 대한 부속 의정서와 비국제적 무력 충돌의 희생자의 보호와 관련된 의정서(Protocol Additional to the Geneva Conventions of 12 August 1949, and relating to the Protection of Victims of Non-International Armed Conflicts [Protocol II], 1977).

372 De Varennes, 앞의 책(주369) 참조. 아시아 국가들이 참여하고 있는 인권의 함의를 포함하는 양자간, 다자간 조약은 다음과 같다. 티벳의 평화적 해방을 위한 수단에 관한 중앙 인민 정부와 티벳 지방 정부의 협정(Agreement of the Central People's Government and the Local Government of Tibet on Measures for Peaceful Liberation of Tibet, 1951), 캄보디아 분쟁의 포괄적인 정치적 해결에 관한 협정(Agreement on a Comprehensive Political Settlement of the Cambodia Conflict, 1991), 실론에서 인도 출신 사람들의 지위와 미래에 관한 협정(Agreement on Status and Future of Persons of Indian Origin in Ceylon [Citizenship and Nationality], 1964), 인도와 말레이시아 간의 관계를 정상화하기 위한 협정(Agreement to Normalise Relations Between the Republic of Indonesia and Malaysia, 1966), 중국의 홍콩 특별 행정 지역에 관한 기본법(Basic Law of the Hong Kong Special Administrative Region of the People's Republic of China, 1990), 인도네시아와 네덜란드가 체결한 주권 이양에 관한 헌장(Charter of Transfer of Sovereignty concluded by Indonesia and the Netherlands, 1949).

373 Agreement between the Republic of Indonesia and the Kingdom of the Netherlands Concerning West New Guinea (West Irian) (1962), UN Document A/5170. De Varennes, 앞의 책 6면(주369) 참조.

374 주373의 협정 XIV, XV, XXII조.

375 Agreement Concerning the Sovereignty, Independence, Territorial Integrity and Inviolability, Neutrality and National Unity of Cambodia (1991), 3조. De Varennes, 앞의 책 12면(주369) 참조.

376 아세안의 제도적 측면에 관한 논의로는 이 책 4.5.2 참조.

377 아세안 선언, 방콕, 1967년 8월 8일.

378 아세안의 탄생에 관해서는 Thanat Khoman, ASEAN Conception and Evolution (Sept. 1, 1992), http://www.asean.org/thanat.htm (2011년 9월 15일 검색). 그리고 S. Rajaranam, ASEAN: The Way Ahead(Sept. 1, 1992), http://www.

asean.org/13992.html (2011년 9월 15일 검색) 참조. 또한 이 책 4.5.2 참조.

379 Vienna Declaration and Programme of Action UN, GAOR, World Conference on Human Rights, 48th Sess., 22nd Plen. Mtg. P 15, UN Doc. A/CONF. 157/24 (1993).

380 Joint Communiqué of the Twenty-Sixth ASEAN Ministerial Meeting Singapore, 23-24 July 1993. http://asean.org/?static_post=joint-communique-of-the-twenty-sixth-asean-ministerial-meeting-singapore-23-24-july-1993 (2017년 1월 3일 검색).

381 같은 글 Section 16.

382 같은 글 Section 17.

383 The Kuala Lumpur Declaration on the Establishment of the ASEAN Charter, DEC. 12, 2005. www.aseans.org/18030.htm (2011년 9월 15일 검색).

384 Wahyudi Soeriaatmadja, "Cheer over ASEAN Charter," *The Straits Times*, Dec. 16. 2008.

385 Chairman's Statement of the 14th ASEAN Summit: "ASEAN Charter for ASEAN Peoples," February 28—March 1, 2009. http://asean.org/?static_post=chairman-s-statement-of-the-14th-asean-summit-asean-charter-for-asean-peoples (2017년 1월 3일 검색). 제도의 설립에 관한 보다 많은 논의로는 이 책 제4장을 참조.

386 남아시아지역협력연합의 제도적 측면에 관한 논의로는 이 책 4.5.3 참조.

387 The Social Charter of the South Asian Association for Regional Cooperation, Twelfth SAARC Summit, January 4-6 2004, http://www.eias.org/luncheons/saarc220104/socialcharter.pdf (2011년 9월 15일 검색).

388 "여성에 대한 차별이 인권 및 존엄성, 가족 및 사회의 복지와 양립할 수 없다"는 점을 재확인했을 뿐인데, 이는 국제 인권문제를 다루는 데 있어서 대단히 약한 표현이다.

389 Convention on Preventing and Combating the Trafficking in Women and Children for Prostitution (2002), http://www.humantrafficking.org/uploads/publications/SAARC_Convention_on_Trafficking Prostitution.pdf (2011년 9월 15일 검색).

390 SAARC Convention on Regional Arrangements for the Promotion of Child Welfare in South Asia (2002), http://www.jus.uio.no/english/services/library/treaties/02/2-04/saarc-traff-women-children.xml (2011년 9월 15일 검색).

391 이 회의는 아시아를 포함한 전세계가 광범위하게 참여하여 인권에 대한 관심을 새로이 활성화시키는 계기가 되었다. 세계인권선언을 아시아적 가치 논쟁의 공격으로부터 구해내기 위한 큰 전투였다고까지 표현할 수 있다. 이 회의에서 채택한 빈 선언과 행동강령으로 세계인권선언은 새로운 모습으로 다시 태어났다. 빈 선언을 채택하는 과정에서 지역의 준비 회의들이 장려되었고, 아시아 국가들은 방콕 선언을 채택했으며 아시아 지역 NGO들의 방콕 NGO 인권선언도 발표되었다.

392 The Final Declaration of the Regional Meeting for Asia of the World Conference on Human Rights, Mar. 29-Apr. 2, 1993, 2~9면. 이는 Report of the Regional Meeting for Asia of the World Conference on Human Rights, Bangkok, March 29-April 2, 1993 GENERAL A/CONF.157/ASRM/8A/CONF.157/PC/59 (1993), 2~9면에서 볼 수 있다.

393 NGO들 역시 방콕 NGO 인권선언을 채택했다(1993년 3월 23일). 이 책 3.6.4 참조.

394 앞의 주379.

395 Michael C. Davis, "Constitutionalism and Political Culture: The Debate over Human Rights and Asian Values," 11 *Harvard Human Rights Journal* 109 (1998), 112면.

396 Statement by the delegation of Indonesia. http://www.unhchr.ch/html/menu5/d/statemnt/statlist.htm (2009년 5월 1일 검색).

397 Pamela A. Jefferies, "Human Rights, Foreign Policy, and Religious Belief: An Asia/Pacific Perspective," 2000 *Brigham Young University Law Review* 885 (2000) 참조. 중국 정부의 입장이 완전히 변했다는 것을 의미하지는 않는다. 예를 들어, 중국의 전 외교장관인 탕 자쉬안(唐家璇)은 1999년 유엔 총회 연설에서 다음과 같이 말했다. "인권문제는 핵심적으로 한 국가의 내적인 문제이고 그 자신의 노력을 통해 그 국가의 정부에 의해 다루어져야 합니다."

398 워크숍의 활동에 관한 보다 구체적인 논의는 이 책 4.4.1.1 참조.

399 The Conclusions of the 13th Workshop on Regional Cooperation for the Promotion and Protection of Human Rights in the Asia-Pacific Region, Beijing, People's Republic of China, Aug. 30-Sept. 2, 2005.

400 그들은 다음과 같이 강조했다. "인권의 촉진과 보호의 주된 초점은 국가 수준에 있으며 그것을 보장하는 일차적인 책임도 국가에 있다." 같은 글 참조.

401 UN High Commissioner for Human Rights Opens the 14th Annual Workshop on Regional Cooperation for the Promotion and Protection of Human Rights in the Asia-Pacific Region. http://www.un.or.id/press.asp?Act=10026;FileID=20070710-1&dang=en (2009년 5월 1일 검색).

402 Conclusion of the Fifteenth Workshop on Regional Cooperation for the Promotion and Protection of Human Rights in the Asia-Pacific Region, Bangkok, April 21-23, 2010, www2.ohchr.org/English/bodies/hrcouncil/docs/15session/A.HRC.15.39.en.pdf (2012년 1월 10일 검색). 이 워크숍의 제도적 측면에 대해서는 이 책 4.4.1.1 참조.

403 아태국가인권기구포럼의 활동과 그것의 제도적 의미에 대해서는 이 책 4.4.1.2 참조.

404 Asia Pacific Forum, APF Members. http://www.asiapacificforum.net/memers/apf-member-categories (2011년 9월 15일 검색). 이 포럼의 창립 회원국은 호주, 뉴질랜드, 인도, 인도네시아다.

405 Asia Pacific Forum, Annual Meetings. http://www.asiapacificforum.net/aout/annual-meetings (2011년 9월 15일 검색).

406 APF Conference Concluding Statement, "Thirteenth Annual Meeting of the Asia Pacific Forum of National Human Rights Institutions," Kuala Lumpur, Malaysia (Jul. 28-31, 2008). http://www.asiapacificforum.net/about/annual-meetings/13th-malaysia-2008/downloads/conference-concluding-statement/APF13%20Concluding%20Statement.doc (2011년 9월 15일 검색).

407 세계인권선언 제29조(2)항: "권리와 자유를 행사함에 있어, 모든 사람들은 오직 법에 의해 결정된 다음의 제한들에만 종속될 것이다. 타인의 권리와 자유의 인정과 존중을 보장하려는 목적의 경우와 도덕, 공공질서, 민주사회에서의 일반적인 복지의 정당한 요구들을 충족시키려는 목적의 경우."

408 APF Conference Concluding Statement, 앞의 글(주406).

409 APF Terms of Reference http://www.asiapacificforum.net/acj/downloads/ACJ. Terms_of_Reference.doc (2011년 9월 15일 검색) 참조.

410 ACJ www.asiapacificforum.net/acj (2011년 9월 15일 검색).

411 APEC, 2008 Leaders' Declaration, Nov. 22-23, 2008. http://www.apec.org/ Meeting-Papers/Leaders-Declarations/2008/2008_aelm.aspx (2011년 9월 15일 검색).

412 The Final Declaration of the Regional Meeting for Asia of the World Conference on Human Rights, Mar. 29-Apr. 2, 1993. 이는 Report of the Regional Meeting for Asia of the World Conference on Human Rights, Bangkok, March 29-April 2, 1993 GENERAL A/CONF.157/ASRM/8A/CONF.157/PC/59 (1993), 2~9면에서 볼 수 있다.

413 De Varennes, 앞의 책 147면(주369).

414 De Varennes, 앞의 책 116면(주369)에서 볼 수 있다.

415 앞의 주379.

제4장

1 A. J. R. Groom and Paul Graham Taylor, *Frameworks for International Cooperation* (St. Martin's Press 1990), 23면 참조.

2 같은 곳.

3 Jonathan L. Black-Branch, "Observing and Enforcing Human Rights under The Council of Europe: The Creation of a Permanent European Court of Human Rights," 3 *Buffalo Journal of International Law* 1 (1996), 3면 참조.

4 Christina M. Cerna, "The Inter-American System for the Protection of Human Rights," 16 *Florida Journal of International Law* 195 (2004), 197면.

5 John Yukio Gotanda, "Regional Institutions in East Asia and the Pacific: Is the Time Ripe?" 89 *American Society of International Law Proceedings* 471 (1995), 471~72면.

6 Lorraine C. Cardenas and Arpaporn Buranakanits, "The Role of APEC in the Achievement of Regional Cooperation in Southeast Asia," 5 *Annual Survey of In-*

ternational and Comparative Law 49 (1999), 74면.

7 Richard Falk, "Regionalism and World Order after the Cold War," 49 *St. Louis-Worsaw Transatlantic Journal* 71 (1995), 75면.

8 이 책 4.4.1.2 참조.

9 이 책 4.4.1.1 참조.

10 이 책 4.4.1. 참조.

11 이 책 4.4.1.4 참조.

12 이 책 4.4.2.1 참조.

13 이 책 4.4.2.2 참조.

14 Joan Fitzpatrick, "The Role of Domestic Courts in Enforcing International Human Rights Law," in Hurst Hannum ed., *Guide to International Human Rights Practice* (Transnational Publishers 1999), 261면.

15 인도네시아가 설립한 인권법정(법 26/2000)을 참조. 또한 캄보디아의 혼합 재판의 사례를 참조. 이 책 5.4.3.3 참조.

16 Tom Ginsburg, "Confucian Constitutionalism? The Emergence of Constitutional Review in Korea and Taiwan," 27 *Law & Social Inquiry* 763 (2002), 765면. 또한 이 책 4.6.1 참조.

17 Baik, Tae-Ung, "Justice Incomplete: The Remedies for the Victims of Jeju April Third Incidents," in Shin, Gi-Wook et al. eds., *Rethinking Historical Injustice in Northeast Asia: The Korean Experience in Regional Perspective*(Routledge, 2006) 참조.

18 이 책 4.2 참조.

19 이 책 4.3, 4.4, 4.5, 4.6. 참조.

20 Groom and Taylor, 앞의 책(주1) 참조. 또한 Paul Graham Taylor, *International Organization in the Modern World: The Regional and the Global Process* (Pinter Publishers 1993) 참조.

21 Mary Caroline Parker, " 'Other Treaties': The Inter-American Court of Human Rights Defines its Advisory," 33 *American University Law Review* 211 (1983), 238~39면.

22 같은 책 239면.

23 같은 곳.

24 UN ECOSOC Res. 115 (XLI), Aug. 5, 1966.

25 Report of the 'Ad-Hoc' Study Group, UN Doc. E/CN.4/966, Jan. 26, 1968.

26 UN GA Res. 32/127, Dec. 16, 1977.

27 Cerna, 앞의 글 212면(주4).

28 Dinah Shelton, "The Boundaries of Human Rights Juridiction in Europe," 13 *Duke Journal of Comparative and International Law* 95 (2003), 96면. 독립국가 연합(CIS)의 인권 기능을 유럽 체계의 일부로 추가할 수 있을지 모르지만, 이는 이 책이 다루고 있는 범위를 벗어난 것이다. Convention on Human Rights and Fundamental Freedoms of the Commonwealth of Independent States (1995).

29 European Convention for the Protection of Human Rights and Fundamental Freedoms. 유럽인권협약은 1950년 11월 4일 체결되어 1953년 9월 3일 발효되었다.

30 Black-Branch, 앞의 글(주3) 참조.

31 European Social Charter, Oct. 18, 1961 (1965년 2월 26일 발효), 529 UNTS 89.

32 European Convention for the Prevention of Torture and Inhuman or Degrading Treatment or Punishment, No. 4, 1993 (2002년 3월 1일 발표), ETS 151.

33 Framework Convention for the Protection of National Minorities, Feb. 1, 1995 (1998년 2월 1일 발효), ETS 15.

34 ECHR, *The European Court of Human Rights — Some Facts and Figures: 1998-2008* (2008), 1면.

35 Protocol No. 11 to the European Convention for the Protection of Human Rights and Fundamental Freedoms, 1994년 3월 11일 (Nov. 1, 1999), ETS 155.

36 Black-Branch, 앞의 글(주3) 참조.

37 European Social Charter, Oct. 18, 1961, 529 UNTS 89(주31).

38 Shelton, 앞의 글 102면(주28) 참조.

39 Member States of the Council of Europe and the European Social Charter. http://www.coe.int/en/web/portal/47-members-states (2016년 12월 5일 검색).

40 Kevin Boyle, "The Council of Europe, the OSCE, and the European Union," in

Hannum ed., 앞의 책(주14).

41 European Committee of Social Rights Rules. Feb. 20, 2009, rule 23 참조.

42 Conference on Security and Co-operation in Europe Final Act (1975). http://www.osce.org/documents/html/pdftohtml/4044_en_pdf_html (2011년 9월 15일 검색).

43 Shelton, 앞의 글 102면(주28).

44 Participating States. www.osce.org/participating-States (2016년 6월 30일 검색) 참조.

45 The EU & the Organisation for Security and Co-operation in Europe (OSCE) Overview. http://ec.europa.eu/external_relations/osce/index.htm (2009년 5월 1일 검색).

46 같은 글.

47 Boyle, 앞의 글 157면(주42) 참조.

48 같은 글 137면.

49 Treaty on European Union, Aug. 31, 1992, OJ (C224).

50 같은 글 서문과 B조 참조.

51 The History of the European Union, https://europa.eu/european-union/about-eu/countries/member-countries_en (2016년 12월 5일 검색).

52 ECJ, The Court of Justice of the European Communities: Historic Landmarks, Buildings and Symbols. http://curia.europa.eu/jcms/upload/docs/application/pdf/2009-03/en_historique.pdf (2011년 9월 15일 검색).

53 Laurence R. Helfer and Anne-Marie Slaughter, "Toward a Theory of Effective Supranational Adjudication," 107 *The Yale Law Journal* 273 (1997), 290면.

54 같은 글 291면.

55 같은 곳.

56 Shelton, 앞의 글 118면(주28) 참조.

57 Boyle, 앞의 글 156~57면(주42).

58 같은 글 157면.

59 The OAS Member States. http://www.oas.org/en/member_states (2016년 12월 5일 검색). 쿠바는 1962년 제8차 외교장관회의의 결의안에 의해 참여가 배제되

었다.

60 OAS Res. XXX, adopted by the Ninth International Conference of American States (1948).

61 Christina M. Cerna, "The Inter-American System for the Protection of Human Rights," 16 *Florida Journal of International Law* 195, 197 (2004), 197면.

62 Dinah Shelton, "The Inter-American Human Rights System," in Hannum ed., 앞의 책 124면(주14) 참조. 또한 다음의 활동들에 권한을 갖는다. 일반적인 상황의 면밀한 분석에 참여하거나 특정한 상황을 조사하기 위하여 국가들을 방문, 미주에서 인권과 관련된 공적 의식의 고양, 콘퍼런스·세미나 및 회합의 조직, 미주기구 회원국들에 인권보호에 공헌할 수단을 채택할 것을 권고, 긴급한 경우에 인권이 심각하고 회복할 수 업을 만큼 침해받는 것을 피하기 위하여 구체적인 '예방적 수단'을 수용하도록 국가들에게 요청, 미주인권재판소에 사례들을 제출하고 기소의 경우에 법 앞에 호소하며 미국인권협약 해석의 문제와 관련하여 미주인권재판소로부터 권고 의견을 요청. IACHR, What is the IACHR?, http://www.cidh.oas.org/what/htm (2011년 9월 15일 검색).

63 IACHR, http:// www.corteidh.or.cr (2011년 9월 15일 검색) 참조. 협약은 미주 국가들의 정서를 반영하고 있는데, 태아가 수정되는 순간부터 생명권을 갖는 것으로 규정하는 협약 제4조가 하나의 좋은 예다.

64 트리니다드토바고는 사형제에 대한 이견으로 인해 1998년 5월 26일 미주인권협약 탈퇴를 통보했다. IACHR, 앞의 글(주62). 베네수엘라도 2012년 미주인권협약을 탈퇴했다. http://www.oas.org/dil/treaties_B-32_American_Convention_on_Human_Rights_sign.htm# (2016년 12월 5일 검색).

65 미주인권협약(1969) 제61조 (1)항.

66 IACHR, 앞의 글(주62).

67 2008 Annual Report of the Inter-American Court of Human Rights. http://www.corteidh.or.cr/docs/informes/eng2008.pdf (2011년 9월 15일 검색).

68 AfricanUnion (AU), Member States. http://www.au.int/en/AU_Member_States (2016년 12월 5일 검색).

69 아프리카통일기구의 목적은 "아프리카 대륙에서 식민화와 아파르트헤이트의 남아 있는 잔재를 청산하고, 아프리카 국가들간의 통일과 연대를 촉진하며, 발

전을 위한 협력을 조정하고 강화하며, 회원국의 주권과 영토적 통일성을 보장하고 유엔의 틀 내에서 국제적 협력을 촉진하는 데 있다." 1999년 채택된 서르테 선언(the Sirte Declaration)은 아프리카연합의 역할을 "대륙에서 통합의 과정을 가속화하여 전지구적 경제에서 올바른 역할을 할 수 있도록 해주며 동시에 지구화의 부정적인 측면들에 의하여 악화된 다면적인 사회적·경제적·정치적 문제들을 다루는 데 있다"고 명시하고 있다. 같은 글 참조.

70 African Charter on Human and Peoples' Rights, OAU Doc. CAB/LEG/67/ 3rev.5.21 ILM 58 (1982). 헌장은 1981년 6월 27일에 체결되었고, 1986년 10월 21일 모든 회원국이 비준함으로써 발효되었다.

71 '의무'와 '인민의 권리'라는 개념을 인권규범의 중요한 부분으로 고려하는 아프리카 국가들의 정서가 헌장에 잘 반영되어 있다.

72 Protocol to the African Charter on Human and Peoples' Rights, OAU Doc. OAU/LeG/MIN/AFCHPR/PROT.1 rev.2 (1997) 참조.

73 Protocol on the Statute of the African Court of Justice and Human Rights, article 1, 2 참조.

74 Mark W. Janis, *International Courts for the Twenty-First Century* (Martinus Nijhoff 1992), 105~16면.

75 Eric Stein, "International Integration and Democracy: No Love at First Sight," 95 *American Journal of International Law* 489 (2001), 516면.

76 Boyle, 앞의 글 157면(주40).

77 같은 글 157~58면.

78 멕시코와 브라질은 1998년에 미주인권재판소의 법적 구속력 있는 사법권을 인정했다. B-32: American Convention on Human Rights, "Pact of San Jose, Costa Rica." http://www.oas.org/juridico/english/Sigs/b-32.html (2011년 9월 15일 검색).

79 Falk, 앞의 글 86면(주7).

80 Joseph S. Nye and Harvard University Center for International Affairs, *International Regionalism: Readings* (Little, Brown and Company 1968), 79면 참조.

81 같은 곳.

82 같은 곳.

83 Dinah Shelton, "The Promise of Regional Human Rights Systems," in Burns H. Weston and Stephen P. Marks eds., *The Future of International Human Rights* (Transnational 1999), 353~54면. 또한 Nye and Harvard University Center for International Affairs, 앞의 책 vi-vii(주28) 참조.

84 유엔인권최고대표사무소는 지역 사무소 등을 설립하여 현지의 참여를 높이기 위한 시도들을 해오고 있다. OHCHR in the World: Making Human Rights a Reality on the Ground. http://www.ohchr.org/EN/Countries/Pages/WokinField.aspx (2011년 9월 15일 검색).

85 David P. Forsythe and Patrice C. McMahon, Human Rights and Diversity: Area Studies Revisited (University of Nebraska Press 2003), 311면.

86 The Final Declaration of the Regional Meeting for Asia of the World Conference on Human Rights, Mar. 29-Apr. 2, 1993 참조. Report of the Regional Meeting for Asia of the World Conference on Human Rights, Bangkok, March 29-Apr. 2, 1993, GENERAL/A/CONF.157/ASRM/8A/CONF.157/PC/59 (1993), 452면에서 볼 수 있다.

87 George William Mugwanya, "Realizing Universal Human Rights Norms through Regional Human Rights Mechanisms: Reinvigorating the African System," 10 *Indiana International & Comparative Law Review* 35 (1999).

88 Forsythe and McMahon, 앞의 책 311면(주85).

89 이 책 4.3, 4.4, 4.5 참조.

90 그들은 종종 '인권'보다는 '인간안보'(human security)라는 용어를 사용하는 것을 선호하고, 여성의 권리, 아동의 권리, 혹은 이주노동자의 권리라는 특수한 주제들에 초점을 맞춘다.

91 이 책 4.4.2 참조.

92 이 책 4.7 참조.

93 이 책 4.8 참조.

94 The Final Declaration of the Regional Meeting for Asia of the World Conference on Human Rights, Mar. 29-Apr. 2, 1993, 앞의 글 2~9면(주86).

95 안전보장이사회는 회원국에 구속력 있는 결정을 내리는 유일한 기관이다. 여타의 기관들이 제정한 다른 모든 법들은 구속력이 없는 것으로 추천이나 조언에

가깝다. 안전보장이사회가 채택하는 결의안은 국제법 체계하에서 구속력 있는 법으로 간주된다. 유엔헌장은 안전보장이사회가 택할 수 있을 행위에 관하여 상이한 범주들을 가지고 있다. 오늘날, 가장 자주 인용되는 조항은 7조인데, 이는 군사력과 군사적 개입을 통한 행위 메커니즘을 규정하고 있다.

96 과거에, 신탁통치이사회의 역할은 이전에 식민지였던 지역을 다루는 데 매우 중요했지만, 이 기관은 1994년 11월 1일 팔라우의 독립과 함께 활동을 유예했다. 유엔 개혁의 논의과정에서 몇몇 회원국들은 신탁통치이사회가 유엔인권이사회에 의해 대체될 수 있다고 생각했다. 새로운 위원회를 추가하기 위해서는, 유엔헌장이 수정되어야만 한다. 유엔헌장은 그동안 60여차례 이상 수정되었다. 그러나 유엔인권이사회는 헌장의 수정 없이 총회에서 결의안을 채택하는 방식으로 창설되었다.

97 국제사법재판소는 정부간 분쟁을 다루는 유엔의 공동 법정이다. 국제사법재판소의 권고 기능 역시 매우 효과적이다. 국제사법재판소는 규칙과 절차 규범들을 검토하고, 사안에 대한 권고 의견을 내놓는데, 이런 검토와 의견은 일반적으로 매우 설득력 있는 출처로 고려된다. 국제사법재판소의 판결은 분쟁 중인 국가들에는 구속력이 있지만 다른 국가들에는 구속력이 없다. 그러나 이 판결들은 매우 존중을 받으며, 국가 내 법원이나 지역 재판소의 판사들은 종종 국제사법재판소의 판결을 참조하고 있다. 국제사법재판소는 민법이나 관습법을 따르지 않으며, 그 절차에 관한 규칙은 그 둘의 혼합으로 이루어져 있다.

98 UN OHCHR, Human Rights Bodies. http://www.ohchr.org/EN/HRBodies/Pages/HumanRightsBodies.aspx (2011년 9월 15일 검색).

99 같은 글.

100 Joshua Muravchik, *The Future of the United Nations* (AEI Press 2005), 130~38면 참조.

101 반기문이 유엔 사무총장이 된 뒤 한국인 직원의 급격한 증가와 관련된 불만이 있었다. Colum Lynch, "Under U.N. Chief, Koreans in Key Posts: Ban Ki-moon Denies Playing Favorites," *Washington Post*, October 21, 2007, A20면 참조.

102 UNITED NATIONS HUMAN RIGHTS COUNCIL, Current Membership of the Human Rights Council. http://www.ohchr.org/EN/HRBodies/HRC/Pages/MembersByGroup.aspx (2016년 12월 5일 검색). 유엔인권이사회는 유엔 개

혁 운동의 일환으로 유엔인권위원회를 대체하여 2006년 설립되었다. 인권위원회는 이중잣대와 선택성(selectivity)이 만연하는 부패한 정치적 포럼으로 비판받았다. 불합리한 회원 선거 결과는 격렬한 비판의 대상이었다. 구체계를 개선하기 위한 노력의 일환으로 인권이사회가 설립되었으며, 이런 노력에는 회의 기간을 연장하고 규범적인 기준을 강화하는 것이 포함되어 있었다. 인권 상황 정례 검토 메커니즘은 가장 중요한 긍정적 변화들 중 하나로 간주되며, 그 기구의 활동이 보다 적기에 적절한 방식으로 이루어질 것으로 기대되고 있다. 인권이사회가 인권위원회를 대체한 후에, 인권 싱크탱크였던 인권 소위원회는 자문위원회(the Advisory Committee)로 바뀌게 되었다.

103 Universal Periodic Review. http://www.ohchr.org/EN/HRBodies/UPR/Pages/UPRMain.aspx (2011년 9월 15일 검색) 참조.

104 이들 국가는 인도네시아, 인도, 필리핀, 한국, 파키스탄, 일본, 스리랑카, 방글라데시, 중국, 말레이시아 등이다. 같은 글 참조.

105 UNHCHR, Human Rights Committee. http://www.ohchr.org/EN/HRBodies/CCPR/Pages/Membership.aspx (2016년 10월 1일 검색) 참조. 현재 아시아에서는 이와사와 유우지(岩澤雄司)가 위원으로 포함되어 있다.

106 http://www.ohchr.org/EN/HRBodies/Pages/TreatyBodies.aspx (2016년 10월 1일 접속) 참조.

107 유엔인권위원회가 그 사례들을 검토했다.

108 2004년 9월 27일 현재 38명의 수임자 가운데 4명이 동아시아 출신으로, 이들은 인도 출신의 밀룬 코다리(Miloon Kothari), 아준 센굽타(Arjun Sengupta), 파키스탄 출신의 아스마 자한기르(Asma Jahangir)와 히나 질라니(Hina Jilani) 등이다.

109 A. M. Weisburd, "Implications of International Relations Theory for the International Law of Human Rights," 38 *Columbus Journal of Transnational Law* 45 (1999), 69면.

110 심지어 유엔인권이사회가 설립된 후에도 국제 포럼을 정치적인 장으로 삼는 일은 완전히 근절되지 않았다.

111 Cerna, 앞의 글 208면(주4) 참조.

112 백태웅, 「미국에서의 인권 소송: 일본군 위안부 사건을 중심으로」, 『고려법

학』 43호 (2004).

113 같은 글 208면.

114 미국은 과거에 권위주의 정권을 다루는 데 있어서, 또한 현재 핵확산 문제를 다루는 데 있어서 이중잣대 때문에 비판을 받아왔다. 국제적 규범과 원리가 이전보다는 덜 중요하게 취급됨에 따라 미국의 일방주의가 점차적으로 비판을 받게 되었다. 그러나 미국은 유엔 예산의 가장 큰 부분을 감당하고 있고 세계 평화와 안전을 유지하는 데 가장 중요한 역할을 하고 있기 때문에 그러한 비판을 불공정하게 느낄 수도 있다.

115 Muravchik, 앞의 책 123~28면(주100).

116 유엔권리사회의 회원으로 선출되기 위해서, 각 국가는 인권 서약을 제출해야만 한다.

117 동아시아 국가들은 그들의 본국에서 보다 덜 민감한 주제들에 좀더 많은 목소리를 내는 경향이 있다. 예를 들어, 여성의 권리와 아동의 권리는 그들이 동의하기에 상대적으로 쉬운 주제들이다.

118 예를 들어, 모든 아시아 국가들은 자국의 인권 상황을 설명하는 당사국 보고서를 제출해야만 한다. 당사국 보고서가 인권의 진정한 보호를 보장하는 것은 아니지만, 정부가 인권 현황을 인지하는 데에는 공헌한다.

119 심지어 북한도 인권이 현 권력에 의해 가장 잘 보호되고 있다고 주장함으로서 그 정권을 정당화하고 있다.

120 이 책 4.5 참조.

121 UNESCAP, History of UNESCAP. http://www.unescap.org/about/history (2016년 10월 19일 검색).

122 Committee on Emerging Social Issues, Terms of Reference. http://www.unescap.org/about/emerging.social.asp (2011년 9월 15일 검색).

123 같은 글.

124 Sharon K. Hom, "Commentary: Re-Positioning Human Rights Discourse on 'Asian' Perspectives," 3 *Buffalo Journal of International Law* 209, (Summer, 1996), 224면 참조.

125 저자는 유엔 아태경제사회위원회 관리와 진행한 인터뷰에서 이런 경향을 확인할 수 있었다(2006년 5월 인터뷰).

126 Cardenas and Buranakanits, 앞의 글 52면(주6).

127 APEC, Leaders' Declaration, APEC Leaders Economic Vision Statement, Nov. 20, 1993, http://www.apec.org/~/media/Files/LeadersDeclarations/1993/1993_ LeadersDeclaration.pdf (2017년 1월 3일 검색) 참조.

128 The Twenty-third ASEAN Economic Ministers Meeting, Malaysia, October 7-8, 1991 참조. 1990년 동아시아 경제 그룹(East Asian Economic Group)을 위한 제안과 이후의 지역조직의 다른 형태들은 회원 자격에서 미국을 배제했다.

129 Barfield, Claude, "The United States, Korea, China and the Rise of Asian Regionalism," *Aei-Kita Conference Proceedings* (2004), 13~14면. http://www.aei. org/files/2004/1026_Barfield.pdf (2012년 6월 11일 검색); http://s3.amazonaws. com/zanran_storage/www.aei.org/ContentPages/147698122.pdf (2016년 10월 19일 검색).

130 Cardenas and Buranakanits, 앞의 글 76면(주6) 참조.

131 현재의 회원국은 다음과 같다. 호주, 브루나이, 캐나다, 칠레, 중국, 홍콩, 인도네시아, 일본, 말레이시아, 멕시코, 뉴질랜드, 파푸아뉴기니, 페루, 필리핀, 러시아, 싱가포르, 한국, 대만, 태국, 미국, 베트남. APEC at a Glance, APEC#207- SE-05.5,2 (2008). http://www.srmm2008.apec.org/content/Documents/APEC_ at_a_glance_brochure.pdf (2011년 6월 11일 검색). 아태경제협력체는 현재 새로운 회원국의 가입을 중단한 상태지만, 새로운 회원국의 가입이 열릴 경우 좀더 많은 아시아 국가들이 가입할 가능성이 있다. 인도와 같은 몇몇 국가들은 이 기구에 가입하는 데 큰 관심을 보여왔다.

132 Cardenas and Buranakanits, 앞의 글 75면 (주6)참조.

133 같은 글 75면.

134 APEC, Leaders' Statement on Counter-terrorism, Oct. 21, 2001. http://apec. org/Meeting-Papers/Leaders-Declaration/2001/2001_aelm/~/media/Files/ Leaders-Declaration/2001/01_ldrs.counterterror.ashx (2011년 9월 15일 검색).

135 성명에서 아태경제협력체 지도자들은 다음과 같이 밝히고 있다. "우리는 북한이 아시아-태평양 공동체의 회원으로서 보다 활발하게 참여함으로서 경제적으로 이득을 얻을 잠재력이 있다는 점에 주목한다. 그러한 가능성은 한반도에 핵무기가 없는 상황에 달려 있다." APEC, 2002 Leaders' Statement on

North Korea, 2002, http://www.apec.org/Meeting-Papers/Leaders-Declarations/2002/2002_aelm/apec_leaders.statement.aspx (2011년 9월 15일 검색).

136 APEC, 2006 Leaders' Declaration, Nov. 18-19, 2006, http://www.apec.org/Meeting-Papers/Leaders-Declarations/2006/2006_aelm.aspx (2011년 9월 15일 검색).

137 APEC, 2008, Leaders' Declaration, Nov. 22-23, 2008, http://apec.org/Meeting-Papers/Leaders-Declarations/2008/2008_aelm.aspx (2012년 1월 10일 검색).

138 Chung, Suh-Yong, "Is the Mediterranean Regional Cooperation Model Applicable to Northeast Asia?" 11 *Georgetown International Environmental Law Review* 363 (1999), 395면.

139 APEC, The Eighteenth APEC Ministerial Meeting Joint Statement, Nov. 15-16, 2006, http://www.apec.org/Meeting-Papers/Ministerial-Statements/Annual/2006/2006_amm.aspx (2012년 6월 11일 검색).

140 Cardenas and Buranakanits, 앞의 글 75면(주6) 참조.

141 같은 곳 참조.

142 Andrew Gamble and Anthony Payne eds., *Regionalism and World Order* (St. Martin's Press 1996), 192면 참조.

143 Glenn D. Hook and Ian Kearns, *Subregionalism and World Order* (St. Martin's Press 1999), 165면 참조.

144 Gaye Christoffersen, "ASEAN Plus Three in the Construction of an East Asian Regional Order," in Lee, Lai To et al. eds., *Asia in the New Millennium* (Marshall Cavendish Academic 2004), 144면.

145 The ASEAN Regional Forum. http://www.aseanregionalforum.org/AboutUs/tabid/57/Default.aspx (2011년 9월 15일 검색).

146 Chairman's Statement, The First ASEAN Regional Forum Meeting, 1999.

147 Chairman's Statement, The Twelfth Meeting of the ASEAN Regional Forum, 2005, para. 15.

148 S. Pushpanathan, "ASEAN's Strategy towards its Dialogue Partners and ASEAN Plus Three Process," ASEAN-Coci Seminar on ASEAN New Issues and

Challenges, Ha Noi (Nov. 3-4, 2003).

149 Frank Frost and Ann Rann, "The East Asia Summit, Kuala Lumpur, 14 December 2005, Issues and Outcomes," http://www.aph.gov.au/About_Parliament/Parliamentary_Departments/Parliamentary_Library/Publications_Archive/archive/eastasiasummit (2017년 1월 3일 검색).

150 The Twenty-third ASEAN Economic Ministers Meeting, Malaysia, Oct. 7-8, 1991 참조. 또한 Frost and Rann, 앞의 글(주149) 참조. 동아시아경제그룹을 위해 제안된 회원 자격은 아세안 국가들과 일본, 중국, 한국으로 구성되어 있다.

151 Termsak Chalermpalanupap, "Towards an East Asia Community: The Journey Has Begun," *ASEAN Staff Paper* (October 17-19, 2002). http://asean.org/towards-an-east-asia-community-the-journey-has-begun-by-termsak-chalermpalanupap (2017년 1월 2일 검색).

152 같은 글 참조.

153 같은 글 참조.

154 Falk, 앞의 글 75면(주7).

155 Chalermpalanupap, 앞의 글(주151) 참조.

156 Pushpanathan, 앞의 글(주148).

157 같은 글 para. 20.

158 ASEAN Plus Three Summit, *Final Report of the East Asia Study Group* (2002), 20면 참조. 단기간의 수단에는 동아시아 포럼 설립, 강한 정체성과 동아시아 의식을 촉진하기 위한 문화적·교육적 기구들과의 공동 작업, 이 지역에서 동아시아 연구의 촉진 등이 포함되어 있다.

159 같은 책 43면. 중장기 수단에는 동아시아 자유무역 지대 형성, 아세안+3 정상회의의 동아시아정상회의로의 진화, 사회문제들을 다루는 데 있어서 시민적 참여와 국가-시민사회 파트너십을 고양하기 위한 정책 협의와 조정에서 NGO들과의 공동작업 등이 포함되어 있다.

160 Frost and Rann, 앞의 글(주149).

161 같은 글.

162 Kuala Lumpur Declaration on the East Asia Summit, Kuala Lumpur, Dec. 14, 2005.

163 Chairman's Statement of the First East Asia Summit, Kuala Lumpur, Dec. 14, 2005 참조.

164 Chairman's Statement of the Second East Asia Summit, Cebu, the Philippines, Jan. 15, 2007, para. 19.

165 Chairman's Statement of the 3rd East Asia Summit, Singapore, Nov. 21, 2007.

166 Cha-am Hua Hin, Chairman's Statement of the 4th East Asia Summit, Oct. 25, 2009.

167 같은 글.

168 Chairman's statement of the 5th East Asia Summit, Ha Noi, Viet Nam, 30 October 2010.

169 같은 글. 동티모르와 파푸아뉴기니는 2006년에 아세안 가입 의사를 나타냈다. 만일 이 국가들이 아세안의 새로운 회원국이 된다면 동아시아정상회의에도 가입할 수 있을 것이다.

170 같은 글.

171 Chairman's Statement of the 6th East Asia Summit, Nov. 19, 2011, "ASEAN Community in a Global Community of Nations" paras. 1-2. http://www.asean. org/wp-content/uploads/images/2013/external_relations/11_chairmans%20 statement%20of%20the%206th%20eas.pdf (2017년 1월 3일 검색).

172 같은 글.

173 같은 글.

174 같은 글 참조.

175 "Dance of the Giants," *The Economist*, Nov. 21, 2011. http://www.economist. com/blogs/banyan/2011/china-and-america-south-east-asia (2012년 1월 15일 검색).

176 Chairman's Statement of the 6th East Asia Summit, 앞의 글(주171) 참조.

177 Hubert Wu, "Trans-Pacific Partnership Agreement: A Real Hope," Dec. 10, 2011, East Asia Forum (2011).

178 3차 동아시아정상회의 어젠다 항목은 다음과 같다. (1) 6자회담, 미얀마에서의 민족적 화해의 과정, 규칙에 근거한 다자간 교역체계를 위한 도하 개발 라운드(Doha Development Round)를 포함하는 지역적·국제적 쟁점들, (2) 에너

지, 환경, 기후변화와 지속 가능한 발전, (3)에너지 시장 통합의 촉진, (4) 동아시아정상회의의 미래 방향. 앞의 주175 참조.

179 Chairman's Statement of the Eleventh ASEAN Plus Three Summit, Singapore, Nov. 20, 2007.

180 앞에서 언급한 조직들이 아시아에서 지역기구의 전부는 아니다. 좀더 많은 지역협력 기구들이 활동하고 있다. 상하이 협력 조직은 중국, 러시아, 카자흐스탄, 키르기스스탄, 타지키스탄, 우즈베키스탄으로 구성되어 있다. 두만강 발전 프로그램은 중국, 북한, 러시아(조정위원회), 몽골, 한국(자문위원회), 일본(참관국)으로 이루어져 있다. 경제협력기구(ECO)는 정부간 지역조직으로 이란, 파키스탄, 터키에 의해 1985년 설립되었고, 7개의 새로운 회원국—아프가니스탄, 아제르바이잔, 카자흐스탄, 키르기스스탄, 타지키스탄, 투르크메니스탄, 우즈베키스탄—을 받아들이는 데로 확장했다. UNESCAP, Meeting the Challenges in an Era of Globalization by Strengthening Regional Development Cooperation 33 (2004) 참조. 이 조직의 목적은 지속 가능한 발전과 지역협력을 이루는 것이다. 경제협력기구는 우선적으로 지역 경제발전에 전념하고 있다. 16개 아시아 국가들간의 반해적에 관한 지역협력 협정(the Regional Cooperation Agreement on Anti-Piracy)—10개의 아세안 국가들과 일본, 인도, 중국, 한국, 스리랑카, 방글라데시—은 2006년 9월 4일 효력을 발휘하게 되었다. 일본이 주도한 이 협정은 긴밀한 지역협력의 또다른 예다.

181 Secretary-General, Report submitted in Accordance with Commission Resolution, 2001/77, E/CN.4/2002/WP3 (Mar. 8, 2002) 참조.

182 같은 글.

183 워크숍은 이제 매년 열리지 않는다. 제15차 워크숍이 열린 이후 현재에 이르기까지 16차 워크숍에 대한 어떠한 일정도 확정된 것이 없다.

184 Mary Robinson, Opening Statement, Ninth Workshop on Regional Cooperation for the Promotion and Protection of Human Rights in the Asia-Pacific Region in 2001 참조. 그들이 묘사했던 이 느린 속도의 접근법은 워크숍마다 약간씩 달랐지만, 대부분의 경우에 그들은 점진적인 벽돌 쌓기 접근법의 표현을 고수했다.

185 Regional arrangements for the promotion and protection of human rights in

the Asian and Pacific region, Report of the Secretary-General submitted in accordance with paragraph 27 of Commission on Human Rights resolution, 1997/45, E/CN.4/1998/50, March 12, 1998, Annex I.

186 같은 글 Annex II, ch. 3 참조.

187 같은 글 Annex II.

188 워크숍은 상당히 균등한 과정을 채택함으로써 네가지 부분 영역에서 개선사항을 제안했다. 첫째, 각각의 주제하에서 기존 관행과 실제 경험들에 관해 신중하게 연구함으로써 구체적인 국가행동계획을 세워야 한다. 둘째, 유엔인권최고대표사무소는 회원국의 요청이 있을 때 그런 계획들을 검토하고 실현하기 위한 기술적 원조와 상담을 제공해야 한다. 마지막으로, 회원국들간의 논의와 협력, 경험의 공유를 위해 정부간 워크숍을 정기적으로 개최한다.

189 Mary Robinson, Opening address at the Seventh Workshop on Regional Human Rights Arrangements in the Asian and Pacific Region Feb. 16-18. 메리 로빈슨은 기술적 협력 활동이 최다 수준이며(전세계의 40여개 국가에서 200여건) 기술적 협력을 위한 자발적 기금도 이제까지 달성한 최고 수준의 재정 지원(거의 1억 달러)이라고 보고했다. 또한 이 기간 동안 인권교육의 지속적인 발전이 이뤄졌다고 보고했다. 지역협력 노력을 계속해오는 데 있어서 유엔인권최고대표사무소 역할은 놀랄 만한 것이었다. 유엔인권최고대표사무소는 동남아시아 지부를 설립했고, 그 소지역 지부를 확장하는 데 지속적으로 노력하고 있다. 지역조직에 대한 유엔인권최고대표사무소의 지지와 아시아에서 지역 인권체제에 대한 유엔의 지원은 계속해서 이 캠페인을 위한 중요한 촉매가 될 것이다.

190 지역 수준에서 권고된 수단들은 다음과 같은 것들을 포함한다. 인권의 촉진과 보호를 용이하게 하기 위한 국가행동계획의 발전과 관련된 책자 배포, 유엔 훈련계획을 위한 참여자를 확보하려는 노력, 이 지역에서 사용되는 대중적이고 비공식적인 인권교육 방법에 관한 연구, 지역 및 국가 기구를 위한 훈련 프로그램의 제공, 경제적·사회적·문화적 권리와 발전에 대한 권리의 완전한 향유에 대한 지구화의 영향을 분석하기 위한 워크숍.

191 Conclusions of the Tenth Workshop on Regional Cooperation for the Promotion and Protection of Human Rights in the Asia-Pacific Region. Regional arrangements for the promotion and protection of human rights in the Asian and

Pacific region, Report of the Secretary-General submitted in accordance with Commission resolution 2001/77, E/CN.4/2002/WP3, Mar. 8, 2002. Annex I, http://bangkok.ohchr.org/events/asia-pacific-regional-framework-work-shop-2010/files/Conclusions.APRF10_2002_Beirut.pdf (2011년 9월 15일 검색).

192 Conclusions of the Twelfth Workshop on Regional Cooperation for the Promotion and Protection of Human Rights in the Asia-Pacific Region, Doha, March 2-4, 2004, http://bangkok.ohchr.org/news/events/asia-pacific-frame-work-workship-2010/files/Conclusion_APRF12_2004-Doha.pdf (2012년 1월 15일 검색).

193 The Conclusions of the Thirteenth Workshop on Regional Cooperation for the Promotion and Protection of Human Rights in the Asia-Pacific Region, Beijing, People's Republic of China, Aug. 30-Sept. 2, 2005

194 UN High Commissioner for Human Rights Opens the Fourteenth Annual Workshop on Regional Cooperation for the Promotion and Protection of Human Rights in the Asia-Pacific Region, http://bangkok.ohchr.org/news/events/asia-pacific-regional-framework-workshop-2010/files/conclusions_APRF14_2007-Bali.pdf (2012년 1월 15일 검색).

195 The Conclusions of the Fifteenth Workshop on Regional Cooperation for the Promotion and Protection of Human Rights in the Asia-Pacific Region, Bang-kok, April 21-23, 2010, http://www2.ohchr.org/english/bodies/hrcouncil/docs/15session/A.HRC.15.39_en_pdf (2012년 1월 15일 검색).

196 같은 글.

197 그 틀의 첫번째 부분으로서 국가 인권행동계획은 다양한 법을 개혁하고, 관선 각료를 초청하여 특정한 시간 범위 내에서 시민사회와의 파트너십을 촉진하기 위한 틀을 마련했다. 몇몇 지역적, 혹은 소지역적 차원에서 다양한 워크숍들이 열렸다. 『국가인권행동계획에 관한 안내서』(the Handbook on National Human Rights Action Plans)는 2003년에 출간되었고 다수의 아시아-태평양 국가들은 국가행동계획을 채택했다. 두번째 부분인 인권교육을 촉진하기 위하여, 유엔 인권최고대표사무소는 인권교육 정보를 위한 데이터베이스를 발전시켰고, 다

양한 국가에서 인권 교육과 훈련을 제공했다. 인권교육을 향상하기 위하여 몇몇 소지역적 워크숍이 열렸다. 세번째 부분인 국가인권기구의 구축에 관하여, 아태 국가인권기구포럼의 활동이 이 기간 동안 크게 증가했다. 여기에는 준회원을 포함하여 17개 회원 기구들이 참여하고 있다. 덧붙여, 아태국가인권기구포럼 법률 가자문위는 자문 의견을 제공함으로서 인권규범의 발전에 공헌하기 시작했다. 마지막으로, 경제적·사회적·문화적 권리와 개발권에 대한 네번째 부분하에서, 경제적·사회적·문화적 권리의 재판 회부 가능성(justiciability)에 관한 판사와 법률가 워크숍이 2001년과 2004년 기간 동안 각각의 소지역에서 열렸다.

198 워크숍은 인권문제를 다루는 데 있어 보다 효과적이어야 한다. 예를 들어, 국가인권행동계획을 위한 캠페인은 현지 인권문제를 워크숍에 통합하는 효과적인 방식이었지만, 참여하는 국가가 아직은 많지 않다. 다행스럽게도 최근의 연례 워크숍들은 논의에서 실제 인권문제를 포함하는 수단에 초점을 맞추려 노력하고 있다. 2005년 제13차 워크숍은 주요 주제로 인신매매를 선택했고, 2007년 제14차 워크숍은 인권과 극빈의 주제에 초점을 맞추었다. 이것은 바람직한 발전의 과정이며, 지역에서 인권 침해와 유린의 사례를 고려하려는 노력은 더 많이 이뤄져야 한다.

199 Principles relating to the Status of National Institutions (The Paris Principles), adopted by the General Assembly resolution 48/134, DEC. 20, 1993.

200 국가인권기구의 정의에 관해서는, United Nations, A Handbook on the Establishment and Strengthening of National Institutions for the Promotion and Protection of Human Rights (Professional Training Series No. 4, 1995) para. 39 참조.

201 그 합의는 1994년 국가인권기구에 관한 국제 워크숍에서 이루어졌다.

202 APF. http://www.asiapacificforum.net (2016년 10월 19일 검색) 참조.

203 피지의 회원 자격은 취소되었다.

204 아태국가인권기구포럼 회원국은 2011년 9월 15일 현재 다음과 같다. 정회원: 아프가니스탄, 호주, 인도, 인도네시아, 요르단, 말레이시아, 몽고, 네팔, 뉴질랜드, 팔레스타인, 필리핀, 카타르, 한국, 대만, 동티모르. 준회원: 방글라데시, 스리랑카, 몰디브. http://www.asiapacificforum.net/members (2016년 10월 19일) 참조.

205 Pamela Jefferies, "Human Rights, Foreign Policy, and Religious Belief: An Asia/Pacific Perspective," 2000 *Brigham Young University Law Review* 885 (2000), 892면.

206 APF, Report of Twelfth Annual Meeting, 2007, http://www.asiapacificforum. net/about/annual-meetings/12th-australia-2007 (2012년 1월 10일 검색).

207 APF, Report of Thirteenth Annual Meeting, 2008, http://www.asiapacificfo-rum.net/about/annual-meetings/13th-malaysia-2008 (2012년 1월 10일 검색).

208 APF, Report of Fourteenth Annual Meeting, 2009, http://www.asiapacificfo-rum.net/about/annual-meetings/14th-jordan-20089 (2012년 1월 10일 검색).

209 APF, Report of Sixteenth Annual Meeting, 2011, http://www.asiapacificforum. net/about/annual-meetings/16th-thailand-2011 (2012년 1월 10일 검색).

210 같은 글.

211 Asia Pacific Forum of National Human Rights Institutions Const. Article 2.

212 International Council on Human Right policy, Performance & Legitimacy: National Human Rights Institutions 99-100 (2000), http://www.ichrp.org/files/ reports/17/102_report_en.pdf (2012년 1월 10일 검색).

213 APF, Terms of Reference. http://www.asiapacificforum.net/acj/downloads/ ACJ.Terms_of_Reference.doc (2011년 9월 15일 검색).

214 APF, Report of Eleventh Annual Meeting, 2006, para. 9.6.1.

215 APF, Report of Fifteenth Annual Meeting, 2010, http://www.asiapacificforum. net/about/annual-meeting/15th-indonesia-2010 (2012년 1월 10일 검색).

216 회원국이 확장되고 활동이 늘어난 것은 일정 부분 호주와 뉴질랜드의 강력한 후원 덕분이기도 할 것이다.

217 Kim, Yoon Hyung, and Lee, Chang Jae eds., *Strengthening Economic Coopera-tion in Northeast Asia* (Korea Institute for Economic Policy 2004), 91면 참조.

218 Falk, 앞의 글 75면(주7).

219 Barfield, 앞의 글 15면(주129).

220 같은 글.

221 박종철 외『한국의 동북아시대 구상: 이론적 기초와 체계』(오름 2006), 59~61면.

222 The Northeast Asia Cooperation Dialogues, Background. http://igcc.ucsd.edu/

regions/asia.pacific/neacddefault.php (2011년 9월 15일 검색).

223 후꾸하라 유우지(福原裕二)는 이런 현상을 설명하는 다섯가지 이유를 제기한
다. 첫째, 일본은 전통적으로 인권가치를 추구하는 것을 꺼려했다. 둘째, 일본에
서 법은 다른 국가들에 비해 덜 중요한 역할을 했다. 셋째, 일본의 전통적인 외
교 정책은 쌍무적 협상과 관계에 초점을 맞추고 있었다. 넷째, 일본은 오직 경제
적 발전에 초점을 맞추는 경향이 있다. 다섯째, 일본은 식민지배에 대한 책임을
위한 적절한 단계를 밟지 않았다. 후쿠하라 유지「동북아시아에 있어서의 지역
질서 구상으로서의 인권」, 최의철 외 엮음『동북아 지역인권체제 구성 추진』(통
일연구원 2005), 254면.

224 같은 글.

225 North Korean Human Right Act of 2004, 22 USCA § 7801 (2004) 참조.

226 Harris, Seth R., "Asian Human Rights: Forming a Regional Covenant," 1
Asian-Pacific L & Policy J. 17 (2000), 19면.

227 Thanat Khoman, ASEAN Conception and Evolution (Sept. 1, 1992), http://
www.asean.org/thanat.htm (2011년 9월 15일 검색); S. Rajaratnam, ASEAN:
The Way Ahead (Sept. 1, 1992), http://www.asean.org/13992.htm (2011년 9월
15일 검색). 반공산주의 연합 외에도, 동남아시아 국가들은 지역 갈등을 종식시
킬 필요가 있었다. 아세안은 1960년대 초반에 벌어졌던 인도네시아와 말레이시
아 간의 대결을 해결하고 캄보디아에서 전쟁을 끝내는 데 중요한 역할을 했다.
아세안의 안보 역할은 동남아시아에서 아세안지역포럼의 설립을 통해 계속되
고 있다. Hook and Kearns, 앞의 글 165면(주143) 참조.

228 ASEAN Declaration (Bangkok Declaration), Bangkok, Aug. 8, 1967.

229 Joint Communiqué of the Twenty-Sixth ASEAN Ministerial Meeting, Singa-
pore (July 23-24, 1993), paras. 17-18.

230 같은 글 para. 17.

231 같은 곳.

232 Vitit Muntarbhorn, "Asia, Human Rights and the New Millennium: Time for
a Regional Human Rights Charter?" 8 *Transnational Law & Contemporary Prob-
lems* 407 (1998) 참조.

233 Kuala Lumpur Declaration on the Establishment of the ASEAN Charter, Kua-

la Lumpur (December 12, 2005).

234 같은 글.

235 Cebu Declaration on the Blueprint of the ASEAN Charter, ASEAN (2007).

236 Wahyudi Soeriaatmadja, "Cheer over ASEAN Charter," *The Straits Times*, Dec. 16. 2008.

237 아세안헌장 제1조 7항.

238 인도네시아는 2008년 10월 20일 아세안의 가장 마지막 회원국으로서 그 헌장을 비준했다. Abdul Khalik and Dian Kuswandini, "Indonesia Ratifies ASEAN Charter," *The Jakarta Post*, Oct. 23, 2008 참조.

239 Vitit Muntarbhorn, "Charter Can Build an ASEAN Architecture," *Bangkok Post*, Dec. 1, 2008. 참조.

240 ASEAN Summits, Chairman's Statement of the Fourteenth ASEAN Summit: "ASEAN Charter for ASEAN Peoples," February 28-March 1, 2009.

241 Parameters of ASEAN Human Rights Body Still Being Fine-tuned, Reuters, Nov. 22, 2008 참조.

242 같은 글.

243 예를 들어, 미얀마의 군사정부는 새로운 동남아시아 인권기구에 조사권과 감독권을 주는 어떠한 움직임에도 반대할 것이라고 말했다. Jim Gomez, "Myanmar Opposes Investigative powers," AP, July 22, 2008. 다른 한편, 국제사면위원회는 아세안에 지역 인권기구의 설립과정에서 적절한 조치를 취할 것을 촉구했다. Amnesty International, Human Rights in the ASEAN Charter and Beyond, November 23, 2007. http://www.amnesty.org.au/news/comments/6151/ (2011년 9월 15일 검색).

244 앞의 주240 참조.

245 ASEAN Bulletin, April 2010. http://www.aseansec.org/24447.htm#Article-2 (2012년 1월 15일 검색).

246 ASEAN, Joint Communique, the 39th ASEAN Ministerial Meeting (AMM), Kuala Lumpur (July 25, 2006), para. 22 참조.

247 Terms of Reference of ASEAN Intergovernmental Commission on Human Rights (2009) Section 3.

248 같은 글 Section 5.2.

249 같은 글 Section 5.6.

250 아세안 정부간 인권위원회의 첫번째 회의(2010년 3월 28일~4월 1일)에서는 무엇보다도 모든 측면에서 아세안 정부간 인권위원회 활동 운용 지침을 규정하게 될 절차의 규칙이 주로 논의되었다. 또한 향후 5년간 아세안 정부간 인권위원회가 수행할 프로그램과 활동에 관한 포괄적인 로드맵인 5개년 작업계획에 관해 논의했다. Press Statement by the Chair of the ASEAN Intergovernmental Commission on Human Rights on the First Meeting of the ASEAN Intergovernmental Commission on Human Rights ASEAN Secretariat, April 1, 2010. http://www.asean.org/24445.html (2012년 1월 15일 검색). 인도네시아 솔로에서 열린 제4차 회의(2011년 2월 10일)에서는 아세안 정부간 인권위원회 운용 지침이 채택되었다. 또한 아세안 인권선언을 위한 아세안 정부간 인권위원회 초안 작성 그룹의 위임사항 초안에 관해 논의했고, 무국적자와 여성 및 아동의 권리에 관해 제안된 아세안 정부간 인권위원회 워크숍과, 아세안 회원국에서 모성 보건을 촉진하고 보호하기 위한 최상의 실천에 관한 기본요강(concept paper)를 공유했다. 인도네시아 발리에서 열린 제7차 회의(2011년 11월 28일~12월 1일)는 2011년 네번째이자 마지막 회의로, 인도네시아 대표가 의장을 맡았다. 이 회의에서는 아세안 정부간 인권위원회 활동계획(2013~15)뿐만 아니라 2012년 우선 프로그램과 그 예산을 논의했다. 또한 기업의 사회적 책임(CSR)과 인권에 관한 주제 연구 및 평화에 대한 권리의 주제 연구에 관한 위임사항 초안에 관한 예산을 논의하고 채택했으며, 인권에 관한 두가지 훈련 프로그램에 대한 개념 문서를 원칙상 승인했다.

251 Task Force on ASEAN and Human Rights, Hiding behind Its Limits: A Performance Report on the first year of the ASEAN Intergovernmental Commission on Human Rights (AICHR) (2010), http://forum-asia-org/2010/Report%20on%20AICHR,S%20first%20year%20_for_dist.pdf (2012년 6월 11일 검색).

252 이 책 4.5.1 참조.

253 SAARC, A Brief on SAARC (2009). http://www.saarc-sec.org/uploads/publications/file/Brief%20on%20SAARC%202009%20brochure.20100508123840.pdf (2012년 1월 15일 검색).

254 SAARC, SAARC-A Profile (SAARC Secretariat, 2004), 1면.

255 남아시아지역협력연합 헌장(1985) 제1조.

256 1993년 4월 11일 체결, 1995년 12월 7일 발효.

257 SAARC, 앞의 글 30면(주253).

258 Madhavi Basnet, South Asia's Regional Initiative on Human Rights, 4 Human Rights Brief, No. 2 (Winter 1997).

259 표 3.3 참조.

260 SAARC, 앞의 글 35~38면(주253).

261 The Declaration of the Tenth SAARC Summit of the Heads of State or Government of the Member Countries of the South Asian Association for Regional Cooperation, Colombo, July 31, 1998 참조.

262 The Social Charter of the South Asian Association for Regional Cooperation, Jan. 4-6, 2004 참조.

263 SAARC, 앞의 글(주253).

264 Dhake Declaration, Thirteenth SAARC Summit, Nov. 15, 2005, para. 3.

265 Declaration of the Fourteenth SAARC Summit, New Delhi, Apt. 3-4, 2007, para. 21.

266 Declaration of the Fifteenth SAARC Summit, Colombo, Apr. 2-3, 2008, para. 31.

267 같은 글 para. 32.

268 Dhaka Declaration, 앞의 글 para. 3, para. 41(주264) 참조.

269 Declaration of the Tenth SAARC Summit, 앞의 글(주281) 참조.

270 인도와 파키스탄은 이미 '아세안 플러스' 정상회담의 형태로 아세안과 관련되어 있다. http://www.asean.org/4971.htm (2011년 9월 15일 검색) 참조.

271 Pacific Islands Forum, About US. http://www.forumsec.org/pages.cfm/about-us (2011년 9월 15일 검색).

272 준회원으로는 뉴칼레도니아, 프랑스령 폴리네시아가 포함되어 있고, 참관국으로는 토켈라우(2005), 월리스푸투나(2006), 영연방(2006), 유엔(2006), 아시아개발은행(2006)이 포함되어 있으며, 동티모르는 특별 참관국(2002)의 자격을 갖고 있다. 같은 글 참조.

273 Peter Bailey, "Political and Social Rights in International Law, and the Role of Women," in J. L. S. Girling ed., *Human Rights in the Asia-Pacific Region* (Department of International Relations Research School of Pacific Studies, The Australian National University 1991), 106면.

274 A. V. Hughes, Strengthening Regional Management: a Review of the Architecture for Regional Co-Operation in the Pacific 3 (August 2005), http://www.sopac.org/sopac/docs/RIF/06_AV%20Hughes%20Report_CONSULTATIVE_DRAFT(1).pdf (2011년 9월 15일 검색).

275 Secretariat of the Pacific Community, SPC History: Serving Pacific Island Communities. http://www.sidsnet.org/pacific/spc/ac/history.htm (2011년 9월 15일 검색).

276 같은 글.

277 각각의 회원은 태평양공동체 총회에서 한표를 행사할 수 있다. 그러나 논쟁적인 문제에 관해서는 일반적으로 투표보다는 '태평양적 합의 방식'으로 일컬어지는 만장일치(대체적 합의)에 의해 해결된다.

278 Pacific Islands Forum Secretariat, The Pacific Plan for Strengthening Regional Cooperation and Integration, endorsed in Oct. 2005, and revised in Oct. 2007.

279 같은 글 para. 4.

280 The Pacific Islands Forum and its Secretariat. http://www.forumsec.org/pages.cfm/about-us (2011년 9월 15일 검색).

281 Kaliopate Tavola et al., Reforming the Pacific Regional Institutional Framework 7-9 (August 2006), http://www.sopac.org/sopac/docs/RIF/07_RIF%20study,%20final_Tavola%20et%20al.pdf (2011년 9월 15일 검색) 참조.

282 The Pacific Islands Forum Secretariat, Pacific Plan Annual Progress Report 2008 iii (2008), http://www.forumsec.org/resources/uploads/attachments/documents/Pacific%20Plan%20Annual%20Progress%20Report%202008.pdf (2012년 1월 11일 검색).

283 Forum Communiqué Annex A-Nadi Decisions on the Pacific Plan, Thirty-seventh Meeting of the Pacific Islands Forum-Nadi, Fiji (October 24-25, 2006) 참조.

284 Pacific Islands Forum Secretariat, 앞의 글 8면(주278).

285 같은 글 42면.

286 초대 회원국은 다음과 같다. 이집트, 이라크, 트랜스요르단(1990년 이후 요르단), 레바논, 사우디아라비아, 시리아.

287 League of Arab States. http://www.arableagueonline.org (2016년 10월 19일 검색) 참조. 아랍국가연맹의 회원국은 다음과 같다. 알제리, 바레인, 코모로스, 지부티, 이집트, 이라크, 요르단, 쿠웨이트, 레바논, 리비아, 모리타니, 모로코, 오만, 팔레스타인, 카타르, 사우디아라비아, 소말리아, 수단, 시리아, 튀니지, 아랍에미리트, 예멘.

288 아랍국가연맹 평의회는 1968년 인권 증진의 과제를 담당하는 아랍인권위원회를 창설했지만, 그것이 진정한 인권보호 기구로 기능하지는 못했다. 아랍인권헌장의 채택은 아랍 지역에서 인권을 발전시키기 위한 노력이 크게 향상되었음을 보여준다. Mohammed Amin Al-Midani, The League of Arab States and the Arab Charter on Human Rights (2005), http://www.acihl.org/articles.htm?arcile_id=6 (2012년 6월 11일 검색).

289 아랍인권헌장 제42조 (b)항.

290 Mervat Rishmawi, "The Revised Arab Charter on Human Rights: A Step Forward?" 5 *Human Rights Law Review* 361 (2005), 362면.

291 아랍인권헌장 제40~41조. 위원회는 당사국들이 제출한 보고서들을 검토하고, 국가들의 견해 및 논평과 함께 아랍국가연맹 인권 상임위원회에 보고서를 제출해야 한다.

292 Rishmawi, 앞의 글 362면(주290).

293 개정 아랍인권헌장 제45조.

294 개정 아랍인권헌장 제52조.

295 아랍에미레이트연합은 2008년 1월 15일 요르단, 바레인, 알제리, 시리아, 팔레스타인, 리비아에 이어 일곱번째로 비준서를 기탁했다. 이 비준에 의해서, 헌장은 2008년 3월 15일 효력이 발생하게 되었다. Emirates New Agency, UAE Ratifies Arab Charter on Human Rights, Jan. 16, 2008.

296 아랍인권헌장은 개인의 소송을 허가하지 않고 있으며 아동과 여성에 대한 사형을 허용하고 있다. International Humanist and Ethical Union, The Arab Char-

ter on Human Rights Is Incompatible with International Standards – Louise Arbour, Mar. 11, 2008, http://www.iheu.org/node/2998 (2011년 9월 15일 검색).

297 Georg Wiessala, *The European Union and Asian Countries* (Sheffield Academic Press 2002), 75면. 또한 The Asia-Europe Meeting (ASEM). http://ec.europa.eu/external_relations/asem/process/index_en.htm (2011년 9월 15일 검색) 참조.

298 Wiessala, 앞의 책 76면(주297).

299 ASEM, The ASEM Process. http://ec.europa.eu/external_relations/asem/process/index_en.htm (2011년 9월 15일 검색).

300 같은 글.

301 List of ASEM Initiatives. http://ec.europa.eu/external_relations/asem/process/asem6_list_initiatives.pdf (2011년 9월 15일 검색).

302 Chairman's Statement point 8, II/5, IV/12. Wiessala, 앞의 책 83면(주297) 참조.

303 2007년 현재, 10개의 아세안 국가들의 명목 GDP는 1조 2,819억 달러이다. 반면에, 중국의 GDP는 3조 2,800억 달러, 일본은 4조 3,767억 달러, 한국은 9,698억 달러였다. ASEAN. www.asean.org/stat/Table1.xls (2011년 9월 15일 검색); World Bank. http://siteresources.worldbank.org/DATASTATISTICS/Resources/GDP.pdf (2011년 9월 15일 검색) 참조.

304 Yoon, Dae Kyu, *Recent Transformations in Korean Law and Society* (Seoul National University Press 2000), 11~12면 참조.

305 대한민국 헌법 6장 제111~13조. 또한 한국 헌법재판소법 참조.

306 James West, and Kim, Jae Won, *A Critical Discourse on Korean Law and Economy* (Hanguel 2002).

307 1999년 태국 헌법 II장 제255~70조; 2007년 헌법 6장 2부 제204~17조.

308 Ginsburg, 앞의 글 763~64면(주16).

309 Anne-Marie Slaughter Burley, "40th Anniversary Perspective: Judicial Globalization," 40 *Virginia Journal of International Law* 1103 (2000), 1104~05면.

310 같은 글 1104면.

311 United Nations Centre for Human Rights, A Handbook on the Establishment and Strengthening of National Institutions for the Promotion and Protection of Human Rights (Professional Training Series No. 4, 1995) para. 39.

312 아태국가인권기구포럼 회원 목록에 대해서는 앞의 주204 참조.

313 National Human Rights Institutions Forum, Chart of the Status of National Institutions, Accredited by the International Coordinating Committee of National Institutions for the Promotion and Protection of Human Rights. Accreditation Status as of August 2011 (2011), www.ohchr.org/Documents/Countries/NHRI/ Chart_Status_Nis.pdf (2011년 9월 15일 검색).

314 Principles relating to the Status of National Institutions (The Paris Principles), 앞의 글(주199).

315 Association International Coordinating Committee of National Institutions for The Promotion and Protection of Human Rights Statute 2008, art. 2 참조.

316 Declaration and Programme of Action UN, GAOR, World Conference on Human Rights, 48th Sess., 22nd Plen. Mtg. P 15, UN Doc. A/CONF. 157/24 (1993).

317 국가인권기구의 기능은 다음과 같다. 그 권한하에 있는 어떠한 문제라도 검토하고 상황을 평가하기 위하여 개인을 심리하며 정보와 서류를 획득하고 직접적으로 혹은 언론기관을 통해 여론을 다루며, 정기적인 회의 외에 필요할 경우 언제라도 회의를 가지고 그 회원들로 이루어진 실무그룹을 설립한다. 또한 다른 기관들과의 협의를 유지하고 비정부조직들과의 관계를 발전시키며 개별적인 상황들에 관련된 소송과 청원을 심리하고 고려한다. Principles relating to the Status of National Institutions (The Paris Principles), 앞의 글 para. 6(주199) 참조.

318 인도네시아, 태국, 필리핀의 국가인권기구는 아세안 인권기구를 위한 논의를 용이하게 하는 중요한 역할을 했다.

319 AHRC, http://www.ahrchk.not (2011년 9월 15일 검색) 참조.

320 Ralph Wilde, "NGO Proposals for an Asia-Pacific Human Rights System," 1 *Yale Human Rights & Development Law Journal* 137 (1998), 137~38면.

321 2007년 6월 23일에 아시아인권위원회 상임이사 바실 페르난도(Basil Fernando)는 저자와의 인터뷰에서, 아시아인권위원회가 규범의 집행과 이 지역에서 미래의 협력을 위한 토대로서 국내 법제도를 강화하기 위한 노력에 보다 큰 강조점을 두고 있다고 밝혔다.

322 ASEAN Human Rights Mechanism. http://www.aseanhrmech.org (2011년 9월

15일 검색) 참조.

323 Vitit Muntarbhorn, Towards an ASEAN Human Rights Mechanism? (2002), http://www.aseanhrmech.org (2011년 9월 15일 검색) 참조.

324 앞의 주322.

325 ASEAN, Joint Communiqué, the Thirty-ninth ASEAN Ministerial Meeting (AMM), Kuala Lumpur (July 25, 2006), para. 22 참조.

326 Working Group Meets with the AICHR; Discusses Engagements and Activities. http://www.aseanhrmech.org/news/working-group-meets-aichr-engagements-and-activities.htm (2011년 1월 15일 검색) 참조.

327 LAWASIA, http://www.lawasia.asn.au (2011년 9월 15일 검색) 참조.

328 Claude Emerson Welch and Virginia A. Leary, *Asian Perspectives on Human Rights* (Westview Press 1990), 20면.

329 Report on a proposed Pacific Charter of Human Rights prepared under the auspices of LAWASIA, May 1989, 22 *Victoria University of Wellington Law Review Monograph* 4 (1992) 참조.

330 LAWASIA, Human Rights Activities. http://lawasia.asn.au/profile-of-lawasia.htm/ (2011년 9월 15일 검색).

331 동남아시아는 태국에 있는 개발에 관한 아시아문화포럼(Asian Cultural Forum on Development)이, 남아시아는 인도에 있는 남아시아자료센터(the South Asia Documentation Centre)가, 동아시아는 한국인권네트워크가 대표하며, 중국의 경우 미국에 본부를 두고 있는 휴먼 라이츠(Human Rights)의 중국 지부가, 태평양은 피지에 있는 태평양관계센터(the Pacific Concern Center)가 간사 역할을 담당하였다.

332 HURIGHTS OSAKA. http://www.hurights.or.jp/index_e_html (2011년 9월 15일 검색) 참조.

333 같은 곳.

334 FORUM-ASIA, Brief History. http://www.forum-asia.org/index.php?option=com_content&task=view&id=108&Itemid=39 (2011년 9월 15일 검색).

335 같은 글. 포럼아시아는 감시와 문서화, 옹호와 로비, 네트워킹, 연합 형성과 캠페인 활동, 조사와 분석, 역량 형성과 훈련 등의 전략을 추구함으로써 그 목적

을 달성하려고 한다는 점을 명시하고 있다.

336 같은 글.

337 Bangkok NGO Declaration on Human Rights (Mar. 23, 1993), A/CONF.157/PC/83, April 19, 1993.

338 Asian Human Rights Charter: A People's Charter, May 17, 1998.

339 Charter of the Association of Southeast Asian Nations (Nov. 20, 2007). 아세안헌장을 채택하는 과정에서, 시민사회 그룹들은 헌장 안에 인권기구의 내용을 넣기 위하여 정력적으로 캠페인을 전개했다. 특히, 아세안 인권 메커니즘 실무그룹은 헌장의 초안을 마련하기 위하여 아세안 고위급 특별전문위원회와 긴밀히 작업했다. The Working Group for an ASEAN Human Rights Mechanism, Working Group Looks Forward to a People-Centered ASEAN Charter, http://www.aseanhrmech.org/news/people-centered-asean-charter.html (2011년 9월 15일 검색) 참조.

340 Pengiran Mashor Pengiran Ahmad, East Asia Economic Community: Prospects and Implications (Keyonte Speech of Deputy Secretary-General, ASEAN Secretariat) (2003), http://www.asean.org/15655.htm (2011년 9월 15일 검색).

341 같은 글.

342 Falk, 앞의 글 75면(주7).

343 Nagesh Kumar, *Towards an Asian Economic Community* (Research and Information System 2004), 170면.

344 Hook and Kearns, 앞의 글 165면(주143) 참조. 또한 Khoman, 앞의 글; Rajaratnam, 앞의 글(주227) 참조.

345 동남아시아 국가들은 중국, 일본, 한국으로부터의 투자가 가져올 수 있는 경제적 기회에 큰 관심을 두고 있다. 동일한 맥락에서, 중국, 일본, 한국은 동남아시아와 자유무역협정에 관심을 가지고 있다. Hank Lim, "The Northeast and Southeast Asia Divide," in Hank Lim and Chyungly Lee, eds., *The Emerging North-South Divide in East Asia: A Reappraisal of Asian Regionalism* (Eastern University Press 2004), 172~76면 참조.

346 아세안헌장 제1조 7항 참조.

347 Karin Mickelson, "Rhetoric and Rage: Third World Voices in International Le-

gal Discourse," 16 *Wisconsin International Law Journal* 353 (1998), 376면 참조.

348 Michael D. Barr, *Lee Kuan Yew: The Beliefs Behind the Man* (Georgetown University Press 2000), 220면 참조.

349 Amartya Sen, *Human Rights and Asian Values* (Carnegie Council on Ethics and International Affairs 1997) 참조. 또한 Amartya Sen, "What Lee Kuan Yew and Li Peng Don't Understand about Asia," 217 *The New Republic* 2-3 (July 14, 1997) 참조. 센은 한 사회의 발전은 구체적 상황에 크게 달려 있다고 주장하며 보츠와나의 사례를 사용한다. 보츠와나는 아프리카 국가 중 가장 빠르게 성장하고 있는 국가일 뿐만 아니라 세계에서도 가장 빠르게 성장하고 있는 국가이며, 불행한 아프리카 대륙에서 민주주의의 샘물 역할을 하고 있다. Sen, 앞의 책 10~11면 참조.

350 William P. Alford, "Making the World Safe for What? Intellectual Property Rights, Human Rights and Foreign Economic Policy in the Post-European Cold War World," 29 *New York University Journal of International Law and Politics* 35 (1997), 151~52면.

351 중국 헌법(2004) 제3조 (3)항.

352 싱가포르와 말레이시아 모두 1995년에 아동권리협약과 여성차별철폐협약에 가입했다.

353 백태웅, 앞의 글(주112) 참조.

354 표 3.3 참조.

355 예를 들어, 중국은 사회권규약에 가입해 있지만 자유권규약은 서명만 한 뒤 비준을 연기하고 있다. 표 3.3 참조.

356 이 책 4.4 참조.

357 이 책 4.5 참조.

358 이 책 4.4.1.4 참조.

359 Kim and Lee, 앞의 책 93면(주217) 참조.

360 같은 책 94면.

361 동아시아 지역주의에서 경쟁하는 전략들에 관한 논의로는 Ngai-Ling Sum, "The NICs and East Asian Regionalism," in Gamble and Payne eds., 앞의 책 211~39면(주142).

362 아랍인권헌장의 조항들에 관해서는 몇몇 우려들이 제기되었다. 앞의 주296 참조.

363 Regional arrangements for the promotion and protection of human rights in the Asian and Pacific region, 앞의 글 Annex II(주185) 참조.

364 International Council on Human Rights Policy, 앞의 글(주212) 참조. 또한 이 책 4.4.2.2 참조.

365 Chung, 앞의 글 395면(주138) 참조.

366 동아시아정상회담을 준비하는 과정에서 국가들간에 확인되는 긴장관계를 생각해보라. 패권적 경쟁은 아세안에 대한 중국과 일본의 접근태도에서 이미 확인된다. Simmon S. C. Tay, "East Asian Regionalism: What's at Stake?" in Lim and Lee eds., 앞의 책(주345) 참조. 또한 Frost and Rann, 앞의 글(주149) 참조.

367 Cardenas and Buranakanits, 앞의 글 50~52면(주6).

368 같은 글 51면(주6).

369 Chung, 앞의 글 395면(주138) 참조.

370 Cardenas and Buranakanits, 앞의 글(주6).

371 아세안헌장 제1조 15항 참조.

372 예를 들어, 미얀마는 다른 당사국들과의 오랜 논의 끝에 아세안헌장을 비준했다. Christopher Bodeen, Myanmar Ratifies ASEAN Charter, USA Today, July 21, 2008.

373 유럽 인권체제의 예로는 이 책 4.2.1 참조.

374 이 장에서는 동아시아 국가들에 대한 검토로 그 범위를 제한하지 않고 지역에 걸친 제도적 계획들을 평가하였다.

375 아시아인권헌장(1998)과 아세안헌장(2007) 참조.

376 이 책 4.5 참조.

377 이 책 4.3과 4.4 참조.

378 이 책 4.8 참조.

379 Thitinan Pongsudhirak, "The Rise of Bilateral Free Trade Areas in East Asia," in Lim and Lee eds., 앞의 책 172~76면(주345).

380 같은 글 참조.

381 북한이 2009년 4월 5일 로켓을 발사한 후에 6자회담의 실행 가능성은 의문

시되었다. 북한 역시 6자회담에 더이상 참여하지 않을 것이라고 선언했다. 북한이 6자회담에 다시 참여하게 되기까지는 어느정도 시간이 걸릴 것이다. Choe Sang-Hun, "North Korea Decides to Indict 2 U.S. Reporters," *New York Times*, Apr. 24, 2009 참조. 미국은 6자회담에 다시 참여할 것을 북한에 요구했다. "Obama's Statement on North Korea Rocket Launching," *New York Times*, Apr. 5, 2009 참조.

제5장

1 Asian Legal Resource Centre, U.N. Secretary General's Statement on Radical Human Rights Reforms a Wake-up Call to the Global Human Rights Community (2005), http://www.humanrights.asia/news/ahrc-news/AL-02-2005/?searchterm=AL-02-2005 (2011년 9월 15일).

2 Paul F. Diehl ed., *The Politics of Global Governance: International Organizations in an Interdependent World* (Lynne Rienner Publishers 1997), 410~11면 참조.

3 같은 곳.

4 Ryan Goodman and Derek Jink, "How to Influence States: Socialization and International Human Rights Law," 54 *Duke Law Journal* 621 (2004), 623면.

5 같은 글 625면.

6 같은 곳.

7 같은 글 626면.

8 Drinan, Robert F., *The Mobilization of Shame: A World View of Human Rights* (Yale University Press 2001) 참조.

9 이 책 3.2.3 참조.

10 Risse-Kappen et al. eds., *The Power of Human Rights: International Norms and Domestic Change* (Cambridge University Press 1999), 4면 참조.

11 같은 책 7면.

12 같은 곳.

13 같은 곳.

14 Joseph S. Nye, *Power in the Global Information Age* (Routledge 2004), 68면 참조. 또한 Janne Haaland Matlary, *Intervention for Human Rights in Europe* (Palgrave

2002), 8면 참조.

15 Risse-Kappen et al., 앞의 책 11면(주10).

16 Goodman and Jinks, 앞의 글 638면(주4).

17 보다 구체적으로는 이 책 제2장을 참조.

18 Weisburd, A. M. Weisburd, "Implications of International Relations Theory for the International Law of Human Rights," 38 *Columbus Journal of Transnational Law* 45 (1999), 111~12면.

19 이런 이행 메커니즘들은 국제조약, 지역적 합의, 국내법 체계를 포함하는 다양한 법적 근원에 기반을 두고 있다. 표 3.3과 4.1 참조.

20 ASEAN Human Rights Mechanism. http://www.ohchr.org/EN/HRBodies/Pages/HumanRightsBodies.aspx (2011년 9월 15일 검색).

21 이 책 5.2.2와 5.2.3 참조.

22 이 책 5.2.4 참조.

23 유엔헌장 제55조.

24 유엔헌장 제56조.

25 유엔헌장 제2조 2항.

26 유엔헌장 제2조 5항.

27 유엔헌장 제33조.

28 유엔헌장 제53조.

29 자유권규약 제2조 2항.

30 자유권규약 제2조 3(a)항.

31 General Comment No. 03: Implementation at the national level (Art.2). 29/07/81, CCPR General Comment No. 3 (1981).

32 사회권규약 제2조.

33 ICESCR Committee's General comment No. 12: The right to adequate food (art. 11), CESCR General Comment No. 12, E/C.12/1999/5 (1999) para 15.

34 국가의 의무에 관해서는 ICESCR Committee's General Comment No. 3 (1990), 14/12/90. CESCR General comment No. 3 참조.

35 고문방지협약 제2조 1항.

36 고문방지협약 제4조.

37 제네바협약 제1협약(전장에 있는 군대의 부상자와 병자의 상태 개선을 위한 협약, 1949년 8월 12일) 50조; 제네바협약 제2협약(해상에 있는 군대의 부상자, 병자, 난파자의 상태 개선을 위한 협약, 1949년 8월 12일) 49조.

38 제네바협약 제1협약 49조; 제네바협약 제2협약 50조.

39 Rome Statute of the International Criminal Court, Jul. 17, 1998, 2187 UNTS 900.

40 로마규정 제5조 1항.

41 로마규정 제17조, 제20조 참조.

42 국가들이 항상 인권이행의 적은 아니다. 때때로, 정부는 인권 원리, 규범, 계획, 집행 수단들을 솔선해서 채택한다.

43 UN GA Res. A/RES/60/251 (2006) para. 8.

44 같은 글.

45 같은 글.

46 이 책 4.3.1 참조.

47 2012년 6월 1일 현재, 아시아의 회원국은 다음과 같다. 방글라데시, 중국, 인도, 인도네시아, 요르단, 쿠웨이트, 키르기스스탄, 말레이시아, 몰디브, 필리핀, 카타르, 사우디아라비아, 태국. Membership of the Human Rights Council, 20 June 2011-31 December 2012, http://www2.ohchr.org/english/bodies/hrcouncil/groups1112.htm (2012년 6월 1일 검색).

48 Aide Memoire, Apr. 13, 2006, http://www.un.org/ga/60/elect/hrc/china.pdf (2011년 9월 15일 검색).

49 Japan's Voluntary Pledges, http://www.un.org/ga/60/elect/hrc/japan.pdf (2011년 9월 15일 검색).

50 Thailand's Voluntary Pledges, http://www.un.org/ga/60/elect/hrc/thailand.pdf (2011년 9월 15일 검색).

51 Indonesia's Voluntary Pledges, http://www.un.org/ga/60/elect/hrc/indonesia.pdf (2011년 9월 15일 검색).

52 Comments of the Philippines in the Human Rights Council, http://www.un-.org/ga/60/elect/htc/indonesia.pdf (2011년 9월 15일 검색).

53 Election, May 21, 2008, http://www.un.org/ga/62/elections/hrc.elections.shtml

(2011년 9월 15일 검색).

54 UN GA Res. A/RES/60/251 (2006) para. 5(e).

55 검토계획에 관해서는 Human Rights Council Universal Periodic Review. http://www.ohchr.org/EN/HRBodies/UPR/Documents/uprlist.pdf (2011년 9월 15일 검색).

56 같은 글.

57 같은 글.

58 ECOSOC Res. 1503 (1970).

59 UN Human Rights Council, Human Rights Council Complaint Procedure. http://www2.ohchr.org/english/bodies/chr/complaints.htm (2011년 9월 15일 검색).

60 자유권규약 제40조 2항.

61 인권이사회는 2002년 7월 16일 이후에 당사국 보고서를 받지 않고도 인권 상황을 조사하는 것이 가능하도록 조사절차를 변경했다. General Comment No. 30: Reporting Obligations of States parties under article 40 of the Covenant: 18/09/2002, CCPR/C/21/Rev.2/Add.12 (2002) 참조.

62 이 책 2.2 참조. 또한 Freedom House, *Freedom in the World: The Annual Freedom in the World Survey* (Rowman & Littlefield Publishers 2011) 참조.

63 같은 책.

64 Reporting Status. http://www.unhchr.ch/tbs/doc/nsf/RepStatfrset?OpenFrameSet (2011년 9월 15일 검색).

65 Anne F. Bayefsky, *The UN Human Rights Treaty System: Universality at the Crossroads* (Transnational Publishers 2001), 95면.

66 Compilation of General Comments and General Recommendations Adopted by Human Rights Treaty Bodies, HRI/GEN/1/Rev.7, May 12, 2004 at 9.

67 2009년까지 채택된 인권위원회의 일반의견은 다음과 같다. 2008년 선택의정서하에서 당사국의 의무, 법원과 재판소 앞에서의 평등에 대한 권리와 공정한 재판에 대한 권리(2007), 당사국에 부과된 일반적인 법적 의무의 본성(2004), 40조하에서의 당사국의 보고 의무(2002), 4조 비상사태 동안의 법의 부분적 개폐(2001), 3조 남성과 여성 간의 권리의 평등(2000), 12조 이주의 자유(1999),

의무의 지속성(1997), 25조 공적인 일에의 참여와 참정권(1996), 협약 41조하에서의 협약이나 선택의정서 혹은 선언에 대한 유보(1994), 27조 소수자의 권리(1994), 18조 사상, 양심 혹은 종교의 자유(1993), 10조 자유를 박탈당한 개인들의 인간적 취급(1992), 7조 고문이나 잔혹행위, 비인간적이거나 모멸적인 취급 혹은 처벌의 금지(1992), 23조 가족(1990), 비차별(1989), 24조 아동의 권리(1989), 17조 사생활을 침해받지 않을 권리(1988), 협약하의 외국인의 지위(1986), 6조 생명에 대한 권리(1984), 14조 정의의 행정(1984), 1조 자결권(1984), 20조 전쟁에 대한 선동과 민족적, 인종적, 종교적 혐오를 선동하는 행위의 금지(1983), 19조 의견의 자유(1983), 10조 자유를 빼앗긴 개인들의 인간적인 취급(1982), 9조 개인의 자유와 안전에 대한 권리(1982), 7조 고문이나 잔혹행위, 비인간적이거나 모멸적인 취급 혹은 처벌의 금지(1982), 6조 생명에 대한 권리(1982), 4조 법의 부분적 개폐(1981), 3조 남성과 여성에 의한 시민적·정치적 권리의 동등한 향유(1981), 2조 국가적 수준에서의 이행(1981), 보고 지침(1981), 보고 의무(1981). Human Rights Committee-General Comments. http://www2.ohchr.org/english/bodies/hrc/commnets.htm (2011년 9월 15일 검색).

68 General Comment No. 31 (80) Nature of the General Legal Obligation Imposed on States Parties to the Covenant, May 26, 2004, CCPR/C/21/Rev.1/Add.13. General Comments 31, para. 7.

69 같은 글 para. 15.

70 같은 글 para. 18.

71 General Comment No. 26: Continuity of obligations, Dec. 8, 1997, CCPR/C/21/Rev.1/Add.8/Rev.1, General comment 26, para. 5.

72 OHCHR, Procedure for Complaints by Individuals under the Human Rights Treaties, http://www2.ohchr.org/english/bodies/petitions/individuals.htm#after (2011년 9월 15일 검색).

73 어느 국가가 자유권규약의 제1선택의정서 당사국이 될 경우, 자유권규약하에서의 권리 위반에 관한 개별적인 진정을 자유권규약위원회에 제출할 수 있다. 18명의 독립적인 전문가들로 구성된 자유권규약위원회는 진정을 받아들이고 판결을 내린다. 당사국이 협약하의 권리를 위반했다는 결정이 내려지면, 그 국

가는 그에 대한 정보를 제출하도록 요청받는다. 유엔인권위원회는 이 결정을 공개한다.

74 UNHCHR, Status of Ratification of Human Rights Instruments (2009년 4월 7일).

75 같은 글.

76 한국은 제14조에 선서한 유일한 동아시아 국가다. Status of Ratification: CERD. http://www.bayefsky.com/html/cerd_ratif_table.php (2011년 9월 15일 검색).

77 현재까지 과테말라와 멕시코만이 제77조에 선서했다. Status of Ratification: CMW. http://www.bayefsky.com/html/cmw_ratif_table.php (2011년 9월 15일 검색).

78 도널리의 범주에 따르면, 여기서의 이행은 촉진, 이행, 집행을 포함한다. Jack Donnelly "International Human Rights: A Regime Analysis," 40 *International Organization* 599 (Summer, 1986), 604면 참조.

79 Asian Human Rights Commission, *Rule of Law and Human Rights in Asia* (Asian Human Rights Commission 2006), 2~3면 참조.

80 동아시아의 민주화 과정에 대해서는 Huntington, Samuel P., *The Third Wave: Democratization in the Late Twentieth Century* (University of Oklahoma Press 1991) 참조. 또한 Todd Landman, "The Evolution of the International Human Rights Regime: Political and Economic Determinants" (paper presented at the Ninety-eighth Annual Meeting of the American Political Science Association, Boston, 29 August-1 September, 2002) 참조. 헌팅턴은 1970, 80년대의 제3의 민주화 물결을 강조했고, 토드 랜드먼은 1990년대에 계속되고 있는 민주화의 과정을 강조하는데, 그는 이를 "제4의 민주화 물결"이라고 불렀다.

81 Huntington, 앞의 책 3면(주80).

82 Linda C. Reif, "Building Democratic Institutions: The Role of National Human Rights Institutions in Good Governance and Human Rights Protection," 13 *Harvard Human Rights Journal* 1 (2000), 3~4면.

83 APF http://www.asiapacificforum.net (2011년 9월 15일 검색).

84 Information for National Human Rights Institutions. http://www2.ohchr.org/

english/bodies/hrcouncil/nhri.htm (2011년 9월 15일 검색).

85 OHCHR, *Handbook on National Human Rights Plans of Action* (Professional Training Series No. 10, 2002), 7면.

86 같은 책.

87 Keith Bradsher, "China Releases Human Rights Plan," *New York Times*, Apr. 14, 2009, A8, http://www.nytimes.com/2009/04/14/world/asia/14china.html (2011년 9월 15일 검색).

88 이 책 2.3 참조.

89 이 책 제3장과 제4장 참조.

90 아시아가 단일한 협약과 재판소나 위원회를 가지고 있지 않다 하더라도, 인권 규범은 제도적 방식과 밀접하게 연결되어 있다. 많은 이행 수단들은 이미 아시 아 국가들이 그들의 인권에서 가시적인 향상을 산출하도록 강제하고 있다.

91 이 책 2.3.1과 2.3.2 참조.

92 이 책 5.2 참조.

93 같은 곳 참조.

94 표 3.3 참조.

95 이는 유보, 통합의 부재, 혹은 단순한 위반 때문일 수 있다.

96 Jack Donnelly, *Universal Human Rights in Theory and Practice* (Cornell University Press 1989), 165면 참조. 국제사회가 한 국가에 인권의 향상을 위한 압력을 행사할 때, 그 국가의 정부는 그것을 정치적 이익이나 경제적 이익을 위한 협상 수단으로 사용하기도 한다. 인권문제의 한 영역을 약간 양보하면서, 국가는 보 상으로 물질적 이득을 추구하는 것이다. 북한은 핵무기 위기를 안보와 경제적 이익을 위한 협상 도구로 사용하고 있다.

97 국가는 비국가 행위자와의 협력을 거부할 수 있다. 재정적인 역량의 부족 역시 사회가 규범을 집행하는 것을 막는 요인이기도 하다.

98 국가가 인권을 침해하고 그 문제의 해결을 거부할 때, 국제사회가 최우선적이 고 즉각적으로 행해지는 대응은 그 정부에 규범을 집행하라는 정치적 압력을 가 하는 것이다. 인권규범은 규범적 가치를 수반하기 때문에, 압력을 행사하는 것 은 정부가 변화를 채택하도록 설득하는 데 효과적일 수 있다. 정치적 압력의 방 법에 있어서, 현지 NGO들의 경우 국제기구에 개별청원을 제출하고 그 기구의

권고나 판결을 얻어 그 영향력을 사용할 수 있을 것이다. 국내외 NGO들이 언론 보도와 출판을 통하여 대중을 동원하고 교육하는 캠페인을 공동으로 조직하는 방법도 있을 것이다. 어떤 경우에는 완전한 체제 변혁을 추구하는 정치적 운동을 추구할 수도 있을 것이다. 분명 인권규범의 이행은 정치적으로 민감한 과정이며 각 사회의 맥락을 주의 깊게 고려하는 것이 필요하다.

99 Oona A. Hathaway, "Do Human Rights Treaties Make a Difference?" 111 *The Yale Law Journal* 1935 (2002), 2019면.

100 이 책 2.2.6 참조.

101 Freedom House, 앞의 책(주62).

102 Freedom House, Map of Freedom. http://www.freedomhouse.org/uploads/maps/fiw2005.pdf (2011년 9월 15일 검색) 참조.

103 자유권규약 제12조 참조.

104 이에 대한 아시아 NGO들의 입장 표명은 아시아인권헌장(1998) 제4조 3항 참조.

105 2001년 유엔 사회권규약위원회는 가난을 다음과 같이 정의한다. "삶의 적절한 기준를 향유하는 데 필요한 자원, 역량, 선택, 안전 및 힘과 여타의 시민적·문화적·경제적·정치적·사회적 권리가 계속해서 만성적으로 박탈된 인간의 조건." Para 8, Poverty and the International Covenant on Economic, Social, and Cultural Rights, 10/05/2001, E/C.12/2001/10 참조.

106 Conclusions of the Tenth Workshop on Regional Cooperation for the Promotion and Protection of Human Rights in the Asia-Pacific Region, in Regional Arrangements for the Promotion and Protection of Human Rights in The Asian and Pacific Region, UN Doc. E/CN.4/2002/WP3 (2002), The Thirteenth Workshop on Regional Cooperation for the Promotion and Protection of Human Rights in the Asia-Pacific Region, Beijing, People's Republic of China, August 30-September 2, 2005. 또한 Asian Human Rights Charter (1998) 참조.

107 〔도표 5.1〕은 세계은행의 데이터를 토대로 작성되었다. The World Bank, Regional Fact Sheet from the World Development Indicators 2007: East Asia and Pacific. http://siteresources.worldbank.org/DATASTATISTICS/Resources/eap_wdi.pdf (2011년 9월 15일 검색).

108 자카리아(Fareed Zakaria)는 심지어 다음과 같이 주장한다. "민주주의로 이행하고자 하는 국가의 1인당 GDP가 3,000에서 6,000달러 사이일 경우 민주주의로의 이행은 성공할 것이다." Fareed Zakaria, *The Future of Freedom* (W.W.Norton & Company, Inc. 2007), 70면.

109 Concluding Observations of the Committee on Economic, Social and Cultural Rights: INDIA, Consideration of Reports Submitted By States Parties under Article 16 And 17 of the Covenant, E/C.12/IND/CO/5, May 2008.

110 같은 글 para. 28.

111 Baik, Tae-Ung, "Justice Incomplete: The Remedies for the Victims of Jeju April Third Incidents," in Shin, Gi-Wook et al. eds., *Rethinking Historical Injustice in Northeast Asia: The Korean Experience in Regional Perspective*(Routledge 2006) 참조.

112 Terence Roehrig, *The Prosecution of Former Military Leaders in Newly Democratic Nations: The Cases of Argentina, Greece, and South Korea* (McFarland 2002), 13면. 전환기 정의는 1970년대 이래 많은 국가들에서 중요한 주제 가운데 하나였다. 전환기 정의와 관련된 가장 어려운 질문 중 하나는 과거의 문제들을 치유하기 위하여 "용서하고 잊을" 것이냐 "기소하고 처벌할" 것이냐이다. 진실과 화해의 변증법은 이 딜레마를 좀더 복잡하게 만든다. 각 국가는 과거의 잔혹행위를 다루는 데 상이한 궤적을 택했다.

113 백태웅, 「미국에서의 인권 소송: 일본군 위안부 사건을 중심으로」, 『고려법학』 43호 (2004) 참조.

114 1995년 2월 28일 대만 정부는 1947년 2·28사건의 잔혹행위로 18,000명에서 28,000명의 무고한 사람들이 살해되었다고 발표하면서 희생자들에게 공식적으로 사과했다. 그 사건과 관련된 어떠한 형사 기소도 시작되지 않았지만, 이는 대만에서 전환기 정의를 다루는 데 중요한 진전을 이루었다. James W. Soong, "Taiwan and Mainland China: Unfinished Business," 1 *University of California UC Davis Journal of International Law & Policy*, 361 (1995), 361~62면 참조.

115 Baik, 앞의 글(주111) 참조.

116 한국에서 권위주의 정권은 오직 강한 군사정권만이 북한의 위협을 막을 수 있다고 주장하면서 그들의 존재를 정당화했다. 심지어 민주화 이후에도, 공산주

의 북한과 관련된 보수주의적 레토릭의 영향력은 사라지지 않았고 북한의 위협이 갖는 파괴적인 효과도 감소하지 않았다. 소위 '레드 컴플렉스'에 의존하는 캠페인은 아주 흔하다. 설상가상으로, 권위주의 정권에 공헌했고 보수적인 반공 선전을 사용하여 대중을 오도했던 지배자와 정부 관료 들은 전환기에도 완전하게 물러나지 않았다. 그들의 네트워크는 아직도 강하게 남아 있고, 그들의 인맥은 여전히 유효하다. 보수적 네트워크는 한국의 사회적 어젠다의 방향을 이동시킬 정치적·경제적 힘을 가지고 있기도 하다. 덧붙여, 많은 공무원들이 인권침해를 저질렀음에도 전환기 동안 그들의 지위를 유지했다. 이 문제들이 최종적으로 다루어지기까지는 수십년이 걸렸고, 희생자들은 1980, 90년대 민주화 이후에 점진적으로 보상받게 되었다. 같은 글 참조.

117 아시아인권헌장(1998), 제6조 2항 참조. 이는 다음과 같이 규정한다. "우리는 가부장적 전통에 근거한 낡은 가족 개념을 넘어서야 한다. 그리하여 우리의 여러 문화적 전통에 여성의 권리를 보장하는 다양한 가족 규범을 도입해야 한다. 나아가 성적 불평등을 고착시키는 종교 교리들을 재해석할 수 있는 용기를 가져야 한다. 또한 신분이나 인종, 직업, 출신 여타의 것들에 기초하는 인간 차별을 폐지해야 한다. 동시에 우리의 각각의 문화 속에 존재하는 상호 관용과 상호 협력과 연관된 모든 가치들을 고취해나가야 한다. 우리는 집단이나 강자의 이익을 위하여 개인을 희생시키는 관행들을 중지시켜야 하며, 이를 통해 공동체적 또는 민족적인 연대를 강화시켜야 한다."

118 Randal P. Peerenboom et al. eds., *Human Rights in Asia: A Comparative Legal Study of Twelve Asian Jurisdictions, France, and the USA* (Routledge 2006), 2면.

119 같은 책 2~3면.

120 Stanley L. Engerman, "Review of Max Weber, The Protestant Ethic and the Spirit of Capitalism," EH.Net Economic History Services, Feb. 29, 2000, https://eh.net/book_reviews/the-protestant-ethic-and-the-spirit-of-capitalism/ (2017년 1월 4일 검색).

121 Consultative Relationship between the United Nations and Non-governmental Organizations, Resolution 1996/31, 49th plenary meeting, July 25, 1996, paras. 22, 23 참조.

122 Freedom House. www.freedomhouse.org (2011년 9월 15일 검색) 참조.

123 Human Rights Watch. www.hrw.org (2011년 9월 15일 검색) 참조.

124 Amnesty International. www.amnesty.org (2011년 9월 15일 검색) 참조.

125 US Department of State. www.state.gov/g/drl/rls/hrrpt (2011년 9월 15일 검색) 참조.

126 예를 들어 북한, 미얀마, 캄보디아의 인권문제는 긴밀히 검토되어온 반면, 파키스탄에서의 인권문제들은 테러에 대한 대응이 강조되는 기간 동안 제대로 다루어지지 않았다.

127 예를 들어 한국의 NGO들은 북한 인권문제를 다루기를 일반적으로 꺼리는데, 그 이유는 그들이 북한과의 관계를 정상화하고 긴장을 완화하는 데 우선순위를 두고 있기 때문이다.

128 Louis Henkin, "Sibley Lecture, March 1994 Human Rights and State 'Sovereignty'," 25 *Georgia Journal of International and Comparative Law* 31 (1995), 33~34면.

129 Jack Donnelly, *International Human Rights* (Westview Press 1998), 15~17면.

130 Martha Finnemore and Kathryn Sikkink, "International Norm Dynamics and Political Change," 52 *International Organization* 887 (1998), 982면.

131 국가는 이행하고자 하는 진정한 의도 없이도 인권규범을 받아들일 수 있다. 그들은 국제적 비판을 피하기 위해서, 실제로 규범을 이행하지 않은 채 단순한 립서비스만으로 국제사회를 기만한다. 이렇듯 유엔인권위원회의 회원 자격이 부당하게 이용된 좋은 사례로 2001년 선거에서 수단은 회원으로 선출되었지만 미국은 선출되지 못한 경우를 들 수 있다. 이 사태는 유엔 인권체제를 개혁하기 위한 논의를 불러일으켰고, 이후에 개혁의 결과로 유엔인권이사회가 설립되었다.

132 Noam Chomsky, *The Umbrella of U.S. Power: The Universal Declaration of Human Rights and the Contradictions of U.S. Policy* (Seven Stories Press 1998), 7면 참조. 정부나 사회로부터의 압력 때문에 권리의 담지자들이 강제로 혹은 자발적으로 침묵할 수도 있다.

133 Risse-Kappen et al., 앞의 책 17~35(주10).

134 같은 책 20면 참조.

135 Kal Raustiala, "The Architecture of International Cooperation: Transgovernmental Networks and the Future of International Law," 43 *Virginia Journal of*

International Law 1 (2002), 26면.

136 같은 글 35면.

137 같은 글 26면.

138 Doug Cassel, "Does International Human Rights Law Make a Difference?" 2 *Chicago Journal of International Law* 121 (2001), 125~26면.

139 유엔체제와 NGO 간의 긴밀한 협력관계에 관한 논의로는 Andrew S. Natsios, "NGOs and the UN System in Complex Humanitarian Emergencies: Conflict or Cooperation?" in Paul F. Diehl ed., *The Politics of Global Governance: International Organizations in an Interdependent World* (Lynne Rienner Publishers 1997) 참조.

140 유엔헌장 제1조 3항 참조.

141 유엔헌장 제55조 c항, 56조 참조.

142 Statement by H. E. Ambassador Zhang Yishan, Deputy Permanent Representative of China to the UN at the 2002 ECOSOC'S Substantive Session on Item 14(g) (24 July 2002), http://www.china-un.ch/eng/rqrd/jblc/t85106.htm (2011년 9월 15일 검색).

143 Christina M. Cerna, "East Asian Approaches to Human Rights," 2 *Buffalo Journal of International Law* 201 (1995), 202면 참조.

144 같은 곳.

145 Enhancement of International Cooperation in the Field of Human Rights, Commission on Human Rights resolution, E. CN.4.RES.2003.60 (2003). 유엔 인권이사회는 2007년 3월 유사한 결의안을 채택했는데, 이는 비동맹국가들의 발의에 기반을 둔 것이었다. Enhancement of International Cooperation in the Field of Human Rights, A/HRC/2/L.18, Oct. 2, 2006.

146 Human Rights and Unilateral Coercive Measures, Commission on Human Rights Resolution 2003/17,E.CN.4.RES.2003.17 (2003).

147 같은 글.

148 Fiona Fox, "Conditioning the Right to Humanitarian Aid?" in David Chandler ed., *Rethinking Human Rights: Critical Approaches to International Politics* (Palgrave Macmillan 2002), 20면.

149 같은 곳.

150 같은 글 21면.

151 "카터의 인권정책은 대부분 국내 정치의 산물이다. 이는 세부 사항도 부족하고 실체도 거의 없는, 미진한 상태의 선언적인 정책으로 귀결되었다." 보다 구체적으로는 Tony Evans, *US Hegemony and the Project of Universal Human Rights* (Macmillan Press; St. Martin's Press 1996), 171면 참조.

152 Donnelly, 앞의 책 12면(주129).

153 북한 정권은 분단국가라는 정치 상황에 기초하여 그 권력을 유지해왔고, 이는 남한과 미국으로부터의 잠재적인 위협을 사용하여 그 인민을 끊임없이 오도하는 것이었다. 국내 NGO의 부재와 국제사회의 약한 영향력 속에서, 북한 정권은 인민의 자유와 권리를 지속적으로 억압해왔다.

154 중국은 지원은 2006년 북한의 핵 실험과 2009년 4월 로켓 발사 이후 다소나마 약해졌다. Edith M. Lederer, "UN Security Council Condemns North Korea Launch," Associated Press, Apr. 14, 2009 참조.

155 인권문제는 핵무기 문제와 완전하게 단절될 수 없다. 그러나 북한의 상황에 대한 총체적 접근의 일환으로, 북한 인권문제에 관한 전략적인 고려는 불가피할 것이다. 필자의 견해로는 인권규범의 이행과 인민의 권리 보호는 협상의 우선 문제에서 배제되어서는 안된다. 가치중심적이고, 다자적이며, 사실에 기반을 둔 접근법이 항상 채택되어야만 하는데, 그 이유는 오직 일관되고 원칙에 입각한 관계만이 현 상황을 변화시킬 수 있기 때문이다. 관계와 인권가치 모두 이 과정에서 희생되어서는 안된다.

156 Scott Luftglass, "Crossroads in Cambodia: The United Nation's Responsibility to Withdraw Involvement from the Establishment of a Cambodian Tribunal to Prosecute the Khmer Rouge," 90 *Virginia Law Review* 893 (2004), 906~20면 참조.

157 Draft Agreement Between the United Nations and the Royal Government of Cambodia Concerning the Prosecution under Cambodian Law of Crimes Committed during the Period of Democratic Kampuchea, June 6, 2003.

158 Human Rights Watch, "Serious Flaws: Why the U.N. General Assembly Should Require Changes to the Draft Khmer Rouge Tribunal Agreement," Human Rights Watch Briefing Paper, Apr. 30, 2003.

159 Report of the Secretary-General on Khmer Rouge Trials, UN Doc.A/57/769,

March 31, 2003, para. 28.

160 Gregory Stanton, "Perfection is the Enemy of Justice" (2003), http://www.genocidewatch.org/images/Cambodia_Perfection_Is_The_Enemy_of_Justice.pdf (2011년 9월 15일 검색).

161 The Cambodian Genocide Justice Act (22 U.S.C.2656 note). 또한 Ms. Millender-McDonald, Concurrent Resolution, Urging the President to Provide Encouragement and Support for the Ratification, Establishment, and Financing of a Tribunal for the Prosecution of Surviving Leaders of the Khmer Rouge Regime (Mar. 25, 2004) 참조.

162 Seth Mydans, "Trial Begins for Khmer Rouge Leader," *New York Times*, Feb. 17, 2009, A5면. 크메르루주의 주요 이데올로그였던 눈 체아(Nuon Chea, 83세), 국가수반이었던 키우 삼판(Khieu Samphan, 77세), 외교장관이었던 이엥 서리 (Ieng Sary, 83세)와 그의 부인이자 크메르루주 중앙위원회 회원이었던 이엥 뜨릿(Ieng Thirith, 76세)은 2010년 9월 15일에 기소되었다.

163 Human Rights Watch. www.hrw.org 참조.

164 "Indict No More: Former Rebel Commander," Mar. 25, 2009, http://www.voacambodia.com/a/a-40-2009-03-25-voa3-90171967/1356797.html (2017년 1월 4일 검색).

165 Glen Hook, "Japan and the Construction of Asia-Pacific," in Andrew Gamble and Anthony Payne, *Regionalism and World Order* (St. Martin's Press 1996), 172면.

166 Gay McDougal, *Systematic Rape, Sexual Slavery and Slavery-like Practices during Armed Conflict: Update to the Final Report*, UN Economic and Social Council, 52nd Sess., Agenda Item 6(a), UN Doc. E/CN.4/Sub.2/21 (2000).

167 Complaint, Hwang Geum Joo et al. v. Japan, No. 00-02233 (DDC 2001).

168 McDougal, 앞의 책 para. 6(주166).

169 Korean Council for the Women Drafted for Military Sexual Slavery by Japan, Report on Women's International War Crimes Tribunal on Japan's Military Sexual Slavery in 2000 (2000) 참조.

170 Etsuro Tstsuka, "Commentary on a Victory for 'Comfort Women': Japan's Ju-

dicial Recognition of Military Sexual Slavery," 8 *Pacific Rim Law & Policy Journal* (1999), 48면.

171 Radhika Coomaraswamy, Report of the Special Rapporteur on Violence against Women, Its Causes and Consequences, In Accordance with Commission on Human Rights Resolution 1994/45,E/CN.4/1996/53/Add.1, Jan. 4, 1996.

172 같은 글 참조.

173 Yu, Tong, "Reparations for Former Comfort Women of World War II," 36 *Harvard International Law Journal* (1995), 529~30면.

174 각각의 관련된 정부들, 즉 일본, 남북한, 중국, 대만, 필리핀은 국익에 기초하여 그 문제에 대응했다.

175 Jon M. Van Dyke, "Development and History: Reconciliation between Korea and Japan," 5 *Chinese Journal of International Law* 215 (2006) 참조.

176 같은 글. 히로시마 고등법원은 2001년 3월 시모노세끼 판결을 번복했다.

177 Sarah Soh, "The Korean 'Comfort Women' Tragedy as Structural Violence," in Shin et al. eds. 앞의 책(주111).

178 백태웅, 앞의 글(주113) 참조.

179 Hathaway, 앞의 글 1950면(주99) 참조.

180 Paolo G. Carozza, "Subsidiarity as A Structural Principle of International Human Rights Law," 97 *American Journal of International Law* 38 (2003), 65면 참조.

181 유엔은 아시아인들의 정서를 고려하여 아시아에서 인권을 다룰 때 아시아인 전문가를 임명해왔다. 예를 들어, 북한에 대한 최초 특별보고관인 위팃 만따폰은 태국 출신이고, 위안부 여성에 관한 특별보고관은 방글라데시 출신이었다. 캄보디아에서의 킬링필드 잔혹행위를 다루기 위해 국제재판소의 설립에 관한 협상을 진행할 때, 유앤운 현지 판사들의 참여가 가능한 혼합 재판소를 채택하기로 합의했다. 이런 노력들은 국제사회가 그 문제의 맥락적 이해를 존중한다는 점을 보여주는 조치로서 신뢰할 만하다.

182 Preamble, Universal Declaration of Human Rights, GA Res. 217 A(III), UN Doc A/810 (1948).

183 Carozza, 앞의 글 65면(주180) 참조.

184 Dinah Shelton, "The Boundaries of Human Rights Juridiction in Europe," 13

Duke Journal of Comparative and International Law 95 (2003), 135면 참조.

185 이 책 3.2 참조.

186 같은 곳 참조.

187 Carozza, 앞의 글(주180) 참조.

188 Shelton, 앞의 글 134(주184) 참조.

189 같은 글 참조.

190 Eva Brems, "The Margin of Appreciation Doctrine, in David P. Forsythe and Patrice C. McMahon, *Human Rights and Diversity: Area Studies Revisited* (University of Nebraska Press 2003), 105면 참조.

191 Eva Brems, *Human Rights and Diversity* (Martinus Nuhoff Publishers 2001), 401면.

192 Bladet Tromso and Stensaas v. Norway, no. 21980/93, §59, ECHR (1999-III).

193 유럽연합조약(1992) 제3조 b항 참조.

194 Carozza, 앞의 글 66면(주180) 참조.

195 Doug Cassel, "Washington's 'War Against Terrorism' and Human Rights: The View From Abroad," 33 *Human Rights* 11 (2006), 13~14면 참조.

196 Nye, 앞의 책 68면(주14) 참조.

197 같은 곳.

198 Weisburd, 앞의 글 111~12면(주18).

참고문헌

헌법

Bangladesh Const. 1972

Bhutan draft Const. 2nd 2005

Bhutan Const. 2008

Brunei Darussalam Const. Burma Const. 1974

China Const. 1982

China Const. 2004

DPRK Socialist Const. 1998

India Const. 2003

Indonesia Const. 1945

Indonesia Const. 1st amendment 1999

Indonesia Const. 2nd amendment 2000

Indonesia Const. 3rd amendment 2001

Indonesia Const. 4th amendment 2002

Japan Const. 1947

Laos Const. 1991

Malaysia Const. 1957

Meiji Const. 1889

Mongolia Const. 1992

Nepal Const. 1990

Nepal Interim Const. 2007

Pakistan Const. Philippines Const. 1987

Republic of Korea Const. 1987

Singapore Const. 1995

Sri Lanka Const. 1978

Taiwan Const. 2000

Thailand Const. 1997

Thailand Const. 1998

Timor-Leste Const. 2002

UN Charter

US Const.

Vietnam Const. 1992

법률

Civil Rights Act (1964) (US)

National Human Rights Commission Act, Act No. 11413, March 21, 2012 (S. Korea) North Korean Human Rights Act of 2004

Protection of Human Rights Act 1993 (India)

South Korean Constitutional Court Act, Act No. 10546, April 5, 2011

Terrorist and Disruptive Activities (Prevention) Act, 1987 (India)

조약

Asia Pacific Forum of National Human Rights Institutions Constitution

Charter of the Association of Southeast Asian Nations, 2007

Convention against Torture and Other Cruel, Inhuman or Degrading Treatment or Punishment, 1984

Convention on the Elimination of All Forms of Discrimination against Women, 1979

Convention on the Non-Applicability of Statutory Limitations to War Crimes and
Crimes against Humanity, 1968

Convention on the Prevention and Punishment of the Crime of Genocide, 1948

Convention (I) for the Amelioration of the Condition of the Wounded, Sick in
Armed Forces in the Field of August 12, 1949

Convention (II) for the Amelioration of the Condition of Wounded, Sick and
Shipwrecked Members of Armed Forces at Sea, Geneva, August 12, 1949

Convention on the Rights of the Child, 1989

International Convention on the Elimination of All Forms of Racial Discrimina-
tion, 1965

International Convention on the Protection of the Rights of All Migrant Workers
and Members of Their Families, 1990

International Covenant on Civil and Political Rights, 1966

International Covenant on Economic, Social and Cultural Rights, 1966

Optional Protocol to the International Covenant on Civil and Political Rights, 1966

Second Optional Protocol to the International Covenant on Civil and Political
Rights, aiming at the abolition of the death penalty, 1989

판례

Bladet Tromsø and Stensaas v. Norway, no. 21980/93, § 59, ECHR (1999-III)

Foster v. Neilson, 27 US 253, 314 (1829)

Handyside v. United Kingdom, 24 ECHR (ser. A) (1976)

Hussain Mohammad Ershad v. Bangladesh & other, 21 BLD (AD) 200169 (Ban-
gladesh)

Hwang Geum Joo et al. v. Japan, 172 F. Supp. 2d 52 (2001 US Dist.)

Hwang Geum Joo et al. v. Japan, 332 F. 3d 679 (DC Cir. 2003)

Hwang Geum Joo et al. v. Japan, 413 F.3d 45 (DC Cir. 2005)

Hwang Geum Joo v. Japan, 124 S. Ct. 2835 (Supreme Court 2004)

Kartar Singh v. State of Punjab [JJ 1994 (2) SC 423564] (India) Maneka Gandhi v.

Union of India, AIR 1978 SC 597

국제법 관련 자료

ASEAN Declaration (Bangkok Declaration), Bangkok, August 8, 1967

Charter of the International Military Tribunal of 8 August 1945

Principles of International Law Recognized in the Charter of the Nuremberg Tribunal and in the Judgment of the Tribunal, Report of the International Law Commission Covering its Second Session, 5 June 29 July 1950, Document A/1316, pp. 1114

Statute of International Criminal Tribunal for the Prosecution of Persons Responsible for Genocide and Other Serious Violations of International Humanitarian Law Committed in the Territory of Rwanda, Security Council Res. 955, UN Doc. S/RES/955 (1994)

Statute of the International Tribunal for the Prosecution of Persons Responsible for Serious Violations of International Humanitarian Law Committed in the Territory of the Former Yugoslavia since 1991, Security Council Res. 827, UN Doc. S/RES/827 (1993)

Universal Declaration of Human Rights, GA Res. 217 A(III), UN Doc A/810 (1948)

Vienna Declaration and Programme of Action. A/CONF.157/23

단행본

박종철·김흥규·안형도·이대우·전경만·정정숙『한국의 동북아시대 구상: 이론적 기초와 체계』(오름 2006).

송상현, *Korean Law in the Global Economy* (박영사 1996).

Yamamoto, Soji, 박배근 옮김『국제법』(국제해양법학회 1999).

최종고『한국 법사상사』(서울대학교출판부 1989).

최의철·홍관희·김수암『동북아 지역인권체제 구성 추진』(통일연구원 2005).

한국인권재단 엮음 『일상의 억압과 소수자의 인권』(사람생각 2000).

阿部浩己 『人權の國際化: 國際人權法の挑戰』(神奈川大學法學硏究叢書 1998).

Abdul Aziz Bari, *Malaysian Constitution: A Critical Introduction* (Other Press 2003).

Adler, Nanci, *The Gulag Survivor: Beyond the Soviet System* (Transaction Publishers 2002).

African Commission on Human and Peoples' Rights, Evans, Maladon D., Murray. Rachel, African Society of International and Comparative Law, and Interights, *Documents of the African Commission on Human and Peoples' Rights* (Hart Pub 2001).

Aikman, David, *Pacific Rim: Area of Change, Area of Opportunity* (Little Brown 1986).

Alford, William P., *To Steal a Book Is an Elegant Offense: Intellectual Property Law in Chinese Civilization* (Stanford University Press 1995).

Alfredsson, Gudmundur, and Eide, Asbjorn, *The Universal Declaration of Human Rights: A Common Standard of Achievement* (Martinus Nijhoff Publishers 1999).

Alston, Philip, and Crawford, James, *The Future of UN Human Rights Treaty Monitoring* (Cambridge University Press 2000).

Amin, Samir, *Accumulation on a World Scale* (Monthly Review Press 1974).

Amsden, Alice H., *Asia's Next Giant: South Korea and Late Industrialization* (Oxford University Press 1989).

Amstutz, Mark R., *The Healing of Nations: The Promise and Limits of Political Forgiveness* (Rowman & Littlefield Publishers 2005).

Anderson, Perry, *Lineages of the Absolutist State* (N.L.B 1974).

Angle, Stephen C., *Human Rights and Chinese Thought: A Cross-cultural Inquiry* (Cambridge University Press 2002).

Angle, Stephen C., and Svensson, Marina, *The Chinese Human Rights Reader: Documents and Commentary, 1900-2000* (M. E. Sharpe 2001).

Anker, Christien van den, and Smith, Rhona K. M., *The Essentials of Human Rights*

460

(Hodder Education 2005).

An-Na'im, Abdullahi Ahmed ed., *Human Rights in Cross-cultural Perspective: A Quest for Consensus* (University of Pennsylvania Press 1992).

Applebaum, Anne, *Gulag: A History* (Doubleday 2003).

Asian Human Rights Commission, *Rule of Law and Human Rights in Asia* (Asian Human Rights Commission 2006).

_____ *The State of Human Rights in Eleven Asian Nations* (Asian Human Rights Commission 2006).

Baehr, P. R., *Human Rights: Universality in Practice* (Macmillan; St. Martin's Press 1999).

Bardach, Janusz, and Gleeson, Kathleen, *Surviving Freedom: After the Gulag* (University of California Press 2003).

Barr, Michael D., *Cultural Politics and Asian Values: The Tepid War* (Routledge 2002).

_____ *Lee Kuan Yew: The Beliefs Behind the Man* (Georgetown University Press 2000).

Bauer, Joanne R., and Bell, Daniel, eds., *The East Asian Challenge for Human Rights* (Cambridge University Press 1999).

Bayefsky, Anne F., *How to Complain to the UN Human Rights Treaty System* (Transnational Publishers 2002).

_____ *The UN Human Rights Treaty System: Universality at the Crossroads* (Transnational Publishers 2001).

_____ *The UN Human Rights Treaty System in the 21st Century* (Kluwer Law International 2000).

Beetham, David, and Institute for Democracy and Electoral Assistance, *The State of Democracy: Democracy Assessments in Eight Nations around the World* (Kluwer Law International 2002).

Bell, Daniel, *East Meets West: Human Rights and Democracy in East Asia* (Princeton University Press 2000).

_____ *Towards Illiberal Democracy in Pacific Asia* (Macmillan; St. Martin's

Press 1995).

Berry, Jeffrey M., *The Interest Group Society* (Scott Foresman 1989), 2nd edn.

Besançon, Alain, *The Rise of the Gulag: Intellectual Origins of Leninism* (Continuum 1981).

Brawley, Mark R., *The Politics of Globalization: Gaining Perspective, Assessing Consequences* (Broadview Press 2003).

Brems, Eva, *Human Rights: Universality and Diversity* (Martinus Nijhoff 2001).

Brown, Amy Benson, and Poremski, Karen, *Roads to Reconciliation: Conflict and Dialogue in the Twenty-first Century* (M. E. Sharpe 2005).

Brunnée, Jutta, Kindred, Hugh M., Saunders, Phillip Martin, et al., *International Law Chiefly as Interpreted and Applied in Canada* (Emond Montgomery Publications 2006).

Brysk, Alison, *Globalization and Human Rights* (University of California Press 2002).

_____ *Human Rights and Private Wrongs: Constructing Global Civil Society* (Routledge 2005).

Bubnicki, Zdzisław, *Analysis and Decision Making in Uncertain Systems* (Springer 2004).

Buergenthal, Thomas, Shelton, Dinah, and International Institute of Human Rights, *Protecting Human Rights in the Americas: Cases and Materials* (N. P. Engel 1995), 4th edn.

Bunn-Livingstone, Sandra L., *Juricultural Pluralism vis-à-vis Treaty Law: State Practice and Attitudes* (Martinus Nijhoff 2002).

Buszynski, Leszek, *Asia Pacific Security: Values and Identity* (Routledge Curzon 2004).

Caney, Simon, and Jones, Peter, *Human Rights and Global Diversity* (Frank Cass Publishers 2001).

Chacko, George Kuttickal, *The Systems Approach to Problem Solving: From Corporate Markets to National Missions* (Praeger 1989).

Chandler, David, ed., *Rethinking Human Rights: Critical Approaches to International*

Politics (Palgrave Macmillan 2002).

Chomsky, Noam, *The Umbrella of U.S. Power: The Universal Declaration of Human Rights and the Contradictions of U.S. Policy* (Seven Stories Press 1998).

Christie, Kenneth, and Roy, Denny, *The Politics of Human Rights in East Asia* (Pluto Press 2001).

Church, Peter, *A Short History of South-East Asia* (John Wiley & Sons [Asia] 2006), 4th edn.

Churchman, C. West, *The Systems Approach and Its Enemies* (Basic Books 1979), 4th edn.

Clark, Norman, Perez-Trejo, Francisco, and Allen, Peter M., *Evolutionary Dynamics and Sustainable Development: A Systems Approach* (Edward Elgar 1995).

Clarke, J. J., *Oriental Enlightenment: The Encounter between Asian and Western Thought* (Routledge 1997).

Cohen, Paul A., *Discovering History in China: American Historical Writing on the Recent Chinese Past* (Columbia University Press 1984).

Conforti, Benedetto, and Francioni, Francesco, eds., *Enforcing International Human Rights in Domestic Courts* (Martinus Nijhoff 1997).

Cooper, Jonathan, and Jowell, Jeffrey L., *Understanding Human Rights Principles* (Hart 2001).

Cumings, Bruce, *Korea's Place in the Sun: A Modern History* (W. W. Norton 1997).

Dahl, Robert A., *How Democratic Is the American Constitution?* (Yale University Press 2003).

Davis, Michael C., ed., *Human Rights and Chinese Values: Legal, Philosophical, and Political Perspectives* (Oxford University Press 1995).

De Bary, William Theodore, *Asian Values and Human Rights: A Confucian Communitarian Perspective* (Harvard University Press 1998).

_____ *East Asian Civilizations: A Dialogue in Five Stages* (Harvard University Press 1988).

De Bary, William Theodore, and Tu, Wei-ming, *Confucianism and Human Rights* (Columbia University Press 1998).

De Varennes, Fernand, *Asia–Pacific Human Rights Documents and Resources* (Martinus Nijhoff 1998).

Deuchler, Martina, *The Confucian Transformation of Korea: A Study of Society and Ideology* (Harvard University Asia Center 1992).

Diamond, Larry Jay, Linz, Juan J., and Lipset, Seymour Martin, *Democracy in Developing Countries Asia* (Lynne Rienner Publishers; Adamantine Press 1989).

Diehl, Paul F., ed., *The Politics of Global Governance: International Organizations in an Interdependent World* (Lynne Rienner Publishers 1997).

Donnelly, Jack, *International Human Rights* (Westview Press 1998), 2nd edn.

—————— *Universal Human Rights in Theory and Practice* (Cornell University Press 1989).

Douzinas, Costas, *The End of Human Rights: Critical Legal Thought at the Turn of the Century* (Hart Pub 2000).

Drinan, Robert F., *The Mobilization of Shame: A World View of Human Rights* (Yale University Press 2001).

Drzemczewski, Andrew, *European Human Rights Convention in Domestic Law* (Oxford University Press 1998).

Dworsky, Alan L., *User's Guide to the Bluebook* (William S. Hein & Co., Inc. 1998).

Eide, Asbjørn, Krause, Catarina, and Rosas, Allam, *Economic, Social, and Cultural Rights: A Textbook* (Martinus Nijoff 2001).

Eldridge, Philip J., *The Politics of Human Rights in Southeast Asia* (Routledge 2002).

Evans, Malcolm, and Murray, Rachel, *The African Charter on Human and Peoples' Rights: The System in Practice, 1986–2000* (Cambridge University Press 2002).

Evans, Tony, *US Hegemony and the Project of Universal Human Rights* (Macmillan; St. Martin's Press 1996).

Farber, Daniel A., Eskridge, William N., and Frickey, Philip P., *Cases and Materials on Constitutional Law* (Foundation Press 1998).

Ferguson, Gerry, and Johnston, Douglas M., *Asia–Pacific Legal Development* (UBC Press 1998).

Finer, Samuel Edward, Vernon, Bogdanor, and Bernard, Rudden, *Comparing Con-*

stitutions (Clarendon Press; Oxford University Press 1995).

Foot, Rosemary, *Rights beyond Borders: The Global Community and the Struggle over Human Rights in China* (Oxford University Press 2000).

Forsythe, David P., *Human Rights in International Relations* (Cambridge University Press 2000).

_____ *The Internationalization of Human Rights* (Lexington Books 1991).

Forsythe, David P., and McMahon, Patrice C., *Human Rights and Diversity: Area Studies Revisited* (University of Nebraska Press 2003).

Freedom House, *Freedom in the World: The Annual Freedom in the World Survey* (Rowman & Littlefield Publishers 2011).

Freeman, Mark, and Van Ert, Gibran, *International Human Rights Law* (Irwin Law 2004).

Friend, Theodore, *Indonesian Destinies* (Belknap Press of Harvard University Press 2003).

Gamble, Andrew, and Payne, Anthony, eds., *Regionalism and World Order* (St. Martin's Press 1996).

Gerrard, Gary, *The New Social Contract: Beyond Liberal Democracy* (University Press of America 2002).

Girling, J. L. S., ed., *Human Rights in the Asia-Pacific Region* (Department of International Relations Research School of Pacific Studies, The Australian National University 1991).

Glendon, Mary Ann, *A World Made New: Eleanor Roosevelt and the Universal Declaration of Human Rights* (Random House 2001).

Groom, A. J. R., and Taylor, Paul Graham, *Frameworks for International Cooperation* (St. Martin's Press 1990).

Gwartney, James D., and Lawson, Robert, *Economic Freedom of the World: 2005 Annual Report* (Cato Institute 2005).

Hahm, Pyong-choon, *Korean Jurisprudence, Politics, and Culture* (Yonsei University Press 1986).

_____ *The Korean Political Tradition and Law: Essays in Korean Law and Legal*

History (Hollym Corp. 1967).

Hall, David L., and Ames, Roger T., *Anticipating China: Thinking through the Narratives of Chinese and Western Culture* (State University of New York Press 1995).

_____ *Thinking from the Han: Self, Truth, and Transcendence in Chinese and Western Culture* (State University of New York Press 1998).

Halliday, Simon, and Schmidt, Patrick D., *Human Rights Brought Home: Socio-Legal Perspectives on Human Rights in the National Context* (Hart Pub 2004).

Hannum, Hurst, ed., *Guide to International Human Rights Practice* (Transnational Publishers 1999), 3rd edn.,

Hashimoto, Hidetoshi, *The Prospects for a Regional Human Rights Mechanism in East Asia* (Routledge 2004).

Henkin, Louis, *How Nations Behave* (Pall Mall Press 1968).

Henkin, Louis, Neuman, Gerald L., Orentlicher, Diane F., and Leebron, David W., *Human Rights* (Foundation Press 1999).

Heyns, C. H., and Viljoen, Frans, *The Impact of the United Nations Human Rights Treaties on the Domestic Level* (Kluwer Law International 2002).

Hofheinz, Roy, and Calder, Kent E., *The East Asia Edge* (Basic Books 1982).

Holt-Jensen, Arild, *Geography, History and Concepts: A Student's Guide* (Sage Publications 1999), 3rd edn.

Hook, Glenn D., and Kearns, Ian, *Subregionalism and World Order* (St. Martin's Press 1999).

Hsiung, James Chieh, *Asia Pacific in the New World Politics* (Lynne Rienner Publishers 1993).

_____ *Human Rights in East Asia: A Cultural Perspective* (Paragon House Publishers 1985).

Huntington, Samuel P., *The Third Wave: Democratization in the Late Twentieth Century* (University of Oklahoma Press 1991).

International Council on Human Rights Policy, *Performance & Legitimacy: National Human Rights Institutions* (International Council on Human Rights Policy

2000).

Irvine of Lairg, Alexander Andrew Mackay, *Human Rights, Constitutional Law and the Development of the English Legal System: Selected Essays* (Hart Pub 2003).

Ishay, Micheline R., *The History of Human Rights: From Ancient Times to the Globalization Era* (University of California Press 2004).

Ivanova, Galina Mikhailovna, Flath, Carol Apollonio, and Raleigh, Donald J., *Labor Camp Socialism: The Gulag in the Soviet Totalitarian System* (M. E. Sharpe 2000).

Jacobsen, Michael, and Bruun, Ole, eds., *Human Rights and Asian Values: Contesting National Identities and Cultural Representations in Asia* (Curzon 2000).

Janis, Mark W., *International Courts for the Twenty-First Century* (Martinus Nijhoff 1992).

Josselin, Daphne, and Wallace, William, *Non-State Actors in World Politics* (Palgrave 2001).

Jwa, Sung-Hee, *The Evolution of Large Corporations in Korea: A New Institutional Economics Perspective of the Chaebol* (Edward Elgar 2002).

Kang, David C., *Crony Capitalism: Corruption and Development in South Korea and the Philippines* (Cambridge University Press 2002).

Kant, Immanuel, *Perpetual Peace: A Philosophical Sketch* (1795).

Keane, John, *Democracy and Civil Society: On the Predicaments of European Socialism, the Prospects for Democracy, and the Problem of Controlling Social and Political Power* (Verso 1988).

Kelly, David, and Reid, Anthony, *Asian Freedoms: The Idea of Freedom in East and Southeast Asia* (Cambridge University Press 1998).

Kent, Ann E., *Between Freedom and Subsistence: China and Human Rights* (Oxford University Press 1993).

_____ *China, the United Nations, and Human Rights: The Limits of Compliance* (University of Pennsylvania Press 1999).

Keohane, Robert O., *International Institutions and State Power: Essays in International Relations Theory* (Westview Press 1989).

Khlevniuk, Oleg V., *The History of the Gulag: From Collectivization to the Great Terror* (Yale University Press 2004).

Kim, Suk Hi, *North Korea at a Crossroads* (McFarland & Company Inc. 2003).

Kim, Yoon Hyung, and Lee, Chang Jae, eds., *Strengthening Economic Cooperation in Northeast Asia* (Korea Institute for Economic Policy 2004).

Kingsbury, Damien, *The Politics of Indonesia* (Oxford University Press 1998).

Kirby, William C., *Realms of Freedom in Modern China* (Stanford University Press 2004).

Kodama, Yoshi, *Asia Pacific Economic Integration and the GATT WTO Regime* (Kluwer Law International 1999).

Kumar, Nagesh, *Towards an Asian Economic Community* (Research and Information System 2004).

Kunig, Philip, Benedek, Wolfgang, and Mahalu, Costa Ricky, *Regional Protection of Human Rights by International Law: The Emerging African System* (Nomos 1985).

Langford, Malcolm, *Social Rights Jurisprudence: Emerging Trends in International and Comparative Law* (Cambridge University Press 2008).

Langlois, Anthony J., *The Politics of Justice and Human Rights: Southeast Asia and Universalist Theory* (Cambridge University Press 2001).

Larrain, Jorge, *Ideology and Cultural Identity: Modernity and the Third World Presence* (Polity Press 1994).

Lawyers Committee for Human Rights, *Opening to Reform? An Analysis of China's Revised Criminal Procedure Law* (Human Rights First 1996).

Lee, Lai To, Acharya, Amitav, and Asian Political and International Studies Association eds., *Asia in the New Millennium* (Marshall Cavendish Academic 2004).

Lewis, Linda Sue, *Laying Claim to the Memory of May: A Look Back at the 1980 Kwangju Uprising* (University of Hawaii Press 2002).

Lewis, Martin W., and Wigen, Karen, *The Myth of Continents: A Critique of Metageography* (University of California Press 1997).

Lim, Hank, and Lee, Chyungly, eds., *The Emerging North-South Divide in East*

Asia: A Reappraisal of Asian Regionalism (Eastern University Press 2004).

Lim, Shirley, Smith, Larry E., and Dissanayake, Wimal, *Transnational Asia Pacific: Gender, Culture, and the Public Sphere* (University of Illinois Press 1999).

Mackerras, Colin ed., *Eastern Asia: An Introductory History* (Longman 2000), 3rd edn.

Martin, Francisco Forrest, and Rights International, *International Human Rights Law and Practice: Cases, Treaties, and Materials* (Kluwer Law International 1997).

Marx, Karl, and McLellan, David, *The Essential Left: Five Classic Texts on the Principles of Socialism* (Unwin Hyman 1986), new edn.

Matlary, Janne Haaland, *Intervention for Human Rights in Europe* (Palgrave 2002).

Maxwell, John A., and Friedberg, James J., *Human Rights in Western Civilization: 1600 to the Present* (Kendall / Hunt Pub. Co. 1994), 2nd edn.

McAdams, A. James, *Transitional Justice and the Rule of Law in New Democracies* (University of Notre Dame Press 1997).

Mendes, Errol, and Traeholt, Anne-Marie, *Human Rights: Chinese & Canadian Perspectives* (Human Rights Research and Education Centre University of Ottawa 1997).

Metcalf, William James, *The Environmental Crisis: A Systems Approach* (University of Queensland Press 1977).

Michael, Franz, Copper, John F., Lee, Ta-Ling, and Chang, Maria H., *Human Rights in the People's Republic of China* (Westview Press 1988).

Mingst, Karen, *Essentials of International Relations* (W. W. Norton 1999).

Moss, Joyce, and Wilson, George, *Peoples of the World. Asians and Pacific Islanders: The Culture, Geographical Setting, and Historical Background of 41 Asian and Pacific Island Peoples* (Gale Research 1993).

Mower, A. Glenn, *Regional Human Rights: A Comparative Study of the West European and Inter-American Systems* (Greenwood Press 1991).

Muravchik, Joshua, *The Future of the United Nations* (AEI Press 2005).

Murray, Rachel, *The African Commission on Human and Peoples' Rights and Interna-*

tional Law (Hart Pub 2000).

Murthy, Ranjani K., and Sankaran, Lakshmi, *Denial and Distress: Gender, Poverty and Human Rights in Asia* (Zed Books 2003).

Mutua, Makau, *Human Rights: A Political and Cultural Critique* (University of Pennsylvania 2002).

Neary, Ian, *Human Rights in Japan, South Korea, and Taiwan* (Routledge 2002).

New Zealand, Ministry of Foreign Affairs and Trade, *New Zealand Handbook on International Human Rights* (Ministry of Foreign Affairs and Trade 1998).

Nixon, Richard M., *Beyond Peace* (Random House 1994).

Nmehielle, Vincent Obisienunwo Orlu, *The African Human Rights System: Its Laws, Practice, and Institutions* (Martinus Nijhoff 2001).

Nye, Joseph S., *Power in the Global Information Age* (Routledge 2004).

Nye, Joseph S., and Harvard University Center for International Affairs, *International Regionalism: Readings* (Little, Brown and Company 1968).

Office of the High Commissioner for Human Rights, *Economic, Social and Cultural Rights: Handbook for National Human Rights Institutions* (United Nations 2005).

Osterdahl, Inger, *Implementing Human Rights in Africa: The African Commission on Human and Peoples' Rights and Individual Communications* (Lustus Forlag 2002).

Patman, Robert G., *Universal Human Rights?* (St. Martin's Press 2000).

Peerenboom, Randal P., Petersen, Carole, and Chen, Hongyi, *Human Rights in Asia: A Comparative Legal Study of Twelve Asian Jurisdictions, France, and the USA* (Routledge 2006).

Pollis, Adamantia, and Schwab, Peter, eds., *Human Rights: New Perspectives, New Realities* (Lynne Rienner Publishers 2000).

Pye, Lucian W., and Pye, Mary W., *Asian Power and Politics: The Cultural Dimensions of Authority* (Belknap Press of Harvard University Press 1985).

Rachagan, S. Sothi, and Tikamdas, Ramdas, eds., *Human Rights and the National Commission* (Malaysia National Human Rights Society 1999).

470

Ramcharan, B. G., *Human Rights and Human Security* (Martinus Nijhoff 2002).

Risse-Kappen, Thomas, Ropp, Stephen C., and Sikkink, Kathryn, eds., *The Power of Human Rights: International Norms and Domestic Change* (Cambridge University Press 1999).

Roberts, Guy B., Moore, John Norton, and Turner, Robert F., *National Security Law Documents* (Carolina Academic Press 1995).

Roehrig, Terence, *The Prosecution of Former Military Leaders in Newly Democratic Nations: The Cases of Argentina, Greece, and South Korea* (McFarland 2002).

Said, Edward W., *Orientalism* (Penguin 2003).

Sanders, Sol. W., ed., *The U.S. Role in the Asian Century* (University Press of America 1997).

Santoro, Michael A., *Profits and Principles: Global Capitalism and Human Rights in China* (Cornell University Press 2000).

Schak, David C., and Hudson, Wayne, *Civil Society in Asia* (Ashgate 2003).

Schmid, Andre, *Korea between Empires, 1895-1919* (Columbia University Press 2002).

Scoble, Harry M., and Wisebert, Laurie S., *Access to Justice: Human Rights Struggles in South East Asia* (Zed Books 1985).

Sellars, Kirsten, *The Rise and Rise of Human Rights* (Sutton 2002).

Sen, Amartya, *Human Rights and Asian Values* (Carnegie Council on Ethics and International Affairs 1997).

Shelton, Dinah, *Remedies in International Human Rights Law* (Oxford University Press 1999).

Shin, Gi-Wook, and Robinson, Michael, eds., *Colonial Modernity in Korea* (Harvard University Asia Center 2001).

Shin, Gi-Wook, Park, Soon-Won, and Yang, Daqing, eds., *Rethinking Historical Injustice in Northeast Asia: The Korean Experience in Regional Perspective* (Routledge 2006).

Snowiss, Sylvia, *Judicial Review and the Law of the Constitution* (Yale University Press 1990).

Steiner, Henry J., and Alston, Philip, *International Human Rights in Context Law, Politics, Morals: Text and Materials* (Oxford University Press 2000), 2nd ed.

Stone, Geoffrey R., Tushnet, Mark V., Sunstein, Cass R., and Seidman, Leuis Michael, *Constitutional Law* (Little, Brown & Co. Law & Business 1996).

Sullivan, Michael P., *International Relations: Theories and Evidence* (Prentice-Hall 1976).

Svensson, Marina, *Debating Human Rights in China: A Conceptual and Political History* (Rowman & Littlefield 2002).

Symonides, Janusz, ed., *Human Rights: Concepts and Standards* (Ashgate 2000).

Tamaki, Norio, *Yukichi Fukuzawa, 1835-1901: The Spirit of Enterprise in Modern Japan* (Palgrave Macmillan 2001).

Tan, Ngoh Tiong, and Sridharan, Kripa, *Human Rights Perspectives* (United Nations Association of Singapore 1999).

Tan, Poh-Ling, *Asian Legal Systems: Law, Society, and Pluralism in East Asia* (Butterworths 1997).

Tanaka, Stefan, *Japan's Orient: Rendering Pasts into History* (University of California Press 1993).

Tang, James T. H., ed., *Human Rights and International Relations in the Asia Pacific* (Pinter Publishers 1995).

Tassopoulos, Ioannis A., *The Constitutional Problem of Subversive Advocacy in the United States of America and Greece: A Comparison of the Legal Guarantees of Political Speech in Times of Crisis* (Ant. N. Sakkoulas Publishers 1993).

Tay, Alice Erh-Soon, *East Asia: Human Rights, Nation-Building, Trade* (Nomos 1999).

Taylor, Paul Graham, *International Organization in the Modern World: The Regional and the Global Process* (Pinter Publishers 1993).

Thakur, Ramesh Chandra, and Newman, Edward, *New Millennium, New Perspectives: The United Nations, Security, and Governance* (United Nations University Press 2000).

Tomuschat, Christian, and Academy of European Law, *Human Rights: Between Ide-*

alism and Realism (Oxford University Press 2003).

Tshosa, Onkemetse, *National Law and International Human Rights Law: Cases of Botswana, Namibia and Zimbabwe* (Ashgate 2001).

United Nations Centre for Human Rights, *A Handbook on the Establishment and Strengthening of National Institutions for the Promotion and Protection of Human Rights* (Professional Training Series No. 4) (United Nations 1995).

Vogel, Ezra F., *Japan as Number One: Lessons for America* (Harvard University Press 1979).

Wacks, Raymond, ed., *Civil Liberties in Hong Kong* (Oxford University Press 1988).

Wallerstein, Immanuel Maurice, *Unthinking Social Science: The Limits of Nineteenth-Century Paradigms* (Polity Press 1991).

Wanandi, Jusuf, and Centre for Strategic and International Studies, *Human Rights and Democracy in the ASEAN Nations: The Next 25 Years* (Centre for Strategic and International Studies 1992).

Weatherley, Robert, *The Discourse of Human Rights in China: Historical and Ideoogical Perspectives* (St. Martin's Press 1999).

Weissbrodt, David, Aolain, Fionnuala Ni, Fitzpatrick, Joan, and Newman, Frank, *International Human Rights Law, Policy, and Process* (Anderson Publishing 2001), 2nd edn.

Welch, Claude Emerson, and Leary, Virginia A., *Asian Perspectives on Human Rights* (Westview Press 1990).

West, James, and Kim, Jae Won, *A Critical Discourse on Korean Law and Economy* (Hanguel 2002).

Weston, Burns H., and Marks, Stephen P., eds., *The Future of International Human Rights* (Transnational 1999).

Wiessala, Georg, *The European Union and Asian Countries* (Sheffield Academic Press 2002).

Wilson, Margaret A., and Hunt, Paul, eds., *Culture, Rights and Cultural Rights: Perspectives from the South Pacific* (Huia 2000).

Wood, Alan Thomas, *Asian Democracy in World History* (Routledge 2004).

Woodiwiss, Anthony, *Globalisation, Human Rights and Labour Law in Pacific Asia* (Cambridge University Press 1998).

Wright, David Curtis, *The History of China* (Greenwood Press 2001).

Wu, Shih Yen and Wu, Margaret S., *Systems Analysis and Design* (West Group 1994).

Yoon, Dae Kyu, *Law & Political Authority in South Korea* (IFES Korean Studies Series, 2) (Westview Press 1990).

_____ *Recent Transformations in Korean Law and Society* (Seoul National University Press 2000).

Young, Oran R., *A Systemic Approach to International Politics* (Center of International Studies 1968).

Zakaria, Fareed, *The Future of Freedom* (W. W. Norton & Company, Inc. 2007).

Zedong, Mao, *Collected Writings of Chairman Mao, Vol. III: On Policy, Practice and Contradiction*, ed. Shawn Conners (El Paso Norte Press 2009).

논문

김진영, 「동아시아 모델 논쟁의 극복: 새로운 발전론을 위하여」, 『한국과 국제정치』 19권 1호 (2003).

배긍찬, 「ASEAN+3 협력과 동아시아 정체성」, 『동남아시아연구』 13권 1호 (2003).

백태웅, 「미국에서의 인권 소송: 일본군 위안부 사건을 중심으로」, 『고려법학』 43호 (2004).

오영섭, 「개항 후 만국공법 인식의 추이」, 『동방학지』 124 (2004).

이철우, 「아시아적 가치와 한국의 법문화」, 『전통과 현대』 11권 (2000).

정경수, 「국제인권법의 국내 적용에 관한 비판적 분석: 한국의 국가관행을 대상으로」, 『헌법학연구』 8권 4호 (2002).

정진성, 「국제노동기구(ILO)에의 문제제기의 구조: 강제노동조약(ILO Convention29)/전문가위원회를 통한 군위안부문제 제기」, 『국제지역연구』 10권 1호 (2001).

최종고, 「한국에서의 서양법의 수용과 변용」, 『법학』 33권 2호 (1992).

한상희, 「미국, EU, ASEAN의 동아시아 구상과 동북아 딜레마」, 『안암법학』 13권 (2001).

한인섭, 「5.18 재판과 과거청산의 과제」, 『법과 사회』 15권 (1997).

Abbott, Kenneth W., "International Relations Theory, International Law, and the Regime Governing Atrocities in Internal Conflicts," 93 *American Journal of International Law* 361 (1999).

Alford, William P., "How Theory Does and Does Not Matter: American Approaches to Intellectual Property Law in East Asia," 13 *UCLA Pacific Basin Law Journal* 8 (1994).

_____ "Making the World Safe for What? Intellectual Property Rights, Human Rights and Foreign Economic Policy in the Post-European Cold War World," 29 *New York University Journal of International Law and Politics* 35 (1997).

Baik, Tae-Ung, "A War Crime against an Ally's Civilians: The No Gun Ri Massacre," 15 *Notre Dame Journal of Law, Ethics & Public Policy* 455 (2001).

_____ "Justice Incomplete: The Remedies for the Victims of Jeju April Third Incidents," in Shin, Gi-Wook et al., eds., *Rethinking Historical Injustice in Northeast Asia: The Korean Experience in Regional Perspective* (Routledge 2006).

Barfield, Claude, "The United States, Korea, China and the Rise of Asian Regionalism," *Aei-Kita Conference Proceedings* (2004).

Bell, Daniel A., "The East Asian Challenge to Human Rights: Reflections on an East West Dialogue," 18 *Human Rights Quarterly* 641 (1996).

Benedek, Wolfgang, "The African Charter and Commission on Human and Peoples' Rights: How to Make It More Effective," 1 *Netherlands Quarterly of Human Rights* 25 (1993).

Bhagwati, Jagdish, "Beyond NAFTA: Clinton's Trading Choices," 91 *Foreign Policy* 155 (1993).

Bilder, Richard B., and Stephens, Beth, "Book Review: Remedies in International Human Rights Law," 95 *American Journal of International Law* 257 (2001).

Bilder, Richard B., and Stewart, David P., "Human Rights at the Millennium," 95

American Journal of International Law 227 (2001).

Bishop, Anthony N., "The Death Penalty in the United States: An International Human Rights Perspective," 43 *South Texas Law Review* 1115 (2002).

Black-Branch, Jonathan L., "Observing and Enforcing Human Rights under The Council of Europe: The Creation of a Permanent European Court of Human Rights," 3 *Buffalo Journal of International Law* 1 (1996).

Brewster, Rachel D., "Calling the Tune or Following the Lead," 13 *Tulane European and Civil Law Forum* 1 (1998).

Buergenthal, Thomas, "The American and European Convention on Human Rights: Similarities and Differences," 30 *The American University Law Review* 155 (1980).

Burke-White, William W., "Human Rights and National Security: The Strategic Correlation," 17 *Harvard Human Rights Journal* 249 (2004).

Cardenas, Lorraine C., and Buranakanits, Arpaporn, "The Role of APEC in the Achievement of Regional Cooperation in Southeast Asia," 5 *Annual Survey of International and Comparative Law* 49 (1999).

Carozza, Paolo G., "Subsidiarity as A Structural Principle of International Human Rights Law," 97 *American Journal of International Law* 38 (2003).

_____ "Uses and Misuses of Comparative Law in International Human Rights: Some Reflections on the Jurisprudence of the European Court of Human Rights," 73 *Notre Dame Law Review* 1217 (1998).

Cassel, Doug, "Corporate Aiding and Abetting of Human Rights Violations: Confusion in the Courts," 6 *Northwestern University Journal of International Human Rights* 304 (2008).

_____ "Does International Human Rights Law Make a Difference?" 2 *Chicago Journal of International Law* 121 (2001).

_____ "Washington's 'War Against Terrorism' and Human Rights: The View From Abroad," 33 *Human Rights* 11 (2006).

Cavallaro, James L. and Brewer, Stephanie Erin, "Re-evaluating Regional Human Rights Litigation in the Twenty-First Century: The Case of the Inter-American Court," 102 *American Journal of International Law* 768 (2008).

Cerna, Christina M., "East Asian Approaches to Human Rights," 2 *Buffalo Journal of International Law* 201 (1995).

_____ "The Inter-American System for the Protection of Human Rights," 16 *Florida Journal of International Law* 195 (2004).

Chalermpalanupap, Termsak, "Towards an East Asia Community: The Journey Has Begun," *ASEAN Staff Paper* (October 17-19, 2002).

Checkel, Jeffrey T., Norms, "Institutions, and National Identity in Contemporary Europe," 43 *International Studies Quarterly* 84 (1999).

Cho, Kuk, "Tension between the National Security Law and Constitutionalism in South Korea: Security for What?" 15 *Boston University International Law Journal* No. 1 (1997).

Choi, Chongko, "Traditional Legal Thoughts in Korea," 3 *Journal of Korean Law* No. 1, 75 (2003).

Chung, Suh-Yong, "Is the Mediterranean Regional Cooperation Model Applicable to Northeast Asia?" 11 *Georgetown International Environmental Law Review* 363 (1999).

Civic, Melanne Andromecca, "A Comparative Analysis of International and Chinese Human Rights Law-University versus Cultural Relativism," 2 *Buffalo Journal of International Law* 285 (1999).

Cortell, Andrew P., and Davis, James W., Jr., "How Do International Institutions Matter? The Domestic Impact of International Rules and Norms," 40 *International Studies Quarterly* 451 (1996).

_____ "Understanding the Domestic Impact of International Norms: A Research Agenda," 2 *International Studies Quarterly* 65 (2000).

Cortell, Andrew P., and Peterson, Susan, "Altered States: Explaining Domestic Institutional Change," 29 *British Journal of Political Science* 1 (1999).

Danilenko, Gennady M., "Implementation of International Law in Russia and Other CIS States," 10 *European Journal of International Law* 51 (1999).

Davis, Michael C., "Constitutionalism and Political Culture: The Debate over Human Rights and Asian Values," 11 *Harvard Human Rights Journal* 109 (1998).

_____ "Human Rights in Asia: China and Bangkok Declaration," 2 *Buffalo Journal of International Law* (1996).

De Bary, William Theodore, "Constructive Engagement with Asian Values," *Columbia East Asian Review* (Fall 1997).

Donnelly, Jack, "International Human Rights: A Regime Analysis," 40 *International Organization* 599 (Summer, 1986).

Engle, Karen, "Culture and Human Rights: The Asian Value Debate in Context," 32 *New York University Journal of International Law and Politics* 291 (2000).

Falk, Richard, "Regionalism and World Order after the Cold War, " 49 *St. Louis-Worsaw Transatlantic Journal* 71 (1995).

Fidler, David P., "The Asian Century: Implications for International Law," 9 *Singapore Yearbook of International Law* 19 (2005).

Finnemore, Martha and Sikkink, Kathryn, "International Norm Dynamics and Political Change," 52 *International Organization* 887 (1998).

Fischbach, Jonathan, "The Empty Pot at the End of the Rainbow: Confronting 'Hollow-Rights Legislation' after Flatow," 87 *Cornell Law Review* 1001 (2002).

Garvey, Jack I., "AFTA after NAFTA: Regional Trade Blocs and the Propagation of Environmental and Labor Standards," 15 *Berkeley Journal International Law* 245 (1997).

Gerardi, Melissa, "Jumpstarting APEC in the Race to 'Open Regionalism': A Proposal for the Multilateral Adoption of UNCITRAL's Model Law on International Commercial Arbitration," 15 *Northwestern Journal of International Law & Business* 668 (1995).

Ginsburg, Tom, "Confucian Constitutionalism? The Emergence of Constitutional Review in Korea and Taiwan," 27 *Law & Social Inquiry* 763 (2002).

Goldsmith, Jack, "Should International Human Rights Law Trump US Domestic Law?" 1 *Chicago Journal of International Law* 327 (2000).

Goodman, Ryan, and Jinks, Derek, "How to Influence States: Socialization and International Human Rights Law," 54 *Duke Law Journal* 621 (2004).

Gotanda, John Yukio, "Regional Institutions in East Asia and the Pacific: Is the Time Ripe?" 89 *American Society of International Law Proceedings* 471 (1995).

Hahm, Chaihark, "Conceptualizing Korean Constitutionalism: Foreign Transplant or Indigenous Tradition?" 1 *Journal of Korean Law* No. 2, 151 (2001).

Harris, Seth R., "Asian Human Rights: Forming a Regional Covenant," 1 *Asian-Pacific Law* & *Policy Journal* 17 (2000).

Hathaway, Oona A., "Do Human Rights Treaties Make a Difference?" 111 *The Yale Law Journal* 1935 (2002).

Heidt, Kathryn R., "Taking a New Look at Secured Transactions," 96 *Columbus Law Review* 759 (1996).

Helfer, Laurence R., "Overlegalizing Human Rights: International Relations Theory and the Commonwealth Caribbean Backlash against Human Rights Regimes," 102 *Columbus Law Review* 1832 (2002).

Helfer, Laurence R. and Slaughter, Anne-Marie, "Toward a Theory of Effective Supranational Adjudication," 107 *The Yale Law Journal* 273 (1997).

Henkin, Louis, "Sibley Lecture, March 1994 Human Rights and State 'Sovereignty'," 25 *Georgia Journal of International and Comparative Law* 31 (1995).

Hildebrand, James L., "Complexity Analysis: A Preliminary Step toward a General Systems Theory of International Law," 3 *Georgia Journal of International and Comparative Law* 271 (1973).

Hiscock, Mary E., "Changing Patterns of Regional Law in Southeast Asia," 39 *Saint Louis University Law Journal* (1995).

Hom, Sharon K., "Commentary: Re-Positioning Human Rights Discourse on 'Asian' Perspectives," 3 *Buffalo Journal of International Law* 209 (Summer, 1996).

Javaherian, Maryam, "Women's Human Rights in Iran: What Can the International Human Rights System Do?" 40 *Santa Clara Law Review* 819 (2000).

Jefferies, Pamela A., "Human Rights, Foreign Policy, and Religious Belief: An Asia/Pacific Perspective," 2000 *Brigham Young University Law Review* 885 (2000).

Jones, Sidney, "Regional Institutions for Protecting Human Rights in Asia," 50 *Australian Journal of International Affairs* (1996).

Joyner, Christopher, "International Law Is, as International Relations Theoty Does?" 100 *American Journal of International Law* 248 (2006).

Kausikan, Bilahari, "An East Asian Approach to Human Rights," 2 *Buffalo Journal of International Law* (1996).

_____ "Asia's Different Standard: Human Rights," *Foreign Policy* September 22 (1993).

Kennedy, David, "The International Human Rights Movement: Part of the Problem?" 15 *Harvard Human Rights Journal* 101 (2002).

Kersch, Ken I., "The Supreme Court and International Relations Theory," 69 *Albary Law Review* 771 (2006).

Kim, Dae-Jung, "Is Culture Destiny? The Myth of Asia's Anti-Democratic Values," *Foreign Affairs* Nov. Dec. 1994.

Kodama, Yoshi, "Asia-Pacific Region: APEC and ASEAN," 30 *International Law* 367 (1996).

_____ "Development of Inter-State Cooperation in the Asia Pacific Region: Consideration for Regional Trade Compacts," 2 *NAFTA: Law & Business Review of the Americas* 70 (1996).

Koh, Harold Hongju, "The Globalization of Freedom," 26 *Yale Journal of International Law* 305 (2001).

_____ "The 1998 Frankel Lecture: Bringing International Law Home," 35 *Houston Law Review* 623 (1998).

_____ "Why Do Nations Obey International Law?" 106 *The Yale Law Journal* 2599 (1997).

Krasner, Stephen D., "Structural Causes and Regime Consequences: Regimes as Intervening Variables," 36 *International Organization* No. 2, 185 (Spring, 1982).

Kratochwil, Friedrich and Ruggie, John G., "International Organization: A State of the Art on an Art of the State," 40 *International Organization* 753 (1986).

Kyi, Aung San Suu, "Freedom, Development, and Human Worth," 6 *Journal of De-*

mocracy No. 2, 11 (1995).

Legro, Jeffrey W., "Which Norms Matter? Revisiting The 'Failure' of Internationalism," 51 *International Organization* No. 1, 31 (1997).

Li, Xiaorong, "Asian Values and the Universality of Human Rights," *China Rights Forum* 32 (Fall, 1996).

LoPucki, Lynn M., "The Systems Approach to Law," 82 *Cornell Law Review* 479 (1997).

Luftglass, Scott, "Crossroads in Cambodia: The United Nation's Responsibility to Withdraw Involvement from the Establishment of a Cambodian Tribunal to Prosecute the Khmer Rouge," 90 *Virginia Law Review* 893 (2004).

Lutz, Ellen L., and Sikkink, Kathryn, "International Human Rights Law and Practice in Latin America," 54 *International Organization* No. 3, 633 (2000).

Lyou, Byung-Woon, "Building the Northeast Asian Community," 11 *Indiana Journal of Global Legal Studies* 257 (2004).

Mearsheimer, John J., "The False Promise of International Institution," 19 *International Security* Issue 3, 5 (1994-95).

Mickelson, Karin, "Rhetoric and Rage: Third World Voices in International Legal Discourse," 16 *Wisconsin International Law Journal* 353 (1998).

Moravcsik, Andrew, "Conservative Idealism and International Institutions," 1 *Chicago Journal of International Law* 291 (2000).

Mugwanya, George William, "Realizing Universal Human Rights Norms through Regional Human Rights Mechanisms: Reinvigorating the African System," 10 *Indiana International & Comparative Law Review* 35 (1999).

Muntarbhorn, Vitit, "Asia, Human Rights and the New Millennium: Time for a Regional Human Rights Charter?" 8 *Transnational Law & Contemporary Problems* 407 (1998).

Mutua, Makau, "The Africa Human Rights System in a Comparative: The Need for Urgent Reformulation," 5 *Legal Fellow* 31 (1993).

_____ "Ambiguity and Anemia: The Status Quo," 21 *Human Rights Quarterly* (1999).

Nmehielle, Vincent O. Orlu, "Towards an African Court of Human Rights: Structuring and the Court," 6 *Annual Survey of International and Comparative Law* 27 (2000).

Odinkalu, Chidi Anselm, "Analysis of Paralysis or Paralysis by Analysis? Implementing Economic, Social, and Cultural Rights under the African Charter on Human and Peoples' Rights," 23 *Human Rights Quarterly* 327 (2001).

Onuf, Nicholas G., and V. Spike Peterson, "Human Rights from an International Regimes Perspective," 38 *Journal International Affairs* 329 (1984).

Parker, Mary Caroline, " 'Other Treaties': The Inter-American Court of Human Rights Defines its Advisory," 33 *American University Law Review* 211 (1983).

Peerenboom, Randall, "Beyond Universalism and Relativism: The Evolving Debates about 'Values in Asia'," *UCLA Research Paper Series* No. 02-23 (2002).

PoKempner, Dinah, "Asia's Activists and the Future of Human Rights Human Rights on the Eve of the Next Century: Human Rights & Non-Governmental Organizations," 66 *Fordham Law Review* 677 (1997).

Posner, Eric A., and Vermeule, Adrian, "Transitional Justice as Ordinary Justice," 117 *Harvard Law Review* 761 (2004).

Potter, Pitman, "Legal Reform in China: Institutions, Culture, and Selective Adaptation," 29 *Law & Social Inquiry* 465 (2004).

Pruitt-Hamm, Bruce, "Humanitarian Intervention in Southeast Asia in the Post-Cold War World: Dilemmas in the Definition and Design of International Law," 3 *Pacific Rim Law & Policy Journal* (1994).

Qazilbash, Ali Mohsin, "NGOs Efforts towards the Creation of a Regional Human Rights Arrangement in the Asia-Pacific Region," *ILSA Journal of International & Comparative Law* 603 (1998)

Rajagopal, Balakrishnan, "International Law and Social Movements: Challenges of Theorizing Resistance," 41 *Columbia Journal of Transnational Law* 397 (2003).

Raustiala, Kal, "The Architecture of International Cooperation: Transgovernmental Networks and the Future of International Law," 43 *Virginia Journal of International Law* 1 (2002).

Raymond, Gregory A., "Problems and Prospects in the Study of International Norms," 41 *Mershon International Studies Review* 205 (1997).

Reif, Linda C., "Building Democratic Institutions: The Role of National Human Rights Institutions in Good Governance and Human Rights Protection," 13 *Harvard Human Rights Journal* 1 (2000).

Reisman, W. Michael, "Practical Matters for Consideration in the Establishment of a Regional Human Rights Mechanism: Lessons from the Inter-American Experience," *St. Louis Warsaw Transnational Law Journal* 89 (1995).

Rishmawi, Mervat, "The Revised Arab Charter on Human Rights: A Step Forward?" 5 *Human Rights Law Review* 361 (2005).

Roht-Arriaza, Naomi, "Reparations, Decisions and Dilemmas," 27 *Hastings International & Comparative Law Review* 157 (2004).

Rowan, Sara, "International Human Rights Conventions and the Domestic Law: Recent Trends in New Zealand and Australia," *ALSA Academic Journal* (1996).

Shah, Prakash, "Globalization and the Challenge of Asian Legal Transplants in Europe," 4 *Singapore Journal of Legal Studies* 348 (2005).

Shelton, Dinah, "The Boundaries of Human Rights Juridiction in Europe," 13 *Duke Journal of Comparative and International Law* 95 (2003).

Shin, Kwang Shik, and Chang, Seung Wha, "The Role of Law and Legal Institutions in Asian Economic Development: The Case of Korea," *Development Discussion Paper* No. 661 (The Harvard Institute for International Development, 1998).

Slaughter Burley, Anne-Marie, "40th Anniversary Perspective: Judicial Globalization," 40 *Virginia Journal of International Law* 1103 (2000).

Slaughter Burley, Anne-Marie, "International Law and International Relations Theory: A Dual Agenda," 87 *American Journal of International Law* 205 (1993).

_____, Tulumello, Andrew S., and Wood, Stepan, "International Law and International Relations Theory: A New Generation of Interdisciplinary Scholarship," 92 *American Journal of International Law* 367 (1998).

Southgate, Edward J. L., "From Japan to Afghanistan: The U.S. Japan Joint Security Relationship, the War on Terror, and the Ignominious End of the Pacifist State?" 151 *University of Pennsylvania Law Review* 1599 (2003).

Sripati, Vijayashri, "India's National Human Rights Commission: A Shackled Commission," 18 *Boston University International Law Journal* 1 (2000).

Stein, Eric, "International Integration and Democracy: No Love at First Sight," 95 *American Journal of International Law* 489 (2001).

Stephens, Beth, "Upsetting Checks and Balances: The Bush Administration's Efforts to Limit Human Rights Litigation," 17 *Harvard Human Rights Journal* 169 (2004).

Sucharitkul, Sompong, "Asian Perspectives of the Evolution of International Law: Thailand's Experience as the Threshold of the Third Millennium," 2 *Chinese Journal of International Law* 527 (2002).

Thomas, Daniel C., "International NGOs, State Sovereignty, and Democratic Values," 2 *Chicago Journal of International Law* 389 (2000).

Tstsuka, Etsuro, "Commentary on a Victory for 'Comfort Women': Japan's Judicial Recognition of Military Sexual Slavery," 8 *Pacific Rim Law & Policy Journal* (1999).

Udombana, Nsongurua J., "Toward the African Court on Human and Peoples' Rights: Better Late Than Never," 1 *Yale Human Rights & Developement Law Journal* (2000).

Van Dyke, Jon M., "Development and History: Reconciliation between Korea and Japan," 5 *Chinese Journal of International Law* 215 (2006).

Viskovatoff, Alex, "Foundations of Niklas Luhmann's Theory of Social Systems," 29 *Philosophy of the Social Sciene* Issue 4, 481 (1999).

Watson, Alan, "Legal Transplants and European Private Law," vol. 4.4 *Electronic Journal of Comparative Law* (2000).

Weisburd, A. M., "Implications of International Relations Theory for the International Law of Human Rights," 38 *Columbus Journal of Transnational Law* 45 (1999).

Weston, Burns H., et al, "Regional Human Rights Regimes: A Comparison and

Appraisal," 20 *Vanderbilt Journal of Transnational Law* (1987).

Whiting, Amanda, "Situating Suhakam: Human Rights Debates and Malaysia's National Human Rights Commission," *Stanford Journal of International Law* (2003).

Wilde, Ralph, "NGO Proposals for an Asia-Pacific Human Rights System," 1 *Yale Human Rights & Development Law Journal* 137 (1998).

Wilson, Richard J., and Perlin, Jan, "The Inter-American Human Rights System: Activities from Late 2000 through October 2002," 18 *American University International Law Review* 651 (2003).

Yoon, Dae-Kyu, "The Constitutional Court System of Korea: The New Road for Constitutional Adjudication," 1 *Journal of Korean Law* No. 2, 1 (2001).

Yu, Tong, "Reparations for Former Comfort Women of World War II," 36 *Harvard International Law Journal* (1995).

Yune, Jin-Su, "Recent Decisions of the Korean Constitutional Court on Family Law," 1 *Journal of Korean Law* 133 (2001).

Zakaria, Fareed, "Culture is Destiny: A Conversation with Lee Kuan Yew," *Foreign Affairs* (March/April 1994).

Zarsky, Lyuba, "The Asia-Pacific Cooperation Forum and the Environment: Regional Environmental Governance in the Age of Economic Globalization," 8 *Colonado Journal of International Law & Policy* (1997).

옮긴이의 말

이 책 『아시아 인권공동체를 찾아서: 지역 인권체제의 발전과 전망』
은 백태웅 선생님이 쓴 *Emerging Regional Human Rights Systems in Asia*
(Cambridge University Press 2012)의 한국어 번역본입니다. 책제목에서 살펴
볼 수 있듯이, 이 책은 아시아 인권공동체의 성장과 발전을 아시아의 지
역통합과 지역 인권체제 구현을 위한 노력 속에서 찾고 있습니다.

인권이라는 주제가 포괄적인 만큼이나, 그리고 인권의 문제가 도처에
편재한 만큼이나, 인권이라는 말을 들었을 때 다양한 것을 생각하거나
연상할 수 있을 것입니다. 혹자는 유엔이나 국제사면위원회(Amnesty
International), 국가인권위원회나 헌법재판소, 인권 관련 단체나 활동
가들을 떠올릴 수 있을 것입니다. 혹자는 시민적 권리와 자유, 여성의 권
리, 아동과 청소년의 권리, 소수자의 권리, 언론의 자유 등에 대해 말할
수도 있을 것입니다. 인권을 통해 난민이나 이민, 실종자, 과거사, 불평
등, 인종, 노동, 환경, 복지, 개발 등의 문제를 성찰할 수도 있을 것입니
다. 또한 중국이나 북한 같은 이웃 국가들을 떠올릴 수도 있을 것입니다.

그러나 한국이 지정학적으로 속해 있는 아시아의 인권에 관해 생각
할 때, 인권은 왠지 낯설고 먼 것처럼 느껴지기도 합니다. 한국을 비롯
한 지역 내 몇몇 국가들의 높은 수준의 정치적·경제적 발전에도 불구하

고, 그런 국가들을 포함하여 아시아 전체적으로 인권의 발전은 너무 더디게만 보이기도 합니다. 지난 세기말부터 시작된 '아시아적 가치' 논쟁은 인권을 아시아 본래의 고유한 가치와 대척되는 무언가 외생적이고 때로는 전적으로 서구적인 것으로 간주하는 데 일조하기도 했습니다. 역자 개인적으로는 한국뿐만 아니라 아시아 곳곳에서 벌어지는 인권과 민주주의의 후퇴를 목도할 때면, 아시아에서 인권이 시시포스(Sisyphos)가 짊어져야 하는 크고 무거운 바위처럼 보이기도 합니다. 종국에는 다시 산 아래로 굴러떨어질 그런 바위 말입니다.

아시아의 인권에 대한 시스템적 접근, 지역간 혹은 아시아 역내 소지역간의 비교, 인권 규범, 기구, 이행에 관한 방대한 자료와 구체적이고 면밀한 분석을 통해 20세기 후반부터 현재에 이르기까지 아시아 지역에서 인권공동체가 '어떻게' 성장, 발전해왔는가를 탁월하게 살펴보고 있는 이 책은 아시아에서 인권이 더이상 낯설고 멀게만 느껴질 수 없는 것이라는 점을 분명하게 보여주고 있습니다.

정도와 방식은 다르지만, 거의 모든 아시아 국가들은 인권규범을 법의 구성적 부분으로 간주해왔습니다. 아시아의 역내 (소)지역통합의 과정에서도 인권은 중심적인 화두로 성장해왔습니다. 그 가운데 지역통합과 더불어 지역 인권체제 설립에 관한 논의 역시 활발하게 이루어지기 시작했습니다. 역사적으로도 아시아에서 인권은 아시아 각국의 근대 독립국가 형성과 민주주의, 그리고 근대화의 요구에 내재되어 있는 것이지, 아시아적 가치와 대척점에 있는 것이 아니었습니다.

또한 이 책은 아시아에서 인권체제의 발전을 물이 절반 정도 차 있는 물컵에 비유합니다. 산 아래로 굴러떨어진 시시포스의 바위가 아니라, 이미 몇몇 긍정적인 요소들이 절반 정도 차 있지만 나머지 절반은 비어 있어 여전히 그 이상의 발전이 필요한 그런 물컵 말입니다. 이러한 비유를 통해 이 책은 그간 아시아에서 인권공동체의 성장과 발전을 위한 노력들을 적확하게 평가하고, 이를 바탕으로 아시아의 지역통합에서 인권이 근본적인 구성요소가 되는 미래를 제안하고 있습니다.

이 책의 저자인 백태웅 선생님은 유엔인권이사회 활동과 인권 연구의 바쁜 와중에도 역자의 초역을 꼼꼼히 살펴보고 검토해주셨습니다. 역자로서 큰 도움을 받은 것에 대한 감사의 마음과 더불어, 역자의 몫까지 함께 해주신 것 같아 마음이 무겁기도 합니다. 또한 이 책의 번역은 경희대학교 안병진 선생님의 소개와 도움 없이는 불가능했을 것입니다. 역자와 이 책을 만나게 해준 안병진 선생님께 감사드립니다. 마지막으로 이 책의 출간을 맡아준 창비사와 편집부의 노고에 감사드립니다.

2017년 4월
서강대학교 과학기술국제협력센터에서
이충훈

찾아보기

ㄱ

가치 34, 55~58, 60, 70, 73, 74, 77, 87, 93,
  95, 96, 110, 128, 132, 151, 161, 163, 165,
  175, 183, 203, 213, 245, 251, 273, 309,
  319~21, 333, 336, 343
  가치 공유 과정 336
  가치를 내세움으로써 얻게 되는 이익
  (value-interests) 58
강제실종협약(International Convention
  for the Protection of All Persons from
  Enforced Disappearance, CED) 115,
  209, 279
개방적 시스템 66
경제우선 정책 304, 314
고, 해럴드 홍주(Koh, Harold Hongju)
  55, 59
고문방지협약(Convention against Tor-
  ture and Other Cruel, Inhuman or
  Degrading Treatment or Punishment,
  CAT) 110, 115, 118, 130, 131, 204, 209,
  277, 291, 294, 295, 297
  개별 진정 115, 295~97
  당사국 보고서 290~93

일반의견 291, 294, 295
관리 민주주의(managed democracy) 156
교도 민주주의(guided democracy) 151
구성주의 55, 57~60
국가별 수임사항(Country mandate) 203,
  209, 210, 281, 290
국가별 인권 상황 정례 검토 203, 207, 280
국가인권계획 299, 300
국가인권기구(NHRI) 23, 68~70, 73,
  165, 177, 189, 202, 229, 230, 234, 250,
  251, 275, 298, 299
국가인권기구 국제조정위원회(ICC) 250
국가주권 128, 141, 174, 180, 236, 314,
  318, 319, 333
국가행동계획 225, 226
국제관계이론 55~63
  새로운 도전 60
  자유주의와 구성주의 57~60
  체제적 접근 61~63
  현실주의/신현실주의와 신자유주의
  적 제도주의 55~57
국제관습법 70, 83, 93, 100, 108, 109, 112,
  129, 163, 165

국제노동기구(ILO) 169, 204, 206, 322, 328, 329

국제법 26, 55, 59, 74, 75, 77, 83, 85, 86, 96, 100~12, 132, 133, 152, 221, 294, 295, 314, 319, 343
　국제인권법과 국내법의 위계 105~11
　국제인권조약의 승인 101~05
　동아시아 국내 법체계에서의 국제관습법 100~12
　이원론적 접근 100~02, 104~05
　일원론적 접근 100~04

국제사면위원회(Amnesty International) 158, 313, 322

국제사법재판소(ICJ) 100, 203

국제인권법 26, 34, 64, 100~02, 104~06, 129, 132, 153, 167, 168, 175, 176, 183, 231, 278, 298, 303, 343

국제인권조약 21, 85, 93, 101, 108, 110, 112, 113, 122, 130, 131, 147, 155, 162, 165, 166, 168, 169, 183, 260, 275, 301, 318

국제적 규범(기준)의 국내화 90~92, 95, 99, 100, 183, 271

국제조약 61, 83, 100, 102~10, 113, 129, 132, 297, 300, 302

국제형사재판소(ICC) 277, 278

굿맨, 라이언(Ryan Goodman) 272

권위주의 정권 21, 51, 77, 78, 83, 87, 89, 140, 148~50, 165, 182, 189, 212, 213, 249, 258, 298, 302, 303, 309, 310, 314, 319~23, 327, 337, 345

규범의 강제 이식 91, 92

근린 효과(neighborhood effect) 199

김대중(金大中) 47, 89, 219, 234

ㄴ

나선형 모델(spiral model) 58, 315

나이, 조지프(Joseph Nye) 273

남아시아지역협력연합(SAARC) 36, 46, 70, 73, 170, 172, 173, 188, 201, 213, 227, 232, 239, 240~42, 261, 344
　남아시아지역협력연합 사회헌장 172
　남아시아지역협력연합 헌장 172, 173

남한(한국) 35, 42, 44~47, 50~54, 85, 89, 94, 102~04, 108, 109, 111, 112, 120, 126~27, 130, 135, 136, 138, 139, 147~50, 165, 189, 204, 205, 207~11, 217, 219, 220, 232~35, 239, 249, 266, 267, 279, 289~93, 295~97, 299, 300, 303, 307~10, 321~24, 328, 332
　갈등하는 이해관계와 협력의 유형 321~24
　국가인권계획 299, 300
　국내 사법제도 249
　국내 인권보호법규 165
　국제관습법 112
　국제인권법과 국내법의 위계 108, 109, 111
　국제인권조약의 승인 115, 120, 126~27
　당사국 보고서 291~93
　북한과 남한 135, 232, 267, 290, 303
　아시아의 지역협력과 남한 217, 219, 220, 232~35, 239, 247, 266
　유엔 회원국 204, 205, 207~11, 279, 289
　조약의 유보 120, 130
　헌법주의와 법치의 발전 136, 138, 139, 147~50, 189

네팔 50~54, 103, 104, 106, 107, 111, 114,
    122, 123, 134~36, 138, 205, 209, 211,
    229, 240, 282, 295~97, 299, 300, 307,
    308
    국제인권법과 국내법의 위계 103,
    104, 106, 107, 111
    헌법 106, 107, 134~36, 138
노무현(盧武鉉) 234

ㄷ

다자주의 335
당사국 보고서 70, 108, 144, 192, 204, 259,
    272, 275, 290~93, 311
대만 38, 108, 131, 135, 219, 249, 303, 307,
    309, 328
덩 샤오핑(鄧小平) 141, 145, 233
데이비스, 제임스(James W. Davis Jr.)
    128
도널리, 잭(Jack Donnelly) 61, 62, 76, 88
동아시아비전그룹 2000 46, 219, 220
동아시아연구그룹 2000 46, 219, 220
동아시아정상회의(EAS) 27, 38, 43,
    45~47, 188, 213, 217~23, 232, 258, 261,
    266, 344, 345
동아시아포럼(EAF) 220
동티모르 50~54, 103, 104, 106, 111, 114,
    122, 123, 136, 138, 204, 205, 211, 217,
    229, 282, 285, 297, 307, 308
    국제인권법과 국내법의 위계 103,
    104, 106, 111
두터운 인권과 얇은 인권 88, 97

ㄹ

라오스 50~54, 104, 114, 122, 123, 135~

38, 205, 211, 217, 282, 307, 308
러시아(소련) 27, 35, 36, 38, 42~47, 198,
    204, 217, 221, 222, 232, 233, 235, 267,
    323, 335
레짐(체제) 접근법 61~63, 64
로빈슨, 메리(Mary Robinson) 23
로스티앨러, 칼(Kal Raustiala) 315
로푸키, 린(Lynn M. LoPucki) 33, 64
루스벨트, 프랭클린(Franklin Roosevelt)
    319
루이스, 마틴(Martin W. Lewis) 39
리 콴유(李光耀) 88, 89, 258, 310
리스-카펜, 토머스(Thomas Risse-Kap-
    pen) 58, 273, 315

ㅁ

마오 쩌둥(毛澤東) 93, 141
마하티르 모하맛(Mahathir bin Moha-
    mad) 47, 218
만국공법(萬國公法) 94
말레이시아 47, 50~54, 85, 89, 104, 105,
    109, 111, 114, 120, 122, 123, 131, 135,
    153~55, 160, 171, 205, 209, 211, 217,
    218, 220, 229, 235, 260, 279, 282, 283,
    285, 286, 288, 303, 307, 308
    조약의 유보 131
    헌법주의와 법치의 발전 135, 136,
    138, 139, 153~55
맑스주의 77, 93
맥두걸, 게이(Gay J. McDougall) 329
모건소, 한스(Hans Morgenthau) 55
몽골 38, 41, 50~54, 103, 104, 108, 111,
    113, 114, 122, 123, 135, 136, 138, 205,
    207, 208, 217, 229, 283, 290, 295~97,

299, 300, 307, 308

국제인권법과 국내법의 위계 103, 104, 108, 111

일원론적 접근 103, 104

몽꿋(Mongkut) 95

무샤라프, 페르베즈(Pervez Musharraf) 162

문화간 대화 접근법(cross-cultural dialogue approach) 87, 88, 97

문화상대주의 32, 86, 87, 90, 97, 100, 167, 181

문화적 동화(acculturation) 272, 273

문화적 장벽 309, 314, 337

미국 27, 36~38, 41~47, 75~77, 101, 112, 118, 134, 135, 146, 148, 166, 187, 193, 195, 197, 204, 215, 217, 219, 221, 222, 232, 233, 235, 244, 257, 267, 313, 319, 320, 323, 326, 329, 344

국제관습법 112

국제인권조약의 승인 118

북한과 미국 235, 267, 323

아시아의 지역협력과 미국 27, 38, 45, 215, 217, 219, 221, 222, 233, 235, 344

일원론적 접근 101

헌법 76, 77, 101, 134, 146

미얀마 50~54, 104, 111, 114, 122, 123, 134, 136, 138, 205, 210, 211, 217, 220, 229, 234, 259, 282~86, 288, 303, 307, 308

헌법 134, 136, 138

미주기구(OAS) 17, 72, 188, 194, 195, 197, 198, 216

미주인권위원회(IACHR) 17, 18, 72, 187, 194, 195, 198

미주인권재판소(IAC) 72, 195, 197

민주주의에 대한 권리 180

민주화투쟁 149

ㅂ

바다위, 압둘라 아마드(Abdullah Ahmad Badawi) 26, 155

방글라데시 50~54, 104, 105, 114, 122, 123, 135, 136, 138, 205

국제인권법과 국내법의 위계 104, 105, 109~11

방콕 선언(1993) 174~76, 180

방콕 NGO 인권선언(1993) 180, 254, 256

버클리, 월터(Walter Buckley) 63

법적 강제체제 301, 334

법치주의 134, 140, 145, 146, 150, 155, 157, 158, 161, 162, 164, 166, 189, 203, 249, 258, 263, 274, 297, 298, 303, 304, 310, 311, 322, 327, 335

베스트팔렌 체제 75

베이커, 제임스(James A. Baker) 45

베트남 42, 44, 47, 50~54, 89, 95, 104, 105, 111, 114, 124, 125, 135, 136, 138, 205, 207, 208, 211, 217, 220, 221, 235, 284, 285, 291~93, 304, 307~10, 320

권리 개념의 채택 95

변형 92, 99, 101~04, 109~12, 343

보충성의 원리 99, 278

보편주의 32, 86~88, 90, 93, 96, 97, 100, 181, 182, 310

보편적 체제의 일부로서의 아시아 인권체제 300, 301

볼리비아 105

국제인권법과 국내법의 위계 105

부드러운 권력(soft power) 74, 273
부시, 조지(Georg W. Bush) 216
부토, 베나지르(Benazir Bhutto) 161
북미자유무역협정(NAFTA) 257
북한 44, 45, 50~54, 59, 89, 103, 104, 111,
　114, 124, 125, 135, 136, 138, 147, 148,
　204, 205, 210, 212, 216~18, 232, 233,
　235, 259, 267, 281, 283, 286, 288~94,
　303, 307~09, 321, 323, 324, 332, 335
　갈등하는 이해관계와 협력의 유형 323,
　324
　유엔 조사위원의 접촉 281, 283, 286,
　288~90
　유엔 회원국 204, 205
　핵무기 216, 218, 235
　헌법주의와 법치의 발전 135~38, 147,
　148
북한인권법 323, 324
분할된 사회(disaggregated society) 315
브렘스, 에바(Eva Brems) 88, 99, 100
빈 선언과 행동강령(1993) 171, 174~76,
　236, 250, 279, 299
빈 세계인권회의 170, 174, 175, 180, 236,
　254
빌리온, 프란스(Frans Viljoen) 128, 132
빠리원칙(Paris Principles) 229, 250

ㅅ
사법의 국제화 250
사회권규약(ICESCR) 21, 22, 114, 118,
　129, 131, 143, 144, 146, 147, 150, 152,
　154, 157, 159, 160, 162~65, 176, 181,
　190, 192, 204, 208, 209, 276, 277, 291,
　293, 294, 343

당사국 보고서 291, 293
조약기구의 일반의견과 권고 294
성노예 147, 328
세계인권선언(UDHR) 73, 75, 76, 113,
　129, 146, 165, 169, 178, 181, 191, 203,
　343
세계체제론 40
셸턴, 다이나(Dinah Shelton) 65, 68
슈바르첸베르거, 게오르크(Georg
　Schwarzenberger) 55
스리랑카 38, 50~54, 103, 104, 106~09,
　111, 114, 124, 134~36, 138, 205, 209,
　229, 240, 242, 279, 280, 295~97, 307,
　308
　국제인권법과 국내법의 위계 103, 104,
　106~09, 111
시민사회의 취약성 311
시스템 접근법 25, 31~33, 55, 63~67, 72,
　73, 78, 187, 341, 342
　기원 63~67
　인권과 시스템 접근법 55~73
식민주의 39, 42, 44, 46, 77, 95, 96,
　135~37, 181
신자유주의 55, 57
신현실주의 32, 55, 57
싱가포르 50~54, 88, 104, 105, 109,
　111, 114, 124, 125, 135, 136, 138, 153,
　170, 205, 217, 220, 221, 235~37, 247,
　258~60, 285, 307, 308, 322
　경제발전 88, 258, 322
싸이드, 에드워드(Edward Said) 39
쎈, 아마르티아(Amartya Kumar Sen) 76,
　258
쑨 원(孫文) 93

씨킹크, 캐스린(Kathryn Sikkink) 58, 315

ㅇ
아난, 코피(Kofi Annan) 271, 325
아동권리협약(CRC) 21, 108, 113, 114, 118, 206, 209, 241, 277, 291, 294
　당사국 보고서 108, 291
　조약기구의 일반의견과 권고 294
아랍국가연맹 227, 232, 245, 246, 261
아랍인권위원회 246
아랍인권헌장(ACHR) 38, 246
아세안(ASEAN) 19, 23, 24, 26, 36, 43, 46, 47, 73, 170~72, 188, 201, 213, 217~22, 227, 232, 235~40, 242, 243, 247, 248, 251~53, 257, 261, 263~67, 344
　아세안 인권 메커니즘 실무그룹 251, 252
　아세안 인권기구 24, 171, 237, 238, 251, 252, 263, 266, 267
　아세안 정부간 인권위원회(AICHR) 19, 24, 171, 172, 238, 239, 253, 256, 344
　아세안경제협력 218, 219, 248
　아세안선언 170
　아세안지역포럼(ARF) 213, 217, 218
　아세안헌장 23, 24, 171, 172, 237, 253, 256, 258, 264, 344
　현인그룹(EPG) 171, 237
아세안+3(APT) 26, 38, 43, 46, 188, 213, 217~24, 240, 258, 261, 266, 267, 344, 345
아시아
　아시아의 인권규범 수용 169~81
　아시아적 민주주의 310
　아시아적 인권규범의 특수성 48

아시아적 인본주의 86
　정의(개념) 34~39
아시아 금융위기(1997~98) 43, 233, 257
아시아 문화의 호환성 86
아시아-유럽 정상회의(ASEM) 201, 247, 248
아시아인권위원회(AHRC) 181, 251, 252, 313
아시아인권헌장(1998) 181, 182, 252, 256, 309
아시아적 가치 32, 88, 89, 258, 310
아시아-태평양 NGO 인권대회(1996) 180, 254
아시아-태평양 인권정보센터 251, 255
아시아-태평양 지역 법률가협회(LAW-ASIA) 251, 253
아시아-태평양 지역에서의 인권 증진과 보호를 위한 지역협력 워크숍 22, 23, 48, 70, 177, 178, 188, 223~29, 234, 255, 261
아웅 산 수 치(Aung San Suu Kyi) 89
아태경제협력체(APEC) 38, 43, 45, 49, 70, 179, 188, 201, 213, 215~17, 219, 221, 222, 228, 232, 261, 264, 266, 344
아태국가인권기구포럼(APF) 22, 28, 48, 70, 178, 179, 188, 210, 213, 229~31, 250, 255, 261, 263, 266, 344, 345
아태국가인권기구포럼 법률가자문위 (ACJ) 178, 231
아프리카연합(AU) 18, 195, 196
아프리카인권위원회 18, 196
아프리카인권재판소 16, 196, 198
알라타스, 알리(Ali Alatas) 318
에번스, 폴(Paul Evans) 39, 40

NGO 19, 22, 48, 58, 59, 68~70, 84, 96,
132, 145, 155, 178~82, 198, 201, 202,
224, 226, 228, 229, 236, 238, 241, 245,
247, 251~57, 261, 266, 272, 275, 279,
280, 299, 300, 311~14, 316~18, 320,
322, 323, 327, 328, 332, 336, 343, 345
국제공동체의 영향력 313, 314
시민사회의 취약성과 NGO 311
NGO 창출 지역 인권규범 179~82
협력적 접근과 NGO 316~18
여성차별철폐협약(CEDAW) 21, 113,
115, 118, 130, 204, 208, 209, 241, 277,
291, 294, 295, 297
개별 진정 295~97
당사국 보고서 295
조약기구의 일반의견과 권고 294, 295
열린 지역주의 32, 49, 215, 263, 264
오스트리아 105
국제인권법과 국내법의 위계 105
오오누마 야스아끼(大沼保昭) 88
와이스, 브라운(E. Brown Weiss) 271, 272
왓슨, 앨런(Alan Watson) 90
외래 규범의 국내화 92, 99
우 시엔(Wu Shih-Yen) 67
월저, 마이클(Michael Walzer) 98
위안부 212, 260, 309, 328~32
위팃 만따폰(Withit Mantaphor) 281
유길준(兪吉濬) 94
유럽사법재판소(ECJ) 193, 194
유럽사회헌장 191, 192
유럽안보협력기구(OSCE) 72, 191~93,
197, 218, 235, 267
유럽인권재판소(ECHR) 17, 18, 98, 99,
187, 191, 192, 196, 197, 334

유럽인권협약 17, 18, 98, 105, 191, 192,
194
유럽평의회 187, 191~93, 196, 197
유보 130~32
유엔 아태경제사회위원회(UNESCAP) 37,
70, 188, 201, 213~15, 228, 232, 344
유엔경제사회이사회(ECOSOC) 190,
206, 318
유엔인권위원회(UNCHR) 190, 234, 281,
318, 322, 324, 329
유엔인권이사회(UNHRC) 72, 207, 272,
275, 278, 280, 281, 290, 322
유엔인권최고대표 23, 176, 193
유엔인권최고대표사무소(OHCHR) 19,
38, 203, 209, 281
6자회담 218, 235, 240, 267, 323
이란 117, 128, 178
이승만(李承晩) 94
이원론 대 일원론 100~02
이원론적 접근 102, 104, 109, 112, 152,
297
일원론적 접근 102~04
이주노동자협약(CMW) 115, 209, 277,
297
개별 진정 295~97
이중잣대 121, 174, 200, 202, 335
인간과 인민의 권리에 관한 아프리카헌
장 18, 196
인권
인권규범의 비정치적 성격 333
인권대화 22, 129, 133, 168, 200, 202,
240, 246, 260, 265
인권보호 메커니즘 17, 18, 20, 66
인권외교 320

인권운동 21, 27, 166, 271, 320, 335, 336, 342

인권협력 19, 20, 22~24, 48, 72, 168, 169, 174, 188, 189, 199, 201, 202, 213, 214, 223, 225, 228, 229, 238, 239, 248, 250~52, 254, 256, 259, 260, 265, 266, 315, 318, 320, 331, 343~45

인권과 발전을 위한 아시아 포럼(포럼 아 시아Forum Asia) 251, 255~57

인권이행 26, 145, 177, 274, 275, 314, 333, 342, 345

개별 진정의 이행 295~97

동아시아 당사국 보고서 290~93

인권위원회의 활동 194~96, 238, 239

인권이행의 정치적 성격 333

일반의견과 권고의 이행 294, 295

인권체제에 대한 도전 301~14

권위주의 정치체제 302~04

문화적 장벽 309~10

빈곤과 경제우선 정책 304~08

식민지 유산과 전환기 정의 306, 309

취약한 시민사회 311~12

취약한 인권규범 301~02

인도 26, 38~40, 50~54, 85, 88, 104, 105, 109~11, 113, 114, 120, 124, 125, 128, 130, 135, 136, 138, 139, 158~61, 165, 166, 176, 205, 207~09, 217, 220, 226, 229, 240, 279, 282, 285, 286, 288, 292, 293, 303, 305, 307, 308

경제발전 161

국내 인권보호법규 165, 166

헌법주의와 법치의 발전 158~61

인도네시아 50~54, 85, 89, 104, 105, 110, 111, 115, 120, 124, 125, 130, 135, 136, 138, 139, 150~53, 169, 176, 177, 205, 207, 208, 211, 217, 220, 221, 229, 233, 235, 279, 282, 285, 286, 288, 292, 293, 299, 300, 303, 307, 308, 318, 328

국제인권법과 국내법의 위계 111, 153

상호조약(쌍무조약) 169

헌법주의와 법치의 발전 152, 153

인종차별철폐협약(CERD) 115, 118, 130, 131, 209, 291, 294, 295, 297

개별 진정 295~97

당사국 보고서 291

조약기구의 일반의견과 권고 294, 295

인지이론 57, 58

일방주의 96, 335

일본 26, 35, 38, 44~47, 50~54, 65, 85, 89, 94, 102~04, 106, 111~13, 115, 120, 126~28, 130, 135~39, 145~50, 205, 208, 209, 211, 212, 215, 217, 219, 220, 226, 230, 233~35, 239, 247, 255, 260, 266, 267, 279, 286, 290~93, 300, 307~09, 323, 324, 327~30, 332

갈등하는 이해관계와 협력의 유형 327~31

국제 인권의무의 이행 130

국제관습법 112

국제인권법과 국내법의 위계 106, 111

권리 개념의 채택 94

메이지유신 94

북한과 일본 107

일원론적 접근 102, 103

헌법 106, 111, 135~39, 145~47, 149

헌법주의와 법치의 발전 145~47

1503절차 203, 210, 290

ㅈ

자유권규약(ICCPR) 21, 110, 113, 115,
118~21, 129~32, 142, 143, 146, 147,
149, 152, 154, 156, 159, 160, 162~66,
176, 181, 190, 204, 208, 209, 276,
290~92, 294~96, 343
개별 진정 295~97
당사국 보고서 292
제2선택의정서(OPT2) 115
제1선택의정서(OPT1) 115, 295, 296
조약기구의 일반의견과 권고 294, 295
자유권규약위원회(HRC) 72, 106, 204,
208, 209, 276, 290, 294
자유주의 55, 57, 60, 61, 98
자유지수 50~54, 302, 305, 313
장애인권리협약(CRPD) 115, 209, 279
전환기 정의(transitional justice) 189,
309, 314, 328, 332, 337
정부간 협정 및 선언 169
제네바협약 277
제도주의 55, 56, 57, 60
제이콥슨, 해럴드(Harold K. Jacobson)
271, 272
종속이론 40
주제별 수임 203, 210, 281
중국 26, 35, 36, 38~47, 50, 54, 59, 65, 75,
85, 88, 89, 93, 94, 96, 103, 104, 106, 107,
111, 115, 120, 121, 126, 127, 131, 135,
136, 138~45, 165, 176, 205~11, 217~22,
230~35, 239, 247, 259, 266, 267, 279,
286, 287, 292, 293, 299, 300, 303, 305,
307~10, 318, 322~24, 328, 335
경제발전 217, 259, 305, 307~09
국가행동계획 299, 300

국제인권법과 국내법의 위계 103, 104,
107, 111
국제인권조약 승인 207~09
권리 개념의 채택 93, 94
북한과 중국 59, 210, 323, 324
아시아에서의 지역협력 219, 220, 233~
35, 247
인권이행의 함의 165, 176, 279
헌법 103, 107, 111, 136, 138~45
헌법주의와 법치의 발전 140~45
중재 131, 250
지구화 27, 42, 58, 214
지역
기구 설립 전략과 경제우선 정책 257~
59
아시아 단일화의 잠재적 가능성 41~43
아시아에서 인권협력의 어려움 259~62
정치적 함의 39~41
지역 인권기구의 유효성과 실현 가능
성 190, 192, 198~202
지역 인권기구 187, 189~92, 198~202,
213, 223, 224, 229, 231, 237, 249, 251,
260, 262~66, 311, 344~46
지역 인권체제 17~21, 26, 31, 32, 62, 72,
73, 169, 190, 196, 199, 232, 246, 257,
263, 266, 321, 331, 341, 342, 346
지역주의 19, 32, 42, 45, 49, 198, 215, 263,
264
지역통합 19, 41, 47~49, 85, 188, 189,
213, 222, 223, 225, 234, 236, 242, 248,
257~59, 261, 265~67, 341, 344, 345
진정절차(Complaint Procedure) 290
집단주의 148, 210
징크스, 더렉(Derek Jinks) 272

ㅊ

차코, 조지(George Kuttickal Chacko)
67, 68
챈, 조지프(Joseph Chan) 88, 97, 98
체이스, 에이브러햄(Abram Chayes) 60
초국적 법과정 59
초국적 인권옹호 네트워크 273

ㅋ

카(E. H. Carr) 56
칸트, 임마누엘(Immanuel Kant) 57
캄보디아 44, 50~54, 102~04, 106, 111,
115, 126, 127, 135~38, 169, 205, 210,
211, 217, 219, 220, 287, 288, 304,
307~10, 320, 324~27, 332
갈등하는 이해관계와 협력의 유형
324~27
국제인권법과 국내법의 위계 102~04,
106, 111
캐나다 37, 38, 41, 75, 112, 193, 195, 217
국제관습법 112
커헤인, 로버트(Robert Keohane) 56, 62
케넌, 조지(George Kennan) 56
코르텔, 앤드루(Andrew P. Cortell) 92,
128
쿠마라스와미, 라디카(Radhika
Coomaraswamy) 329
크래스너, 스티븐(Stephen Krasner) 61

ㅌ

태국 50~54, 85, 95, 104, 105, 109, 111,
115, 120, 126, 127, 130, 134~36, 138,
139, 156~58, 189, 205, 209, 211, 217,

220, 221, 224, 226, 229, 230, 233, 235,
238, 249, 255, 279, 282, 285, 286, 288,
292, 293, 297, 299, 300, 304, 307, 308,
310
국내 사법제도 156~58
권리 개념의 채택 95
인권의무의 이행 157, 279
조약의 유보 120, 130
헌법 135, 136, 138, 139, 156~58
헌법주의와 법치의 발전 156~58
태평양계획 244, 245
태평양제도포럼(PIF) 188, 227, 232, 239,
243, 244, 261, 344
테러리즘 216
테헤란 워크숍 23, 224~26, 228
토착규범과의 통합(인권규범의) 63

ㅍ

파키스탄 38, 50~54, 85, 104, 105, 109,
111, 115, 120, 126~27, 130~33, 136,
138, 139, 161~64, 205, 209, 217, 226,
240, 279, 288, 303, 307, 308
국제인권법과 국내법의 위계 104,
105, 109, 111
조약의 유보 130~33
헌법 136, 138, 139, 161~64
판단의 재량 원칙 98, 333~35
패권적 관계 45
편입(incorporation) 104, 109~12, 144,
146, 152~54, 157, 166, 183
포사이스, 데이비드(David Forsythe) 56
포크, 리처드(Richard Falk) 198
포터, 피트먼(Pitman Potter) 88
프랑스 75, 95, 133, 135, 136, 244, 247

헌법 133

프리덤 하우스(Freedom House) 50, 302, 313

피너모어, 마사(Martha Finnemore) 58

필리핀 50~54, 95, 103, 104, 108, 111, 115, 126, 127, 129, 135, 136, 138, 176, 205, 207~09, 211, 217, 220, 221, 226, 229, 235, 237, 249, 279, 280, 288, 289, 295~97, 299, 300, 303, 304, 307, 308, 328

   국제인권법과 국내법의 위계 103, 104, 108, 111

   권리 개념의 채택 95

   인권의무의 이행 279, 280

ㅎ

헌법

   동아시아 헌법의 기원 133~35

   말레이시아 135, 136, 138, 139, 153~55, 160

   법치주의와 헌법주의의 발전 140~67, 249

   부탄 134~36, 138

   인도 136, 138, 139, 158, 160

   인도네시아 135, 136, 150~53

   일본 106, 111, 135~39, 145~47, 149

   중국 103, 107, 111, 131, 136, 138~45

태국 135, 136, 138, 139, 156~58

파키스탄 134, 136, 138, 139, 162, 163

한국 136, 138, 139, 147~50

   헌법 제정 95, 134, 135, 137, 140, 145, 147, 148

   헌법적 권리 34, 77, 90, 108, 133, 135, 140, 146, 151, 154, 157, 159, 160, 167, 168, 183

헌법주의 60, 93, 97, 134, 135, 137, 140, 142, 146, 150, 153, 159~61, 164, 166~68, 189, 249, 335, 343

헌법주의화 145

헤인스(C. H. Heyns) 128, 132

헨킨, 루이스(Louis Henkin) 74

헬싱키 프로세스(Helsinki Process) 72, 193

현실주의 32, 55, 56, 57, 60, 61

협력적 접근

   갈등하는 이해관계와 협력의 유형 316~31

   대립 혹은 협력 314~16

   인권이행에 대한 274, 314

홍콩 38, 135, 219, 251, 292, 307, 308

후꾸자와 유끼찌(福澤諭吉) 94

휘턴, 헨리(Henry Wheaton) 94

휴머니즘 76

힘과 힘의 관계 56

백태웅 白泰雄
1981년 서울대학교 법대에 입학, 1984년 학도호국단 총학생장으로 민주화운동을 이끌다 1년간 투옥되었다. 이후 남한사회주의노동자동맹을 결성해 국가보안법 위반으로 사형이 구형되어 무기징역을 받았고, 15년형으로 감형되었다. 1998년 특별사면으로 석방된 후 미국으로 유학, 노트러담대학교에서 국제인권법 석사 및 박사 학위를 받았으며, 뉴욕주에서 미국 변호사자격을 취득했다. 캐나다 브리티시컬럼비아대학교 교수를 거쳐, 2011년부터 미국 하와이대학교 로스쿨에서 국제인권법과 비교법 등을 가르치며 아시아의 공동체 형성을 연구하고 있다. 2015년부터 유엔인권이사회에서 아시아·태평양 지역을 대표하는 유엔 강제실종 실무그룹 위원으로 임명되어 활동하고 있다. 다수의 논문과 이 책의 영문판 *Emerging Regional Human Rights Systems in Asia*를 발표했다.

이충훈 李忠勳
서강대학교와 동대학원 정치외교학과를 졸업하고 뉴욕 신사회과학원(New School for Social Research)에서 정치학을 공부했다. 현재 서강대학교 과학기술국제협력센터에 사무국장으로 재직 중이다. 옮긴 책으로 『작은 것들의 정치』『여론』『아메리칸 그레이스』(공역) 등이 있다.

아시아 인권공동체를 찾아서
지역 인권체제의 발전과 전망

초판 1쇄 발행／2017년 4월 20일

지은이／백태웅
옮긴이／이충훈
펴낸이／강일우
책임편집／김유경·정편집실
조판／신혜원
펴낸곳／(주)창비
등록／1986년 8월 5일 제85호
주소／10881 경기도 파주시 회동길 184
전화／031-955-3333
팩시밀리／영업 031-955-3399 편집 031-955-3400
홈페이지／www.changbi.com
전자우편／human@changbi.com

한국어판 ⓒ (주)창비 2017
ISBN 978-89-364-8611-2 93300